热血野心

SUPER
PUMPED

[美] 迈克·艾萨克 　著

潘珣祎 阮佳程 俞晔娇 　译

中信出版集团 | 北京

图书在版编目（CIP）数据

热血野心 / （美）迈克·艾萨克著；潘珣祎，阮佳
程，俞晔娇译. -- 北京：中信出版社，2021.8
书名原文：Super Pumped
ISBN 978-7-5217-2878-1

Ⅰ. ①热… Ⅱ. ①迈… ②潘… ③阮… ④俞… Ⅲ.
①网络公司—企业管理—研究—美国 Ⅳ.
① F279.712.444

中国版本图书馆 CIP 数据核字（2021）第 042507 号

热血野心

著　　者：[美] 迈克·艾萨克
译　　者：潘珣祎　阮佳程　俞晔娇
出版发行：中信出版集团股份有限公司
　　　　　（北京市朝阳区惠新东街甲 4 号富盛大厦 2 座　邮编　100029）
承 印 者：天津丰富彩艺印刷有限公司

开　　本：880mm×1230mm　1/32　　印　张：15.25　　字　数：320 千字
版　　次：2021 年 8 月第 1 版　　　　印　次：2021 年 8 月第 1 次印刷
京权图字：01-2021-0346　　　　　　书　号：ISBN 978-7-5217-2878-1
定　　价：69.00 元

推荐序

创业者的成长迷思

吴晨

　　《热血野心》讲述的是优步创始人卡兰尼克如何一步步失去对公司的控制，最终从 CEO（首席执行官）位置上被废黜的故事。创始人失去公司控制权的故事每每上演，乔布斯都扮演过东山再起的角色，但卡兰尼克的故事却大不同，凸现了过去十年硅谷成功背后的诸多缺陷，尤其是风险资金催生的唯成长论的发展模式，一旦企业的创始人出现价值观的瑕疵，或者企业在高速成长过程中文化失去了判断力，结果可能是致命的。

　　卡兰尼克是个悲剧式的人物，他拥有战略远见，抓住了智能手机出现之后移动生态爆发式增长的机会，敢于想象优步作为数字平台产生的各种连接，从出行服务一直延伸到送餐和配送等各个领域。他也是一名精明的秀客，能抓住硅谷投资人 FOMO（Fear of Missing Out，担心错过下一个）脸书的心态，为优步募集了大量资金，一度成为硅谷风险投资追捧的炙手可热的科技公司创始人。从优步 2020年 11 月发布的第三季度季报来看，虽然新冠疫情重创出行业务，但卡兰尼克主导创建的优步衍生服务优步送餐同比增长 190%，收入几乎与出行服务旗鼓相当，而负责配送杂货的优步货运业务也增长三成。虽然尚未实现盈利，但优步帝国却仍然有成为移动出行领域亚马逊的态势，只可惜卡兰尼克不可能享受到贝佐斯的那种尊崇，因为他早在 2017 年就被赶下了台。

成长迷思可能是卡兰尼克最大的盲点，当高速成长取得巨大成功之后，他能调动庞大的资源，却没有足够的约束和制衡——这也是风险投资人最大的失察之处——当文化瑕疵催生丑闻之后，可能出现巨大的危机，最终导致自己失去公司，这是创始人最担心的噩梦。

卡兰尼克所塑造的优步文化，有其独特的成长基因。优步是挑战沉睡产业的代表。在优步横空出世之前，全球各个城市的出租车行业都是过度监管且充满利益纠葛的碎片市场。纽约出租车的一块车牌，就曾经被炒到 100 万美元的高位，中国香港也曾经如此。要进入这一产业，就必须要有战斗精神，与出租车行斗、与城市交通监管者斗。

恰恰因为需要这种战斗精神，优步每到一个新城市都招募 20 多岁的年轻人出任总经理，卡兰尼克特别强调年轻人的那种无知无畏的闯劲，明确以成长作为唯一的考核指标，重金之下必有勇夫。

卡兰尼克试图从亚马逊文化——他本人是贝佐斯的拥趸——中汲取养分，形成公司的行为规则。简言之就是努力工作，更放肆娱乐，而且还有一种反叛情结，挑战他们认为不合理的规则和制度，坚持自己认为是对的东西。在卡兰尼克眼中，之所以存在不合理的规则和制度，是因为商业模式更新太快了。优步的超前主义，一开始可以被视为进取的推动力，但是当这种文化泛滥之后，就成了为许多离经叛道行为辩护的挡箭牌。当企业的文化失去初心，或者说失去道德判断力的时候，危机就在眼前。

我对卡兰尼克个人被废黜的经历有三点思考。

第一，到底该如何管理快速成长的公司？刚开始在还比较小的创始团队中，卡兰尼克推崇狼性文化无可厚非，在内部推出赛马机制也有它的好处，可以在同时面临巨大机遇和不确定性时，将团队中每个人的潜力完全挖掘出来。但是，当一个企业变得越来越大——优步在成长过程中每年员工人数翻一番——就需要搭建系统和流程，一定程度的官僚文化是无法避免的。相对于系统和流程更为软性的企业文化和价值，也相应变得同样重要。

卡兰尼克的问题是，他仍然希望用管理小企业的方式去管理一个大企业，以自己为中心，依靠人治，复制出一个个小的卡兰尼克，让每个类似自己的管理者都形成自己的小领地，完全用业绩增长的单一指标来决定管理者的升迁。这样一来，一美遮百丑，也可能会衍生出一种没有节制的纵欲文化，歧视女性的文化，相互竞争中无所不用其极（背后捅刀子司空见惯）的文化。而这种文化本身就代表了管理者对卡兰尼克的上行下效，以及强调成长的竞争压力所造成的需要解压的放纵。在上市之前，这种文化被揭露之后，只有将卡兰尼克扫地出门才能向市场和投资人交代，这是卡兰尼克的悲剧所在。同样值得警醒的是，这是否也与投资人之前没有有效贯彻公司治理，对创始人过于纵容，脱不了干系？

第二，卡兰尼克本人有一种"受害者"综合征，这与他早年创业并不顺利，以及想要挑战的出租车领域又是一个充满各种障碍的市场有关。卡兰尼克的应对方式是从四处树敌到四面开花，优步几乎在每个大洲都树立了自己的敌人，期望在与敌人你死我活的斗争中找到成功的快感。但这种四处树敌并没有能够帮助优步赢得胜利，反而一再受挫。2016 年优步在中国败给滴滴，不得不出售中国业务，退出中国市场，就是一个例子。而这种受挫又加剧了卡兰尼克的"受害者"综合征，才会导致一种更为严重的文化缺陷：科技控制和科技偷窥的文化。

高科技平台最主要的竞争优势是大数据，尤其是平台专属的大数据。但大数据该如何管理，在哪些情况下可以被利用，并没有一套完备的原则。在二十一世纪一〇年代快速发展的数字拓疆过程中，优步所形成的科技控制和科技偷窥的文化可以说把滥用大数据推向了一个高峰。

优步对隐私的漠视，体现在它对用户行为的全能观察上，其内部有一个拥有"上帝视角"的软件，被恰如其分地命名为天堂（Heaven），可以实时看到每一个用户使用车辆的行动轨迹。优步纽约办公室负责人就曾经想向本书的作者《纽约时报》记者艾萨克展示她前来采访时乘坐优步的即时轨迹。

有天堂,自然就有地狱。另一款内部软件就被命名为地狱(Hell),专门用来监控同时为优步和它在美国最大的竞争对手来福车服务的司机的轨迹,甚至可以监测来福车给出的价格,然后让系统自动开出更高价格来争取司机专门为优步服务。此外还有代号灰球(Greyball)的小程序,是专门针对执法机构"钓鱼执法"的反制措施,通过将执法者与普通用户区分起来,然后给执法者的优步推送虚假信息,让他们无从打击优步的司机。更有甚者,优步还雇用前CIA(美国中央情报局)和FBI(美国联邦调查局)的情报人员,刺探各种情报,甚至把竞争对手和媒体也列为刺探情报和挖黑的对象,完全没有节制也没有底线。

卡兰尼克治下优步的科技控制和科技偷窥的文化,也是唯成长论迷思的另一缩影。为了获得更快成长,超越对手,同时规避监管,是不是什么高科技手段都可以采用?平台上用户的隐私信息公司是否可以从"上帝视角"用来牟利?这不仅仅是优步的问题,也是所有高科技平台急需回答的问题。

第三,优步作为零工经济中重要的双边市场,对优步司机的刻薄寡恩,让人怀疑零工经济是不是数字经济时代进一步将工人"异化"的工具?

优步是典型的双边平台,一方面需要有客户,另一方面需要有司机,两者都达到一定水平之后,这个市场上才会有交易的黏性,才会形成多次交易。在发展的早期,优步每进入一个城市的市场就需要砸大量的钱,吸引司机进入市场,帮助消费者形成消费习惯。

但随着优步的壮大，作为一家双边平台，它只着眼于用户的提升，不再考虑提供服务者的生存状态，不去考虑司机的福祉，甚至为了控制成本，在全美各地打官司，确保司机是平台上的自由职业者，而不是优步的雇员，优步因此也没有为他们提供社保和医保的义务。

很多人喜欢优步的服务，因为方便。但是司机却无法在优步平台上长期得到获得感，这恰恰是卡兰尼克本人的盲点，也是科技平台"大跃进"时最容易忽略的问题。其实，加一个给小费的功能都会让司机们更开心，可这不是卡兰尼克的风格。骨子里，他认为司机只是暂时提供服务的人肉机器，很快就会被优步自己开发的自动驾驶汽车取代。

2020年，优步出售了自己的自动驾驶业务。2021年，优步在重要的海外市场伦敦输掉了官司，需要把平台上的司机确认为企业雇员并提供福利。显然，无论是技术进步还是应对贫富差距拉大的社会舆论，都不符合卡兰尼克的预期。

在上一个十年，优步曾经是以软银等风险投资为代表所投资的独角兽中的佼佼者。进入后新冠的新一个十年，《热血野心》中所揭示的问题，恰恰是唯成长论所催生的巨兽必须回答的。

序　言

　　那一晚，谁都不想走路回家。

　　2014 年，波特兰的冬天很冷，人们需要穿上厚厚的外套御寒。市中心的公共交通十分繁忙，车上挤满了学生、上下班的通勤人员和节假日疯狂购物的人。那周的早些时候下了雪，道路上非常湿滑，到处是融化的雪水和雨水。百老汇大厦两旁的树上闪烁着白色的圣诞灯，烘托着圣诞季的喜庆气氛。在这样的夜晚等公交车并不舒服，到处都潮乎乎湿漉漉的。当地交通运输部门的工作人员在寒风中打车，心情倍感烦躁。

　　实际上，这些人并不是真的想打出租车回家。他们在波特兰交通局工作，接到了一个指令：找出优步司机，阻止他们提供打车服务。优步是一家快速发展的打车服务初创公司，数月来一直尝试与波特兰的政府合作，试图让优步打车服务在该市合法化，但最终放弃了谈判。那一晚，在未征得交通局同意的情况下，优步擅自启动了服务。

对优步来说这已是家常便饭。从 2009 年开始，公司一直在与立法者、警察、出租车司机和车主以及交通运输工会等对抗。优步的联合创始人和 CEO 特拉维斯·卡兰尼克认为，整个交通系统都受到了操控，要与像优步这样的初创公司对着干。他和硅谷的许多人一样，相信技术的变革力量。优步的打车服务利用智能手机、数据分析和实时 GPS（全球定位系统）读数等强大的功能，提供高效的服务，连接买家和卖家，改善人们的生活，造福社会。可总有人对此持谨慎态度，维护陈旧的系统结构，维持刻板的思维方式，这一切都让卡兰尼克感到沮丧。他认为控制和把持出租车行业的机构都是十九、二十世纪的产物，早已陈旧腐朽不堪。优步的出现就是要打破陈旧思维的桎梏，引领行业进入 21 世纪。但是，交通管理人员听令于立法机构，立法人员也得遵从资金捐助者和支持者的意愿，而那些资金捐助者中就包括想让优步出局的出租车司机联盟和大型出租车公司。

在波特兰，优步曾经尝试过和平协商以解决问题。前一天，卡兰尼克派政治战略专家大卫·普劳夫去推动和城市交通局官员的谈判。普劳夫能说会道，是天生的政治家。许多人认为他在政治领域的经验曾帮助奥巴马赢得 2008 年总统大选。他很清楚哪些话能直戳当地政客的要害。他致电和蔼可亲的波特兰市市长查理·海尔斯，简述了优步的计划。海尔斯是在市政厅办公室接的电话，当时交通局委员史蒂夫·诺维克也在他身边。

如果说海尔斯是个好好先生，那么诺维克就是严厉的执法者。

诺维克身高约 4 英尺 9 英寸（约为 1.45 米）^①，戴着厚重的眼镜，生气时爱不断提高声调，活像一只斗牛犬。他母亲是服务员，父亲是新泽西工会组织者。诺维克天生残疾，没有左手，双腿也都没有腓骨，但他身残志坚，极具拼搏精神。18 岁从俄勒冈大学毕业拿到学士学位后，他继续深造，于 21 岁获得了哈佛大学法学学位。诺维克颇具幽默感，曾在宣传活动中为残缺的左手戴上金属钩状的假体，戏称自己为"钩子斗士"。

普劳夫在电话里以友好的态度与两位波特兰当地官员交谈，用质朴友好的语调告诉对方，优步为进军波特兰市场已经准备了很久，计划第二天在波特兰市区推出打车服务。

普劳夫说："我们已在波特兰郊区开展服务，波特兰市区对我们的服务需求呼声也很高，需求量很大。"普劳夫为优步设计的宣传语相当机智，听起来十分符合民意。优步打车服务能让个人利用自己的车辆，根据自身条件自行安排时间来赚钱。这还能有效减少路上酒驾的人，改善城市公共安全，以及在公共交通不完备的区域为人们提供方便的出行选择。普劳夫接着说道："我们是真心诚意想为波特兰市民提供服务的。"

诺维克并不买账，他把左手的钩子钩在市长的桌子上，说道："普劳夫先生，如果直接告诉你这么做是违法的，显得我不太礼貌。但你们所谓的计划，可不光是讨论是否要改变出租车法规的事情，这

---

① 1 英尺 =0.3048 米，1 英寸 =0.0254 米。

事关一家公司是否有权认为自己能凌驾于法律之上！"

几个月来，海尔斯和诺维克充分了解了优步，优步自己在做好准备入驻某市后，就长驱直入地进来开展业务，这是不行的。当地的出租车工会会陷入恐慌，更何况一些现行法律明令禁止优步提供的某些服务。由于网上打车是新现象、新事物，波特兰的现行法律法规并未对此做出规定，针对优步业务的法律尚未出台，因此，优步必须等待。

这也并非海尔斯和诺维克不近人情，不懂变通。海尔斯曾承诺一上任就全面改革交通运输法律法规。几周之前，有一些美国城市出台了规定，允许共享居住空间公司爱彼迎在该市范围内合法经营，波特兰也是其中之一。一年多来，优步希望这个有远见的城市也能以开放的态度对待共享乘车。

但波特兰的开放与善意还是赶不上卡兰尼克的节奏。如今，双方陷入了僵局，诺维克在话筒中吼道："请你的垃圾公司滚出我们的城市！"普劳夫吃了瘪，只能沉默不语。

优步的和平启动计划无奈落了空。过去 5 年，优步从一家仅有几名技术人员窝在旧金山公寓办公的创业公司，成长为在全球数百个城市运营的新兴行业巨头。它入驻一座又一座城市，派遣城市突击团队到当地招募数百个司机，为智能手机用户派送免费乘车券，开拓市场。当地权威机构往往还没来得及追踪监控，优步司机早已接上乘客开始营业了。优步的城市市场开发早已自成体系，甭管市长和他的执法者说些什么，优步照样会在波特兰开拓市场，卡兰尼克已经不想再等了。

此时，波特兰市以南将近 1 000 公里的旧金山市，在位于市场街

1455 号的优步总部，特拉维斯·卡兰尼克正在办公楼内健步快走。

这位 38 岁的首席执行官喜欢走来走去。他的朋友都对此印象深刻，他的父亲也曾说过，少年时，特拉维斯就老是在房间里走来走去，房间地板都差点被他磨出洞来。然而随着年龄的增长，这一习惯并没有消失，他更爱踱步了。有时他在与不熟悉的人进行商务会谈时，也会站起身来，走上两步。

"不好意思，我得站起来走两圈。"卡兰尼克常一边这么说，一边从椅子上起身踱起步来。接着，他会满怀激情地继续之前的谈话。优步总部的员工早已习惯了他在办公楼里健走绕圈，他们会避开他，避免挡着他的道。

优步总部在设计时特别考虑了卡兰尼克爱走路的习惯。旧金山市中心两万多平方米的优步办公大楼里，办公桌和会议桌之间，铺着 400 米长的室内环形跑道。卡兰尼克自称可以在这条跑道上"边踱步边谈事"。他还喜欢吹嘘自己每周都要在这条跑道上走 160 圈，相当于 60 多公里的路程，边谈边走。

当然，这一天他在那儿健步如飞，可不是在闲庭信步谈公事。在出台新交通运输法规这件事上，波特兰市的官员拖延了一年多。现在优步未经市长许可，就打算入驻该市。他们没时间再等待市政官员齐心协力制定新法规了。一位优步女性发言人后来就"波特兰事件"这样告诉记者："法律法规经常跟不上时代创新的脚步。优步在波特兰上线时，当地尚未出台有关共享乘车的法律。"

优步的高端专车服务不存在问题，这一服务遵守标准的专用车和豪华轿车服务规范，在许多城市都运行良好。问题出在优步推出的平价共享服务 UberX（经济型优步），这一模式成本低廉却野心勃勃。只要车子状况尚好，几乎所有有车一族都能通过初步的背景调查，注册成为优步的司机，载人赚钱，这引发了一系列问题，尤其是没人能说清楚这到底合不合法。但是在优步，没有人真正关心这个问题。

在与各个城市的政客打交道时，卡兰尼克也并不太在乎是不是能够以和平的方式启动城市业务。他认为政客归根结底会有相同的作为：维护既定的秩序。无论优步如何具有颠覆性，政客终归还是会这么做。如今人们只需在智能手机上轻触几次，就能搭上陌生人的车，而这一新模式惹恼了出租车工会和运输联盟，市长办公室收到了大量愤怒的电话和电子邮件投诉。但与此同时，公众却更喜欢这样的便捷服务，而优步也开心地赚得盆满钵满，迅速扩张。

卡兰尼克受够了等待，是时候在波特兰启动业务了。他下达了指令，太平洋西北地区的优步经理收到了消息：保护司机，骗过警察，让优步在波特兰市启动业务。

次日晚上，波特兰历史悠久的百老汇大道边，埃里希·英格兰正站在阿琳·施尼策音乐厅前等候，他盯着手机，刷新着优步的应用程序。

埃里希·英格兰是波特兰交通法规执行官，他并不是一个常去音乐厅的人。这一天，他在那儿假扮交响乐迷，打车回家，只是为了打击优步。他打开了优步应用程序，试图找到接单的司机。

前一天，与普劳夫通完电话后，诺维克向其下属部门工作人员下达了指令："抓捕"优步司机。有的执法人员在优步应用程序上成功打到了车，然后以没有保险、违犯公共安全法规、缺少运营许可证等理由对司机处以几千美元的民事和刑事罚款，并威胁扣押车辆。诺维克知道自己可能无法阻止优步的发展，但至少可以通过恐吓优步司机阻碍其扩张的进程。当地媒体现身报道了该行动。

优步已准备好了应对策略。每入驻一个新城市，优步都会用同一种可靠的方法应对类似的状况。优步总部的某个人会来到这个新的城市，雇用一名当地人作为负责本市业务的"总经理"。通常优步都会找那些刚失业的二十几岁年轻人，或者敢作敢为、有创业想法的人。这位总经理会花上几周时间，在克雷格列表网站上发布广告招募司机，并向他们许诺，只要签约就能拿到奖金，达到一定里程数还能拿到几千美元的奖励。广告如是写道：司机在 UberX 应用上首单即可获得 500 美元现金奖励。大多数情况下，投放这些广告的总经理本身没有多少职业经验，但这并不影响优步招聘司机。优步希望新分部的员工有野心，积极进取，一天能工作 12~14 小时，还愿意在必要时绕过规则，甚至法律。

埃里希·英格兰又刷新了一次优步应用程序，终于有一位司机接了他的单，距其 5 分钟车程。

过了一会儿，应用程序显示，司机取消了订单。车子从他身边疾驶而过，但他并不知道是哪辆车。

埃里希·英格兰并不知道，优步的总经理、工程师和安全专家开发出了一套复杂的系统，经过数月的完善，这套系统可以帮助其在每个城市的突击队识别潜在的政府监管人员，包括波特兰市。这个系统会识别监管机构的人员，监视他们，并在应用程序中启动特殊代码，禁止他们使用优步打车、识别优步司机。于是，优步司机只要正常运营接单，就能逃避执法人员的抓捕。埃里希·英格兰这样的监管机构人员并不知道这暗地里的操作，更无法证实有这样的操作存在。

波特兰的市政官员并不了解他们的对手是怎样的人。他们认为，优步的员工只不过是一群狂热的年轻技术人员，可能对颠覆交通行业有些过分热情罢了。他们有些放肆，甚至自大，但这些都可归结为他们太年轻了。

但在幕后，优步可不是什么天真无邪的角色。公司雇用了美国前中情局、国安局和联邦调查局的探员，组成了一支高效的企业间谍队伍。这些安全人员监视政府官员，深入研究他们的数据记录，有时甚至跟踪他们回家。

锁定那些有问题的人之后，优步就会部署其最有效的武器之一："灰球"。它是附加在用户优步账户上的一小段代码，将该用户标记为"对公司造成威胁"。用户标记对象包括警察、立法助手或者像埃里希·英格兰这样的交通局官员。

被"灰球"加上标记后，英格兰和他的同僚手机里的优步应用程序就都成了"假优步"，在上面看到的车都是并不存在的"鬼魂车"。他们根本不可能逮到真正的司机，甚至可能都无法判断优步司机到底有没有营业。

　　接下来的 3 年，优步在波特兰"逍遥法外"。直到 2017 年《纽约时报》报道了优步是如何使用"灰球"程序逃避政府监管的，波特兰的政府官员才彻底搞明白优步的"欺骗"手段。

　　但到了 2017 年，这些政府官员的发现为时已晚，优步已在波特兰合法运营，甚至已深深扎根于这座城市，很多市民已习惯使用优步，对其便利性赞誉有加。卡兰尼克和他的团队虽然违犯了当地的交通法，却没被驱逐，相反还取得了巨大的成功，甚至改写了游戏规则。

　　卡兰尼克和他的势力根本就无视波特兰的法律，在其他多个城市也一样。但是，如果访问当时的优步员工或后来的优步支持者，他们会告诉你，他们并不认为优步藐视法律。"灰球"程序符合优步的核心价值观之一：据理力争。优步在保护公司注册司机的利益，与腐朽的出租车行业对抗。官僚主义和过时的法规维护着他们对手的利益，相关法律原本就不合理，既然如此，那么优步的行为就不存在"违犯法律"。卡兰尼克认为，每个人只要用过优步的服务，就会明白旧式的出租车服务低效且昂贵，而他提供的服务才是好的。

　　在某种程度上，卡兰尼克没错。在本书成稿时，优步已在全球开展业务，业务范围几乎遍布每个大洲，一直有模仿者和竞争对手试图模仿优步，想要取得卡兰尼克掌权的 8 年里优步获得的增长和实力。优步还与许多地方的政府达成了协议，为其提供与公共交通一样无处不在的服务，并且正在研究无人驾驶技术。

　　然而，优步并不总是成功的案例。由于卡兰尼克多年来行为出格和大胆好斗，他的品行受到质疑，到了 2017 年，优步不再快速增长。发生在他身上的故事广为人知，代表了硅谷最好和最坏的一面，对初创公司创始人和风险投资人都有警示意义。

优步的传奇故事，实际上就是特拉维斯·卡兰尼克的故事。这是一个在技术变革的背景下，傲慢自大的人肆意挥霍数十亿美元、赌上交通行业未来的故事。这个故事触及了过去 10 年硅谷的主旋律：技术的快速发展冲击了根深蒂固的劳动市场，使城市发生剧变，在短短几年中颠覆整个行业。与这个故事相关的行业有着严重的性别歧视，而从业人员的性别比例失衡以及技术精英主义的信念更误导了人们的观念，加剧了性别歧视。这个故事对如今初创企业花样繁多又不为人知的融资方式进行了揭露，刻画了这些方式是如何对飞速发展的公司的领导者、员工和顾客产生影响的。这个故事也描绘了一个科技公司是如何利用消费者数据和用户的个人信息做出丑恶决策的。但最重要的是，这个故事会给我们带来警示：盲目崇拜公司创始人，可能会大错特错，并导致灾难性的后果。

特拉维斯·卡兰尼克和他的执行团队创造了一种有毒的公司文化，有点像托马斯·霍布斯的《利维坦》以及电影《动物屋》和《华尔街之狼》中塑造的环境。这一不良的公司文化的来源不难分析，年轻的领导者身边都是唯唯诺诺的奴仆和助手；他手握的财政资源几乎不受限制；为所欲为，在道德上和法律上都不受监督。无论是与外部势力进行斗争，还是公司内部角力，公司都不吝于使用间谍侦察、诽谤、诉讼等手段，以此获取权力、地位，建成估值几十亿美元的商业帝国。

卡兰尼克的种种行为最终导致公司估值缩水数百亿美元，也让原本岌岌可危的竞争对手焕发新生，找到了新的立足点。公司还因其卑劣的历史面临多次联邦调查。投资人和员工曾数次担心公司的未来危在旦夕。

过去10年，作为旧金山湾区的居民和职业记者，我见证了优步的崛起，目睹了变革性的理念如何快速地改变了城市风貌，也感受到创始人强烈的个性如何对初创企业的运营方式产生巨大的影响。

我从2014年开始为《纽约时报》撰稿，报道有关优步的新闻。那时的优步辉煌无比。卡兰尼克的狡诈和蛮痞式直觉帮助其打败了竞争者，达成了数十亿美元的融资协议，优步占领全球市场的脚步势不可当。

然而，短短几年后，优步陷入了危机，卡兰尼克的领导反而拖累了公司。2017年，这家公司持续爆发危机，是硅谷历史上出现过的最糟糕的状况，优步在众目睽睽下自食恶果，大厦将倾。

最终，我对优步的报道也让我成了优步故事的一部分。这个故事充满谎言、背叛、欺骗和扭曲，卡兰尼克和公司其他领导者用这些手段构建、控制科技巨头，使优步成为移动时代第一批独角兽公司之一。这家公司价值数十亿美元，成功改变了我们的出行方式，但却在不良行为、丑恶决策和贪得无厌中玩火自焚，近乎毁了自己。

我能一路与其同行，对其进行追踪报道，深感荣幸。

目 录

第一部分　　　　　　　　**第二部分**

第三部分　　　　　　　　第四部分

第五部分

第一部分

第一章 "X的X次方"

全世界优步员工的邮箱都被一封邮件刷爆了：优步又实现了一个新的里程碑，优步人庆祝起来！

公司欢庆游是特拉维斯·卡兰尼克将公司带上正轨、实现增长目标后的传统，由数十亿美元的风险投资基金赞助，旨在鼓舞士气，凝聚员工，也是在世界某个遥远地区狂欢作乐一周的好机会。对于此次欢庆游，卡兰尼克想到了一个特殊的城市——拉斯维加斯。

若想超越优步此前组织的庆祝狂欢活动，他在拉斯维加斯的计划得有创意。2013 年，他在迈阿密组织了一场空前的盛会，以庆祝公司的总订单额达到 10 亿美元，这在当时是一个壮举。那次活动在公司内部以汉字"九"作为纪念，对应阿拉伯数字"9"的意思。狂欢休假前他向公司全体员工发送邮件，声称这对于公司有内在意义，但不能对外讨论。他还建议员工不要将啤酒桶从高层建筑扔下，禁止同事间发生性关系（除非同事间明确地表达了该意愿），以及不要在酒店地毯上呕吐，否则将罚款 200 美元。这封邮件为此后的休假狂欢定下了基调。

与卡兰尼克在拉斯维加斯的计划相比，迈阿密的盛会就相形见绌了。拉斯维加斯的庆祝活动很特别，是为一项关键内部指标的达成而举行的活动。每当优步收入达到 10 倍指数级增长这一里程碑时，公司都会举行狂欢派对，随着员工数量和入驻城市的增加，这一狂欢派对的规模也在不断扩大。营业收入每增加一个"0"，公司就会选择一个地方，奖励几千名员工前往公费旅行。

每个科技公司在成长过程中都会创造一个名词来代称自己的员工，如谷歌员工是"谷歌人"（Googlers），推特员工被叫作"推特人"（tweeps）。优步早期发展阶段称其员工为"优步集"（Uberetto），这一名词的确切词源并不明确，也使很多后来加入公司的人感到困惑。

100 亿美元的收入具有十分特别的意义。每个人都能领会如此大整数的意义，对于偏爱指数级增长的卡兰尼克来说更甚。他们将这个里程碑式盛会称为"X 的 X 次方"，即 10 的 10 次方。他派出了整个设计团队来设计这次狂欢的美学风格。邀请函、标牌，甚至腕带都统一设计：在正方形黑色背景下，大的白色"X"（罗马数字"10"）上浮刻较小的白色"X"，颇具优步风格。

除了高端派对，其他一些庆祝形式也很合宜。至 2015 年秋，优步在硅谷不停地进行人才招募，在全球招募了近 5 000 人，将工程师纷纷从亚马逊、脸书、苹果、特斯拉，尤其是谷歌撬来，收入麾下。

对那些程序员集中的旧金山初创企业也毫不手软，如小精灵冰激凌（The Creamery）、巴特瑞（The Battery）、众创空间等公司。尽管这些企业有风投基金支持，优步还是飞速地从它们手里网罗了一大批人才。

这些人才早就看到了媒体是怎样描述优步的，诸如"快速增长""争强好斗""横冲直撞"；也听到过有关优步收入持续增长的消息，还见证了后来优步估值飙升，高达数十亿美元。他们也欣赏卡兰尼克用黑客一般的心态建立与运营公司。优步也许会成为下一个谷歌或脸书，没人愿意错失在初创阶段进入这样的公司的机会。

猎头们自然清楚如何推介这家公司，即充分利用这些雄心勃勃的工程师"错失恐惧症"的心理。"你们绝不想错过这个一飞冲天的机遇。"猎头们用这样的语句来刷爆全硅谷工程师的领英邮箱。在一家像优步这样快速发展的公司获得股权并套现，可以让他们有朝一日在旧金山湾区房地产市场最炙手可热的中心地段购置小别墅。另一些人则梦想着在优步工作几年，然后利用既得财富创立自己的公司。

这一现象在旧金山湾区并不少见：谷歌、推特和脸书上市后，硅谷诞生了数百名百万富翁。如今，对数千名年轻的工程师来说，他们从老员工那儿听说了互联网1.0繁荣时期的故事，在优步工作意味着他们也有可能实现自己的技术致富梦想。

那段时间，加入优步成了热点，正如开车要开特斯拉，戴表要戴劳力士。每天12个小时以上的压抑、焦虑和令人崩溃的工作都将劳有所得、回报颇丰。

2015年10月，几千名优步员工飞抵拉斯维加斯麦卡伦国际机场，顶着三十七八摄氏度的酷热，排队等候区间车和出租车运送他们至拉斯维加斯大道上的宾馆，准备迎接狂欢。

卡兰尼克对这次活动不遗余力，慷慨大方。公司在拉斯维加斯大道的巴里度假村、四方度假村、火烈鸟度假村和赌场以及其他宾馆租了上百个房间。每位员工都得到了Visa（维萨）的预付信用卡，里面的钱足够用于购买食品、消遣娱乐和庆祝活动，即使他们并不总是需要那些东西，因为私人派对上有免费的食物和露天酒吧。只要佩戴公司推出的带有"X"标志的腕带，就可以参加公司举办的所有活动。出行前，工程师们迅速推出了一款应用程序，作为本周庆典活动的个人指南。每位员工都得到了临时的小巧的文身贴纸，都印有相同的文字：X的X次方。

尽管卡兰尼克执着于奢靡之风，一些高管却颇有远见，担心庆典给人的观感不佳。谷歌前员工雷切尔·惠特斯通，时任优步最高公共政策和通信主管，在内部备忘录发出后又发了新备忘录，在细节上规定了员工在庆典中不能做什么。例如，不得穿优步T恤，不得讨论公司编号或指标，坚决禁止接受媒体采访，甚至还删除了员工公司Gmail（谷歌公司的网络邮件服务）账户上的优步小徽标，将其替换为"X"徽标，以防工程师在公共场合工作时碰巧被旁观者看到。

优步在2015年已有傲慢自恃、盛气凌人的迹象。当时硅谷人士将其员工称为"技术大亨",实则暗地带着一种愤怒情绪。这些年轻、有钱、没有孩子的工程师和销售人员,完全无须为日常开销忧虑,和那些为他们提供服务的咖啡师、管家和侍应生相比简直天上地下。最让"技术大亨"担忧的恐怕是能否在当年最炙手可热的"独角兽"企业工作("独角兽"一词于 2013 年由一位风险投资家提出,用于形容估值超过 10 亿美元的公司)。截至 2015 年秋,优步在独角兽企业中一骑绝尘,成了每位"技术大亨"的向往之地。

并非只有优步曾是"技术大亨"的天堂。色拉布应用(Snapchat)也曾因其创新的社交方式成为硅谷的宠儿,却因其创始人在斯坦福大学就读期间发给好兄弟的淫秽邮件而备受抨击(邮件写道:取悦浪女,与其上床)。多宝箱(Dropbox)和爱彼迎公司的一群员工被人拍到为了给企业联赛腾场地,企图将旧金山的一群孩子赶出足球场。该短视频迅速流传开来,以致公司被迫向愤怒的公众道歉。惠特斯通和公关部门的其他员工担心看到优步在拉斯维加斯大狂欢的消息遍布硅谷科技博客的页面,万一登上了《每日邮报》,那就糟糕透顶了。

尽管优步做了如此详细的规定,但仍有人越界。一名员工召妓到其酒店房间,第二天早上他与室友在醒来后,发现所有的财物,包括工作用笔记本电脑都被偷了。公司管理层担心公司机密流落到黑市上被出售,当场解雇了那两位员工,并试图追踪硬盘的下落。

更有甚者,洛杉矶分部的一名总经理因对其异性下属有骚扰行为而被辞退。有的经理与其下属一起吸食可卡因、大麻和摇头丸等毒品；还有一位员工试图偷狂欢活动期间的区间车，与其他同事一起开车上路，共享欢乐时光。

高管巧妙地设计了活动安排，力争一晚更比一晚好。有一晚令人十分难忘，员工们涌入时尚的拉斯维加斯永利酒店内的 XS 酒吧，当晚，两位电子音乐人凯戈和大卫·库塔给优步员工进行了专场表演，直至次日凌晨。

但最有分量的是音乐表演的压轴嘉宾。优步员工在棕榈树酒店的会场周围排着长队，灯光昏暗，舞台周围烟雾缭绕。歌声响起，几个小节后，有人听出这似乎是首熟悉的歌，接着歌手出现在大家眼前，她身着血红色连身裤，衣服上的亮片在身后霓虹灯的照射下闪闪发光，云雾机制造出的烟雾紧紧围绕在她周围。歌词逐渐清晰，原来是《疯狂的爱》(Crazy in love) 这首优步的年轻员工耳熟能详的热门单曲。

歌手走到聚光灯下，员工们开始尖叫，他们意识到卡兰尼克竟然请了碧昂斯来表演！

夜幕降临，员工们跟着一首首榜单冠军单曲舞动嗨唱，并希望她能表演备用曲目——清唱《酣醉之爱》。她的丈夫杰斯坐在正对舞台的后排座位上，微笑地抽着雪茄。

碧昂斯的表演即将结束，卡兰尼克跟跟跄跄地走上了舞台，他的员工也沉醉于歌声和酒杯中自由晃动的诗珞珂伏特加，每时每刻都如此享受。那晚，他们都是社交达人。

卡兰尼克醉醺醺地握着碧昂斯的手，朝着话筒大喊："我可太爱你们所有人了！"某位女士也朝他尖叫："我也超爱你！"

接着他又宣布了一个重磅消息：杰斯夫妇现已成为优步的股东。但他没有告知员工这一对名人夫妇是怎样成为股东的，为了请碧昂斯来表演，他给了对方价值 600 万美元的优步限制性股票，不到一年，这些股票将升值 50%。

那个周末，优步财务团队统计了所有花销，整场庆典共花费超过 2 500 万美元，这是优步 A 轮风投基金融资金额的两倍多。

全公司的员工都感激这一时刻，因为他们中大多数人在高中时都是书呆子，大学时华丽的天鹅绒礼服又将他们挡在时尚名流圈外。现在，拉斯维加斯的夜店张开双手热烈欢迎他们，以全世界最出名的音乐巨星的专场私人表演款待他们。来自斯坦福大学、卡耐基梅隆大学和麻省理工学院等世界名校的工程师摇身一变成了舞会小王子，直面杰斯谈笑风生。

正如众人所说的那样，整个过程简直"酷毙"了！工作确实辛苦，但如今这一切，确实"酷毙"了！

这一狂欢庆典是硅谷历史上某一特定时期的完美映射。21 世纪初期网络泡沫破裂之后，移动设备创新的浪潮迅速席卷了全球。2007 年，iPhone 系列手机的问世将轻便小巧的"手持电脑"塞进了大家的口袋。在拉斯维加斯，优步的员工正在庆祝自主研发的手机应用程序的成功，该程序只需手指轻触便可打车。这些劳动成果也使他们积累了难以想象的财富，几百万美元的别墅、纳帕谷葡萄酒庄园一日游以及塔霍的湖滨置业在短时间内也唾手可得。

　　对于财富的疯狂积累，他们的反应并不是就此驻足不前，流连于所获，感叹自己生于这个时代是何其幸运，通过开发智能手机应用程序就能在二十几岁获得巨额财富。他们期待可以在优步积累几百万美元的资金，然后开创属于自己的"独角兽"公司。迄今为止的成功也预示着他们在未来几年必将更加成功。

　　但是，每当有哪个男孩通过智能手机应用程序致富，进而成为《连线》杂志的封面故事人物时，总会有糟糕的次生效应紧随其后。许多新一代程序都满足了硅谷二十多岁不断晋升的白人男性的需求和想法，媒体很少会关注科技公司中潜在厌恶女性的员工人数的增加，自由主义的观点也使科技界的傀儡领袖于无形中产生了这种偏见。科技界最有才华的人与每天端茶递水的工薪阶层之间的鸿沟与日俱增：快速增长的房租迫使工薪阶层离开旧金山，房东转手将公寓租给了更富有的新租客。优步、因斯特卡特（Instacart）、跑腿兔（TaskRabbit）和冲门外卖（DoorDash）等公司引发的"零工经济"促使了全新的工人阶级，即蓝领科技工人的产生。

　　随着脸书、谷歌、照片墙（Instagram）和色拉布应用等公司的崛起，风险投资人四处寻觅、资助有潜力的才俊，培养成下一个马克·扎克伯格、拉里·佩奇或埃文·斯皮格尔。用史蒂夫·乔布斯的话来说，这些新才俊拥有巨大能量，大到能在宇宙中留下凹痕。随着来自对冲基金、私募股权公司、主权财富基金和好莱坞明星等外部投资者的资金越来越多地流入硅谷，权力的天平从掌控资金的投资人向有创新想法并且乐意付诸实践的公司创始人倾斜。因为更容易获得资金，他们能够争取更有利的条件，与投资人争夺自己公司的控制权，摆脱那些对工作时间、赢利计划以及对监管有要求的投资人。

美国科技企业融资方式的转变，也会促使最成功的初创公司的创始人期待支持者对待自己的态度发生转变。最初"膜拜创始人"的方式是指盲目赞成创始人的愿景，对CEO愚忠，只因其身在此位。现在则崇尚"12小时工作制"和"零社交"等科技巨头创始人推崇的"忙碌文化"（当然，创始人忙得尽兴，玩得也尽兴，就如优步"10的指数级增长"庆典）。即使他们违反规则，甚至违背法律，支持者也把他们看作柏拉图式的"哲学王"，他们有自己的哲理。许多人相信这些创始人正在重塑这个世界，使其更智能、更有逻辑、更能论功行赏、更高效、更美丽，能够改善并展现全新的面貌，促使生活升级。

这是技术乌托邦主义者最理想化的愿景。卡兰尼克在数年后才意识到这点，优步的发展轨迹将更细致地反映出广义技术产业的轨迹。这两者的发展速度比任何人预期的都要快。就在政府开始怀疑脸书的算法优势时，消费者的乐观态度也达到了极限。此后不久，势如破竹的技术发展态势戛然而止。

优步和其创始人特拉维斯·卡兰尼克的轨迹也是如此。

离开拉斯维加斯后，还有一个活动让优步员工念念不忘。

在池畔小屋喝了一天啤酒后，员工们查询了庆典指南程序，寻找下一个目的地，即"好莱坞星球"。他们走上移动楼梯，来到红粉霓虹灯闪烁的入口，进入宽敞的以金色和深紫色天鹅绒装饰的轴心剧院，那里可容纳 7 000 人。

老员工已经习惯每次公司庆典的奢华富丽，但这次有所不同。"10 的指数级增长"对特拉维斯·卡兰尼克来说有特殊意义，他想向世人展示优步已经取得的成果及其重要性。

灯光逐渐黯淡，两个身影推着一块巨大但摇摇欲坠的墨绿色黑板走上了舞台，黑板边框为木制，看上去就像他们将高中科学课堂搬到了舞台上。随后，卡兰尼克走上了舞台，身着实验室白色大衣，戴着厚厚的黑框眼镜。

接下来的 3 个小时，他摇身一变成了"卡兰尼克教授"，向员工阐述他的公司愿景。他向他们介绍了自己心中的"工作哲学"，据他自己说，这些观点都是经过了数百小时的深思熟虑和讨论才形成的。

整场演讲的灵感直接来源于卡兰尼克对亚马逊的痴迷。亚马逊是由每个年轻企业家都崇拜的杰夫·贝佐斯一手创立的在线零售企业。卡兰尼克的梦想就是重现其成功之路：薄利多销，专注长期成长而非短期收益，在价格上削弱对手的竞争力，在此基础上，亚马逊由小型网上书店成长为估值数十亿美元的零售巨头。卡兰尼克钦佩贝佐斯将利润再投资、着眼于未来的魄力，这使其始终快人一步。

相比其他公司，亚马逊的经营业务与优步未来打算开拓的业务最接近。卡兰尼克已经看到，单纯开展打车业务，将乘客从一地送至另一地只是公司早期潜力的展现。未来，优步会将司机与包裹、食物和其他零售商品进行匹配，解决无数其他的物流问题。他想象自己有一天会成为贝佐斯的挑战者，对亚马逊造成冲击，重塑大城市人们出行与货物运输的方式。优步想要成为21世纪的亚马逊。

卡兰尼克还仔细研究了贝佐斯和亚马逊公司的管理方法，以下是亚马逊网站上列出的14条核心领导原则：

1. 顾客至上

2. 主人翁精神

3. 创新简化

4. 决策正确

5. 好奇求知

6. 选贤育能

7. 最高标准

8. 远见卓识

9. 崇尚行动

10. 勤俭节约

11. 赢得信任

12. 刨根问底

13. 敢于谏言，服从大局

14. 达成业绩

受到贝佐斯的公司管理方法和亚马逊核心领导原则的启发，卡兰尼克为他的员工带来了惊喜。

他指着舞台上的黑板说："我要向你们介绍优步的价值观。"剧院的灯光亮了，聚焦在他身后的黑板上。接着，他在黑板上用白粉笔写下 14 个要点，每一条都直接从他口中蹦出，简短有力。当他铿锵有力地逐条宣读时，台下的观众已浏览了以下 14 条原则：

1. 奋发有为
2. 主人翁精神
3. 敢于冒险
4. 积极拓城
5. 顾客至上
6. 深入浅出
7. 因材施教
8. 点石成金
9. 精英管理
10. 乐观领导
11. 据理力争
12. 干劲满满
13. 王者心态
14. 展现真我

在座的一些员工对此感到疑惑。一位 27 岁的员工与旁边的同事窃窃私语道："这是在开玩笑吗？老板这只是在扮演教授情景剧吧？"

　　这上面列的内容与亚马逊的企业价值观如出一辙。卡兰尼克并不在乎他的员工是开心还是悲伤，只以是否干劲十足为依据对他们进行评价。公司的头脑风暴会议往往就是"大混战"，一半的人喜欢卡兰尼克华丽的说辞，另一半人则苦不堪言。他希望所有人都能把他提出的价值观奉为圭臬，并为之热血沸腾。

　　卡兰尼克花了两个半小时详细地阐述了每一条价值观，每讲一点，他就挑出一位拥有这一品质的高管或员工作为典型。讲到"奋发有为"这一条时，他点名表扬了营运部门的主管瑞安·格雷夫斯，称赞其快速入驻新城市并开疆拓土的干劲。在提到"积极拓城"这一原则时，奥斯汀·盖特作为楷模受邀上台。盖特在优步发展初期以实习生身份进入公司，如今已是公司最德高望重的管理人员之一。

　　"顾客至上"这一原则直接来源于贝佐斯的想法，和他一样，卡兰尼克也几乎一心一意地致力于提升产品的用户体验。从用户打开应用程序至其到达目的地，所有乘车环节都应无缝衔接、轻松愉悦。对他来说，所有员工的行为都应以此为出发点。"据理力争"指的是优步员工不回避冲突或争论，只要其合情合理。这一价值观通常将优步在不合法或不受欢迎的情况下进入新城市的行为合理化。优步深知出租车行业的腐朽和保护主义，尽管城市顾客毫不知情，但优步可正为他们谋福利呢！

　　"干劲满满"这一点特别值得骄傲，也很重要。在优步初期，公司基于八项核心"优步能力"来评估每一位员工，这些能力包括"狠劲"、"格局"和"创新性"等。评分低的员工可能遭到解雇，评分高的员工则可能升职加薪，获得丰厚的年终奖。但核心是，员工的"工作干劲"成了绩效考核的关键。

一名公司员工解释这一名词时说道："'干劲满满'指的是长时间地工作，推动团队前进，以不惜牺牲一切的态度推动公司往正确的方向发展。"如果卡兰尼克要在新员工中找寻一种品质，那必定是和他一样为公司奋斗的干劲。

公司成立已有6年，他感到优步已初具规模，有了自身特色。坐拥银行数不清的风投资金，优步势不可当。他认定优步有朝一日会成为挑战亚马逊地位的又一全球科技巨头。

第一晚的演讲结束后，卡兰尼克告诉在座的员工，他要采访一位特殊的客人——比尔·格利。

格利曾是金融分析师，现在是硅谷的传奇风险投资家，对优步的整个成功之路至关重要。作为顶级风险投资公司标杆资本的合伙人，他参与了这一年轻公司的A轮投资，并获得了股本。作为公司的董事会成员和坚定支持者，他还是公司几乎每个人都希望咨询并听取建议的对象。另外两名优步支持者也加入了讨论。采访即将结束时，话锋偏转。卡兰尼克向这位风险投资家询问对公司未来发展的建议，格利皱起了眉头，仔细思考了这个问题，没有回答。其他投资人则直截了当地回答了他的问题。

优步最大的优势之一，就是公司各个级别员工极致的产品导向、驱动力和工作强度。追求卓越的品质使优步成为估值数十亿美元的全球化公司。一位投资人说："我从您这位领袖身上看到的是鼓励人们做到最好，发挥极致潜能，而他们实际上也能做到。"格利点了点头表示赞同，他又说道："他们会做到超级棒，终有一日，他们会突破天花板，更上一层楼。"

"但这种过分进取的优势恰恰也是优步最大的弱点。当然，也许卡兰尼克你会妥当处理，提供种种外部条件，如福利、按摩、冥想甚至瑜伽等，来帮助员工更好地调理身体。"投资人如是说。

公司的投资人告知卡兰尼克要放轻松，张弛有度，这让一些员工感到十分震惊，即使是硅谷中最具竞争力的风险投资人格利也认为，认识到这一点对公司很重要，因为刚才那位投资人的说法是正确的。公司员工一直保持着冲刺的状态，下班回家后还要继续工作，既担心竞争对手超越自己，又担心被老板责骂。公司各层级也正因这一节奏显露疲态，有些工程师和设计师正在找心理治疗师进行咨询来应对这种压力。

台下的员工听到这一建议纷纷鼓掌。卡兰尼克笑了笑，走到舞台前，摆出小孩做瑜伽的姿势。那些风险投资人是正确的，卡兰尼克不可能永远将公司维持在"高压"状态。

但他仍明确表示了自己的立场——优步不会满足于已获得的殊荣，停滞不前。

他说道："我们都得明白，这将是一场马拉松式的持久战。我要说的就这些。"

第二章　创始人的诞生

加利福尼亚州北岭市的街道分布不对称，但如此布局是有秩序的，大洛杉矶地区圣费尔南多市和西米谷之间 9.5 平方英里① 的地方被划分成了类似犹他州的形状。俯瞰北岭市，四周几乎都有高速公路，这意味着其交通相当便利。

优步创始人特拉维斯·科德尔·卡兰尼克于 1976 年 8 月 6 日出生于北岭市医院，其父母为唐纳德·卡兰尼克和邦妮·卡兰尼克。这对普通的白人中产阶级夫妇在加利福尼亚过着舒适的生活。特拉维斯的父亲是土木工程师，积攒薪水买下一栋由木头和砖块砌成的牧场式房屋，位于一个安静的十字路口转角处，特拉维斯的童年就是在那儿度过的。和其他北岭的街坊一样，他家门口的车道也都是对称的，一排灰色水泥板绕着红砖铺开。

---

① 9.5 平方英里约为 24.6 平方千米，1 英里约等于 1.609 千米。——编者注

特拉维斯·卡兰尼克的母亲邦妮在当地的洛杉矶日报社担任广告主管，几十年如一日地在销售岗位上工作，将报纸上的广告位卖给圣费尔南多谷的中小企业。那时互联网还远未对报纸构成威胁，传统的纸媒新闻行业仍利润丰厚。他们算是北岭市普通的四口之家。邦妮的前同事梅琳·阿方索曾如此评价她："她一直很幸福乐观，从不说别人坏话，深受客户喜爱。"

邦妮工作表现优异，有韧性，有魅力，以其出色的销售能力和魅力赢得了客户信任，在报社享有盛名，而儿子卡兰尼克也继承了这一品质。前同事回忆说她总是笑意盈盈，同时内心也有竞争意识。

辛苦工作了一天后，邦妮回到家中，下班时间都在照顾和陪伴特拉维斯和小他一岁的弟弟科里。

特拉维斯·卡兰尼克与母亲特别亲近，在他出人头地后，邦妮的朋友说她对儿子无比自豪。30多岁离开家后，特拉维斯每年都会回到洛杉矶与家人共度圣诞节。邦妮的一位朋友回忆道，每年圣诞季她都在厨房和客厅忙前忙后，为家人准备节日大餐，确保儿子吃得好。她还一直将报纸上详细报道儿子成功事迹的文章剪下来，给所有的朋友、邻居和访客看。

特拉维斯后来曾这样说起："母亲毫不掩饰自己的爱，她一走进房间，整个房间就会瞬间充满她的温暖、微笑和喜悦之情。"

邦妮对特拉维斯的信心从未动摇。他在学校里从来不是最受欢迎的孩子，在创业阶段也不是一夜成功。在优步大获成功前的很长一段时间里，他都被视为创业失败者。当他试图将公司的产品推销给新客户时，他们一个个都大门紧闭；当公司终于要被科技巨头收购时，机会却在最后一刻被撬走了；创业生涯早期最亲近的一位咨询师和投资人背叛了他，他立马就转身找了新的风投公司。一位朋友形容他像只斗牛犬，被踹被摔，被命运绊倒，但无论遭受怎样的挫折和打击，他永不言弃。

在2014年的一次采访中，当采访人问他父母他的坚韧从何而来时，邦妮举起了手，说道："在报社工作时，我对别人拒绝推销早已习惯，所以我知道那有多难，但我对他抱有希望。他有决心，坚韧不拔，做自己认定对的事时决不退缩。"

如果邦妮是这个家的右臂，那毫无疑问唐纳德就是左膀。作为一名土木工程师，他大部分时间都服务于洛杉矶市政建设，如洛杉矶国际机场以及城市其他部分的项目。

唐纳德与邦妮的婚姻已经是他的第二次婚姻了，27岁时他曾与一个年轻女人结婚，但之后因性格不合而离婚。前妻与他生了两个女儿，也就是特拉维斯和科里同父异母的姐姐。再婚后，他仍与前妻维持着不错的关系。

唐纳德自认为善于分析、思考，热衷逻辑、规则和复杂体系。父子在一起时往往不是谈论橄榄球赛或棒球赛，而是一起完成儿子学校布置的科学项目。他们曾一起造出过变压器，儿子喜欢称父亲为捣鼓小发明的人，他也确实是这样的人。

唐纳德后来对记者说："我喜欢建筑。开车经过一个建筑时，谈谈自己在这个建筑的建造过程中做了多少贡献，是件美好的事。"他先在两年制技术专科学校读预科，后来转到大学获得了工程学学位。对数学和与数字有关的一切，他都得心应手。

唐纳德对儿子们很严格，对他们寄予厚望，也将他们带入了计算机的世界。在特拉维斯小的时候，唐纳德就购买了家中第一台计算机，让儿子开始接触编程，于是特拉维斯上初中时就学会了编程。虽然他最终没能掌握编程语言，而是更愿意思考产品和用户体验的问题，但早期与科技接触而产生的思维习惯留了下来。他注重高效，讨厌无谓的浪费与低效。软件和互联网的兴起推翻了陈旧和无效的体系，重建一新，对于这一点，他尤为赞赏。编码与编程给了所有愿意努力学习和工作的人改变原有的体系乃至世界的机会。

特拉维斯·卡兰尼克从父母身上继承了一些特质。他是个早熟的孩子，继承了父亲的数学基因，在同学用纸笔进行演算时，他便能心算并快速说出答案，令人惊叹。母亲的推销能力也在他身上很好地体现出来。他和父亲都是基督教青年会印第安人向导青年组织的一员，在该组织年度煎饼早餐募捐活动中，他筹资最多。他每天在小区附近的杂货店待上好几个小时，招揽顾客，为组织募集资金。他富有魅力，坚定执着，不知疲倦，善于竞争；到了晚上，常常是父母把他从杂货店硬拉回家。

随着年龄的增长，特拉维斯·卡兰尼克仍保持着竞争意识。他是在帕特里克·亨利读的中学，学校位于距北岭市仅半英里车程的格拉纳达山上。在学校里，他热爱运动，坚持跑步、打橄榄球、打篮球，体格十分健壮。11岁时，邦妮所在的报社发了一篇文章，称赞他是平均绩点 4.0 的篮球运动员，他也因此得到了一个巨大的奖杯，比他所在的篮球队获得区冠军时的奖杯还要大。

颁奖嘉宾对特拉维斯和他的同学说："体育运动的成功不是偶然的，靠的是刻苦训练与坚守纪律。当你理解纪律的奥妙时，你便成功了一半。"

尽管拥有这些才能，但他的中学时代过得并不容易。大一点的孩子开始盯上了这个瘦高结实的小孩，或许是因为他的聪明才智，或许是因为没有穿年轻人该穿的衣服，又或许是因为他不知道如何表现得酷酷的。他在学校不断遭受霸凌，在某种程度上也是因为他小时候缺乏情商，没什么亲密朋友可以谈心。作为能快速进行复杂心算并获得更高分数的数学奇才，他成了活靶子。他是一个怪才，而在他所就读的初中，怪才都会遭到霸凌。

在初中的某个阶段，卡兰尼克决心不再忍受霸凌，转而奋起反抗霸凌者，甚至开始霸凌其他人，以此转移霸凌者的视线。这样一来，自然少不了有些打斗，最终，他对别人的霸凌行为使其在酷酷的霸凌者群体中有了一席之地。

高中时，他穿上了所谓的年轻人应该穿的衣服，与其他人一样有了女朋友，也和一些"酒肉朋友"出去玩。在他弄清楚如何融入团体后，他的生活变得轻松多了，他成了穿着时髦的少年怪才。

卡兰尼克的创业精神也不断得以展现。十几岁时，他就在社区里挨家挨户推销卡特科刀具。一次次冰冷的回绝磨炼了他的销售能力。当他后来需要筹集资金成立初创公司时，这些过往和经历都成了宝贵的财富。20 世纪 80 年代的某个夏天，他成功卖出了价值两万美元的刀具，这是连年长他一倍的公司销售员也实现不了的销售额，他却轻松地做到了。后来他每多卖出一把刀，佣金就会更多。

他不满足于只为大公司做销售。18 岁时，他决心和同学的父亲合伙开展 SAT（学术能力评估测试）备考服务，这个看似奇怪的组合最终取得了不俗的成绩。他们将业务命名为"新式学堂"，以工作坊的形式，由特拉维斯授课，讲授应试策略，并给一屋子 16 岁左右的学生做例题、进行测验。他将此看作演练和推销的另一种方式。

卡兰尼克本人的 SAT 成绩不俗，获得了 1 580 分的高分，距满分仅差 20 分，并且在考试中提前很久就做完了数学部分的试题。

朋友们记住了他惊人的数学能力。一位朋友和前同事肖恩·斯坦顿回忆道："我们曾开车经过洛杉矶的小镇，他看到路牌显示我们距目的地 17 英里，他看了一眼车速表上的平均速度，几秒钟内就不假思索地说出我们需要多久才能到达目的地。我想说的是，还有什么人的脑子能这么好使呢？"

综合他的学业成绩和业余爱好，卡兰尼克绝对能去上自己心仪的大学。最终他选择了离家近的加州大学洛杉矶分校，在那里，他第一次真正遇到了建立初创公司的机会。

特拉维斯·卡兰尼克在加州大学洛杉矶分校就读的那几年是互联网发展历史中至关重要的时期。1998 年，人们主要是通过缓慢的调制解调器或者拨号的方式上网。那时每秒 28.8k 的数据传输速度都算得上非常快了。下载一张图片得花上好几分钟,而一首3分钟时长的歌得下载半小时,这还得是在很幸运的情况下。

但是,大学校园为诸如卡兰尼克这样的年轻科技人提供了设备升级。20世纪末,许多大学为在校学生提供校园网,通过"T1"线路连接互联网,而T1线路使用光纤电缆传输,依靠数字信号连接,而不是大多数电话线使用的模拟信号。通过光纤传输,网速可达每秒1.5MB(兆字节),这意味着像卡兰尼克这样的学生在学校上网,要比在家拨号上网快1 000倍。过去需要几小时才能下载好的文件,现在几秒钟就能打包下载完毕。

卡兰尼克攻读计算机科学和经济学双学位,并且加入了计算机科学本科生学会,因此能置身快速扩张发展的领域。

他和计算机科学专业的朋友们充分利用了校园网的T1连接:一起玩《雷神之锤》《毁灭战士》《星际争霸》等游戏并互相切磋;文件共享也很常见,组员频繁下载和交换音乐、电影和图片,交换文件就像交换棒球卡一样轻而易举。

他后来回忆,当时他们中有一个人突然想到说:"如果我们能有一个页面,可以直接搜索这些东西,那该多酷啊!"这个构想就是建一个中心枢纽,就像他们一直用的互联网出入口,能够搜索任何所需的媒体文件并下载。这会比朋友之间互发邮件传递文件有意义多了:全世界所有人都能使用这一文件。

卡兰尼克所描述的其实就是著名的文件共享网络企业纳普斯特公司的原型,尽管当时他自己也没有预料到未来会怎样。肖恩·帕克是该公司的联合创始人，也是一位互联网创业者，之后在脸书早期阶段担任马克·扎克伯格的顾问。

后来，卡兰尼克与6位朋友一起创立了"搜索网"，这是一个类似于谷歌的搜索引擎，能够搜索数百万文件并将其下载，和纳普斯特类似。后来，他称自己为搜索网联合创始人，但他的朋友对此身份提出了异议。最后他分管公司的销售和营销。

大四时，卡兰尼克决定辍学，全心全意投入搜索网进行全职工作，希望能效仿比尔·盖茨和后来的马克·扎克伯格这样的创业者。辍学这事儿让他的父母很不高兴，但他们多年以后才告诉他。辍学后，他名义上住在家里，但却在两居室的公寓和6位合伙人度过了所有时间，包括工作、吃饭和睡觉。

搜索网虽然没有明确的商业模式，但他和朋友们深谙硅谷的准则，即公司成长至关重要，因此很快有了盈利模式。

对他来说，工作就是一切。他没有时间与朋友叙旧，也没有交女朋友。搜索网的一位前同事说，要想和他建立人际关系，你得和他一起工作。除了父母和同事，他几乎不和其他人交往。

卡兰尼克一门心思投入公司运营，想要把公司做大做强。他不洗衣服，房间地板上的衣服堆积如山；向朋友借钱后也会忘了还；几星期才查收一次邮箱里的信件。据一位关系亲近的人回忆，未拆封的信件都快堆满他的床头柜了——万事工作优先。

像脸书一样，搜索网在使用宽带连接的大学校园里风靡一时，因其能帮助学生快速下载非法文件而备受赞誉。不久，搜索网在文件共享领域的市场份额便与纳普斯特不相上下，尽管其优势在于搜索文件而不是音乐。

当地报纸和全国性报纸陆陆续续对搜索网进行了报道，他们的团队终于引起了投资人的注意。卡兰尼克期盼了数年的时刻终于到来了。他回忆道："当时服务器成本在增加，通信量负荷将满，我们的钱很快就要用完了。"在初期，他们可以悄悄运作搜索网，利用校园网免费的服务器，创始人也没领工资，创始团队的 6 位成员向亲朋好友借钱，以此完成一轮小型的初期投资，作为启动资金。

但他们很快就意识到，如果搜索网要扩大规模，应对激增的客户需求，那么就需要吸引真正的投资人来协助解决问题。

朋友的朋友将搜索网团队介绍给了两位风险投资人——雷恩·伯克尔和迈克·奥维茨，希望他们能帮助搜索网提升到新的高度。而这两位投资人将彻底改变卡兰尼克对风险投资的观点。

伯克尔是亿万富翁，因慈善事业、私募股权和尤卡帕风险投资公司而为人知晓。奥维茨是洛杉矶娱乐产业的传奇，是创新艺人经纪公司的职业经纪人兼联合创始人，而创新艺人是全世界知名度最高的文体机构之一。他还曾担任迪士尼公司的董事长，但当时的CEO迈克·埃斯纳不留情面地将他赶下了台。

两位投资人为搜索网提供了有关投资的细则，规定了投资的资金能换取公司多少比例的股份等细节；还包含了一条"禁止他人投资"的条款，意思是当公司和奥维茨协商签订最终协议时，公司不得向其他投资人寻求资金。

公司成员虽同意签署协议，但深陷于与奥维茨关于细节的各种谈判。最终，资金用尽，账单堆积，公司成员只有两个选择，要么签署协议，要么前功尽弃。卡兰尼克致电奥维茨，希望他能开诚布公，让公司与他的合同作废，因为他看上去根本不会签署协议。

卡兰尼克告诉奥维茨："我们的资金即将用尽，很明显你并不想投资，我们需要寻求资金支持。"如果奥维茨不马上注资，卡兰尼克就得去别处筹资了。

三天后，奥维茨因搜索网违反"禁止他人投资"条款起诉了它。

卡兰尼克勃然大怒，本应拿出资金支持他和公司的投资人之一，竟然因公司创始人违反合同而起诉它。

后来，他和其他企业家谈起此事，说道："这个爱好诉讼的洛杉矶大人物起诉了我们，你们觉得还会有其他人投资我们吗？没可能了！"

奥维茨的方法奏效了。为了让公司继续运营下去，搜索网团队决定同意他苛刻的条款。于是风险投资公司用 400 万美元收购了公司一半以上的股份，实际控制权也不再属于公司的创始人了。但是，这次与风险投资人谈判的教训，让特拉维斯·卡兰尼克在之后的许多年都铭记于心。

接着好莱坞也决定反击。1999 年 12 月，美国唱片业协会起诉纳普斯特公司，要求赔偿 200 亿美元，以此传递以下信息：任何想要建立文件分享公司的创业者都会遭到起诉，身败名裂。6 个月后，它联合美国电影协会和其他 36 家公司一同起诉搜索网，要求赔偿

2 500 亿美元。

在娱乐业漫长的摸爬滚打中，奥维茨学会了见机行事、见风使舵。他在好莱坞的朋友开始对这位超级大佬推广文件共享初创公司的行为怒目。因此，他运用特殊渠道，巧妙地回避了与搜索网的关系。《纽约时报》援引了一位熟悉奥维茨的人的话，说这位大亨在与这个初创公司的交往中变得越来越不安，搜索网被起诉前几个月，他还曾致信其 CEO 和董事会，表达了对版权隐患的担忧。

诉讼一经提起，奥维茨就聘请了一位投资银行家，出售其搜索网的股份，而此举是对搜索网的第二次背叛。

这一诉讼对每位创始人都造成了伤害，但对卡兰尼克打击最大。因为搜索网是他第一次真正去尝试创立公司，并全心全意地投入：从大学辍学，舍弃了可观的薪水，搬回了父母身边，放弃了谈恋爱的念想。

此外，卡兰尼克发现自己享受创业生活。随着搜索网越来越受欢迎，他喜欢人们将其与许多人常用的知名品牌相提并论。他学会了如何谈判，与合伙人一起制定维护重要客户关系的每一个步骤。他喜欢签订协议，逐步建立了与好莱坞的联系，他喜欢这种不断开拓、不断成长的生活。

诉讼这一磨难结束后，卡兰尼克精疲力竭，沮丧万分，一天睡14~15 个小时。他们曾看好搜索网会成长为全球媒体风向标，如今他眼睁睁地看着它在破产法庭上被瓜分出售。

卡兰尼克万念俱灰，发誓再也不会被奥维茨这样的人玩弄。

第三章　后唱片时代的忧愁

尽管美国唱片业协会摧毁了搜索网，奥维茨也中途背叛，卡兰尼克走出破产法庭时仍带走了一些钱。他曾认为搜索网价值数百万美元，倘若他再早生几年，住在往北 500 英里外的地方，这一想法就有可能实现。

当他还是本科生时，旧金山的市场街南区就是孕育互联网公司的奇境。20 世纪 90 年代，第二大街和布莱恩大街角落处的许多通风阁楼就容纳了数十家渴望转变网络方式的创业公司。还有一些公司坐落于南方公园内，诸如比价网站、宏媒体和 Substance 软件等公司，该公园是位于第二大街和第三大街间的舒适绿地。《连线》杂志离它们仅一街之隔，近水楼台，详尽万分地报道了互联网时代的兴起。

搜索网时代，卡兰尼克的创业生涯才刚刚起步。作为一个旁观者，他看到身边涌现的众多初创公司开启了一种文化，即坐拥雄厚风投资金和持续发展的互联网美好前景支持。

　　散户对公司价值的预估飙升。一些零利润且巨额亏损的公司也估值高达数千万美元。1990—2005 年，有超过 4 700 家公司上市，其中许多没有主营业务。它们上市后，股价开始暴涨，如宠物网（Pets.com，狗粮运送）和维普网（Webvan，杂货服务）等。投资人都涌入投机性的新型互联网股票市场，投资银行家也催促毫无经验、刚起步的互联网公司赶紧上市，因为每一次上市，他们都能从中得到佣金。

　　有一些公司确实是很好的投资标的，例如，亚马逊、易趣网、普利斯林和奥多比等。它们从 20 世纪 90 年代的网络时代成立的公司中脱颖而出，能做到其他同时代公司做不到的一些事，即建立可持续的主营业务。

　　20 世纪 90 年代，硅谷的经济已经产生了泡沫。由于当时联邦利率极低，大量投资资金涌入，抢筹廉价资本。那些资金多数注入了新成立的公司，这些公司转而又将这笔钱用来向其他互联网公司购买服务器、宽带和其他 IT（信息技术）设备，人为地制造了公司收入增加和成功的假象。此外，华尔街的金融顾问们也极力推荐科技股，鼓励普通投资者将积蓄投入互联网初创公司，将其描述为具有良好长期增长潜力的投资标的。

　　硅谷出现了围绕互联网公司而建的完整生态系统（有一句古老的著名旧金山格言：在淘金热时期，卖铁锹都比真正淘金要好）。以 25 000 美元的起价，初创企业网的员工便能帮新公司寻找办公室，挑选办公用具，甚至设计员工薪酬软件。

　　1999—2000 年，为了应对这泡沫泛滥的市场，同时也因担心发生通货膨胀，美联储于短时间内连续几次提高利率，关闭自由流通资本的水龙头，回笼资金。反过来，这也逼迫许多初创公司必须依赖真实的营业收入，而不是风投资本人为注入的资金来生存，但许多公司都做不到这一点。有太多公司从彼此那儿互购产品，因而经济下行伤害了该行业的所有公司。一位投资人将此情形比作威利狼（Wile E. Coyote，一只美国卡通狼，最经典的动作是它拼命地往悬崖方向跑，跑很远才突然意识到自己已经双脚悬空，于是瞬间开始笔直下坠）集体逃窜时刻。初创公司从悬崖边滑落，当它们驻足往下看时，发现已双脚凌空，踩不到地面了。数以百计的私人公司因无法找到更多投资，只能破产；有的上市公司的股票也暴跌至几美分。

　　木星研究公司前金融分析师罗伯·莱登回忆道："泡沫破裂后，我走进位于华尔街的办公室（邻近第八大街和汤森街），沿着走廊一路都是原先各种初创公司的办公室，公司已然倒闭，办公室都空空如也，门前堆着数周的《华尔街日报》，窗上也贴着联邦快递好几个月投递不成功的通知单。"

　　他并没有夸大其词。沿 101 号高速公路延伸至帕洛阿尔托，路边的广告牌还在做着宣传，而宣传的互联网公司却已经倒下。一个名为"倒闭公司"的网站出现，专门长期记录创业公司的倒闭进程。2001 年夏天，市场街南部地区 1/5 的办公区域都空置了，仅仅 18 个月前刚创下新低的 0.06% 空置率再度大幅上升。旧金山境内的平均房租骤降 300 美元，克雷格列表网站却异常火爆，成百上千的机箱、监视器、服务器和其他硬盘库存正待出售，其中一些是只用了短短几周的二手货。

随着这些公司清算破产，原来的员工开始搬离这一区域，甚至离开加利福尼亚州，到别处寻找工作。有一些人开始转向别的行业寻找工作。2001 年，瑞恩·弗雷塔斯在被沙宾特数字和 IT 咨询公司解雇后，成了一名餐厅二厨（尽管算得上是高端的一类）。当然，他后来成为优步产品设计主管，但这是后话了。

莱登又说道："那时旧金山若还有人想要创立公司，那他肯定是彻底疯了！"

显然特拉维斯·卡兰尼克就是那样的疯子。

搜索网刚倒闭不久，卡兰尼克立即与原创始人之一的迈克·托德开始了头脑风暴。短短一段时间，两个人设计出了被卡兰尼克称之为"复仇业务"的红标公司，想对美国唱片业协会、美国电影协会，以及其他起诉他们并摧毁搜索网的公司进行反击。

卡兰尼克说："这次我们采用点对点的对等网络技术，与之前的 33 个诉讼当事公司合作，将他们转变为客户。"新公司的想法与搜索网类似：红标利用网络中连接的用户节点电脑，更高效地在系统之间传输文件。但这一次，这些文件不会成为违法下载的文件，而是由媒体公司主动提供。他会说服美国唱片业协会、美国电影协会和其他人聘请红标公司，通过电视机顶盒或家庭电脑向付费用户提供诸如视频、音乐等多媒体文件。

无论是传输计算机字节，还是通过卡车运输实物，这种效率都令他着迷。归根结底都是一个想法：将某物从一地转移到另一地，最快捷简便的方法是什么？

创立红标公司让卡兰尼克得以第一次踏入创业公司的瓦尔哈拉神殿——硅谷。不幸的是，他到来时，创业氛围大势已去，人去楼空。2001 年秋，他在帕洛阿尔托开会，试图将自己的公司介绍给投资人。街上空空荡荡的，他说："街上只剩随风飘散的蒲公英了。"

刚开始，卡兰尼克与红标的潜在投资人关系恶劣。几个月前，这些投资人刚刚因经济泡沫破裂而损失惨重，如今他们嘲笑卡兰尼克，让他滚出房间。很多时候，他甚至都找不到投资人来开会。但他还是坚持了下来。

其他投资人前来参观红标公司，认为这不过是阿卡迈科技公司的翻版。阿卡迈是一家网络软件公司，卡兰尼克的初创公司与其模式最为接近。在破产之前，阿卡迈市值 500 亿美元。泡沫破裂后，其股价暴跌，市值急剧缩水至 1.6 亿美元。投资人认为，即使卡兰尼克蹒跚起步的初创公司的确有潜力，投资该公司也无法获得他们想要的超额回报。

后来，卡兰尼克自己也意识到了这种努力徒劳无功，他曾说："2001 年 1 月，我想创立一家网络软件公司，现在想想，当时真是荒谬至极。"

但在当时，他们仍一往无前。卡兰尼克在紧邻旧金山南部的圣马特奥市开了一家商店，从旧金山出发，沿高速公路花不了多长时间即可抵达，在硅谷以北约 30 分钟车程内。

　　一开始创业团队就不喜欢卡兰尼克的领导，6名工程师无薪工作了几个月后想要离开，他恳求他们留下。有一次，公司资金即将用尽，一名员工偷偷挪用了公司工资税预扣税款，用于维持日常开支。这一笔钱是公司预留缴给美国国税局的税款，那名员工拍拍屁股走人了，而卡兰尼克却背上了责任。一名顾问后来告诉他，公司可能因此存在税务欺诈。这一事件在他心里揣了好多年，他感觉被同事出卖，置身于法律风险中。正因如此，多年之后，他仍对身边亲近之人难以产生信任感。

　　红标公司艰难度日，但无论如何，他一直维持着公司运转。现金流成了每月的难题。就在他决定停业的前两周，终于有一家有线电视和电信公司同他们签下了一笔15万美元的协议。尽管过程艰辛，但他最终也感谢这一经历，教会了他站在弱者的角度去谈判。

　　一家风险投资公司曾承诺注资1 000万美元，但后来因投资人不同意其他投资人加入该轮融资而破裂，注资未能兑现。卡兰尼克又一次感到，那些投资人丝毫不关心自己和公司，还把他的公司搞砸了，这给他留下了很不好的印象。之后在描述这一事件，并谈到他对风险投资人的厌恶时，他会模仿童年时西海岸饶舌巨星史努比狗狗和德瑞博士的口吻说："那些人啥都不是，就花招和伎俩多！"

　　公司资金将近枯竭，卡兰尼克在最后关头与一家科技公司签订了合约，让公司又得以续存几个月，然后他试图让公司业务增值，再吸引新的风险投资，带领公司在未来的一年或更长时间里渡过难关。在后来的几年里，他的公司一直这样循环往复。他说："这一循环以奇怪的形式让我继续前进。胜利的曙光总是在前方不远处，我几乎马上就要尝到甜头了，却总也尝不到。"

卡兰尼克最痛苦的经历发生在瑞士达沃斯，这是世界上最富有和最有权势的人参加的年度精英会议——达沃斯世界经济论坛的举办地。他设法获得了该论坛的邀请函，当时他正与美国在线公司磋商一笔每年 100 万美元营业收入的协议，这可是一个利润丰厚的合作伙伴。就在谈判即将成功时，他收到了来自公司最后一位工程师的邮件，告诉他搜索网的前同事迈克·托德伸出橄榄枝，邀请他去谷歌工作。要知道，即使之前几个月都没有按时发放工资，这位工程师始终没有走。

最后一位工程师也走了，这实在是糟糕透顶。这一消息登上了"倒闭公司"网的首页，红标的窘境传遍了硅谷，这一不幸简直成了噩耗。连锁反应就是，最终导致红标公司与美国在线的谈判破裂。

终于，2005 年，卡兰尼克缓过劲来了。他与亿万富翁、投资名流兼达拉斯小牛队老板马克·古班在一个网络论坛留言板上展开了激烈的讨论。他推崇端对端技术，但古班认为他大错特错。尽管古班不认可这一技术，但他欣赏卡兰尼克的努力与韧性。他私信卡兰尼克，提出要给他的公司投资 180 万美元。这笔钱至关重要，是公司的救命钱，促使公司与一些重要合作者签订了更多合同。另一笔投资来自硅谷著名的八月资本公司，为公司注入了更多的活力。而卡兰尼克失望的达沃斯之旅也出现了一线转机：他遇到了最大竞争对手阿卡迈科技公司的 CEO，与其接触并取得了进展。最终在长达 6

年的不懈努力下，他达成了迄今最好的交易：以将近 2 000 万美元的价格将红标公司卖给了阿卡迈，税后他个人净赚约 200 万美元。

经历一番艰难跋涉，卡兰尼克终于功成身退，得以喘息。他再也不用为了维持生计全天候工作，再也不用住在父母家中四处寻找下一份合约，再也不用去西夫韦超市淘特价甩卖的拉面和其他食物了。

交易完成后四个月，卡兰尼克在旧金山卡斯特罗地区购置了一套公寓。该公寓位于城中最高的山上，可以尽览旧金山湾区风光。他终于能花时间放松身心，享受吸引全球精英涌入旧金山的奢侈品了。手持不断升值的阿卡迈公司股份，他也能携女友尤安可与初创公司时期的朋友一同游玩，聚会放松。更重要的是，他还有时间思考接下来的计划。

除了在初创公司领域混战 10 多年，卡兰尼克还积累了大量实践经验，对领导力产生了新的理解。他现在处于一种受困心态，认为周围的人都是危险的敌人，并对公司生存之道产生了类似于达尔文主义"适者生存"的观点。

卡兰尼克说："经营公司时，周围会有各种阻力将你拉下马。最终能在混战中生存下来的 CEO 才是真正有能力的。"

更重要的是他吸取了宝贵的教训：永远不要相信风险投资人。

后来，卡兰尼克与一群创业者谈到其早期创业经历时说："风险投资人表面都对创始人很友好，给予他们高度赞扬，戴高帽，谦虚地自称为微不足道的风险投资人。然而，他们的天性就是猎杀、驱逐初创公司的创始人兼 CEO。事实就是这样。"

第四章　新经济

特拉维斯·卡兰尼克出售了红标公司，此时一场危机即将爆发，席卷全美。

那是 2007 年 4 月。美国银行多年来一直给初次申请借贷的次级购房者发放贷款，之所以将他们划分为"次级"，是因为根据过往的金融记录和收入历史，他们并无资格申请和有能力偿还住房贷款。但 20 世纪末，国家财政政策发生了变化，致使银行为次级购房者办理的贷款数量创历史新高，银行与他们签订看似能承担得起的可调利率抵押贷款，然后将这些抵押贷款包装成金融衍生品，将其出售给其他投资者。

这一做法实际上是为经济崩溃装了个定时炸弹。那些签了可调利率抵押贷款的次级借贷者很快就将面临每月高额的还款数，一波又一波的贷款房主还不上贷款，最终造成违约，随后次贷市场上的失败波及了整个经济。美国需要数年才能从这场金融灾难中恢复元气，但有些人可能就此一蹶不振。

严重的金融危机随之爆发，联邦政府推出了一系列金融措施以缓和危机。2008 年 9 月 7 日，布什政府出手接管了美国最大的两个抵押贷款融资机构——房利美和房地美。时任财政部长亨利·保尔森承诺，向包括美国国际集团、摩根大通、富国银行等几十家世界最大的金融机构下拨数十亿美元的救助金。从 2007 年 9 月开始，到金融危机进一步蔓延，直至 2009 年，美联储将利率从略高于 5% 的水平降至有史以来的最低水平 0.25%。并且在接下来的 7 年里，这一触底利率保持不变。

通过这些措施，美国财政部和美联储阻止了全球经济的进一步失控。但在恐慌中，领导人重点关注的是华尔街，而不是科技巨头。为挽救银行等金融企业而大幅度降低利率，对技术人员和企业家有着深远的影响，尤其是对北加州 101 号公路沿线 50 英里的区域。

从某种意义上来说，互联网泡沫的破裂给硅谷带来的好处多于坏处。

金融危机将徒有其表的空壳公司和真正有价值的互联网公司区分开来了。在拉里·佩奇、谢尔盖·布林和马克·扎克伯格的带领下，新一代企业家对如何利用互联网的真正力量有了理解，并将其转为可赢利的业务。

有三个要素促成了像扎克伯格和佩奇这样的新一代企业家得以成功。首先，截至 2008 年，全美超过 3/4 的家庭都拥有电脑。而且，与 20 世纪 90 年代和 21 世纪初的情况不一样，数量如此之多的电脑都能连接宽带上网，全美一半的年轻人也都会为高速网络连接付费。越来越多的人能上网，对互联网提供新服务的需求也日益增长。

其次，创业者创办公司的门槛也迅速降低。亚马逊云服务完全改变了创业博弈的现状。2002 年，亚马逊将云服务作为技术项目启动，它在后来成长为亚马逊史上最成功的创新项目之一。

亚马逊云服务为无力承担自构基础架构或服务器集群费用的编程人员和创业者提供了云计算服务。如果说初创公司是幢房子，那么亚马逊云服务就是电力公司、地基和管道三者的结合体。它能保证公司业务的正常运行，因此公司创始人也就能将时间花在更重要的事情上，如吸引和招徕客户。

重要的是，亚马逊云服务的价格平易近人。有史以来第一次，计算机行业任何有创业想法和一点点现金的程序员无须花费大量资金来构建基础架构，就能快速创立公司，这都得益于基础架构构建可以外包给亚马逊，而自己只需专注于应用程序设计本身。

但第三个也是最重要的要素却在特拉维斯·卡兰尼克卖掉其创业公司两个月后才出现。这一要素将改变计算机行业的面貌和这个世界与设备交互的方式，超乎所有人想象。

2006 年年底，帕洛阿尔托，两名男子在阳光明媚的大道上走着，谈论着未来。

史蒂夫·乔布斯穿着他标志性的黑色高领衫和褪色的蓝色李维斯牛仔裤，在硅谷，他无论走到哪儿都被大批粉丝簇拥。那时他就已经很出名了。在向全世界推出了 Mac 系列电脑后，他帮助建立了最受欢迎的皮克斯动画工作室，后来又推出了 iPod（苹果公司设计和销售的便携式数字多媒体播放器）和 iTunes（一款供 Mac 和个人计算机使用的免费数字媒体播放应用程序）商店，两者结合，彻底改变了世界通过数字媒体听音乐的方式，他已三次为世界带来宝贵财富。

传记作家已开始在脑海中构思这位人物的传记了。那时乔布斯被诊断出患有一种罕见的胰腺癌，随着癌细胞入侵免疫系统，他很快开始变得憔悴。在他身旁的是约翰·杜尔，原先是英特尔公司的一名工程师，后来转为风险投资人。杜尔同样也是行业的巨人。他为人谦逊，尖鼻子上顶着一副细金属边框眼镜，看上去更像是在实验室制造硅芯片的人（他的确曾于 20 世纪 70 年代在英特尔干过这项工作），而不像是在硅谷四处奔波，帮巴拉克·奥巴马举办晚宴的人。

作为门洛帕克市著名的凯鹏华盈风险投资公司的合伙人，杜尔对网景公司进行了早期投资。网景最终成了全球首个消费者互联网浏览器。他也早早地就注意到了亚马逊的潜力，早在杰夫·贝佐斯还在西雅图一个破旧的仓库售卖图书时就关注他了。杜尔最负盛名的投资案例就是 1999 年斥资 1 200 万美元投资谷歌，当时谷歌还只是由寥寥几个工程师在车库中搭建运行的搜索引擎。5 年之后，谷歌公开上市并解除限制性股份，杜尔所持股份价值超过 30 亿美元，是其原始投资金额的 240 倍，回报率高达 24 000%。

但那天早晨，乔布斯和杜尔只是在北加州人行道上行走的一对好友，一同前往参加孩子的足球比赛。

两个人聊着生活，聊着家庭，聊着自己所在的这个行业。乔布斯停了一会儿，把手伸进口袋，掏出了一样杜尔从未见过的东西——那就是第一代 iPhone 手机。

杜尔好奇地盯着这个玻璃屏幕的方形设备打量，乔布斯对他说："研究这玩意儿差点折腾死我们公司。"乔布斯从未提前向杜尔展示过新产品，但和其他技术界人士一样，杜尔也听说过有关 iPhone 开发的小道消息。据说苹果公司已研究了好几年，在公司是由特殊团队操刀的最高机密。杜尔默不作声，他不想搅了乔布斯刚起头的兴致，不想让他又收起手机放回口袋。

乔布斯在街旁的橡树下来回踱步，继续说道："这手机里有许多新技术，把这些技术都装进这小小的机身已是非凡的成就。在这液晶显示屏后，我们配了 412 兆赫的处理器，一堆无线电设备和传感器，以及足以存储你所有歌曲的内存。我们真的做到了！"

他将手机递给杜尔，特别提到 iPhone 手机没有像黑莓手机那样奇丑无比的按钮（当时黑莓手机是许多专业人士青睐的主流手机）。它采用触屏设计，光滑亮泽，华丽万分。

杜尔小心翼翼地拿着手机，就像怀抱新生儿那般小心。这手机摸起来比他此前用过的所有手机都更好。他很诧异于乔布斯给他展示新设备。他将手上的手机翻过来观察其背面。在苹果标志下方的一行白色小字里，有条信息引起了他的兴趣，上面写着"8GB"。在当时，这一内存容量超越了任何一个人储存文件和音乐的空间需求。

杜尔把手机还给乔布斯，问他要这么大的内存做什么，乔布斯展颜微笑。

但是，杜尔已经明白了。乔布斯让数百万人从 iTunes 商城购买音乐，将其下载至电脑和 iPods，让这成为常态。如今，对 iPhone 手机的音乐和新应用程序（App）他也要进行变革。乔布斯正在开创一种新的计算方式，为移动互联网而生，要让口袋中的"掌上电脑"尽可能与 Mac 笔记本电脑一样能完成各种任务。他最终将其称为应用商城。

当机会摆在面前时，杜尔能敏锐地察觉到并努力把握住。

他对乔布斯说："史蒂夫，我明白你在做的事了，我也想参与其中，我想成立一个基金来助推你的计划。"

杜尔靠的是自己作为风险投资人的直觉。每隔几年，像他这样的投资人就会与机构合伙人碰头，聚拢几百万美元，新成立一个基金。然后，像杜尔这样的投资人就会用基金的钱去购买前景不俗的硅谷初创公司的股票。杜尔认为苹果的应用商城将为程序员开启新的领域，正如比尔·盖茨和基于 Windows 系统的应用程序开创的时代一样。而杜尔本人，正可以投资那些开发新程序的初创公司。乔布斯随即把手往下一挥，表示拒绝："不，就此打住吧。我不想要外界低劣的应用程序污染此款手机的品质，我不会让这事儿发生的！"

杜尔不再接着往下讲，两人接着径直走向足球比赛场地。他知道一旦乔布斯打定了主意，没人能改变他的决定，而且苹果开发软件的方法一直以来和盖茨的 Windows 系统对待第三方应用程序"来者不拒"的态度截然不同。但他觉得乔布斯错了，他觉得人们一定会迫切地想要在苹果漂亮的新设备上安装应用程序，最终苹果会妥协，让他们下载第三方程序。

在硅谷大街上随机挑选一位企业家，大概率你挑中的会是乔布斯及其苹果手机愿景的推崇者，苹果手机的愿景是"成为集 iPod 音乐播放器、手机和移动互联网通信设备于一体的产品"。

iPhone 从根本上重新构想了智能手机——光滑的玻璃显示屏上显示着琳琅满目的应用程序，像彩虹一样有绿色、蓝色和黄色等多种颜色。iPhone 的功能可以像企业级办公设备一般奢华，例如，收发电子邮件和访问互联网，开启移动计算。上下班通勤时间，你随时可以浏览互联网，无须携带 MP3 音乐播放器、手机和笨重的笔记本电脑；下午漫步于公园时，也不需要特意携带照相机就能拍照——一部 iPhone 即可搞定一切。

发明硬件已足够值得称颂，苹果公司还将在下个 10 年不断对其进行完善。但当乔布斯决定允许一大批所谓的"劣等的程序"进入苹果手机时，该设备才真正地腾飞。它们并没有"污染"手机的品质，反而迅速助其腾飞，飞得比乔布斯自己预期的还要更快、更高。

第二年春天，在两人上次同行几个月后，约翰·杜尔在他帕洛阿尔托的家中接到了乔布斯打来的电话。

乔布斯说："还记得你去年走路时提议的基金的事吗？"

杜尔立即反应过来他讲的是什么，他从椅子上坐起，说："是的，我记得，你重新考虑了吗？"

电话那头说："是的，我认为你的凯鹏华盈风投公司应该牵头做这件事。"

这一通电话震惊了杜尔。他很了解乔布斯掌权期间是如何控制苹果的。精干的英国设计师、乔布斯的长期密友乔纳森·艾夫主导工业设计，热情洋溢、才华横溢的高管斯科特·福斯特负责苹果移动运行系统、领导软件和应用程序开发。所有这一切都必须完美无瑕。让杜尔用几百万美元的基金启动大量新的手机应用程序开发，这将掀起的创新浪潮会比苹果过去曾应对的局面混乱得多。

但杜尔从不会怀疑眼前的机会，他提出从有限合伙人那筹集一亿美元的资金，这简直是一个天文数字，尤其是对于投资未经证实和测试的新型项目而言更是前所未闻。但他相信乔布斯，也看到了产品腾飞后在市场中的潜力。

如今，如果只是简单评价他们做对了选择，那实在是太过于轻描淡写了。

2006年以前，计算机程序员都在大公司或软件开发机构工作，如果想要让你的软件大卖，通常需要通过主流的软件发行商渠道进行推广。他们有大型的营销预算，与大型零售商签有协议。像百思买、凡科地带和巴贝奇家这样的地方，过道就像杂货店一样，摆满了一排排的台式电脑和Mac电脑。

苹果的应用程序商城完全改变了软件开发的模式。程序员只需借助苹果移动软件代码的创意和便利就可以进行软件开发。有了这两点，任何人都可以编制和发行自己的应用程序，并迅速推广给数百万人。在亚马逊云服务平台上启动服务器,脑海中迸发出一些代码,将应用程序上传给苹果公司审查，你设计的程序就有可能在几天内启动并运行。

用户在家打开苹果商城选购程序，就像走在百思买商城中挑选商品一样。只需要无线网络和几美元的费用，就可以在 iPhone 上不受限制地访问数百万个游戏和程序。

全世界的编码程序员都将苹果应用程序商城视为聚宝盆。他们听说了像史蒂夫·德米特这样的编码程序员的故事。德米特是位默默无闻的独立开发人，在几周之内和朋友合作开发了一款类似于俄罗斯方块的游戏叫《重力方块》，每次下载收取用户 5 美元。该游戏发布后两个月，他狂赚超过 25 万美元。苹果商城成立的最初几周，顶级开发人员每天都能从应用程序下载中获利 5 000~10 000 美元不等。

硅谷的其他投资人也纷纷效仿。风投资金见杜尔的凯鹏华盈投资公司投入大量资金给程序开发者，也开始紧跟节奏，寻觅旧金山湾区最好和最有前景的开发者。

几乎一夜之间，苹果商城变得像西部大开荒那样炙手可热。正如乔布斯和史蒂夫·沃兹尼亚克可以在他们的车库中构想出第一台苹果电脑一样，计算机领域下一次伟大的变革可能来自任何地方，并不只是像微软、奥多比甚至苹果这样的大型公司才有机会。帕洛阿尔托著名的风投之路沙丘路上的几十家风投公司有数十亿美元的资金流入旧金山的硅谷。

坐着安乐椅的计算机爱好者谈到加利福尼亚时眼泛金光。风投资金开始在 20 多岁的人身上进行投资，希望能恰巧资助到下一个巨星级应用程序。杜尔将这一现象称为"经济的应用"，这是一个超越网络和台式机的时代，聚焦移动便利性和独创性，苹果手机的成功为其提供了一切可能性。

杜尔这样投身风投行业的人很清楚这是如何运转的。应用程序商城用户非常多，对新软件也颇感兴趣，因此，由匿名神童编码开发的应用程序数量肯定会激增。但这之中最终能胜出并占领市场的应用程序都是由顶级风险投资人支持的，他们为这些应用程序开发者与大公司建立潜在的合作伙伴关系，建立更高效的人才招募渠道，提供战略建议，当然也注资数百万美元以加速其增长、助推其市场营销。

硅谷的顶级风投资本公司如红杉资本、凯鹏华盈、安德森·霍洛维茨基金、标杆资本和阿塞尔伙伴公司都开始网罗人才。他们想要寻找年轻、奋进、严格自律的创业者，寻找会将自己逼到极限和善于运用规则的创始人，寻找能在日常生活的小烦恼中发现创新机会的初创者。

他们尤其喜欢一位年轻创业者的想法，他已名利双收，却因在旧金山市中心打不到车而感到烦恼，他就是加勒特·坎普。

第五章　上层阶级的固化

加勒特·坎普很生气。

都已经是 2008 年了，在全世界最富有、最前卫的城市，他居然半小时都打不到车。

旧金山东西方向和南北方向都只有 7 英里，在这么个小地方，没车也能生活。但对无车一族来说，城中活动范围还是有点大，有时还是很烦人。

当然，也可以骑自行车穿梭于旧金山，但即便六级变速的车也难以征服像第维萨德洛街这么陡峭的坡。而且，凌晨两点想从酒吧安全回家，骑自行车也不是个事儿，要不就摔个头破血流，要不就等着收"酒驾"罚单吧。

虽然旧金山有快捷的通勤轨道系统——湾区捷运系统，但其车厢里的环境令人作呕，总是人满为患，布座椅套总是乌七八糟，根本无法满足近年来大批涌入湾区的年轻人的需求。而且捷运系统午夜不运行，也不是夜生活丰富的年轻人的理想选择。

　　起初这一点很烦人。坎普出生于加拿大，是一位坚定的创业者，读完商学院后就搬到了旧金山，梦想着壮大自己的初创公司——Web 2.0时代杰出的偶遇网。他对这座城市寄予厚望，因为这是一个希望之地，创业公司年轻的创始人能将公司不断壮大，甚至将其变为下一个火箭般蹿升的公司。

　　坎普很聪明，但终究不是史蒂夫·乔布斯。他生性内向，喜欢在旧金山倾斜的街道上散步，同时琢磨着怎样完善初创公司或解决问题。30岁时，他仍留着脏脏的金色短发，穿着刻板的牛津纺衬衫，流露出一股学生气。他很聪明，但有点怪异，能够解释互联网的复杂结构，但缺少像埃隆·马斯克那样的优雅和组织才能。他露齿而笑，看起来就更傻了，完全说不上迷人，一看就像是那种"邻家的创业者"。

　　不过跟他一起玩会很有趣。坎普喜爱旅游，喜欢品尝湾区的美食，热衷于泡热水浴，喜欢穿着正式去参加主题宴会。

　　在旧金山待的时间越长，这位加拿大人的穿着打扮就越接近本地人。他开始长发及肩，看上去有种新嬉皮士的感觉。从造型来看还真是百搭，说他是刚拿着冲浪板在长滩闲逛或是在冰激凌店对着苹果笔记本埋头工作都行。他后来还成了每年火人节的常客。火人节是内华达沙漠持续数日的狂欢节，西海岸成百上千的技术人员和嬉皮士每年都会赶来参加。

　　偶遇网使他声名鹊起，这是他在卡尔加里上大学时就已经构想出的早期社交网络，远比脸书的兴起早。该网站非常适合电脑上网时代：它将不同网站的用户随机聚在一起，为用户间的偶遇提供一些令人惊讶和愉悦的建议。它就像是红迪网的原型，连接、聚集不同的用户，为用户提供新鲜、刺激的经历和亚文化，给用户带去最大化的乐趣。

坎普在 21 世纪初建立公司时，这一想法还算不错。但到了 2007 年，随着移动设备的兴起，这一网站看上去就过时了。突然之间，投资的热钱都流向了移动设备应用程序开发，像偶遇网这种以电脑为基础的应用程序一下子变得与时代脱节了。

朋友们都清楚他是个倔脾气。如果有人直接对他发起挑战，而他认定自己是对的，就绝不愿意改变自己的想法。对初创公司创始人或 CEO 来说，个性顽固也许是件好事，但也得想法确实不错才行。如果想法本身并不可行，那么顽固激进的 CEO 看上去就不再是"严谨""有远见"了，而是"难以取悦"。

但是，坎普的偶遇网最终得到了回报。他将对网站的非议转化成了生意，以 7 500 万美元的价格将网站卖给了在线拍卖巨头易趣网。这笔钱对一家只获得 150 万美元融资的小公司来说很可观。他也很聪明，保留了很大的所有权比例，这笔生意使他成了有钱人。当他签下协议时既得到了钱，又留了名。这位年轻创业者的硅谷梦终于实现了。

即使坎普非常有钱，他也没法绕城逛街。旧金山的出租车系统太陈旧了，车队好似随意拼凑的古董，即使拼凑在一起，仍会散架。

出租车站点所有者也不掏钱对出租车进行维护。整个调度系统老旧不堪，站点派遣员接听乘客来电，然后将需求用无线电传输给在外扫街的出租车司机。乘客完全不知道打完电话后是否真的会有出租车出现。

出租车系统的不可靠，迫使坎普采取了一些极端措施和变通方法。其中一个办法就是给城里所有的大型出租车服务中心打电话，一个接一个地打，要求派车。他会坐上第一辆到达指定地点的车，其他陆续到达的车他可就不管了。这种做法虽然不妥，但他却认为很有效，毕竟大多数时候是出租车放他的鸽子。

他经常这么戏要出租车，出租车公司很快就识破了他的伎俩，都不派车去接他。坎普想："我被列入黑名单了，这可糟了啊。"

这个问题一直困扰着他。他曾尝试过昂贵的黑色专车服务，但当他和朋友们一起坐车时，协调所有的下车点显得麻烦透顶。他也会提前规划好时间，让选定的司机晚上去餐厅接他。但这也不完美，因为这意味着有时他正想好好享受一顿晚餐，却不得不匆忙结束赶去乘车。

卖掉公司后，坎普出手阔绰，买了一辆全新的梅赛德斯－奔驰汽车。但他不想开车，因为找停车位简直就是噩梦，就算好不容易找到一个车位，这个车位十之八九也是在 35 度的斜坡上。

坎普的烦恼没有解决，在旧金山乘车仍是一个问题，而且看似没人愿意投资解决这一问题。

看 007 系列电影时，坎普第一次有了个想法。

当时他正在位于南方公园新买的奢华公寓内放松，准备看电影。此地距推特构想最早的诞生地以及照片墙早期办公点仅几码之遥。通常当他没有什么想法的时候，他便会看他最爱的电影《007：大战皇家赌场》，此片于2006年翻拍，由丹尼尔·克雷格饰演邦德。克雷格所饰演的邦德不那么霸气，却别有一番酷劲儿。坎普喜欢他，可能在某种程度上是因为他所扮演的世上最厉害的间谍与自己有几分相似——脾气暴躁，留着金色短发。

接着坎普就开始看电影了。其中一个镜头是邦德驾驶着福特汽车穿梭在拿骚阳光明媚的街上，驶向巴哈马波光粼粼的大海边的度假胜地。

让坎普眼前一亮的是邦德驶过海滩时手机里闪烁的小点。他的手机是一款方形的银色爱立信手机，仍采用数字按钮式键盘，按后来的标准来看，其款式已经过时，微小的屏幕上显示着GPS地图。当邦德驾车驶过拿骚的景点，向海洋俱乐部驶去时，他看着手机屏幕上的自己——一个在深绿色的点阵式网格上不断移动的箭头。

这个镜头一闪而过，大多数人在电影院看电影时并不会在意。这个镜头意在展示邦德的炫酷装备，同时植入赞助商爱立信的产品广告，毕竟制片人也是拿钱办事。

坎普对这一镜头印象深刻。几个月前iPhone手机才刚发布，这是他见过的拥有最强大手持技术的手机之一（比邦德的爱立信手机可酷多了）。该手机具有无线网络连接、加速器以及未来能迭代拥有的GPS定位功能，这些恰恰是在地图上进行准确定位所需的三要素。

　　如果晚上不再需要花时间打电话叫车，如果能有一款应用程序来做叫车这件事儿，会怎么样呢？

　　更重要的是，如果用了这么个应用程序，自己是不是看上去就会像詹姆斯·邦德一样拉风？

　　让我们再谈谈特拉维斯·卡兰尼克，在 6 年的拼搏忙碌后，他也想放松一下。

　　获利 2 000 万美元后退出创业公司并没有使他成为下一个马克·扎克伯格，甚至也没有让他成为下一个加勒特·坎普。卡兰尼克和坎普俩人都于 2007 年卖掉了自己的公司，前后大概相隔一个月，都从买方公司那里收获了财富。但坎普明显做得更好，因为在硅谷这样的地方，比起点对点文件共享基础设施架构的公司，像坎普这样的热门消费者应用程序公司总是卖价更高，登上报纸后，新闻标题也更华丽，更能吸引人。

　　尽管如此，卡兰尼克的退出还是很体面的。他赚了足够多的钱，完全暂停了工作，有时间绕着旧金山游玩，也有闲情逸致对其他创业公司的一些事进行评论，以及参加一些早期投资基金举办的聚会。他生平第一次成为自由投资人，手里握着几百万美元，想要做点什么。

　　卡兰尼克最爱的电影之一是《低俗小说》，其中最吸引他的是由哈维·凯特尔扮演的角色。一天早上 8 点，他留着一小撮胡须，穿着贴身的黑色燕尾服，驾驶着银色讴歌 NSX 车在 9 分 37 秒的时间内飞速穿越了整个洛杉矶市（这是不可能的壮举），前来解决约翰·特拉沃尔塔和塞缪尔·杰克逊扮演的角色制造的尸体问题。这两人的车一团糟，鲜血淋漓。凯特尔所饰演的角色名为温斯顿，绰号为"狼"，他的工作就是在需要解决问题时及时出现并将问题解决。

卡兰尼克也想像温斯顿一样，能解决各种问题。购买了位于卡斯特罗的山顶公寓后，他开始在各种创业公司投入少量的钱，希望自己能帮那些公司解决些问题，在创始人急需帮助的时候挺身而出。

卡兰尼克也自称"狼"。如果你在应对焦躁的投资人时有困难，"狼"可以帮你解决；如果你不知道该怎么雇用新工程师，也可以找"狼"；甚至你在深夜对公司发展的下一步计划有些想法，想找人谈谈时，不要害怕，"狼"将一直陪着你。

卡兰尼克开始在个人博客上推广他投资组合中的公司，创建了他现有投资初创公司的主页，叫作 Swooshing。上面有他十分夸张的照片，就像创业公司牛仔，身穿珍珠纽扣衬衫，头戴传统牛仔帽，帽檐上还架着他的黑色太阳镜。自我推广是所谓的"天使投资人"的普遍做法。天使投资人指的是那些仅用五位数的投资和建议就从创始人那里得到公司很多原始股的小型风险投资人，那些股份有朝一日可能会大赚一笔。对卡兰尼克来说，写博客与不时出席创业者座谈会和鸡尾酒会并发表演讲一样，都是他营销自己的方式。①

卡兰尼克曾在一次为 20 多岁的年轻人定期举办的"创业者调酒

---

① 现在，风险投资人不能像从前那样仅凭背景就获得创业者的信赖。他们必须努力工作，使自己成为年轻创始人眼中理想的投资人，并且一有机会就要进行自我营销。

会"上，对一屋子年轻的工程师说："我投资的创始人总认为我是他们的'投资伯乐。'"在台上，他手持遥控器，轻点一下，身后的幻灯片映入眼帘：在他身后是上帝耶稣，身着长袍，头戴头巾，手中握着牧羊人的权杖。他又摁了一次遥控器，这次显示的是一只毛茸茸的猫边咬边拍玩具，他说道："我就十分好奇，怎么不把我当作像温斯顿一样的'狼'呢？我还是愿意当'狼'。"

虽说这一自我推销的方式半开玩笑，略显俗气，但卡兰尼克的招摇和自信至少引起了一些人的好奇。最终，他成功以个人名义注资于专注解决工作支出报告事项的费用管理程序，主营社交媒体管理的实时播报、数据收集管理的众苍云，专注社交网络的有问必答和其他6家公司。他最终考虑入股有问必答公司，因为在风险投资人和普通大众看来，社交媒体公司在那个年代都极具前景，发展迅速。

卡兰尼克开始买西装衬衫等正式服装，很少再穿蓝色牛仔裤、滑稽的运动鞋和彩色条纹袜等非正式服装。他对创业公司进行投资就像买油画一样，在线浏览个人资料就像在公寓里装了画廊墙欣赏油画一样。他对朋友宣称，那些投资组合犹如他的艺术收藏品。

对卡兰尼克来说，做一名"投资伯乐"不是生活的全部，他仍感觉自己还有更多可能。创立与出售红标公司期间，该经历的他都已经经历了。连续4年，他每天都听到上百次的拒绝，这会让任何一位年轻创业者的内心变得强大。这也激起了他内心想要战斗的一面，他标榜自己像漫威英雄布鲁斯·班纳一样，始终有一个"绿巨人"

藏在体内。

同时，作为一名全职投资人，卡兰尼克没有贪图安逸。他会对在风投和创业公司领域看到的不公正现象感到愤怒。他对一群年轻创业者说："公司业绩蒸蒸日上，收入激增，拥有超级有才能的高级管理团队，但风险投资公司总是试图将公司创始人赶出去。这是为什么？为什么要赶走创始人呢？我完全不明白，你们谁能告诉我原因吗？"这是他从一位成功的创始人的角度，在为自己投资的创业公司创始人辩护。

在卡兰尼克看来，风险投资人进行投资并非怀揣好意。他们不会像他一样试图改变行业现状，也不会做出哪怕一丁点改变，他们只在乎一件事：底线。

那几个月，卡兰尼克对自己夸张的宣传方式进行了完善。他参加了数十个创业公司的活动，在幻灯片前进行了一场又一场的宣传演讲。但他真正需要的是能展示他才能的地方，一个年轻的创业者可以前来和他讨论新点子的地方。他想为渴望通过技术的力量改变世界的年轻人创造一个安全的空间。不久之后，他的这一想法成了现实。他将他那装修简约、价值百万的卡斯特罗山顶公寓向创业者开放了，他将其戏称为"即兴舞台"创业者沙龙。

卡兰尼克把自己的公寓当作私人沙龙，就像非正式座谈会一样，技术人员可以尽情放松，陷进松软的沙发，喝着啤酒，吃着烤T骨牛排，对未来高谈阔论。他希望人们以"T骨"为绰号称呼自己，这与他的推特账号"@科纳T骨"一致，以彰显他的沉思和富有争议的格言，其头像也是血淋淋的牛肉。

但这公寓一点也不华丽，没有几件家具，也没有什么画作装饰墙壁，车库中没有法拉利跑车，客厅更是没有奢侈的伊姆斯躺椅。屋内光线昏暗，与其说是"创业者沙龙"，倒不如说更像潮湿的洞穴。朋友们认为，对他这种身份的人来说，这屋子的装修档次着实太差了，希望他能花大价钱摆些有趣的装饰品，这才配得上他对自己的创业公司投资有着如此艺术的称谓。但他从未想这样做，也从未考虑过装修的事。

最难忘的是网球比赛。卡兰尼克是任天堂 Wii 游戏机上的网球达人，很快就击败了他所有朋友和大多数全球在线积分的玩家。他手持白色塑料制成的 Wii 控制器，在几乎没有家具的空荡荡的客厅上下左右挥舞，看上去像科技界的麦肯罗或是阿加西（这两位都是网球名将），完胜倒霉的对手。

这套公寓主要有两个用途：一是供卡兰尼克睡觉，二是供他和他的技术伙伴一起探讨想法。用他的话来说，"即兴"就像在爵士四重奏或迷幻摇滚乐队中演奏，他对敢于冒险的人的热情和支持使他结交了一小群忠诚真心的朋友。他说这一切都源于公寓里的即兴沙龙。

他说："这些突发奇想最终能融合在一起，成为优美的乐章。"

加勒特·坎普脑海中的想法仍挥之不去。

旧金山的出租车系统糟糕透顶，但更糟糕的是大多数出租车公司都将他拉进了黑名单，他只好转而寻求黑色专车服务。他还搜集了一长串旧金山最好的私人司机名单，以便晚上需要出门时能叫他们的车。

即使这样也不完美。更多的花费、安排接送的烦琐和与友人共乘时设计路线的麻烦等都是问题，一切都太凌乱了。他需要最棒的出租车，那种他和朋友可以直接通过 iPhone 手机就能叫到的车，也就是"优步出租车"（ÜberCab）。

这是他脑海中设计的应用程序的名字，还有其他几个选项，如"最棒的出租车"。最终，他决定去掉"ÜberCab"上的元音变音符号，因为这会让美国用户感到困惑。要把手机打车这件事做成的想法在他脑中开始生根发芽，他和几乎所有的朋友都提到了这一想法，包括刚出售了公司脱身的企业家，刚在投资领域崭露头角的天使投资人——特拉维斯·卡兰尼克。

坎普与其他一些年轻的创业者一起参加了卡兰尼克家的沙龙，其中许多人都来自卡兰尼克关注或拥有股份的公司。他投资的创业公司的两位 CEO 大卫·巴雷特和卢卡斯·比亚沃德就是常客。他还资助了沙龙中的一位朋友梅洛迪·麦克洛斯基，梅洛迪之后创立了发型顾问这一美发行业的初创公司。

坎普也没闲着，他不停地跟人谈论自己对优步出租车的想法，没完没了地和卡兰尼克讲述创业的可能性。他问友人："你们知道出租车牌照一年可能要花 50 万美元吗？""你们观察过出租车站点是如何运作的吗？"他继续说道，破旧的黄色维多利亚皇冠车耗费一加仑油只能行驶 16 英里，几乎只能依赖无线电广播和司机的一双眼睛来寻找生意机会。他指出现有技术效率太低了，一定能找到提供更好乘车体验的方法。

坎普也没忘记介绍最重要的部分。等优步出租车做成了，他们会将其推广给人口密度高的城市中的职业人士。那些人重视自己的身份，喜欢独一无二的体验，正如身处俱乐部的这些人一样。优步出租车会实行会员制，保证每一位用户都是"受尊敬的客户"，所有的车都要使用顶级豪华车，比如那些你想乘坐出行并让他人见到的豪车：梅赛德斯－奔驰、宝马以及林肯汽车。坎普认为最理想的情况就是，公司成长为私人出行市场的领导者，年营业收入达数亿美元。最差的情况就是，为旧金山的高管提供小型私人专车服务，为他和所有朋友提供优质的出行服务。即使这一创业想法最终失败了，至少他的出行问题能得到解决。

坎普很卖力地宣传这一想法。在形容这事或那事"好"时，他都会用"Uber"取而代之，如"这辆车？很酷（Uber cool）！""晚餐吃美味的比萨？来一大片（Uber slice）！"他想让这一德文的介词不只是个介词，还想赋予它更多的意思，成为"好"的近义词。

坎普和卡兰尼克都喜欢这个点子，但问题是，他们俩谁都不想上手真正进行运作。在红标无休无止地工作了几年后，32岁的卡兰尼克想维持自己"狼"和"投资伯乐"的身份。当有朝一日他不再向年轻的创始人提供建议时，他希望自己能飞到欧洲、南非、东南亚等旅游胜地，满足自己深陷于创业公司泥淖时没有机会达成的旅游愿望。坎普还谈到，他想购置司机开的车和车库，卡兰尼克其实对这一点毫无兴趣。但也就是这个小细节，让卡兰尼克彻底丧失了兴趣。

坎普始终没有放弃创立优步的想法，最终在放弃购买车和车库后，他才逐渐说服了卡兰尼克和他并肩战斗。他们俩在去巴黎参加技术会议期间住在一起，好几晚都喝得酩酊大醉，伴着烛光在餐桌旁计算，争论每辆车能赚多少钱，他们是否应买下提供服务的车。回到家后，两个人都豪情万丈。虽然卡兰尼克考虑了好几个月，但坎普最终还是说服了他，和他签下了全职合约。

优步需要一位斗士来领导，与已然有序的出租车垄断联盟对抗，同时还要应对风投支持的竞争对手的残酷厮杀。坎普深知卡兰尼克担当此任再合适不过了，卡兰尼克自己也深有同感。

第二部分

第六章　让创业者创业

一个人适合某份工作，并不意味着这份工作对他来说会变得更简单。

创业是非常困难的。想要开发一款软件，创始人先得承诺给工程师一些公司股份，让他们同意眼下先少拿点工资，以将来的收益换取当下的拮据，再用同样的方式去逐一说服营销人员、销售人员和其他少数员工。创始人还需要搞定工资、财务和税务。如果他没有车库可以充当临时办公场所，还需要额外再租一间办公室。

创始人还得身兼数职，今天干着人力资源的工作，明天可能就要挑起会议发言人和公关经理的担子。创始人自己先得乐观，要充当公司的啦啦队长、心理咨询师，还要随时出手解决问题。在公司飞速发展的同时，创始人必须要平衡公司需求与员工个人需求，还不能冷落自己的妻儿。要是公司资金日渐短缺，创始人还得重回硅谷，去拉更多的投资。就算是拉到了投资也不能松懈，因为他还得达到那些投资人的要求与期望，让公司业绩保持持续增长。

即使创始人能够做到上述一切，也不一定能保证公司正常运转，因为还有可能时机不对。搞不好在创业想法实现之前，资金就已消耗殆尽，也有可能想法和现金流都没问题，但产品本身却无法吸引消费者。有金点子固然重要，但如何实现它才是重中之重。硅谷到处都是有好点子却口袋空空的人。在这个地方，第一个提出好想法的人并不一定能笑到最后。

坎普和卡兰尼克都不想接手创始人这个烫手山芋，这意味着要去管理那些定制的、接入应用程序的黑色豪车车队。因此，他们在推特上发布招聘信息，希望能壮大管理团队。

2010 年 1 月 5 日，卡兰尼克发文称："移动定位服务公司希望招募四位具有创业天赋的产品经理 / 业务开发员。公司正处于试运行阶段，资本雄厚，有大佬级人物坐镇。有没有推荐人选？"

彼时一个名叫瑞恩·格雷夫斯的 26 岁实习生正在刷推特，他刷到了卡兰尼克的推文。他很感兴趣，但为了显得不那么迫切，过了三分钟，他才在推特上回复卡兰尼克，厚脸皮地留言："这里有个人选。给我发邮件吧。（微笑）graves.ryan@gmail.com。"

然而，当时格雷夫斯并不知道，这条留言最终会使他成为一个身家超过 10 亿美元的富翁，而这也是他一生中最幸运的决定。

但在 2010 年年初，格雷夫斯还是个二十出头的年轻人，彷徨，迷茫。他不过是众多试图在创业领域大展拳脚的人之一，觉得临时在优步出租车工作似乎是一件很酷的事。

格雷夫斯身高 1.92 米，一头脏兮兮的金发，方下巴，体格健美，看起来像橄榄球队的队长。不过格雷夫斯在圣迭戈海滩边长大，常在太平洋的波涛中划船冲浪，用"浪人"作为他的昵称或许更贴切。每个周六，你都可能在海洋海滩或托玛琳冲浪公园附近见到他在玩耍。后来，格雷夫斯离家去俄亥俄州上大学，放弃了冲浪，转而选择水球运动并加入了学院兄弟会。他是科技界少有的态度温和人士，常常让人不由自主地放松下来。他的朋友和同事总说他情商很高，都交口称赞他是个"好人"，而这也是许多在硅谷掌权的工程师和分析师的典型特征。

格雷夫斯早早地就和创业结下了不解之缘。他崇拜史蒂夫·乔布斯、拉里·佩奇和谢尔盖·布林等企业家，崇拜他们仅靠一个想法和一台电脑就能白手起家，大获成功。格雷夫斯的汤博乐页面上贴满了杰夫·贝佐斯的照片、爱因斯坦的名言和埃隆·马斯克的文章。他最喜欢的是肖恩·卡特（即嘻哈天王 Jay-Z）的一句经典台词："我不是个生意人。但我整个人浑身上下都是生意。"

2009 年，格雷夫斯厌倦了在通用电气芝加哥医疗部门做数据库管理员的工作，他想找一份更酷的工作，比如供职于一家初创公司，也许去手机里眼花缭乱的这些应用程序的背后的公司工作是个好主意。四方网是其中一家他觉得不错的公司。这是一家活跃度很高、基于定位服务的移动支付初创公司，在硅谷精英公司中占有一席之地。他曾试图敲开这家公司的大门，但投往四方网的各种技术人员的简历汹涌如潮，他很快就被拒绝了。格雷夫斯没有放弃，相反，他有了一个更好的主意。工作日的晚上和周末，他开始在芝加哥的酒吧和餐馆里打电话，说服一些老板和经理签订生意时用四方网程序。格雷夫斯假装自己是四方网员工，并成功地在芝加哥地区新签了30个客户。之后他又试着投了一次简历，把这些新客户的名单附在简历后发给了四方网和其投资人。

这立刻给四方网的经理留下了深刻的印象。像格雷夫斯这样做事主动的人，往往能在初创企业中有亮眼的表现，所以，他们让格雷夫斯进入公司成为实习生，在芝加哥分公司从事业务开发。

在四方网工作期间，格雷夫斯发过一张照片，照片上是一个猿人的金属小雕像，反戴一顶棒球帽，头顶晃着一根骨头，旁边是一堆坏掉的电子产品（这张照片取自《2001：太空漫游》，这部电影算得上是大多数四方网实习生的爸爸辈、爷爷辈那个时代的产物）。这个有些丑陋的小雕像是克朗奇奖的奖杯，为的是奖励四方网开发出了那一年硅谷最好的应用软件。这是科技行业的奥斯卡"小金人"，格雷夫斯也想要一座属于自己的"小金人"。

为此，格雷夫斯开始参加初创公司的各种社交活动和欢乐聚会。同时，他还是 TechCrunch（美国科技类博客）、VentureBeat（科技博客站点）、《泰晤士报》、《华尔街日报》和 Techmeme（美国科技新闻和博客聚合网站）等媒体的忠实读者，追随科技的脉搏。他常常刷推特，关注所有风投家、科技公司的 CEO 和创始人的账号。他希望，有一天他能成为迈克·阿灵顿文章中的主角。万事俱备，只欠东风。所以，当格雷夫斯看到卡兰尼克的推特时，他果断抓住机会并留下了自己的邮箱地址。

两个人几乎是一见如故。格雷夫斯喜欢卡兰尼克的世故和"投资伯乐"的气质，卡兰尼克则对格雷夫斯的大胆、努力和干劲十足大为欣赏。格雷夫斯总是勇于挑战一切。此后不久，26岁的瑞恩·格雷夫斯成为优步出租车的第一个全职员工。

"我将在一家初创公司从底层做起，这样我才有机会改变世界，"格雷夫斯在离开中西部前在他的脸书上写道，"这是一个没有医疗保险的世界，一个夜晚依然人潮涌动的世界，一个有无数责任需要承担的世界。还有许多非常有趣的事情在等着我去挑战，这一切都让我热血沸腾。"

格雷夫斯和新婚妻子莫莉把所有行李打包装上卡车，告别他们在芝加哥的公寓，一路向西前往旧金山。

由于坎普和卡兰尼克都不想当创始人，所以他们决定任命年轻而又充满干劲的格雷夫斯为公司的第一任CEO。这让格雷夫斯欣喜若狂，他终于有机会可以证明自己也能成功创业了。

但好景不长。格雷夫斯的朋友们一直认为他拥有出众的能力，但事实证明，作为CEO，他表现得不尽如人意。在公司早期四处融资的日子里，在和风投家一起参加重要的会议，和他们讨论数据或其他话题的时候，他竟然会磕磕巴巴。尽管他自己满怀信心，但他从未真正说服这些风险投资人，从未从他们手里顺利拿到过投资。格雷夫斯不像坎普那样有组建公司的经验，也不像卡兰尼克那样具有快速处理数据的能力。他确实是一个有魅力的人，也一直努力工作，但仅此而已。虽然投资人对这个创业想法很感兴趣，但他们始终不认为格雷夫斯有能力实现它，更别说把它做大做强。

技术精英的惯常思路是：好想法很重要，但风险投资就是在正确的时间把正确的赌注压在正确的人身上。在评估一位创始人时，投资人会问自己："这个家伙——在有性别歧视的科技行业中，坐上这个位置的通常都是男人——有能力在未来带领只有几个努力的孩子的初创公司进入世界500强吗？陷入困境之时，这家伙还会坚守吗？我愿意在他身上押数百万美元的赌注吗？"格雷夫斯很讨人喜欢，但对大多数见过他的风投家来说，以上这些问题的答案都是否定的。

在格雷夫斯担任CEO之初，联合创始人坎普就曾在推特上隐晦地提到过优步出租车。他们还未对外宣布任何关于新公司的消息，但三人将其戏称为"隐形初创"，这是个用来吸引人的常用短语（不管一个项目是否能与此相称）。

坎普在推特上的把戏引起了罗布·海耶斯的兴趣，他是后来的首轮融资合伙人。他给这个公司发了邮件，提出面谈请求，很快，他就为该公司投资了近50万美元的种子基金；卡兰尼克在"即兴舞台"创业者沙龙时期结交的朋友克里斯·萨卡也投了一大笔钱，连同一些其他熟人一起组成了"公司顾问"，这是公司早期支持者的光荣称号。然而，在早期的种子基金投资人中，只有海耶斯和萨卡最积极地为公司出谋划策，而他们投的钱也将在未来某一天产生数亿美元的回报。

　　种子期融资为优步出租车提供了足够的发展空间，它也由此成为一家真正的初创公司。那段时间，大家都在海耶斯的办公室工作，几个月后，优步出租车团队在一个共享空间租了几张桌子，开始招募早期的团队成员。

　　海耶斯、萨卡和其他人都觉得格雷夫斯是一个很好的人，但也都一致认为他并不适合当 CEO，必须得换人。卡兰尼克、坎普、海耶斯和格雷夫斯坐下来谈，尽可能委婉地和他提换岗的事。这有些伤自尊，但格雷夫斯还是坦然接受了总经理和运营副总的新职务。

　　卡兰尼克则借机夺取了大权。在成为 CEO 后，他强势地要了更多的公司股份，他觉得，在确定公司发展道路的问题上，优步出租车的领头人应该拥有绝对控制权，而这意味着他应该手握控股权。卡兰尼克在乎的从来都不是薪水，在卖掉红标公司后，他已经实现了财富自由，此刻他真正想要的是权力。

　　他最终还是如愿了。坎普和格雷夫斯签署了一份协议，将公司的一部分股份转让给了卡兰尼克，作为让他挑 CEO 大梁的补偿，而这也直接把卡兰尼克和公司永远地绑在了一条船上。从此，他与公司同生死共成败。

　　在重组期间，格雷夫斯长久以来的愿望竟然得以实现了。在 2010 年 12 月 22 日那一天，他作为优步第一位全职员工，成为新闻报道的主角，登上了科技新闻网站 TechCrunch。文章标题是"原优步出租 CEO 格雷夫斯被创始人取而代之，情绪激动"，这篇报道和卡兰尼克期待的并不一样，文章认为格雷夫斯的下台显得无能懦弱

（事实上，他也确实谈不上情绪激动）。

卡兰尼克无须伪装，他的热情发自内心，他对记者迈克·阿灵顿说："未来能和优步一路同行，我很兴奋！"阿灵顿早就看出这家初创公司的无限潜力，也情不自禁被他感染，为他高兴。

"外界十分关注优步这次大权的更迭。"阿灵顿写道。

优步的第一个版本并非应用程序，而是需要用户登录台式电脑的浏览器，访问 UberCab.com，然后选车，从理论上来说，这样他就能以 1.5 倍出租车车费的价格在 10 分钟之内叫到一辆车。没错，价格是稍高一些，但人们愿意为更可靠、更方便的定制服务买单。很快，优步就把开发任务外包出去，让外包程序员们设计出了一个优步出租车手机应用程序的雏形。这个应用程序有一些小缺陷，运行速度很慢，但凑合能用。

坎普注重品质，喜好大牌。他一心想要组建一支由林肯、萨博班和凯雷德等高档黑色轿车组成的车队。公司最初的运营口号"每个人的私人司机"也传达出一种专属权的独特性，是一种高档的城市出行方式。坎普认为，优步品牌就应该给人一种高冷的感觉。

刚开始，这意味着要不断地给旧金山附近数以百计的豪车司机打电话，说服他们加入这项新的服务中来。这项烦琐的工作绝大部分都落在了格雷夫斯的头上，他负责搜集旧金山全部豪车司机的联系方式，找到他们，然后说服那些还一头雾水的司机加入车队，为优步出租车提供开车服务。

公司还早早地与美国电话电报公司达成了交易，以折扣价一次性购买了数千部手机。程序员们在这些手机上预装载优步出租车的应用程序，然后将这些手机免费发给司机。与美国电话电报公司的这次合作，让这些科技盲司机以最快的速度习惯了使用网络。优步出租车办公室的墙壁边排列着无数总价值数万美元的手机，堆叠得整整齐齐，宛若白色砖块。然而，手机分发出去的速度赶不上在办公室堆叠起来的速度。马特·斯威尼是优步出租车的一名老员工，他曾在照片墙上发布过一张照片，是他闭眼躺在一堆未拆封的iPhone 4s 上的照片。

这招很管用。涌入旧金山市场的优步出租车新司机就像公司的员工一样，他们向所有乘客推荐这款应用程序。应用程序在社交软件上收获好评后，在苹果应用商店的下载排名更是迅速上升。优步最喜欢的科技媒体 TechCrunch 称赞其模式极具创新性和颠覆性，是"汽车界的爱彼迎"。颇有讽刺意味的是，短短几年之后，一大批初创企业就开始自诩是"X 界的优步"了。

"选择你想要的车型、司机和价格，你就能得到称心的服务，"正如阿灵顿在 TechCrunch 上发表的一篇文章中所说，"它有助于打破邪恶的出租车垄断帝国。"这是对优步最好的形容。

优步出租车的口碑传遍了旧金山，用过的人都成了它的忠实用户。在旧金山，曾有无数人因交通问题被困在波特雷罗山或日落区，回不到市区，也曾有无数人因半夜捷运停运而受困于市区，对于他们来说，优步出租车正是他们翘首以待的产品。

　　用户对这款应用程序十分满意，这得益于卡兰尼克和坎普花了大量时间去思考用户体验，用科技行话来说就是"UX"。他们认为，使用优步出租车服务的每一个步骤，从呼叫司机到下车，都应该尽可能设计得简单，并且让人愉悦。正如卡兰尼克所说，"无摩擦"交互对用户体验来说至关重要。

　　打个比方，通常在叫一辆传统出租车时，人们并不知道出租车是否能在几分钟内出现，甚至压根就不知道车子会不会来。但当用户用优步出租车打车时，他们可以在手机屏幕上看到车子的准确行驶轨迹。旧金山老旧的出租车很脏，座位又黏又破；反观优步出租车的黑色私家车，一尘不染，内饰是光滑的黑色皮革，车内温度宜人，还备有薄荷糖和冰爽的纯水乐。

　　优步出租车用户体验中最重要的一个方面就是付费。卡兰尼克始终认为，支付是一件顺理成章的事，根本不需要费心去想。你只需要往优步出租车账户中充值，每结束一趟旅程，账户就会自动扣费，你结账时要做的只是打开车门、走到路边，无须考虑小费，一点儿也不麻烦。

　　很快，其他初创公司的 CEO 和风险投资人开始使用优步出租车，用它来叫车，而不是拼运气叫出租车，使用优步出租车也成了一种身份的象征。优步出租车准备了几十张礼品卡送给有影响力的推特用户和湾区其他知名的科技精英，希望他们能够在推特上提及优步出租车，进行宣传。

　　没过几个月，卡兰尼克和坎普的初创公司就成了硅谷的热门话题。

　　然而，为了证明公司有更广阔的发展前景，仅仅在旧金山大获成功是没有用的，卡兰尼克得在其他地区也成功拓展业务。因为在旧金山获得成功似乎是一件轻而易举的事，这是一个对科技发展很友好的地区，很早以前，这里就有相当多有钱的年轻人开始接受新事物。如果你面向消费者开发的科技类手机应用程序在旧金山都没有市场，那你还不如趁早收拾包袱回家。

　　20 岁的奥斯汀·盖特肩负着解决这个问题的重任。2010 年，盖特刚从加州大学伯克利分校的英语专业毕业，对自己的人生还毫无规划，只有零售行业的工作经验。在她申请到优步出租实习的那天，她刚刚收到了位于米尔谷市区的皮爷咖啡的拒信，他们拒绝了她对临时咖啡师一职的申请。米尔谷市中心是加州北部人均收入最高的地区之一，也是优步的终极目标客户聚集地。

　　在优步出租车还没有实际的办公室和客户群的时候，盖特就已经在公司实习了。因为没有什么拿得出手的技能，也没有职业规划，所以她基本上什么都干。她会给旧金山各地的豪车公司打电话，说服他们加入优步车队；她会在克雷格列表上发布无数广告，还在城市的人行道上贴满招聘广告和传单。这份工作没什么技术含量，但盖特还是感恩自己能有这样一份工作。她努力工作，干劲十足，而这恰好是卡兰尼克最欣赏的品质。

　　她是优步出租首位城市运营官。这是一个新设立的岗位，工作内容包括进入新市场、开店和推出服务。从精心策划最早期的城市业务发布会，寻觅办公场所，与当地汽车公司建立良好关系，到为团队的业务发布会订购蛋糕这样的小细节，她都亲力亲为。

她很快发现，大城市里到处是提供黑色轿车和豪车服务的小商家，业务范围主要涵盖单身派对、周末包车游、接送富人去机场等。但司机们往往花很多时间在车库或小巷里等待无线电调度员的电话，他们早就受够了漫长而无聊的等待。

盖特能解决他们的问题。她去游说汽车公司的老板，"出于好意，我们公司会为你们的司机免费提供一部装有优步出租车应用程序的手机。在工作间隙，你们可以打开优步出租车应用程序，挣一些外快"。优步为乘客和司机提供联络平台，但要从每趟出车服务中抽取20%至30%的分成。

"这是一个全赢合作。"盖特这样说道。

对此，一位早期的员工表示："老实说，对汽车公司的经营者来说，这个提议几乎都不需要考虑就可以接受，因为这些汽车停着也是停着，还不如和优步合作。"为了刺激需求，优步公司会向司机和乘客发放奖励，这种手段后来也成为该公司最常用的营销手段之一。例如，乘客注册应用程序后，就可以获得一次免单机会，而对司机们，优步出租车则承诺，如果他们每周接单达到一定数量，就可以获得数百美元的奖金。为了能有回头客，优步出租车还会在乘客下次打车时随机派发20%~50%的折扣，有时甚至还有免单机会。优步出租车会承担这笔费用，向司机支付车费差额。

这种商业策略很烧钱，每一单业务公司都在贴钱。但当人们开始频繁使用优步出租车应用程序后，这么做的效果开始显现。一名员工透露："这些汽车公司的经营者发现优步出租车应用程序带来的生意越来越多，他们开始采购新车，招聘更多的全职司机，承接增多的业务。"

每到一个新城市，盖特都会组建一个团队，以保证在她离开之后，有人能接手业务。企业传播经理负责市场营销、信息传递、吸引乘客和司机。她会雇用一些管理人才来处理司机业务，也就是用电子表格来统筹不断变化的乘客和司机之间的供求关系。总经理是最高职位，相当于各个城市团队的老板。

盖特终于找到了自己的职业立足点，在新的城市发展优步出租车业务成了她的常规工作。在一个类似维基百科的公司内部网页上，她系统化地介绍了自己的工作方式，就如何为进行新城市业务开发撰写指导手册。她派业务开发团队去西雅图、圣安东尼奥、芝加哥等城市。无论在哪个城市，员工都按照她写的指导手册进行业务开发，因此，整个公司的业务量飞速上升。她高效地开展着不同地区的业务开发工作。接下来的8年，她一直是空中飞人，飞往世界各地复制她在旧金山书写的传奇。

盖特在美国完善自己的业务开发指导手册，那时，将优步出租车打入海外市场似乎还只是一个幻想。然而，还未走出加州，优步出租就面临了一场生存危机。

2010年10月20日，就在格雷夫斯正式辞去优步CEO职务的几天后，交通部门的人拜访了这家刚起步的初创公司。他们没有看过TechCrunch 网站的报道，不知道公司已换帅，依然要求见格雷夫斯。他们勒令优步出租车停止服务，因为旧金山交通局认为优步出租车违反了现行的交通法规。优步出租车每运营一天，都会面临单趟车程高达 5 000 美元的罚款。

罚款额度之高足以使公司破产，因为当时优步出租车在旧金山每天就有数百单叫车服务。此外，公司在 10 月 20 日之前必须停止运营，不然从那之后，每运营一天，格雷夫斯、卡兰尼克和其他员工都会面临高达 90 天的监禁处罚。

当接到勒令关停的通知函时，格雷夫斯、盖特、卡兰尼克和董事会成员罗布·海耶斯正挤在他们共享空间的办公室里办公。他们匆匆地把函件浏览了一遍，觉得难以置信。

格雷夫斯怕了。看到自己有可能会被投入监狱，他忍不住喊了出来："我们该怎么办？"风险投资人海耶斯不知道该说些什么，他往常投资的都是一些消费类的科技公司，但这些公司极少（哪怕有的话）会违犯法律。盖特刚从大学毕业没几个月，此时也只能默不作声地站在一边，内心紧绷。这是她第一次涉足职场，却面临着坐牢。

卡兰尼克却毫不迟疑地说："别理它。"

其他人惊讶不解地看着他，就好像他头顶突然长角了似的。"什么叫'别理它'？"格雷夫斯问道，这位前 CEO 看向海耶斯，想要寻求一些建议，毕竟这位投资人还有一些管理初创公司的经验。但海耶斯只能回以耸肩。

"我们不用理它,"卡兰尼克重复道,"我们把'出租'两字从公司的名字中去掉就行了。"他的律师曾告诫过他,"出租"这个词会大大增加公司面临虚假宣传索赔的风险。

从此刻起,优步出租正式更名为优步(Uber),继续运营。

第七章　风投界最高的高人

比尔·格利想投资优步。

在 10 多年的风投生涯中，格利见证了太多初创公司的兴衰起落，但此刻，他还未意识到打着"每个人的私人司机"口号的优步有何特别之处。优步之所以与众不同，不仅因为它发展迅速，还因为它完美适配正在改变世界的工具——iPhone 手机。

与坎普和卡兰尼克不同，对于宏伟的愿景或成为人生赢家的可能性，格利不为所动。对他来说，出行并非一件难事。他有车，住在毗邻伍德赛德的郊区，那可是旧金山和硅谷之间的富人区。

格利真正在意的是公司发展的潜力。大多数初创公司都是从事已有行业，努力做得比前人更好一些、更高效一点。优步则宣称要颠覆这个在过去几十年都没什么革新的行业。如果优步继续保持当前的增长势头，仅其规模庞大的出租车市场就能使公司价值数十亿美元。而且，这个潜在估值数十亿美元的新实体完全是凭空创造的。

从理论上讲，它几乎可以在一夜之间将整个交通运输行业从模拟世界拉入数字世界。最重要的是，谁做到了这一点，谁就能制定整个市场规则。

只要下载优步应用程序，乘客就可以享受随时随地叫车的自由，司机也不再需要花费数百美元在仪表盘上装一堆笨重的仪器才能联系乘客。他们大概只需要花 10 美元买一个手机支架，至于手机，优步会给他们免费发放。

"太神奇了。"格利感叹道。

优步在最恰当的时间出现在了格利面前。在格利漫长的职业生涯中，他始终很迷恋"集市"这个概念，这是一种既不生产也不销售产品的商业形式，将市场一端的需求和另一端的产品直接匹配起来，省去了中间环节。

格利曾在标杆资本投资公司工作了 7 年，一进标杆资本，他就被"集市"这个概念深深吸引。易趣网是标杆资本最成功的投资项目之一，它就是一个天然的"集市"，借助日益崛起的互联网力量，为数百万买家和卖家牵线搭桥。这样的"集市"还有很多，比如：Zillow，房地产界的易趣网；OpenTable，格利最早的投资项目之一，主营饭店预订；Grubhub，主营线上订餐；DogVacay，显而易见是宠物狗寄养平台。

格利的几乎每一项投资都基于一个基本理论：互联网能够带来一场深刻的变革，它可以满足现实世界中人们对体验、地点和产品的各种需求。过去，豆豆布偶爱好者要到处搜寻才能找到一个特别的毛绒长颈鹿，如今，通过网络，他可以直接联系上某个囤了一仓库豆豆布偶的卖家。买家和卖家的组合可以有无数种，因而，年轻企业家也能想到成百上千个有潜力的"集市"点子，只要得到标杆和其他资本的眷顾，就能成为现实。

在格利进入标杆资本之前，易趣网是标杆资本"投资皇冠上的宝石"。1997年，这家小而精的风投公司向易趣网投资了670万美元，两年后，标杆资本的持仓价值就超过了50亿美元。

在进入标杆资本之前，格利在投资领域已经小有成绩。他在前东家赫默·温布莱德风投公司（Hummer Winblad）成立的首只5 000万美元基金，就为其机构投资人带来了2.5亿美元的回报。自1999年年中加入标杆资本后，在科技泡沫破灭前那几年，格利完成了几笔非常漂亮的投资。

但他还是想完成一次本垒打。他想投资优步。

1966年5月10日，约翰·威廉·比尔·格利出生于得克萨斯州只有7 000人口的狄金森小镇上。游客要想前往位于得州东海岸的加尔维斯顿，就要经过这个休斯敦郊区的小镇。在20世纪20年代，狄金森最出名的是由马塞奥黑手党经营的赌场，如今，更著名的则是一年一度在此举办的"红白蓝"小龙虾节。

格利的父亲约翰·格利曾在休斯敦的美国太空总署约翰逊宇航中心担任航空工程师。格利很好地继承了父亲处理和分析数据的才能。他的母亲露西娅也对他影响甚大，她不仅在镇上的学校做代课老师，还连续 11 年担任地方议员一职。她曾在当地图书馆当志愿者，还为当地公立学校筹集了数千美元的捐款。除此之外，露西娅还利用空闲时间参与迪金森的城市美化项目，帮忙打扫街道之类的。格利对母亲的感情不仅仅是孺慕之情，更带着一份尊敬，尊敬她的职业道德、忠诚和社会责任感。

格利在进入狄金森公立学校就读后，很快就着迷于计算机技术。1981 年，格利花了 299 美元（大概相当于现在的 850 美元）买了一台康懋达 VIC–20 台式电脑，这是他拥有的第一台平价家用彩色电脑。九年级的时候，格利开始以计算机杂志背面的程序为模板尝试自己编程。

从很小的时候起，格利就比同龄人高一大截。在上了小学和迪金森高中后，他更是在同龄人中鹤立鸡群。他明白自己与常人不同，虽然他并不喜欢这样，但他的身高优势在大学里渐渐显露。在密西西比上了几年大学后，格利以球队替补队员的身份转学到位于盖恩斯维尔的佛罗里达大学，后来还获得了一级联赛的奖学金。格利所在的佛罗里达短吻鳄队属于高水平的东南联盟，但他在球队的日子并不好过，基本只能坐冷板凳。在一次比赛中，他只上场了一分钟，却错过了唯一的得分机会，最终短吻鳄队在全美大学生锦标赛中爆冷输给密歇根队。尽管如此，他还是顺利获得了计算机工程的学位。

大学毕业后，格利仍旧从事计算机工作，就职于休斯敦的康柏公司，离家不远。1989 年，康柏已渐渐发展成计算机制造业的大公司，格利很幸运能进入康柏做软件调试员。这还多亏了他姐姐，她也在康柏工作，工号 63，毕业于电机工程专业。

他负责调试的软件一切正常，工作之余，他密切关注行业的技术发展。他通过自己的网上私人账户进行股票交易，求知若渴地阅读科技杂志、查阅新兴科技公司那些密密麻麻的财务分析报告。他简直是沉迷其中。格利看到了科技中那令人兴奋不已的变革性力量，他只想走近一探究竟。

格利又回校深造了一段时间，在得克萨斯大学奥斯汀分校取得了 MBA（工商管理硕士）学位。随后，他在生产计算机芯片的超微半导体公司做市场营销工作，但他很快就对这份工作感到不满，他想在新兴科技领域找一份更有意义的工作，能充分发挥自己的数据分析与处理能力。

在商学院时，他曾对一个领域感兴趣：风险投资。他觉得自己就是为此而生的，分析数据和观察新兴科技发展趋势本就是他感兴趣并且一直在做的事，要是还能因此获得报酬，那简直是做梦一般的好事。但想要入行并不是向风投公司投简历就行，事实上，已经有好几位风投家以他毫无经验为由回信拒绝了他。所以，格利打算去华尔街碰碰运气。

20 世纪 90 年代的华尔街思维与硅谷思维恰恰相反。在硅谷，风投家寻找的是那些宏大又深刻的"登月计划"，创业者花费数年耕耘，搞不好只能获得少得可怜的一点预付报酬。华尔街则希望在最短的时间内获得最高的回报。

作为一个海边长大的得克萨斯人，格利同时拥有这两种思维方式。他欣赏科技创业者的无畏精神，及其对短期利益不为所动的意志；但他同时是一个实用主义者，如果公司把所有时间都花在想象未来上，却不注意自己的资产负债情况，那可能还没等梦想实现就已经难以为继了。

这个初出茅庐的 MBA 学生开始给一些著名公司打电话自荐。衣冠楚楚的东海岸商人在面试中见到了一位身材魁梧的得克萨斯人，大眼睛，举止笨拙，想要在科技公司觅得一份差事。到了 1993 年，格利终于如愿以偿。他在瑞士信贷第一波士顿银行找到了工作，做卖方分析师。对于一个 27 岁还没有真正分析师和交易经验的年轻人来说，这不可谓不是一个重大突破。这份工作很适合他，他主要负责对个人电脑行业进行分析和研究。他的研究报告会成为其他公司进行数百万美元股票交易的依据。他在公司里见到了许多年长且经验丰富的分析师，包括查理·沃尔夫、大卫·科斯和丹·本顿，他们都是当时计算机行业的智者，说的话常被报纸引用，还会被邀请去电视台参加访谈。格利也渴望得到那样的名誉与财富，对他来说，这不仅仅是一份充满挑战的工作，更是他的兴趣所在。只要一想到人们会花钱请他发表对科技行业的看法，他就兴奋不已。

格利很快就成了华尔街之星。曾与他分享过自己数年来宝贵行业见解的老同事纷纷退出了这个行业，而他则迅速高升。在同事查理·沃尔夫的帮助下，格利有幸出席了旧金山著名的科技精英年度会议。他在会议上四处游走，他也想被众星捧月，这位曾经的冷板凳球员试图把自己想象成和比尔·盖茨、拉里·埃利森和迈克·戴尔齐名的人物，这些都是计算机历史上最著名的人物。

格利的成功并不只靠良师益友。凭借着对科技股和市场趋势的正确判断，他很快声名鹊起。同时，他也给瑞士信贷的大人物弗兰克·奎特隆留下了深刻的印象。奎特隆是硅谷一位传奇银行投资家，曾参与过许多著名的科技公司收购案。在瑞士信贷时，格利就和奎特隆就走得很近，后来在德意志银行，他们再度成为同事。奎特隆很早就意识到，专业工程师、贸易分析师出身的格利，对自己当前涉及的领域有着极为敏锐的洞察力。

曾与格利合作的公司高管也意识到了这一点。1997 年亚马逊上市时，杰夫·贝佐斯和他的团队并没有选择摩根士丹利和高盛这两家最著名的投行来主导这次上市，而是选择了声名略逊但实力不差的德意志银行。德意志银行的明星银行家弗兰克·奎特隆和首席分析师比尔·格利联手完成了这次上市。两人对在线书商及其基础业务理解深刻，这让贝佐斯和董事会都为之惊叹。虽然摩根士丹利和高盛负有盛名，但德意志银行也有它的王牌：奎特隆和格利。

格利成了当时全球最大的在线书商之一亚马逊的御用分析师。他一早就看到其潜力，亚马逊的成就绝不会止步于一家书店。

叛逆是格利最大的天赋。在红火的 20 世纪 90 年代末，格利这样的科技分析师常常被视为互联网股票的站台者，但他恰恰是通过逆势而为替自己开辟了一条新道路。他在德意志银行最声名远播的一个案子是推出了一份针对网景通信公司的分析报告。网景通信是世界上第一家开发网页浏览器的公司，也是早期的互联网先驱。大多数分析师都看好网景通信，给出较高评级，尽管当时微软已准备推出其 IE 浏览器，并承诺让用户免费使用。然而，格利却认为这会对网景浏览器在市场的主导地位带来威胁。此外，面对微软的压力，网景通信是否还能执行正确的商业决策，他对此持怀疑态度。他认为人们高估了网景通信的股价，因此下调了其股票评级。消息传出后，次日网景通信股价暴跌近 20%，从此一蹶不振。[1]

　　虽然格利大获成功，但他对奎特隆坦言，他不想只当个分析师，他想开始做一些实际的投资。奎特隆给了他实现愿望的机会，介绍他去了备受推崇的赫默·温布莱德风投公司工作。但很快格利就跳槽去了一家更厉害的公司——仅仅 18 个月后，他就被顶级投资公司标杆资本录用了。

　　格利和标杆资本有很长一段时间的"蜜月期"，这也是必然。因为标杆资本是一个小而精的公司，每个合伙人都会参与决策，为每一个投资标的出谋划策。每个新来的合伙人必须跟上大家的步伐。

　　标杆资本的创始合伙人凯文·哈维带格利一起去打猎。在森林里，他看到了格利的分析能力，但令哈维印象最深刻的还是格利的坚韧。

---

① 格利也因此激怒了一位年轻的企业家，他就是后来著名的风投家马克·安德森。安德森是网景通信的联合创始人，参与创造了消费互联网。尽管网景通信曾努力挣扎，但最终还是被美国在线收购，而安德森也从未忘记格利的分析报告之仇。多年后，虽然两人都名利双收，但依旧积怨甚深。几年后，安德森在接受《纽约客》采访时，这样评价格利："我很烦他。如果你看过《宋飞正传》，你就会明白，比尔·格利就是我的纽曼。"

"他身上有着动物性。"哈维向同事介绍格利时如此描述。他们坐在灌木丛里，哈维眼看着格利一跃而起，跳下陡峭的崖壁，爬下山坡，只为了追赶一头野猪，而哈维自己是绝对不愿意这么做的。"就因为我不愿这么干，格利还说我有点懒。"

1999 年，标杆资本有 5 位合伙人，格利是第 6 位。每位合伙人都是大高个，他们站在一起很像大学篮球队的首发阵容。随着时间的推移，有人加入了合伙人团队，也有人退出了，只有格利一直都在。

比尔·格利是最高的那个。

即便是现在，在比尔·格利纵横风投领域近 20 年后，人们见到他时，首先注意到的还是他的大块头。

除了职业篮球运动员，身高 2.05 米的格利几乎比他遇到过的所有人都要高。如果其他人身处格利的位置，可能会利用身高优势来威慑竞争对手，通过体格优势来壮大自己的声势。

但比尔·格利并非如此，这体型让他颇感困扰。他尽量低调行事，更喜欢躲在房间后面，甚至恨不得在晚宴上躲进窗帘背后，当然，这并没有用，朋友、记者、企业家看到格利就一拥而上。格利似乎不习惯使唤自己的身体，他的大长腿和大块头动起来显得那么不协调。他的一位好友说，假如有一天，格利的脑袋忽然被打开，里面坐着个小小的外星人在艰难地操控格利这个人形外星飞船，就像《黑衣人》里的场景一样，他也丝毫不会感到惊讶。

当大家的讨论或台上的展示有片刻停顿时，格利会保持安静，而不是喋喋不休。有时候，有人说了一些重要的事情，他会在房间里往后退一步，那样子感觉就像他的身体接收到了这些话一样。

这通常意味着他在思考，在分析现状，在考虑别人说了什么，以及接下来还会说些什么。也有可能是他觉得别扭，当然看起来不别别扭扭就不是他了。在硅谷这样的地方，没有人在意别不别扭，在这儿，唯一重要的是，你是否有足够的头脑来实现你的想法。

除了头脑，还有一个重要的因素：热情。与硅谷的许多同行一样，格利发自内心地认为技术与创新具有变革性力量。他欣赏那些怀揣几百万美元追求远大抱负的年轻创始人，他们给这个世界带来了积极的影响。虽然科技媒体喜欢报道他对硅谷的负面评价，但格利坚称自己是个乐观主义者。

即使在行业最不景气的时候，格利也没有离开投资行业。世纪之交互联网泡沫破灭之际，他仍在寻找有前途的创业者；2008 年金融危机动摇全球经济时，他甚至还加大了对初创公司的投资力度。

"往往只有在这样的环境中，才能大浪淘沙，找到真正的企业家，"格利在金融危机最严重的时候这样写道，"大家能轻而易举赚钱的时候，硅谷往往只能吸引那些想短期内挣快钱的机会主义者，他们并不会组建公司，更不会定下长远目标并长期为之奋斗。然而，在当下这种环境下，汹涌的大海上只有最优秀的企业家才能乘风破浪、扬帆起航。"

第八章　双人舞

与其说风投是一种职业，不如说它是一场战斗。如果把它比作一种运动，那就是不带护齿玩橄榄球。没有什么规则，每个玩家要做的就是用尽手段达成交易。

这听起来并不难，你要做的无非是把别人的钱送给其他人。但这并非易事。风投家的日程表上排满了例会，他们要和创始人、资金提供者、行业分析师、记者等人开会；与创始人、财务支持者、行业分析师和记者开会；还要抽时间和大公司的 CEO 讨论市场趋势和招聘准则；和银行投资家讨论私营企业和公开市场。他们还得应付一大堆想让他们投钱的创业者。有时只是去瑰丽酒店（豪华酒店，位于帕洛阿尔托，曾是科技行业的社交中心）的酒吧休息一会儿，他们也可能会在电梯里被人"偶遇"，尴尬地被纠缠上。

风险投资家的工作就是要排除一切干扰，找到能为风投公司带来收益的有限合伙人，诸如能为退休基金、捐赠基金、家族办公室等带来丰厚回报的初创公司。风投基金的生命周期一般为 10 年，这些有限合伙人希望在这 10 年里，他们的初始投资回报率至少能达到 20%~30%。

风投是有风险的，大约 1/3 的风投会以失败收场。随着投资范围的扩大，风险也会随之上升。如果机构投资者偏好低风险投资，他们可以选择可靠的地方政府债券或货币市场基金。不过，低风险就意味着低回报。

为了弥补高失败率带来的损失，风投家倾向于分散投资许多不同的行业和领域。一个大获全胜的投资项目带来的回报可能是投资金额的 10 倍、20 倍甚至 50 倍，足以弥补所有表现不佳的投资组合或创业公司带来的损失。在风投领域，那些有志于重塑或主宰整个行业的企业家所经营的"登月公司"是所有人的心之所向，因为这样的投资往往能带来最高的荣耀。

投资的方法很简单：风投公司向初创公司提供资金，以换取该公司的股权。对于决定接受风险资本 ① 的创业者来说，这意味着公司在生命周期之初就开始进行第一轮融资。种子轮通常只需要数万或者数十万美元的少量投资，随后融资将以 A 轮、B 轮等方式继续。这样的融资轮将一直持续到公司走向下面三种情形。

---

① 并不是所有的创业公司都会接受风险投资。有些公司会"自力更生"，或完全自筹资金。自力更生的创业者持有公司的全部股份，如果创业成功，他们将获得所有回报，但如果创业失败，他们也会破产。

A. 死亡。这是出现概率最高的情况。

B. 被另一个更大的公司收购。

C. 上市，外部投资者可以通过公开证券交易所购买该公司的股票。

对风投家和创始人来说，他们的目标是带领公司挺进 B 轮或 C 轮融资，或进行清偿。只有在这些情况下，风投公司才能将所持有的公司股份变现。

每一轮融资都涉及一定的权术，也代表着不同的声望地位。一般来说，投资某热门公司，哪家风投公司投得早，哪家的声望就越高，因为它有足够的远见和能力在一家实力雄厚的公司寂寂无闻之时就进行投资。格雷洛克风投公司的大卫·史就因其对脸书和领英进行的早期投资而闻名，当时这两家公司的估值才不过百万美元，如今已成为数一数二的社交平台。除了对优步的种子投资外，克里斯·塞卡还在早期投资了推特和 Instagram，无论哪一家公司都足以让他身家过亿。

风投公司之所以都想要抢占先机，还有一个很简单的原因：你越早投资一家公司，就相当于用越少的钱获得更多的股权。

做风投最难的不一定是找到正确的公司、正确的想法，甚至不是找到正确的投资行业，而是找到正确的人来管理公司，也就是创始人。

在硅谷，最值得夸耀的头衔是"创始人"，过去是，将来也是。

"创始人"并非只是一个头衔，而是象征着一个宣言："我做到了。"创始人宣告："我将它创造出来，从无到有，让它成为现实。"特拉维斯·卡兰尼克常把创业比作抚养孩子。

一个好的创始人能为初创公司注入生机和活力。正如马克·扎克伯格所说，创始人总是行动迅速、打破常规。创始人崇尚"黑客之道"，他们就像海盗船的船长。一个优秀的创始人永远会比昨天更努力，大概只有在死后，他们才能安心睡去（或是从火人节狂欢回来的那一周）。就像当年红标公司的卡兰尼克一样，一位优秀的创始人能在艰难的融资环境中带领公司前行，并且选择正确的投资人。一个好的创始人会因为公司的成功广受好评，也会因为公司的不足而面临指责。对于创业公司来说，即使在正确的时间和地点获得了一个闪光的点子，也只有遇到正确的创始人，才有可能让它成为一个真正优秀的想法。更重要的是，只能有一个真正的创始人。

创始人听起来很像救世主，事实确实如此。创始人文化，更准确地说，崇拜创始人文化，从各种宗教哲学中脱颖而出，成了硅谷的基本信仰。20世纪60年代的旧金山受解放意识和乌托邦社会结构影响，加入了性解放、吸毒、嬉皮士文化等方面的文化革命。这种反体制的反主流文化与新兴的利己主义和创造性破坏理论倒是相得益彰。

在这两股潮流影响下，技术专家开始建立一种不同的反主流文化，从根本上推翻根深蒂固的权力结构，为社会运作提供新的方式。

创始人发现城市基础设施、支付系统和生活区运行十分低效，于是他们利用现代资本主义，创办软件公司来提高生活质量，同时从尸位素餐的精英手中成功夺权。创始人成了文化领袖，将社会从官僚主义、不公平且过时的制度中拯救出来。

马克·安德森有句名言："软件正在吞噬世界。"当时，只有技术专家认为这是一件好事，大多数世人直到最近才同意这一观点。从 2000 年初到 2010 年，风投交易增加了 73%，2010 年后，全球风险资本投资额从 2005 年的数百亿美元飙升至数千亿美元。旧金山成为全球风投交易的中心。

但随后，权力的天平开始发生变化。随着初创企业以前所未有之速度颠覆全球基础设施行业，企业家逐渐发现，原有权力中心遭到削弱，渐渐被周围涌现的新贵所取代。克莱顿·克里斯坦森在《创新者的窘境》一书中清楚地阐述了放任一家公司壮大的风险："一家公司发展得很好，可能会忽视一些聪明的竞争对手带来的威胁。"有风险资本做靠山的初创公司成了新的当权派。

此时，新的变化出现了：创始人意识到他们喜欢掌控一切的感觉。他们不想再受制于股东、投资方或大众等外部人士。渐渐地，他们学会了如何将权力牢牢捏在手中：以画大饼的方式说服投资方将权力交给他们。

谷歌的联合创始人拉里·佩奇和谢尔盖·布林进一步强化了这种夺权方式，并使之成为一种惯例。1998 年，在一间狭窄的车库里，佩奇和布林开发了一款搜索引擎来执行一项听起来有点傻的任务：统筹全世界的信息，让所有人都能获取信息并加以利用。这就是典型的资本家希望看到的奇思妙想。

尽管谷歌的创始人对改变世界感到兴奋，但他们并不想做有钱人的傀儡。"不作恶"[①]成了谷歌创始人及其行事风格的代名词，他们想要告诉大家：即使我们正在逐步壮大成为一家大公司，但我们也不会为了追逐利益而去作恶。

2004年，谷歌采取双重股权结构上市，这在当时颇受争议。谷歌向公众出售A股，而其创始人则持有B股。这两类股票的货币价值相同，但B股持有者享有特权，即每一股B股代表10票的投票权，或可分散给10个人，每人一票来对公司管理层的决定进行投票，而A股则每股只有一票投票权。这种手段使佩奇和布林多年来始终持有足够多的公司股份，更重要的是，在上市过程中，他们发行了足够多的B股，确保自己手持过半控制权。

实际上，佩奇和布林并不想上市。对他们来说，在纳斯达克上市意味着谷歌要受人监督，而那些人往往对科技一窍不通。投资者则想从谷歌捞取巨额收益，他们如果觉得公司收入增势不够强劲，就会试图对公司指手画脚，将自己的意志强加给两位联合创始人。

据某位投资人透露，布林和佩奇是在与美国传奇商业大亨沃伦·巴菲特会面后才同意上市的，因为巴菲特向他们介绍了双重股权结构。

---

① 谷歌于2018年将"不作恶"口号从其公司行为准则序言中删去。

　　"我们在开创一种能使公司获得长期稳定的企业结构，"佩奇在《谷歌股东手册》中厚颜无耻地写道，"投资谷歌，就是长期下注于一个优秀团队，主要是我和谢尔盖以及我们的创新方法，……新投资者完全能够分享谷歌的长期经济收益，但仅靠其投票权几乎无法影响谷歌的战略性决策。"

　　许多创始人开始效仿他们。"年轻的企业家问自己：拉里和谢尔盖可以，为什么我们不能？"当马克·扎克伯格拒绝微软10亿美元的收购要约时，人们认为他疯了。2012年脸书上市后，扎克伯格凭借双重股权结构获得对公司的绝对控制权，因此，他在将整个公司的重心转向移动领域时，没有受到任何来自董事会的阻力。这是一场豪赌，而他也获得了丰厚的回报。①

　　紧随脸书之后的第二批互联网企业也都采用了双重股权结构，如领英、星佳和高朋等。由另一位科技神童埃文·斯皮格尔执掌的色拉布，曾在2013年拒绝了脸书价值35亿美元的收购。2015年该公司上市后，26岁的斯皮格尔成了世界上最年轻的亿万富翁。

　　只有在硅谷这种最崇尚创始人神话的地方，斯皮格尔这样的高管才会拒绝如此高昂的收购要约，还能因其胆识而大受赞扬。在没有类似创始人崇拜的地方，人们可能觉得这样的行为简直不可理喻。"拜创始人教"则认为，无论CEO做出什么决定，他可能都是对的，

---

① 2016年之后，公众对扎克伯格的崇拜逐渐消退，从美国总统大选到缅甸种族清洗，从脸书的新闻报道中可以看出其平台缺乏监管。权威人士评论说，即使是扎克伯格自己，恐怕也没有意识到他的软件有多么强大和脆弱。

因为他就是那个创业的最佳人选。

随着权力的天平在 2010 年转向创始人，风投家的竞争越来越激烈，他们需要艰难地打败竞争对手，才能得到投资最优秀的初创公司的机会。为此，他们为企业家举办派对，在诺帕、克鲁多海鲜餐厅和云杉等时髦餐厅宴请他们。有时还会用一些更高调的方法，比如租一架利尔喷气 -31 行政机把一群 20 多岁的技术人员带到西南偏南音乐节，以示风投公司的风度和品位，毕竟没有什么比坐私人飞机显得更像人生赢家了。

格利的出名并不仅仅靠砸钱。哪怕深夜 11 点半，孩子们都已经入睡，他自己也昏昏欲睡时，只要有创始人来电话，他依然会接电话，给予对方无可挑剔的指导意见，告诉对方如何制定战略，或是为年轻的企业家缓解创业恐慌。重要的交易他都会参与，并且赢家通常都是他。

长时间以来，标杆资本一直都在试图投资打车或出租车业务。格利也曾与好车（Cabulous）、魔法出租车（Taxi Magic）和其他几家总部位于旧金山的打车公司负责人会面。一家线上打车公司如果受欢迎，可能很快就会产生技术专家所谓的"网络效应"，即随着消费者的数量增加，其价值也不断提升。优步在旧金山的日益流行意味着，它在乘客和司机两方市场中都创造了强大的网络效应。

优步在种子轮拿到了克里斯·萨卡和罗布·海耶斯等人的投资，在完成种子轮的几个月后，卡兰尼克开始为 A 轮融资寻找投资人，下一轮融资可能会给企业成长带来数百万美元的资金。格利曾与合伙人讨论，希望投资优步种子轮，可惜他没能说服公司所有人。但这次他势在必行，必须要投资优步，他不容许自己错过这个大好机会。

格利不知道的是，想要促成这次投资的不仅仅是标杆资本，还有卡兰尼克（在此之前标杆早已声名远扬）。同时，卡兰尼克还很希望格利这样的人物能加入优步董事会，参与公司的重要决策。卡兰尼克很清楚标杆资本这么多年来在投资领域的卓越成绩。

在股市崩盘后涌入硅谷的众多风投公司中，标杆资本是稳妥绩优、令人尊敬的公司。卡兰尼克想要与投资领域的头部公司合作，尤其是那种适合优步的"最佳"公司。比如，红杉资本也是科技投资领域最负盛名的公司之一，卡兰尼克曾多次向其提出融资申请，但在最初的几轮融资中都遭到了对方拒绝。

格利的个人博客"众人之上"也很有名，他偶尔会在上面分享一些投资条约或关于科技投资现状的想法（博客名似乎有点标题党的意思，但也巧妙地点出了格利的身高）。早在消费互联网普及之前，他在做分析师的时候就开始通过传真发送时事简讯，到 1996 年，他开始通过博客分享这些信息，此后分享规模越来越大。他会花数月的时间来推敲一篇 3 000 字的博文，在发布之前，他还会先与朋友和同事讨论相关内容。只要格利一发文章，就会引起广泛的阅读。他的一个帖子能让整个硅谷津津乐道好几周。这些都是卡兰尼克所看重的因素。

基于双方之间的好感，2011 年某个周日晚上 11 点左右，卡兰尼克打电话邀请格利到他位于卡斯特罗山顶的家中洽谈合作事项，但从格利家到卡兰尼克家有 40 分钟的车程。

格利二话不说，直接上车向北开了 30 英里，到 W 酒店与卡兰尼克会面，W 酒店是这座城市唯一一家周日晚上营业到很晚的高档酒吧。两人一边喝冰啤酒，一边分享彼此对于优步的看法，就产品和长期战略目标你来我往地讨论了几个小时。清晨，当格利的家人还在沉睡时，两人已经敲定了对优步的投资事项。他们的握手意味着此次合作的达成，两人对优步的估值约为 5 000 万美元，而标杆资本将持股近 20%。

第二天，标杆资本开始着手准备相关文件，不久后，就向卡兰尼克注资 1 100 万美元。同时，格利也顺利进入优步董事会，在他加入之前，优步董事会只有三名成员：加勒特·坎普、瑞恩·格雷夫斯和特拉维斯·卡兰尼克本人。格利明白自己投资的是一位顽强的 CEO，尽管卡兰尼克只有三十几岁，比格利小十岁，但他和标杆资本曾投资过的创始人一样，坚韧且顽强。这种坚韧会赋予卡兰尼克无尽的勇气，去挑战全世界盘根错节的交通运输利益。但此时的他们谁也不会想到，这也让卡兰尼克成为比任何一个他们曾投资过的创始人更强大、更难以掌控的存在。

但在那一刻，格利并没有去考虑这些事情。最后，随着两人干完了啤酒，格利终于把一家线上交通运输初创公司——那只他追踪的野猪——收入囊中。

他加入了优步。

第九章　胜利者的思维模式

在特拉维斯·卡兰尼克看来，企业家理应受到褒奖。

像他这样的创始人每天都在忙着维持公司的运转。他们拿自己的名誉、金钱和幸福去下注冒险，而风投家用以下注的只是OPM——别人的钱。风投家很清楚他们投资的公司有失败的风险，所以他们采取多元化的投资组合，把资金分散投资到多个行业中。如果优步失败了，对投资人来说没什么大不了的，真正面临灭顶之灾的是卡兰尼克和他的员工。因此，特拉维斯·卡兰尼克长期处于备战状态。

优步准备在全国扩大业务范围，卡兰尼克发誓要做出一番成就。他从前两次创业中吸取了教训：在搜索网时期，他对投资人放权太多，导致搜索网陷入困境时，投资人为了自保，把他推出去喂了"狼"；红标时期，公司艰难地生存了下来，但他的创业时机实在不对，产品也不够有竞争力。

现在卡兰尼克有了优步，在最佳的时机推出了成功的产品。最重要的是，大权在握。优步的一切，从应用程序的设计，到勇于进取、毫不妥协的企业文化，都由他一手创造。他认为自己正在进行一场关乎生死存亡的战斗，他要和腐朽、树大根深的出租车运营商做斗争，他要和这些运营商背后被金钱收买的政客做斗争，而卡兰尼克自己，则是冲在第一线的将军。

卡兰尼克也知道"战斗"的隐喻似乎有些夸张，于是经常把其比作一场政治运动。"候选人是优步，对手则是个叫出租车的混蛋，"卡兰尼克曾在一次科技行业会议上这样说道，"没人喜欢这个混蛋，它不是什么好角色，但它已经深深融入了政治体系，很多人欠它人情。"

但它终将原形毕露。卡兰尼克创造优步，打响了这一战。如果政府决定在任何一个城市展开反击，卡兰尼克立刻就会以用户为武器来对付政府。优步会向乘客发送大量电子邮件，要求他们联系当地代表，让他们表达自己对反优步行动的不满。优步城市团队也会向司机发送大量短信，敦促他们即使收到罚单或车被执法部门拖走，也要继续接单上路。

"出租车行业有太多腐败和任人唯亲的现象，并且存在大量监管漏洞，以至就算你依法预先提出申请，依然得不到批准。"卡兰尼克曾对一名记者这样说道。显然，卡兰尼克认为，如果按规则行事，优步永远不可能取胜，这也意味着他的战争将以失败告终。

事实证明，他的直觉是对的。优步的"游击战术"远非政府官员和出租车运营商的资源和技术头脑可以抵挡。比如在西雅图，奥斯汀·盖特像伞兵一样突然出现，迅速聘请支援人员，来吸引乘客和司机的兴趣。瑞恩·格雷夫斯随后也加入这场战争，游说城市中的汽车公司："我给你介绍一种能让你们的司机赚外快的方式。"短短几周的时间，优步的客流量就迅速增长，而该城市的政府和出租车运营商甚至还不知道发生了什么。在监管机构出手之前，优步已经积累了大量人气，因此无法轻易令它关停。一旦优步发展到一定规模，运输管理部门也无法阻止优步车队载客。

对卡兰尼克来说，优步没有犯任何错误。毕竟，这些人都是正式的豪车、轿车司机，汽车保养良好、上过保险，他们只是借助优步，在效率低下的停工期间挣点外快。优步的每个司机都有专业执照（当时还没有开发经济型优步 UberX 服务，还不允许任意车主成为优步司机）。随着优步的足迹遍及美国各地，如西雅图、纽约、洛杉矶、芝加哥，它越来越受欢迎，因此，市政部门想要封锁优步也越来越困难。

卡兰尼克从未透露过优步的具体数据，但他从侧面描述了他们的大获成功。他在刚进入西雅图市场后的几天里曾这样对记者说："我能提供的最好范本是，在旧金山，优步正在逐步干掉出租车；在纽约，我们也以摧枯拉朽之势取得进展。"

卡兰尼克雇用了一群雄心勃勃的 20 多岁的年轻人，他们刚从大学毕业，对卡兰尼克的计划充满了好奇。他向他们描述了日后优步无处不在的景象，优步会使出行服务变得像使用自来水一样便捷。^①新员工在进入优步总部之前，通常除了星巴克，什么都没管理过，然后会直接被派去接管一座新城市的业务，这种情况并不少见。

卡兰尼克很信任他的员工，他赋予他们很大的权力。每个城市的总经理虽无 CEO 之名却有 CEO 之实，有权做出重大财务决策。每个人都各司其职。卡兰尼克认为，给员工放权比事无巨细地管理每个城市要好得多。后来，优步资产超过了数十亿美元，每个城市管理者都拿到了数百万美元的"奖金"，即鼓励大家使用优步的免费礼品券，主要是为了刺激需求，后来这个手段也帮助优步从同行业竞争对手那里抢夺客源。这些城市管理者很少到总部报到，打个比方，优步旧金山办公室的高管基本上不认识芝加哥和费城分公司的员工。他们也几乎不监督资金的流向，城市经理基本只是凭直觉和自己手头表格中的数据，就会批准七位数的促销活动。

在很多方面，卡兰尼克的方法都很高明。迈阿密本地的员工比来自旧金山的新员工更能适应当地优步的工作，因为后者对当地的人和习惯一无所知。

当然，这种管理方式也存在一定的弊端。给一群 20 多岁的年轻人太多的自主权，意味着你无意中可能会给一些蠢货太多的自主权。在法国，优步曾举行过号称"超级辣妹免费接送你"的促销活动；由

---

① 卡兰尼克和其他高管经常这样说来激励员工。实际上，世界上很多地方甚至没有自来水，并且迫切需要解决这一需求，而这却是优步 CEO 和他的合伙人们从未提及的一个细节。

乔希·莫勒尔掌舵的纽约分公司则因其兄弟文化而臭名昭著。莫勒尔曾是兄弟会成员，后来拿到 MBA 学位。他虚张声势和咄咄逼人的管理方式逼走了许多员工，公司里还流传着关于他骚扰员工的说法。无论好坏，每个城市的分公司都有自己的文化小气候。

但这种慷慨赋予自主性的领导方式让员工格外崇拜卡兰尼克。这有点像他雇用了由小型企业家组成的团体，下达的唯一指令就是去征服。每个人都建立了自己的市级封地，他们都具备创业精神和黑客精神，而这也是卡兰尼克推崇且不希望公司失去的东西，即使优步的发展会如野火一般肆意蔓延。卡兰尼克会拍拍手下的后背，把他们派到战场上去组建属于自己的部队，一起为优步而战。"要永远奋力前行。"他这样说道。

卡兰尼克希望优步能在硅谷创造新的制度，成为一个鼓励创业精神的巨头。他希望优步在上市前能像未上市时的脸书和谷歌一样，承载着某种硅谷文化资本。他甚至希望自己的员工在优步工作一段时间后，能出去创办自己的公司，因为他始终觉得创业本身就是一种优秀品质。

也许卡兰尼克曾是一个安兰德式的自由主义者，满口都是各种创业相关的陈词滥调。也许他曾把员工逼到筋疲力尽的边缘，但对优步的员工来说，支持卡兰尼克一直都至关重要，因为，他们在并肩作战。

对他们来说，他是世界上最优秀的创始人。

优步将业务的病毒式增长做到了极致。

继西雅图和纽约之后，优步的下几个目标是芝加哥、华盛顿特区和洛杉矶。但卡兰尼克的野心并不仅限于此，他想走向世界。2012 年，他们已成功进军巴黎，后来又扩张到了伦敦、悉尼、墨尔本、米兰和其他几十个城市。游击式的营销活动为优步带来了越来越多的新用户，而用户的口口相传也使越来越多的乘客开始使用优步。

卡兰尼克和坎普有关"随叫随到的专属车队"这一设想是有利可图的。在旧金山，每个风投公司的投资人和初创公司的创始人都非常享受打电话叫私人接送服务，优步已经赚得盆满钵满。但是，想要让公司的收益增速腾飞，仅靠豪车车队是不够的。

苏尼尔·保罗是一位连续创业的企业家、交通行业的极客。他在旧金山拥有一家初创公司随航（Sidecar），正在尝试用一种不同的方式为人们提供打车服务。保罗知道优步提供的服务，非常欣赏他们的扩张速度和侵略性，但他也意识到所谓的"点对点拼车服务"存在着更大的市场。也就是说，比起专注于专职豪车司机，他更想要让那些拥有汽车的普通人成为兼职司机。在保罗看来，路上到处都是空荡荡的车辆，乘坐率很低，明明是四座车和六座车，却往往只坐了驾驶员一个人。这既是一种运能过剩，也是对空间的浪费。

保罗是第一个想到这一点的人，他自己都没有意识到这一想法有多高明。但在硅谷，第一个想到点子的人是谁并不重要，重要的是谁能做到最好。

当保罗试图提供"点对点拼车服务"的时候，另一家初创公司也在做同样的事。以星拼车（Zimride），这是一家由一名交通出行行业爱好者和一名前雷曼兄弟员工（他在 2008 年雷曼兄弟破产前三个月辞职）在旧金山湾区联合创办的拼车公司，正在梳理自己的核心业务。原本以星拼车主要致力于开发大学校园之间的长途拼车业务，联合创始人洛根·格林还在加州大学圣塔芭芭拉分校读书时，就一直对此很感兴趣。尽管他和伙伴约翰·齐默一起为此努力了很久，以星拼车还是陷入了困境。所幸，苏尼尔·保罗的随航正努力尝试的"点对点拼车服务"，为他们带来了新机遇。

卡兰尼克开始焦虑。虽然他的优步总部远在城市另一端，但他还是听说了以星拼车和苏尼尔·保罗的计划。卡兰尼克视马克·扎克伯格为友，哪怕算不上是朋友，至少也算是熟人。而这位脸书的 CEO 告诉他，脸书的员工都十分热衷于使用随航的服务，提醒他需要留心这家公司。

不久之后，格林和齐默宣布了以星拼车新的核心业务。以星拼车将放弃长途拼车计划，推出一项名为来福车的新服务。来福车应用能让人们获得轻松愉快的乘车体验，乘客可以坐在副驾驶位置，在旅途中结交新朋友。公司让所有司机在引擎盖上挂上巨大的、显眼的、豪华的装饰物。① 所有来福车的车头都悬挂着一个可爱的毛绒粉色大胡子。来福车也因此一炮而红。

卡兰尼克立即行动起来。他对他的左膀右臂瑞恩·格雷夫斯和

---

① 可笑的是，因为一名员工觉得 truck nutz 很流行，才有了来福车的粉色大胡子创意，truck nutz 的字面意思是指司机把一对假睾丸固定在汽车保险杠上。出于某种原因，这两家公司都大获成功。

奥斯汀·盖特说，要在来福车成为真正的威胁之前将其扼杀于摇篮中。

格雷夫斯、盖特，尤其是卡兰尼克，都是耍花招的高手。他们开始秘会旧金山的监管机构，怂恿他们去调查来福车和随航。曾经对政府嗤之以鼻的优步，现在反过来求他们去关停其他公司。"他们这是犯法！"盖特和格雷夫斯对无动于衷的监管者这样说道。虽然苏尼尔·保罗的随航失败了，但来福车很快就获得了大众的关注，大家都很喜欢那傻兮兮的粉色胡子。

从理论上来说，监管机构应该站在来福车的对立面，毕竟，这家公司违规了。优步一直以来都在招聘司机，但并未违犯法律，因为优步的所有司机都是在当地交通部门注册过的持照出租车司机。而来福车却完全相反，所有持有普通 C 级驾照的有车一族都能成为其司机。

正如当时一名优步员工所说，"法律的意义不在于条文是如何写的，而在于是如何执行的"。然而，令卡兰尼克失望的是，旧金山运输当局什么都没做。尽管他常常吹嘘自己怎样无视监管机构，怎样扰乱一个行业，但实际上，他并没有做像来福车和随航那样出格的事。在此之前，他也一直不愿意越线去做拼车业务。

但现在，他明白自己错了，他根本不该犹豫。在乘坐了一次随航后，他豁然开朗，"点对点拼车服务"确实有着巨大的潜在市场，优步必须推出同样的业务。

这一切深深地震撼了在一边旁观的格利。优步不仅仅是在争夺出租车和豪车市场，它要与所有现存交通方式进行竞争。

"优步是否能在价格和便利两方面达到一个临界点，使之成为比拥有私家车更好的选择？"格利随后在他的博客中这样写道。

优步决定全力以赴。优步在官网宣布推出一个全新的低成本拼车服务经济型优步——UberX。自此，优步与来福车展开正面交锋。

"我们本可以选择利用监管机构来打败我们的竞争对手，"卡兰尼克在发布 UberX 功能时虚情假意地写道，"但我并没有这样做，我们选择公平竞争，而这也是我们的企业核心文化。"

大多数认识特拉维斯·卡兰尼克的人都提到过这样一件事：在他参与的每一场比赛和竞争中，他所追求的都是绝对的胜利。

卡兰尼克的发小说他痴迷于成为最好的那一个，无论是在中学的田径场上对抗来自中央谷的球队，还是参加辩论比赛，有些活动他原本是出于好玩才参加，但最后无一不是为了获胜。

"他小时候常常把一些老师搞到神经崩溃。"他的母亲邦妮曾这样评价卡兰尼克的坚韧。对他来说，辩论是一件很刺激的事，他喜欢建构逻辑、树立论点，并找出对手的弱点（甚至几十年后，最让卡兰尼克兴奋的事仍是找到对手的弱点并加以利用）。

这不仅仅因为他喜欢赢的感觉，还因为他必须赢。获胜是唯一选项，也是他的唯一目标。如果你不是带着金牌回家，那你何必要参赛呢？

在优步，胜利意味着消灭所有对手。卡兰尼克认为，没有足够的市场让优步和来福车共存，这是一场你死我亡的零和博弈。在所有重要的市场中，路上每一辆提供打车服务的车都应该由优步司机来驾驶。一定要做到完全的垄断才行。

卡兰尼克很享受这场战斗。起初，他在推特上针对来福车的联合创始人约翰·齐默。他会开玩笑似的挑衅齐默，问他一些关于来福车的保险政策、商务活动，以及其他看似深奥的商业问题，然后他会开始对齐默和来福车的业务挑刺。

"你还得多多努力。"卡兰尼克在推特上这样对齐默说道。他还喜欢在自己的推特上带"克隆"标签，暗示来福车模仿优步。齐默试图坦坦荡荡地回复他，但卡兰尼克一直在激怒他。

"他不仅满足于获胜，"优步一名前高管在谈到卡兰尼克的欲望时如此评论，"他希望像主人驯服狗一样，让对方一败涂地。他就是这么强势。"

当卡兰尼克下定决心想要赢的时候，他会一意孤行。来福车开始获得人气，齐默花了数月时间向硅谷的风投公司、对冲基金经理和私人股本公司拉投资，希望能够进一步拓展公司业务。然而，每当齐默与新的潜在投资人会面时，卡兰尼克都会来搅局。不知怎么的，卡兰尼克总能插上一脚。

卡兰尼克曾公开承认自己想要打败竞争对手的意图："我们知道，来福车正在筹募大量资金。"他要确保投资者知道，在优步与来福车之间，他们只能二选一。他也很在意信息的交互，他会告诉潜在的投资者："你要知道，不久之后，我们会进行融资，所以我要确保在你做出决定是否要投资他们之前，你得知道我们马上要进行融资的消息。"

这一招很管用。齐默很快就接到了投资人的电话，他们向他道歉，决定不再投资来福车。

无论来福车发展到哪里，优步都如影随形地给他们制造麻烦。"司机活动"是来福车最有效的基础战术之一，即通过举办百人小型聚会来犒劳司机。活动上摆满了酒、比萨和蛋糕，还会进行派对游戏。因此，司机们都很喜欢来福车，因为他们能感受到公司对他们的关心。

卡兰尼克当然也没有放过这些活动。他让自己的员工穿着优步的标志性黑T恤去参加活动，还让他们端着装满饼干的盘子走来走去，每个盘子上都用糖霜写着"优步"。同时，每名优步员工的T恤背后都印着邀请码，如果来福车的司机在注册优步时输入该邀请码，就能获得一笔奖金。

优步即使不去破坏来福车的派对活动，也会想方设法给来福车制造麻烦。在旧金山各地，优步都购买了针对来福车的路牌和广告牌，每个广告牌上都有一个来福车的粉色商标，上方则悬挂着一个巨型黑色一次性剃须刀片，刀柄上印着"优步"字样。图边直白地配文道："剃掉'胡子'。"

除了恶作剧和推特上的语言攻击，卡兰尼克还找到了一个能更有效地扼杀竞争对手的方法。

就像他曾经引用吹牛老爹的话对员工说的那样："钱是万能的。"

优步发现了业务扩张的制胜法则。但每个新城市都需要一笔前期投资来启动他们所谓的"飞轮计划"。如果优步没有足够的乘客需求，司机是不会为优步工作的，同样，如果没有大量能接单的司机，乘客也不会注册使用优步，更不会有回头客。这是一个经典的"先有鸡还是先有蛋"的问题。

"优步通过直接购买'鸡'成功解决了这个问题。"优步在旧金山的元老级经理伊利亚·阿贝佐夫曾这样告诉朋友们。优步开始烧钱，花了数十万美元作为给司机的补贴。当司机接单达到一定数量或一定天数后，优步会给他们发奖金。优步也向乘客市场注入了大笔资金，耗费数千美元为新用户提供免费乘车服务。优步的理论是：只要人们用过一次优步，他们就会感受到这是多么令人惊叹的服务，从此就再也离不开优步了。

这一招相当奏效。每当优步进军一个新城市，人们都口口相传，传播速度极快。乘客喜欢在软件上看到自己朝着目的地移动，这让他们感到新奇。他们喜欢那便宜得令人震惊的打车费。他们喜欢不用摸索着找现金，也不用在下车时给司机小费。所有这些都让他们感到舒服。对乘客来说，横空出世的优步带来了很奇妙的体验。

但是，让乘客低价享受奇妙的体验需要大量资金的支持。卡兰尼克明白，优步必须在竞争对手和监管机构出手之前，在数百个城市迅速发展。要做到这一点，他们需要一个能支持他们进行这场战斗的金库。

卡兰尼克很擅长在风投家面前进行表演。甚至在孩童时期，他就是一个有表演天赋的人。在他从事天使投资的那几年，他就一直在做活力四射的演讲，为年轻的企业家加油打气、提供建议。现在，在准备自己的融资演讲时，他甚至会耗费数小时制作浮夸的 PPT（演示文稿）。他会把令人瞠目结舌的金融统计数据都放进 PPT 中，也会一遍又一遍地反复排练自己的演讲，只为了确保演讲时自己能在正确时间点切换到下一张幻灯片，毕竟，时间的把握对演讲来说至关重要。

每次上台，卡兰尼克总是状态爆棚。他就像亚历克·鲍德温在《拜金一族》中扮演的干劲十足的演讲者一样，天生就能说服投资人。"A—B—C，"卡兰尼克心里重复着鲍德温的话，"A—永远，B—是，C—成交。永远成交。做永远的成功者！"卡兰尼克并没有在胡闹，他确实知道怎样促成一笔交易。

在前几轮融资中，优步获得了数千万美元的风险投资。但卡兰尼克需要更多钱，非常多的钱。优步正向顶层资本进发，优步不会向科技爱好富豪索要区区 500 万 ~1 000 万美元的投资。

优步想要的是数十亿美元。

第十章　主场路演

为卡兰尼克和他的秘密融资武器牵线搭桥的是格利。

一个好的风投家会帮初创公司吸收新成员。格利想为卡兰尼克找一个资金运作方面的帮手，而且他心里已经有了合适的人选：一位来自 Tellme 网络的天才交易人。Tellme 网络成立于 20 世纪 90 年代末，主要生产通信软件，支持手机应用程序，例如，语音助理和航空公司用于接听延误投诉电话的自动软件。

埃米尔·迈克是 Tellme 的交易人。尽管有时候他幽默起来有些俗气，但在客户面前，他总是表现得很优雅、有品位，他很明白如何奉承硅谷的那些成功人士。Tellme 之所以能挺过互联网泡沫的冲击，部分原因在于迈克与美国电话电报公司、西南贝尔、凡丹戈和美林证券等大公司都有合作关系。2007 年，即使在泡沫破裂、Tellme 不得不裁员并且削减业务之际，该公司仍然能充分利用其资产和人才，以超过 8 亿美元的价格出售给微软。[①] 所以，迈克确实懂得如何促成交易。

迈克是来自埃及的第一代移民，父亲是药剂师，母亲则是化学家。迈克在纽约韦斯特切斯特县长大，是新罗谢尔郊区黑人家庭的孩子，住在工人阶级的社区。为了尽快融入新环境，迈克试图和所有人处好关系。他从小就很合群，在小镇药房为他父亲做柜台工作时，他甚至能和年纪比他大两倍多的顾客聊得来。迈克一家和周围的人都相处得很融洽。

迈克的成绩相当优异，还拿到了哈佛大学的学位。他在哈佛大学学习政府管理，随后去斯坦福大学法学院深造，这也成了他进入硅谷中心的敲门砖。他以优异的成绩毕业，最终进入高盛的通信媒体科技部门工作。在那里，迈克初入交易圈，每天看着他的同事出售和收购不同的公司。他们像角斗士般战斗，对公司进行资本重组、推翻和出售。但也正是这些新兴科技公司激发了他的兴趣，最终使他进入了硅谷的初创公司。

离开高盛后，迈克在 Tellme 工作了 9 年，然后去了华盛顿，成了奥巴马政府的白宫工作人员，担任国防部长的特别助理。他掌握的技能越发齐全，一个具有华盛顿人脉网的交易人能在私企领域走

---

① 该公司 CEO 麦克·麦丘后来创办了红板报，而林君叡则先在美捷步工作，后跳槽到红杉资本。哈迪和阿里·帕托维两兄弟也是备受尊敬的企业家，他们后来创办了编程组织（Code.org）。他们都曾是 Tellme 的员工，其他人则加入了派代网（Stripe）、脸书、亚马逊等公司。因此，埃米尔·迈克人脉非常强大。

得更远，而他也确实在这个领域如鱼得水。在政府部门工作了几年后，迈克去了社交影响力打分平台克劳特（Klout）。克劳特搜集特定用户在脸书、推特和汤博乐等网站上的活动轨迹，并利用专有算法对其进行评分。在克劳特上评分较高的用户能从合作公司得到额外奖励，有影响力的克劳特用户还能在维珍美国航空享受升舱服务，也能享用拉斯维加斯棕榈酒店的免费早餐。迈克促成了克劳特与所有合作公司的交易，因此，克劳特的高管都很欣赏他的干劲与努力。

　　卡兰尼克和迈克于 2011 年由比尔·格利介绍结识。2013 年，格利打电话邀请埃米尔·迈克了解有关优步的投资机会，两个人才真正开始合作。"我们需要你，"格利对他说，"在优步成长初期加入公司是一个不容错过的好机会。"格利很欣赏卡兰尼克的强硬和进取，但他同样明白，需要有一个人来制衡这位 CEO，需要有人来遏制卡兰尼克并不体面的那一面，而格利认为迈克就是最合适的人。①

　　除了制衡卡兰尼克，迈克会像过去在 Tellme 和克劳特一样，帮助优步与合作公司达成利润丰厚的交易。迈克是格利见过的最有天赋的交易者，他的能言善辩与和蔼可亲能够吸引不同行业的商人。

　　迈克身上有卡兰尼克所没有的东西：能顺势而为的情商。卡兰尼克有时候会很固执。与之相反，迈克皮肤黝黑，梳着黑色大背头，他总是笑容满面地和你握手，即使打量你，也不会让你感到不适。他每一次与人交流都是一次谈判，对方每次开口都可能暴露一个弱

――――――――――――

① 格利错了，卡兰尼克和迈克的关系后来往另一个方向发展，令人意外。

点。他会说华尔街的行话，与科技公司打了10多年交道，他完全具备推销优步的能力。

迈克是一位优秀的交易人，但他也有自己的缺点。迈克总是会下意识模仿他的合作伙伴，学习团队的品质，以便更好地融入。这是他年轻时在威彻斯特养成的习惯，这样的习惯能让他避免成为一个局外人，而帮助他成为局内人。往好了说，他可以和合作伙伴成为很好的酒友，甚至成为要好的新朋友；往坏了说，他只是个利益促成者，帮助出谋划策，同时还密谋掩盖某些真相。

卡兰尼克立马看上了迈克，将他聘为自己的副手，自此，迈克正式成为优步的首席商务官。这个头衔类似于首席运营官，但他实际上是首席交易官。

迈克最终成了特拉维斯·卡兰尼克最好的朋友。他们俩形影不离，白天一起聊天、谈生意，晚上和周末一起出去玩。他们一起吃饭，一起开车旅行，一起到合作公司去谈事。最后，他们还带着各自的女朋友一起去度假，他们的足迹遍布伊维萨岛和希腊等地……两个人越来越融洽，他们既是工作上的好搭档，也是私下里的好兄弟。他们在夜总会和高档餐厅挥金如土，卡兰尼克觉得自己和好友就应该享受这样的生活。

不过，卡兰尼克和迈克真正大放异彩的还是在筹集资金方面。在不断的练习中，他们拉资金的技巧也日趋完备。比如，想在华尔街上市的公司，往往需要进行路演，公司的银行代表要从一个城市跑到另一个城市，向众多投资公司推销自己的公司。然而，当时卡兰尼克并没有上市的打算（至少短期内不会）。因此，他和迈克发明了属于他们自己的推销大法，并将其亲切地命名为"家演"。仗着投资人对优步兴趣很大，他们把上述所谓"路演"的模式颠倒过来，要求投资人到优步在旧金山的总部来听他们介绍自己的公司，而投资者必须要通过竞争才能拿到入场券，才有机会按优步主导的节奏参与投资。

卡兰尼克和迈克深知物以稀为贵的道理，因此，他们制定了一个规则：每周，优步只举办三场投资者会谈。所以，投资公司必须争破脑袋才能抢到一个会谈机会。

人们称卡兰尼克为表演者，他当之无愧。他沉着的姿态、对时机的精准把握以及那些会令人不由得发出惊叹的小技巧足以引起银行家、风投家和对冲基金的兴趣。他们每年要评估的创业项目超过数百个，而卡兰尼克向他们展示了一张精心制作的幻灯片，上面是经过他精心挑选后呈现的数字，每张幻灯片都显示出优步"曲棍球棒状的巨大潜力"（每位企业家和风投家在创建公司时都希望看到的利润增长曲线形似曲棍球棒）。得到这样的数据对他来说并不费力，因为优步拥有所谓的逆向用户逃离率。逆向用户逃离率计算在众多软件服务公司（SaaS）中被广泛使用，它意味着一旦客户使用了该产品，他们就有可能自此以后经常使用该产品。一位风投家曾这样描述逆向用户逃离率："这就意味着，客户数就像高收益的储蓄账户一样，无须付出太多努力，每个月就能源源不断有更多的钱流入。"

卡兰尼克的数据表明，当客户平均使用优步 2.7 次以后，他就会成为优步的忠实用户。优步就是如此优秀。

卡兰尼克沿着他的偶像走过的路在前行，包括史蒂夫·乔布斯、马克·扎克伯格、拉里·佩奇和谢尔盖·布林。他将优步定位为"改变世界的著名科技公司"，并暗中将自己加入那些传奇创始人的行列。他在董事会会议室的表现，使每一位新高管不由自主地相信他是对的。

卡兰尼克在会议室的演讲让听众纷纷惊叹，最后埃米尔·迈克会起身做总结陈词。卡兰尼克在演讲台上忙碌时，迈克会留意会议室里的动静。谁的身体往前倾？看到我们的增长数字时，谁的眼睛亮了起来？谁在迫不及待地想要出价？随后，投资公司会寄来热情的跟进信，但迈克会晾他们一阵子再回复，让他们在急切中等待。一周后，潜在投资者将收到一份 Excel（电子表格软件）表格，他们需要填写自己愿意对优步注资多少，对其估值几何。卡兰尼克负责吊起他们的胃口，迈克则负责将他们一一搞定。这样一套流程，从头到尾，需要花费两个人三周的时间。在接下来的 5 年里，他们一次又一次地重复这种表演。

卡兰尼克和迈克还有一个优势，就是运气和时机。从一开始，硅谷的融资生态系统就相对较小。本地风投公司对本地初创企业进行投资，风投公司有懂科技的合作伙伴，他们能够理解投资组合的复杂性和逻辑性。风投家会明智地挑选投资标的，至少是出于一种有逻辑的总体投资理念。这种投资生态已经持续了很久，经历过好几轮繁荣与萧条的周期。

　　但科技公司的崛起引来了另一种不同类型的资金。当小公司开始产生巨大的回报时，原有生态圈之外的资本开始担心错过机会。2005 年开始，视频网站 YouTube 两年内共筹集了约 1 000 万美元的风投资金；2006 年，谷歌以超过其总价值 150 倍的价格收购了这家初创公司。马克·扎克伯格花了 10 亿美元收购 Instagram，而当时，这家公司只有 13 名员工。谁都不愿意错过科技行业的滚滚财源。

　　谷歌、推特和脸书在硅谷的上市创造了巨额财富，共同基金、银行投资家、海外主权财富基金和外国政府都注意到了。他们还发现，大部分财富都聚集到了在上市前就对这些公司进行注资的早期投资者手中。

　　按照传统，对冲基金会坚守自己熟悉的市场，投资于多个上市公司。但慢慢地，这些基金的机构投资者，比如普信集团和富达投资，都开始慢慢涌入硅谷。管理着数亿美元资金的对冲基金投资经理意识到，他们必须投资科技行业，否则将错过大好时机；而在硅谷筹集资金的所有私人公司中，优步最有价值，是所有独角兽公司的终结者，投资者迫切希望能分得这一杯羹。

　　卡兰尼克充分利用了投资者的这一心理。想当年，在搜索网被好莱坞公司起诉的时候，投资人迈克·奥维茨背叛了他，这种伤害他至今仍耿耿于怀。从那以后，卡兰尼克对投资方再无信任可言。因此，他向投资方开出了苛刻的条款，作为接受注资的条件。私营公司没有义务向公众公开其内部统计数据，但持有大量股权的投资方通常可以了解公司的财务状况。然而，卡兰尼克逐步剥夺了一些主要投资方的知情权，对其他一些投资方提供的信息细节也少之又少。此外，投资方必须同意卡兰尼克继续持有超级投票权，而新加入的投资方只能获得投票权较弱的股份。卡兰尼克所持有的每一股都有 10 票投票权，而普通股票则只有 1 票投票权。卡兰尼克还得到了加勒特·坎普和瑞恩·格雷夫斯的支持，他们是卡兰尼克的早期联合创始人，也是他强大的盟友，他们也拥有超级投票权。

实际上，卡兰尼克创建了一个强大的阴谋集团，来保障他作为 CEO 的权力。没有投资者可以干涉他如何使用优步的资金，也没有股东可以指使他雇用谁或者解雇谁。

优步是属于特拉维斯·卡兰尼克的公司，你要足够幸运，他才会让你投资。

谷歌风投家迫切地想要入股优步。但特拉维斯·卡兰尼克在每个阶段的要求节节攀升。

大卫·克莱恩曾在谷歌工作过很长一段时间，后来改行成为风投合伙人。他曾促使谷歌风投达成过几桩大交易，包括智能恒温器公司雀巢（Nest）和精品咖啡连锁店蓝瓶子（Blue Bottle），但优步是他做梦都想乘上的大船。克莱恩花了数月时间来跟进与优步的交易，后来他听说优步又要融资了，他觉得自己只要有一个能站在卡兰尼克面前的机会，就能说服这位企业家接受自己的投资。

只要一有机会，克莱恩就试图推进这个项目。2013 年年初，他在长滩演艺中心的 TED^① 年度大会上见到了卡兰尼克。当时卡兰尼克正和著名女星卡梅隆·迪亚兹谈笑风生。克莱恩觉得这是个机会，于是他悄悄走了过去，礼貌地轻推开迪亚兹，来到了卡兰尼克面前。

TED 的这次谈话让卡兰尼克对克莱恩印象不错，他很享受像谷歌这样一家自视甚高的公司也追着自己想要投资。过后，克莱恩和谷歌风投的其他顶级合伙人花了几个月的时间来讨好卡兰尼克，希望能从优步的 C 轮风险融资中分一杯羹。两个团队还在互相评估时，卡兰尼克像往常一样直截了当地提出了要求。"你们公司搬到我们大楼来办公，"卡兰尼克说，"此外，你们还要向我们提交一份投资方案。然后，我们再来决定是否同意你们投资。"

谷歌的人并不习惯这一套。获得谷歌风投的投资可算是一种荣耀，这对企业家来说不应该是件还需要考虑的事。虽然谷歌风投不如凯鹏华盈和红杉资本那样历史悠久，但拿到谷歌风投的投资依然是一个强有力的信号，证明该公司是非常卓越的。

克莱恩和他的搭档在优步总部为卡兰尼克和迈克做了一次优秀的演讲。他们承诺将为优步提供全方位支持，包括帮忙从谷歌风投庞大的人脉中招募有才华的高管，还可以与优步分享深厚的战略经验。所有这些再加上一大笔钱！克莱恩和他的搭档全力以赴，希望说服优步达成交易。

---

① 指 Technology、Entertainment、Design 在英语中的缩写，即技术、娱乐、设计。TED 是美国的一家私有非营利机构，以它组织的 TED 大会著称。——编者注

然后，卡兰尼克给出了他心目中的数字。他说，优步希望投资者对其估值高达 35 亿美元，希望单个投资者注资 2.5 亿美元。

谷歌这批人大为光火。哪怕是对风投资本来说，2.5 亿美元也是一笔数目惊人的资金。谷歌风投通常不会进行这种规模的投资，他们一般在公司早期或者成长期进行投资，更倾向于进行金额更小的投资，比如单笔百万或千万美元级别的投资。而且，谷歌风投通常会在公司建立之初就进行投资，以获取更多股权。参与公司种子轮投资虽然要承担更多风险，但如果该公司表现优异，也会获得更多回报。

但优步的情况大不相同，他们要求谷歌风投向单独一家公司就开出 2.5 亿美元的支票，这对整个基金来说可算是一大笔资金了。如此狮子大开口，他们还被告知应该对获得注资机会心存感激。对此，克莱恩和他的搭档完全无法接受。

经过长时间的拉锯战，克莱恩最终说服他的搭档勉为其难地接受了这些苛刻的条件。他们开出了谷歌风投有史以来给投资公司的最大单笔支票，最终获得的待遇与其他投资方也别无二致。

就像对待之前的投资者一样，没多久，卡兰尼克就不再向谷歌风投定期发送有关优步进展的详细信息了。这笔巨额投资只在优步董事会中买到一个观察员席位，对于这样一家备受瞩目的公司而言，这是一个令人梦寐以求但实际又作用有限的席位。通常情况下，带来如此大笔投资的人会得到相应的投票权，但卡兰尼克并没有把投票权给克莱恩，而是给了另一位在谷歌级别更高的大佬：大卫·德拉蒙德。①

　　卡兰尼克在董事会给了德拉蒙德一个适当的席位，这可谓是棋高一着。德拉蒙德是谷歌元老级的人物，在他第一次见拉里·佩奇和谢尔盖·布林时，他已经是硅谷知名律所威尔逊律师事务所的合伙人了。在帮助谷歌筹集了部分首轮融资并与两位联合创始人成为好友后，2002年他正式加入谷歌，主导公司完成最终的上市。由于进公司早，德拉蒙德成了拉里和谢尔盖最信任的副手之一，最终成为谷歌的公司发展高级副总裁兼首席法务官。他还负责谷歌风投的投资业务，以及谷歌另一个主要投资部门谷歌资本的投资业务。简而言之，德拉蒙德就是人们通常说的"硅谷大佬"。他很有战略眼光，人脉极广，地位也很高。对卡兰尼克来说，让大卫·德拉蒙德加入优步董事会，意味着优步可以享有谷歌全部的战略力量。德拉蒙德默许了他的做法，同意加入董事会。

　　卡兰尼克在最后时刻还给了克莱恩一个"惊喜"。交易达成之前，克莱恩一直以为谷歌风投是在与另一家未知的公司争夺投资席位。他也一直认为，谷歌是因为在竞争中胜出，所以优步最终选择了谷歌风投，而拒绝了另一家公司。然而，在克莱恩和卡兰尼克花了数周时间敲定交易条款之后的一刻，卡兰尼克竟然通知克莱恩，他希望在这一轮投资中加入另一位投资方：德太投资。克莱恩简直气疯了。

　　德太投资是全球最知名的私人股本公司之一，参与了一些最引人

① 克莱恩通过谈判获得了一个董事会观察员席位，有权参会无权投票。这让克莱恩十分恼火，不管怎么说这是他亲手拉来的交易。但这观察员席位也总比完全出局要好。

注目的融资并购。2007 年，德太投资与高盛合作，以 275 亿美元左右的价格收购了当时全球第五大移动电话运营商欧特尔。这是当时电信行业规模最大的一次融资并购。虽然谷歌风投是旧金山湾区最大的投资公司之一，但卡兰尼克还是希望获得德太投资的资金，并借助其人脉打入全球市场。德太投资还邀请他乘坐公司专机，这是对顶级公司才会提供的服务。[①] 尽管卡兰尼克是与德太投资合伙人大卫·特鲁希略谈成的这笔交易，但他希望在优步董事会出现的德太投资方代表是更高级别的人物：大卫·邦德曼。邦德曼是私人股本界的传奇人物，是德太投资的创始合伙人之一，与各色名人、高管、监管机构和世界各地的国家元首都有交情。就像德拉蒙德的名字会向科技界传递某种信息一样，邦德曼的参与也能证明优步在整个商界的地位。

最后，尽管作为投资方在这轮融资中给优步投了 2.58 亿美元，谷歌风投和克莱恩还是不得不默许了卡兰尼克的要求。最终，德太投资直接从加勒特·坎普手中购买了价值 8 800 万美元的股票。[②] 对于这一切，克莱恩无力阻止。

然而，卡兰尼克的胃口还不止于此。随后，他提出要求，要与硅谷最光芒耀眼的人——拉里·佩奇——会面。

---

① 　如果只是为了迷惑卡兰尼克，那是行不通的。他乘坐的德太喷气机是去北京的单程航班，返程时不得不乘坐商务机回来。

② 　令人难以置信的是，坎普用这笔钱继续投资推荐引擎 StumbleUpon，他依然相信有朝一日 StumbleUpon 会成为社交网络霸主。然而，该网站于 2018 年 6 月关闭，坎普这才退出。

第三部分

第十一章　大哥与小弟

帕洛阿尔托的四季酒店坐落于美国 101 号国道旁，酒店外形呈半圆柱状，外墙以反光玻璃装饰。玻璃幕墙在正午的阳光下闪烁着银光，好似硅谷中心的巨型处理器芯片。

该酒店距位于山景城的谷歌全球总部仅有 10 分钟车程。克莱恩受卡兰尼克之托，来安排卡兰尼克与拉里·佩奇和大卫·德拉蒙德的见面会议。卡兰尼克和他的交易人埃米尔·迈克受邀于早上 9 点共赴谷歌总部，与两位谷歌大佬共进早餐。

卡兰尼克是个夜猫子，习惯工作到深夜 11 点，然后再去附近的酒吧小酌一杯。他不可能赶得上山景城上午 9 点的会议，因此，克莱恩为他在四季酒店预定了一间套房。

第二天早上，克莱恩为卡兰尼克准备了惊喜。卡兰尼克走出酒店大门，径直走向等候在那儿的优步出租车，将手提包放在后座，准备让司机向南出发。

车子还没开走，另一辆车就开了过来，是一辆白色的雷克萨斯SUV（运动型多用途汽车），看上去与酒店门口停着的那些特斯拉或保时捷很不一样。克莱恩说服了谷歌 X 部门的工程师把谷歌著名的无人驾驶汽车借给他，就是这辆雷克萨斯。车子停了下来，车身密布雷达和摄像头，中间印着谷歌的徽标——卡兰尼克今日的无人战车准备就绪。

克莱恩准备的惊喜效果很好，卡兰尼克惊呆了，激动万分，他立即取消了预定的优步出租车，跳进了雷克萨斯的后座，一路向南、向未来驶去。他兴奋过了头，结果下车时还把包落在了之前那辆优步出租车上。

这次会议果然与卡兰尼克想象中一样美妙。参会者有拉里·佩奇、大卫·德拉蒙德、卡兰尼克、埃米尔·迈克和谷歌风投的执行合伙人比尔·马里斯。五个人像老朋友一样交谈甚欢，共同畅谈他们的合作伙伴关系将为世界带来什么成果。

与拉里·佩奇见面让卡兰尼克尤其兴奋。他是卡兰尼克从小就崇拜的人物——白手起家，自力更生，设计出优秀的解决方案，解决棘手的难题，运用搜索算法组织整个世界的信息。卡兰尼克崇尚效率，他的头两家创业公司搜索网和红标公司都是基于这一理念创建的，而谷歌是有史以来最高效的搜索引擎公司。因此，他认为如果佩奇能成为他的顾问，优步将势不可当。

卡兰尼克在后来谈及他俩第一次见面时说道："我有一种小弟见大哥的感觉。"但他的个人感受与事实并不一致。见过拉里·佩奇的人都知道他并不那么可亲，完全称不上是"大哥"的类型。他是工程技术界的翘楚，却不善社交，不好与自己小圈子外的任何人打交道，只痴迷于解决极其复杂的问题。

对佩奇而言，这项投资具有战略意义。作为谷歌的联合创始人，佩奇对交通工具有着浓厚的兴趣。其他科技和汽车公司还没意识到自动驾驶的可能性时，他就已经启动了谷歌的自动驾驶汽车研究，拿出数百万美元的个人资金研究飞行汽车。他对特拉维斯·卡兰尼克本人并不感兴趣，只关心交通工具的未来与变革。

此外，卡兰尼克从未真正理解佩奇有关公司内部竞争的哲学内涵。拉里·佩奇给予各部门高度的自主权，例如，谷歌风投就曾向外界宣称其是完全独立于谷歌母公司的实体，不需要事事向母公司汇报。因此，获得谷歌风投的投资并不意味着得到了谷歌的支持。

尽管佩奇在与卡兰尼克共进早餐期间并未对他表现出明显的兴趣，但卡兰尼克认为自己正在结交重要的盟友。几个人对可能的合作方式进行了讨论，优步可以用谷歌地图作为导航；而优步每日数百万的行程数据也许可以帮助改善谷歌地图的准确性。

佩奇和他们讨论了这些合作关系，之后就借故离开，去开阔的园区散步了。卡兰尼克迫不及待地想再次见到他，再次展开"即兴漫谈"。

卡兰尼克在谷歌总部与这些高管大谈优步的美好未来时，安东尼·莱万多夫斯基就在和他们隔了几栋楼的办公室里，倍感沮丧。

莱万多夫斯基一直都致力于机器人技术的研究。他出生于比利时布鲁塞尔，十几岁时移民到美国，在马林县安了家，过了金门大桥便是旧金山。他自小沉迷于地图和汽车，也对建筑和修修补补感兴趣。莱万多夫斯基大学就读于东湾的加州大学伯克利分校，主修工业工程，大学期间造出了他的第一批机器人——由乐高积木制成的机器，可用于识别和分拣假钱。不久他又说服同学一道参加DARPA 机器人挑战赛①。他们满怀希望地参加比赛，但比赛开始没几秒，他们制造的"恶灵骑士"号自动驾驶摩托车便撞毁了。这一失败使他十分受挫，因为他对胜利的渴望十分强烈，就如同对制造机器人的痴迷一样②。

莱万多夫斯基大学毕业后入职谷歌，在街景项目组工作。他属于谷歌喜欢的那种工程师：充满好奇，才华横溢，在工作主项之外的领域也涉猎广泛。

他在学校时就是个风云人物，部分原因是他身高约两米，身形魁梧，还有个重要原因是他的性格。他十分合群，擅长社交，在技术方面积极、聪敏，尤其是对自己的项目头头是道，简直无所不能。

莱万多夫斯基在谷歌工作期间，公司发起"20% 时间"计划，鼓励员工积极参与。这一计划允许员工用 80% 的上班时间专注于本职工作，剩下的 20% 时间可用于发展其他的个人兴趣。

---

① 这是美国国防部发起的一个项目，比赛要求参赛者制造自动驾驶汽车，在莫哈韦沙漠上行驶。
② "恶灵骑士"号后来在史密森学会博物馆展出，莱万多夫斯基和他的团队总算以另一种方式获得成功。

　　莱万多夫斯基的兴趣便是制造机器人。他在谷歌之外成立了名为"510 系统"的创业公司 ①，与其他员工一起开发技术，希望有朝一日会对谷歌有用。其中包括专门用于自动驾驶汽车的传感器和其他软件。搜索巨头谷歌很快就通过中间人从 510 系统公司购买了许多技术，用于街道测绘项目，这些技术实际上出自自己的雇员莱万多夫斯基之手，但谷歌对此毫不知情。

　　谷歌最终发现了他的诡计，但没有解雇他，反而决定以 2 000 万美元的价格收购他的初创公司。

　　莱万多夫斯基这个人的特质，在类似 510 系统公司这样的副业中可见一斑。他喜欢金钱，但更爱漏洞、寻找变通方法。他可能身在一家大公司工作，内心则迫不及待地渴望创业。创建自己的公司并设法将其卖给谷歌，从这件事上能看出：他在谷歌的 "20% 时间"计划中找到了漏洞，并利用漏洞最终获得了好处。2 000 万美元的意外之财当然棒极了。

　　但他追求的不仅仅是金钱和钻空子。多年来，他认为全世界范围内人们的出行方式糟透了。每年都有数万人死于交通事故，美国的主要城市尤其是旧金山湾区的交通状况非常糟糕。人们驾驶着汽车堵塞街道，街上的每辆车上都坐着一个驾驶员实属低效浪费。在必要时投入一批自动驾驶汽车，会更清洁环保，也更划算。

　　谷歌收购了莱万多夫斯基的初创公司后，他开始全心全意地为

① 该名字取自伯克利的电话区号。

谷歌卖命，投身于制图和自动驾驶技术的研究，还加入了秘密的谷歌X部门。他说服了谷歌高层领导尤其是拉里·佩奇注资数百万美元，用于自动驾驶研究，同事说他功不可没。此外，由于参与了佩奇一直关切的项目，莱万多夫斯基与这位谷歌CEO开始建立特殊的关系。

莱万多夫斯基很精明。谷歌收购他的初创公司时，他开了个低价，不够他手下50来个员工分享利润，剥夺了这些同事共享丰厚收益的机会。更糟的是，谷歌收购510系统公司后，公司只留下了不到一半的老员工。离开的员工虽然也曾在莱万多夫斯基的机器人上花了很多心血，却没有得到展示才华的机会。

莱万多夫斯基进入谷歌本应欣喜万分。然而，几年后拉里·佩奇又与卡兰尼克就自动驾驶项目进行谈判，寻求合作，莱万多夫斯基觉得这会把他边缘化，让他难以大展身手。他来到谷歌就是为了制造自动驾驶汽车，颠覆交通运输行业。谷歌尽管颇具远见，却也很善变。

莱万多夫斯基真正想要做的事非常明确，对自动驾驶汽车进行真正的开放道路测试。谷歌不敢轻易批准此事。一方面，长期以来，公众对此舆论不佳，公司颇为担忧；另一方面，旧金山交通路网的设计荒谬，拥挤不堪，留下不少棘手的工程问题。哪怕是出现最小的问题，也可能会导致危险的事故。自动驾驶技术的反对者想象的画面相当惊悚：谷歌的自动驾驶SUV横在另一辆车上，下面这辆车已翻得底朝天，底盘变形……更可怕的是，卡在下面的也许不是车，而是活生生被压得变形的人。

但莱万多夫斯基知道谷歌只有进行道路实测，才能让自动驾驶汽车从概念阶段发展到下一个阶段。在他的想象中，未来不会再有交通拥堵，也不会再有汽车事故导致死亡，大家都拼车，共乘自动驾驶汽车，简单方便。可如今谷歌却犹豫不决，只是因为害怕违反规则，就束手束脚不敢进取。

莱万多夫斯基的领导风格经常惹得其他谷歌员工不快。他行事犀利，对人强硬，遇到反对意见还会露出冷笑。在谷歌这个行事谨慎、有条不紊的环境中，员工认为他锋芒毕露，有时做事还不顾后果。莱万多夫斯基没和老板打招呼就在内华达州找了位游说议员，起草了一项新议案，允许不配安全驾驶员，就让无人驾驶汽车上路。谷歌高层得知后十分气恼，但该议案仍于 2011 年在内华达全州范围内通过了。

莱万多夫斯基的行事方法引发了分歧，也使他树敌无数。当他想要成为谷歌 X 部门自动驾驶汽车分部的负责人时，他遭到了一些员工的强烈反对。他们要求佩奇亲自介入人员选拔，还提名莱万多夫斯基的竞争对手克里斯·乌尔姆森为自动驾驶分部负责人。莱万多夫斯基败下阵来，非常失望。他丝毫没有掩饰自己的失意，甚至一度完全停止了工作。

莱万多夫斯基十分痛苦，他为公司做出了贡献，在自动驾驶汽车领域研发了最先进的技术，但如果能帮助竞争对手抢占先机，他也会感到十分快意。此处不留人，必有留人处；谷歌不待见他，他也不怕没有去处。

第十二章　优步的壮大

要么壮大，要么消亡。

这是硅谷及每个企业家赖以生存的准则。从公司创始人与投资人签署第一份投资条款清单的那一刻起，他们就发誓要让公司活下去，不断成长壮大。

"发展壮大"也成了卡兰尼克的口头禅。每天一早，他都会打开苹果电脑，浏览在其他城市上班的下属发来的进度报告，追踪每个城市的新用户情况。他还一直跟踪有关驾驶员人数的数据，将其命名为"供应量"数据。他整天满脑子都是数据。卡兰尼克畅想，有朝一日，人们不管想要什么，无论是尿布还是苹果手机充电器，随时随地都可以打开优步应用程序下单，随时可以送达。优步也将成为在全球范围内运送人员和物品的物流公司，成为升级版的亚马逊。

卡兰尼克自己整天埋头工作，希望员工也能如此。优步的工作不只是一份工作，还是一种使命与召唤。如果你不愿在办公室工作到深夜或不愿周末加班，那就不应该在优步工作。公司直到晚上8点15分才提供晚餐。晚餐是硅谷多数大公司为过了下班时间继续加班的员工提供的福利。但优步的晚餐时间意味着，5点下班后，你不能只是象征性地花一个小时"摸鱼"，6点钟就去餐厅蹭一顿晚饭。想要享受公司的晚餐，你必须至少额外加班3个小时15分钟。

工作永远也做不完，优步每入驻一个新城市，公司的"曲棍球式增长曲线"就会引来关注和竞争。这也意味着，员工不得不大量加班以期击败对手。对手往往包括城市监管者、出租车所有者或出租车司机，还有为他们服务的当地议员。优步每入驻一个城市，当地出租车从业者总是与之激战不休。卡兰尼克被这种形势所扰，承受了巨大的压力。

在卡兰尼克看来，各地所谓的"法律"虚伪至极，纯粹是政府官员为了迎合交通团体而设。他认为，优步眼下犹如十字军东征，既要赢得消费者的青睐，又要与市议会、州长办公室等根深蒂固的利益团体斗智斗勇。这些利益团体手段卑鄙，合谋控制行业利益，从而使出租车服务质劣价高。他认为出租车行业已被利益团体垄断，整个体系腐朽不堪。

但垄断联盟也不好惹。

出租车所有者知道他们必须阻止优步的发展。在一些大城市，他们要花几十万美元买出租车牌照，才能获得当地政府颁发的出租车服务许可证。这些牌照的价格高到离谱，像纽约这样的热门市场，牌照价格可高达 100 万美元。出租车司机和调度员只能办巨额抵押贷款来购买牌照。出租车牌照数量有限，这人为地限制了出租车市场规模，也意味着出租车司机和出租车公司老板可以收取足够的费用，过上体面的生活，还能支付牌照的费用。

但紧接着，优步出现了。整个牌照制度的核心受到了威胁——这个市场的稀缺性和排他性根基被颠覆了。有了优步的点对点经济型搭乘服务后，所有有车一族都能注册成为优步司机。这一简单的概念摧毁了出租车联盟的市场准入壁垒体系，导致出租车牌照的价格直线下降。2011 年，纽约曼哈顿一块出租车牌照价格高达 100 万美元；6 年后，在纽约皇后区的大甩卖拍卖会上，拍出了 46 块牌照，平均价格仅为 186 000 美元。一夜之间，那些仍在日夜奔波，努力偿还高额牌照贷款的出租车司机堕入深渊。

出租车司机惊恐万分。2018 年 2 月，在那个寒冷的星期一早晨，曼哈顿的专职出租车司机道格·施夫特驱车前往下曼哈顿的市政厅，持枪对准自己的头部，扣下扳机，结束了自己的生命。这一悲剧皆因优步的崛起影响了他作为传统汽车服务人员的收入，致使其陷入财务危机而无法偿还贷款。

施夫特发在脸书的最后一篇推文写道："1981 年我就进入了出租车行业，平均一周工作 40~50 小时。如今我哪怕一周工作 120 小时，也难以维持生计。我不是奴隶，也拒绝成为奴隶！"从优步成立到 2018 年这段时间，纽约和其他大都会地区相继有十几位出租车司机选择了自杀。

　　与此相对的是，那些拒绝低头的出租车司机积极抵抗。有些人试图组建出租车联盟，开发出其他打车应用程序，用优步熟悉的方式进行反击，如爱瑞德、阿罗和克步。但他们很快意识到，最好的反击方法不是开发应用程序进行竞争，而是保护好既有领域。

　　每当优步入驻新城市时，当地的出租车运营商都会倚仗出租车运输机构和出租车政府机构的保护，政府会派官员去优步在当地的总部进行交涉。纽约州、内华达州、俄勒冈州、伊利诺伊州、宾夕法尼亚州和其他一些州的官员纷纷造访优步，带着厚厚的法条，眉头紧锁，指出优步的运营所违犯的法规。计价方式应该以相关规定为依据，优步程序中的那些复杂算法并不合适。如果这种劝诫不起作用，当地立法机关还会派遣城市和州立机构叫停优步。

　　如果这些措施都不起效，那么还会有一些江湖手段让优步吃点苦头。拉斯维加斯及周边地区的出租车垄断联盟与犯罪组织交情甚深，优步遭到了严重报复，他们甚至还用上了暴力手段。有的优步汽车被盗，有的出租车所有者还会袭击优步司机，将他们的车子付之一炬。

　　贝内德塔·卢西妮是优步在意大利米兰办事处的总经理。优步在当地遭遇了出租车流氓的攻击。出租车司机假装用优步叫车，等司机来了，他们就把优步司机从车里拉出来殴打。尽管如此，卢西妮仍加班加点，尽职工作，劝说优步司机继续上路营业。

　　最终，出租车司机将枪口对准了卢西妮。他们在全市的出租车站张贴印有她头像的海报，照片下印着"我爱偷盗"四个大字。还有一次，出租车司机在新闻发布会上朝她扔鸡蛋。某天晚上，她下班回家，在离家不远处的电线上挂着个标牌，上面写着她家的住址，还写着一行字，说她是向米兰交通局主管提供"服务"的妓女。

尽管如此，在卡兰尼克的领导下，优步丝毫没有退缩。在与各地官员斗智斗勇之际，优步团队设计出了规避打击的指南。在每个城市，优步的最终目标是解除管制，打造一个纯洁、自由、不受政府和出租车联盟腐败之手侵害的市场。

早早进入市场为优步带来了巨大优势。例如，优步进入费城市场，鲁莽且违法，令当地公共事业委员会惊慌失措。优步在当地累计有12万次违犯交通法规的行为，该市为此对优步处以1 200万美元的罚款，但公司仅用350万美元就摆平了此事。这些罚款对优步来说并不是什么大事。毕竟，优步已经成功在当地启动运营，吸纳了超过12 000名新司机加入，还拉动了消费者对乘车服务的需求。

如果交通部门开始收紧监管，那么当地优步经理人会不断向庞大的司机团队发送邮件、短信，让他们知道自己身后有优步的强力支持。卡兰尼克认为罚款和罚单只是做生意产生的一笔费用而已。如果不巧被警察扣了车，优步会发来信息，承诺照价赔偿。信息内容如下：

经济型优步提醒事项：

　　若费城警察局给您开了罚单，请致电我司。无论您何时在路上使用优步接单，都将获得我们的全力支持。我们会竭诚为您服务并保证您安全到家。罚单产生的相关费用我司全包。感谢您致力于为费城居民提供安全、可靠的乘车服务。

优步敬启！

与此同时，地方经理还推出高达数百万美元的激励措施来拉动需求。毕竟，如今还有谁没有智能手机，还有谁没有受够地铁和出租车的服务，又有谁会错过免费的午餐，错过免费乘车体验呢？

优步将司机注册过程尽可能简化。公司运用背景调查系统，可以使新入职人员迅速通过系统检测。出租车和专职服务司机上岗前都需要验证指纹，提供完整的履历，需要数周才能走完程序。而优步将这一程序外包给一家名为易聘的公司，该公司自称每位司机的平均验证时间"不超过36小时"，而且也不需要验证指纹。

对优步来说，等待数周进行背景调查这一流程简直难以忍受，因为对它来说时间宝贵，一周就值一年，而一年简直就是永远。在完善了快速背景调查流程后，优步攻克政治难题的团队上场了。在美国一些州，进行验证指纹和背景调查是法律要求的，于是优步就聘请政治说客，游说议员改写法律，规定司机只需接受传统检查，无须验证指纹。

优步在地方游说运动上不遗余力。公司每年都在纽约州、得克萨斯州、科罗拉多州和其他十几个州豪掷数千万美元，位列政府财力贡献者榜首。这些州有个共同点，那就是，都让优步在游说立法方面碰了不少壁，而优步每年的这些巨额花费只是为了造势以动摇立法人员。前奥巴马政府政治执行官戴维·普劳夫是优步聘请的重要说客，他对如何影响市级乃至国家政治了如指掌。在波特兰，优步聘请了该市最强大的政治顾问之一马克·韦纳作为说客。在奥斯汀，优步和来福车支付了 5 万美元给民主党前市长，请其出山领导反法规运动。后来优步逐渐成长，员工数激增，44 个州的外聘政治说客也增长至近 400 人，这一数字超过了亚马逊、微软和沃尔玛外聘说客的总和。

这笔钱花得很值得。优步在许多州都有能力动摇立法，这就导致立法者很少会质疑优步对其"司机伙伴"的就业责任界定。这意味着优步可以将其司机界定为合同工（报税时填 1099 税表），免于为其缴纳失业险、保险和医疗保健费等福利性费用。规避了这些费用后，公司省下一大笔钱，也大大减少了对司机行为应负的责任。

但政治游说并不总是灵丹妙药，有时优步还必须采取强硬措施。如果城市立法者不认可优步在验证指纹、背景调查或司机费用方面的要求，卡兰尼克就会命令手下去威胁当地政府，停止向乘客提供服务，甚至完全停止运营。

优步与每个城市进行的交涉都不是什么平等谈判，倒更像是其手握人质前来谈判。当地政府要让优步彻底退出某个市场时，卡兰尼克根本不会犹豫和畏惧，尤其是优步在某地已然运营数月后，对优步来说，根本不用慌，它在奥斯汀就这么干过。这是因为优步手握筹码：人们喜欢使用他们提供的打车服务。在每个大都会区域，优步的"产品－市场契合度"①都相当完美。人们厌恶出租车,喜欢通过手机叫车,如果叫停这项服务,就会引起民愤。

卡兰尼克识破了市场的这一弱点,也最大化地利用了这一点。优步各地区的总经理在与当地势力对抗的过程中,充分利用了公众"曾经沧海难为水"的失落感,引导他们把痛失优质出行服务的这股气都撒到当地的立法人员和官员头上。

2015 年,纽约市长比尔·德·布拉西奥威胁要限制优步汽车上路营业的数量,于是优步在其应用程序中针对纽约乘客进行了调整,推出了一款"布拉西奥"版优步。经过改动后,应用程序中地图上在营业的优步汽车数量锐减,人们叫车需要等待的时间长达半小时,是平常的五六倍。应用程序中还会弹出一条简短的消息:如果布拉西奥市长限制优步汽车数量的提案通过,纽约市的优步叫车服务就会变成如今这样。优步在程序中设置了按钮,还邀请乘客"采取行动",乘客一旦按下按钮,就可以直接将优步提前嵌入的请愿书发至市长或市议会的邮箱。截至这次运动结束,市长办公室收到了数以千计的用户抗议邮件。最终,布拉西奥市长搁置了限制优步汽车数量的提案。

这一策略十分奏效。事实上,正因其如此有效,优步决定将这一策略在全公司范围内形成体系,作为公司的常规武器。为此,优步聘请了一位坦率、尖锐的英国工程师本·梅特卡夫,他在领英上将自己的工作描述为开发"支持公民参与立法的定制工具",以推动

---

① "产品－市场契合度"是行业技术术语,指的是特定服务在公众中的接受程度。

"社会福利和社会变革"。他和团队开发了一系列自动向立法者和集会参与者发送垃圾邮件的工具。用户只需要在应用程序内轻轻点一下按钮，就可以在重要立法问题即将展开辩论之际，向相关官员发送电子邮件、短信或拨打电话。到 2015 年，横跨全美几十个州，已有超过 50 万司机和用户签署过请愿书来支持优步。优步只要发送大量信息寻求支持，请愿书上的签名就会激增，有时甚至每秒多达 7 个签名。

如果其他所有方法都失败了，那么优步还可以用宏大场面造势，配合夸张表演，通常都会奏效。圣路易斯市出租车委员会禁止优步在当地运行，于是当地的优步总经理萨加尔·沙阿致电该市新闻电视台和媒体记者，召集他们到委员会办公室门口集合。优步的员工排成长队，地上放着 9 个 30cm×38cm 的白色文件夹存储箱，箱子上赫然写着"1 000 份请愿书"。沙阿将箱子高高地摞在委员会办公处门前，并发表了简短、立意甚高的演讲，呼吁官员支持民主理想，倾听支持优步的市民的心声。

拍摄结束，优步的人员离开后，一位记者决定查看一下优步留在门口的箱子，却发现箱子里塞满了一排排的 500 毫升瓶装水，其他的 8 个箱子也如出一辙。

纽约曼哈顿办事处的乔希·莫勒尔是个勇敢又颇具争议的经理。他曾经在市政厅的台阶上组织了一次集会，反对比尔·德·布拉西奥市长。他的团队提前几天就发消息提醒司机和乘客，要求他们来参加集会，向政府表达自己的意见。

出席抗议集会的人并不多。为了让优步看起来深受广大群众支持，莫勒尔命令他的下属从优步切尔西办事处赶到市政厅，和他一起在集会上高呼抗议。集会上那些穿着黑色优步 T 恤衫、大汗淋漓的抗议者其实都是公司花钱雇来的人，当然，这一点他从未向记者或市政官员透露。

事实的真相已无关紧要，在圣路易斯市，在纽约，优步的策略都奏效了，立法者最后都妥协了。

第十三章 糖衣炮弹

卡兰尼克怎么也想不明白，为什么所有人都讨厌自己。

商场冷酷无情，"残酷"这一品质对 CEO 来说值得推崇，不应隐藏埋没。用"争强好斗"一词来描述高管，也绝算不上是侮辱。

卡兰尼克向所有怀疑者证明了自己。2014 年，优步已成为交通运输行业的佼佼者，获得了最优秀的风投资金支持，并在全球范围内进行扩张。公司发展迅速，竞争对手已难以匹敌。

但是，每当卡兰尼克在推特上看到提及自己的内容时，随手一翻，总能看到几条称他为"混蛋"的推文。特别是莎拉·蕾西和保罗·凯尔这两位科技记者，简直像讨伐异教徒一样对他进行攻击，谴责他在整个硅谷传播了"混蛋文化"。《智族》杂志也刊登了一则漫画，讽刺他像"兄弟会成员"，在科技界，这可不是什么好词。他原以为《名利场》至少会公正一些，然而，该杂志刊登了关于他的介绍文章，开场白便是"他看着就手腕强硬"。

"到底是怎么回事？"卡兰尼克疑惑不解，他认为公众对他的看法与实际完全不符。

每当有人提及优步的好斗时，他们都会援引卡兰尼克对来福车的态度作为例子。来福车是优步在美国国内最大的竞争对手。有报道称，优步员工曾用来福车应用程序打车，然后游说司机跳槽，这种挖人墙脚的行为令人鄙夷。但这样的报道让卡兰尼克和他的员工感到困惑，他们认为做生意本来就是竞争关系，这么做有什么大不了的？来福车的 CEO 洛根·格林有勇有谋，但卡兰尼克每次都能击败他。能痛击对手的感觉棒极了。

再举个例子。卡兰尼克在硅谷有个间谍团队，主要由一些技术人员和风险投资人组成。间谍团队收到信息，说来福车开始提供拼车服务了。为了快人一步，卡兰尼克命令其首席产品官杰夫·霍尔登放下手头所有工作，立即效仿该服务，开发出优步的拼车应用。知道来福车打算推出其新功能的具体时间后，优步就抢先几个小时发布了消息，称即将推出带有拼车功能的"优步拼车"服务。待来福车的两位联合创始人洛根·格林和约翰·齐默按下公司博客上的"发布"按钮时，他们已在这一场较量中落败。卡兰尼克的确赢得了竞争，夺取了胜利，但他抢戏截和还喜不自胜的表现却激怒了公众。

卡兰尼克也承认自己犯了些错误。《智族》记者采访他时，他随性地说，自打成了科技名人和富豪，自己对女性更有吸引力了，这方面可比他之前创建红标公司与父母同住期间简单多了。他还开玩笑地说，各取所需的女人也会自己送上门来。

他告诉记者："这种女人一般都是胸大无脑！"

突然间，在读者眼中，卡兰尼克是个已成年却幼稚至极的男孩，还是个赤裸裸贬低女性的人。《智族》的文章中有一段特别令人厌恶，卡兰尼克引用臭名昭著的查理·辛的话，称优步成功的势能在于"创造话题、博取眼球"。他还说与其在优步埋头工作，他肯定更愿意待在迈阿密的各种海滨度假酒店。他尽力想表现得诚恳，也想扮酷，可实际上并没有什么人买账，在公众看来，他像个蠢货。

不止如此，人们印象中科技公司创始人狂妄自大等所有特质，在卡兰尼克身上都有。他把自己想象为英雄，推特头像是一本推崇自力更生和蔑视政府的书——自由主义者热捧的安·兰德的《源泉》。

在公众眼里，卡兰尼克就是个白人富豪，踏着风投资金的浪潮，将辛勤工作的蓝领出租车司机踢出局，造成他们失业。更糟糕的是，他骄奢淫逸，过着酒池肉林、夜夜笙歌的生活，转头还对那些女人嗤之以鼻。

卡兰尼克始终搞不明白，他又不是第一个事业有成的 CEO；他知道马克·扎克伯格和肖恩·帕克在获得最初几轮风投资金后，也曾去尽情狂欢；拉里·佩奇和谢尔盖·布林为了推销谷歌产品，还夸张地直播跳伞，狂烧几百万美元制造机器人。

"然后呢，怎么就我成了混蛋了？"卡兰尼克在优步总部办公室走来走去，大声嚷嚷。回到家，他怒火难消，一边在客厅里走来走去，一边向女朋友唠叨，魔怔了一般。

媒体上关于优步的负面新闻越来越多。每次有负面新闻爆出，卡兰尼克都会很生气，指责记者故意找他的茬儿，他们从不欣赏优步的成功，而是充满嫉妒。公司里有些员工对公司形象颇为担忧，卡兰尼克告诉他们："我们要区分观点与现实，他们对我们的看法与实际情况相去甚远。"他时常念叨这些话，首先他要让自己相信这些话。要不然，总不能去相信满天飞的负面新闻、每天络绎不绝的恶毒推文吧，什么"剥削的狗屎""你他妈一点也不关心出租车司机""烂货"，等等。

这些无端的指责并没有给他带来什么困扰，真正激怒他的是莎拉·蕾西。她是科技行业的老牌记者了，曾在《彭博商业周刊》和《时代》周刊一举成名，经常抨击卡兰尼克。其他记者都在报道优步筹集到巨额资金，她的报道却关注优步在员工内部搞"兄弟会"这类恶俗文化。她在推特中写道："优步说起谎来还表现得如此云淡风轻，这让我觉得很不舒服。"这条推文抨击的是优步聘请游说政治家改写法规的举措。"优步司机撞死 6 岁的小女孩，公司只简单回应了一句'不是我们的问题'，这样的回应合适吗？"这条推文提到了一次悲剧事故和优步装聋作哑的回应。她还写了一篇热门报道，题为"混蛋文化的恐怖蔓延：为什么我会删去手机里的优步应用程序？"。据关系密切人士爆料，卡兰尼克认为蕾西是在毫无理由地针对他，拖他下水。

卡兰尼克还问优步的二把手埃米尔·迈克："如果我们也针对他们，他们会如何？"

卡兰尼克的"坏男孩"形象开始对公司业务产生了干扰。

卡兰尼克忙于应对媒体，而比尔·格利也开始对他越来越不满。

一开始，比尔·格利和卡兰尼克是默契的搭档。格利的皮带环上挂着一张钥匙卡，能够自由出入市场街1455号的优步总部。他可以径直打开街边的玻璃大门，乘电梯直达5楼，通过安检扫描。这一路他都无须停下脚步，不会有人盘问，毕竟优步的每个人都认识格利，瘦高的身材让这个得州人格外显眼。

那时卡兰尼克还很在意格利的想法，还仰仗他，向他寻求帮助。格利也不是心慈手软的人，他鼓励卡兰尼克争强好斗。他们都对现行法规感到不满，格利欣赏卡兰尼克能挖掘并痛击城市的弱点，他还看到在全世界复制优步的商业模式是如此简单。卡兰尼克走的每一步，格利都为他欢呼。

然而，到了2014年年底，情况发生了变化。卡兰尼克开始对格利心生不满。在公开场合，格利仍是卡兰尼克最有力的支持者；但私下里，他对卡兰尼克的行为表达了质疑。优步想要扩张到世界各地每个潜在的市场，而格利担心扩张耗费公司太多资本，他也担心卡兰尼克在欺瞒公司的首席财务官。对格利的担忧，卡兰尼克开始感到厌倦，

让格利最不安的是卡兰尼克对中国市场的痴迷。西方资本主义都想打入中国市场掘金，但到目前为止，许多高科技公司都未能成功拿下这一市场。卡兰尼克想入驻中国并打败"中国版优步"——滴滴打车，接手中国市场。格利却不那么热衷于此，因为他并不完全了解中国市场，对这一市场的文化规范，优步也完全不熟悉，更何

况还有来自政府是否支持等不确定因素。凡此种种，一想到中国市场，格利就似乎能看到满屏的赤字。

卡兰尼克多年来都将格利视为自己最大的支持者，这时候却开始讨厌他。格利总是给卡兰尼克找麻烦并给他的想法泼冷水，与他唱反调，每当他看到机会，格利都要来指出存在的问题。

卡兰尼克喜欢某些人时，这些人极有可能会成为他最好的朋友。了解卡兰尼克的人称其为"脆弱的热恋"，他心怀柏拉图式的情感，当下会认为对方什么都是对的。卡兰尼克和格利两个人刚见面时，卡兰尼克就将这种热烈的情感投向了格利。

然而，当卡兰尼克决意不再喜欢某人时，他就对此人失去了兴趣。如果此人还以他不喜欢的方式挑战他，那么就会在他心中彻底出局。也许此人没达到卡兰尼克的期望？出局！格利总是满腹怀疑地质疑卡兰尼克，那么等待他的命运也是"出局"。

卡兰尼克很少直接告诉别人自己不会再重用他了，卡兰尼克的处理方式就如结霜一般，缓慢而微妙。那个人的名字会渐渐从重要策略规划会议的电邮名单中消失；也不再会频繁地受邀和卡兰尼克一起散步漫谈；突然间，那个人就不再属于卡兰尼克最信任、级别最高的"A小队"了。卡兰尼克若决意不再"宠幸"某人，公司所有人都会心知肚明。

格利意识到发生了什么，却没有什么办法反制卡兰尼克。此前众多公司争相投资优步时，卡兰尼克确保了他们的权益，让他们拥有董事会席位，但权力十分有限。因此，格利是无法用董事会投票的方法来影响卡兰尼克的。

于是，格利开始用其他方式悄悄展开了一场运动，试图影响卡兰尼克的权威。他向卡兰尼克信任的人寻求帮助。有段时间，他几乎每天都会与埃米尔·迈克通话。

格利说："卡兰尼克需要对得起股东的信任，他太疯狂了。"在卡兰尼克犯下的所有错误中，赶走优步的首席财务官布伦特·卡里尼克斯是最让格利生气的。卡兰尼克认为卡里尼克斯是多余的，他的大多数工作财务部长都能完成。格利怀疑卡兰尼克赶走首席财务官是因为不想让他监督自己如何花公司的钱。

财务并不是格利唯一的担忧。他深知优步架构中缺少强大的法律部门。卡兰尼克认为，公司的首席法务官萨莉·刘是自己可以操控的人。即使她偶尔会对卡兰尼克表达反对意见，但由于害怕自己会受卡兰尼克排挤，公司每每出现法律问题时，她都会向卡兰尼克汇报。

刘在方方面面都是领导型人物。她曾任职于旧金山亚洲艺术博物馆理事会，是韩裔美国人理事会成员，并曾担任大湾区亚裔美国律师协会的秘书，董事兼司法委员会主席。她还被《旧金山商业时报》评为湾区最具影响力女性之一。但是，刘总是无法对老板产生威吓力，有时甚至不愿去影响她的老板。她与卡兰尼克讨论法律问题时，老板经常认为遵守法律规定已经够烦人的了，她还总是表达种种顾虑，简直让人心生厌恶。

优步的合规部是个边缘化的部门。合规部是保障公司合法运作最重要的部门之一，该部门旨在确保公司的行为合法。但是，如果一家公司在快速扩张时期总是积极寻找法律的"灰色地带"，那么合规部在该公司一定是无足轻重的。2014 年年底，优步已在全球数十个国家的上百个城市开展运营。即使刘制定了合规性检查措施，其团队也无法跟踪每个城市经理的行为。

有一次高层总经理开会，运营部门总负责人雷恩·格雷夫斯明确表达了优步所谓遵纪守法合规的边界。尽管法律部门声称希望员工遵纪守法，但格雷夫斯关心的却是如何将工作完成。事实上，高管可以自由掌握尺度。卡兰尼克不想让优步给人有"大公司"的感觉，像谷歌或苹果那样。"小公司"可以使员工免受企业官僚主义的影响。他希望员工能遵守他本人提出的 14 条原则，除此之外，也敢于忽略其他所有规则。卡兰尼克环顾自己的"优步帝国"，看到优步拥有几百名年轻上进的企业家，能根据情势需要随机应变，高度自治，卡兰尼克为此颇感自豪。

而格利看到的却是一片混乱。他曾试图劝说卡兰尼克再聘请一位首席财务官，但卡兰尼克未加理会，与迈克的谈话也毫无进展。卡兰尼克根本无意减少开支。每次格利在董事会上提起对公司财务的担忧，卡兰尼克都会找理由回避问题，或向所有人保证，他对自己的所作所为心中有数。

因此，格利决定采取措施。多年来，遇到棘手问题，他常常会采取的办法是：发博客揭露。一直以来，他都是投资圈的逆向思维者，提醒创始人和风险投资人那些他们难以预测的行业陷阱。但是，

2014 年和 2015 年，他的形象改变了，他多次在个人博客"众人之上"发文，预言硅谷即将面临不利形势，变身为凶事预言家。

格利似乎具有古希腊神话的预言者卡珊德拉的能力。他预测过投资世界的崩溃，他为即将到来的风险投资低迷期哀号过，他也预言过新资金的入场会加剧这一风险。硅谷那些精明的投资者认为格利是在耍把戏，他越是危言耸听，把新生投资机构吓跑，让它们无法投资科技公司，投资市场就越有可能继续原有的模式。如此一来，初创公司会在发展周期的某一时段正常公开上市，不会因接触新的投资机构而推迟上市，而早期投资者的投入会更早见到回报，他这样的投资人就越有钱赚。

实际上，格利的这些博客文章是针对卡兰尼克写的。格利用文字表达了他对看似高枕无忧的优步的担心。他写道："我们正处于泡沫风险中，公司在大幅消耗从巨额融资中筹得的资金，这会威胁公司的长期生存能力。"

有一回，格利参加了人潮涌动的奥斯汀年度春季音乐、电影和技术节。格利身着超长蓝色牛仔裤，脚踩一双棕色皮靴，上身穿着印有得克萨斯大学燃烧的橙色长角牛吉祥物的白色套头衫。他从拥挤的观众中走上舞台，接受了作家马尔科姆·格拉德威尔长达一小时的访问。

格利表达了他一直以来持有的观点，他对格拉德威尔说："现在硅谷还丝毫没有感受到恐慌。"他指出，硅谷有超过一百家"独角兽"企业，在他看来，这一数字简直不可思议。"独角兽"这个名字本身就意味着它极为罕见。但是，几乎在一夜之间，有几十家消费类创业公司的估值已高达数十亿美元，而其中许多公司的利润却极其微薄。在格利看来，在这一百多家"独角兽"企业中，总有一些最终会成为纸糊的"独角兽"，空有其表。

格利还对格拉德威尔说："我估计你今年就会看到一些'独角兽'企业破产。"

700公里外的旧金山优步总部，卡兰尼克和迈克嘲笑着格利，嘲笑他傲慢还杞人忧天，并给他起了个"小弱鸡"的绰号。

纽约的韦弗里酒店是东海岸媒体精英爱去的地方。

韦弗里酒店坐落于格林尼治村静谧的林荫大道银行街，是纽约媒体圈的知名场所。长期执掌《名利场》的主编格雷顿·卡特曾在此举办曼哈顿名流特别晚宴，这使该酒店名声大噪。夏季的夜晚，路人会瞥见社会名流们在攀着常春藤的前院用餐。在韦弗里酒店用餐总能暗示某种地位。

对卡兰尼克来说，在韦弗里酒店用餐意味着要花钱宴请那些讨厌他的东海岸记者，意味着要向他们献谄。那周，他刚好要去优步纽约曼哈顿办事处巡视，还要与银行家会面。他的通信主管奈瑞·霍德健认为，他既然来了纽约，可以顺便与媒体见见面。霍德建认为，如果记者亲眼见到卡兰尼克本人，可能就会意识到他并不坏。

霍德健同样也有过这样一个认识过程。她是亚美尼亚裔美国人，在乔治敦大学和哈佛大学进行政府研究，来自政治领域，对此她深感自豪。她对管理者那些虚假的花言巧语再熟悉不过了。她知道老板卡兰尼克有恶劣粗暴的一面，但她内心深处相信他是个好人。

在优步早期最艰难的日子里，霍德健就开始在卡兰尼克身边工作。卡兰尼克也很信任她，让她负责从头组建通信团队并投入运行。优步早期在与出租车运营商和政府官员等最讨厌的对手抗衡时，她也一直与卡兰尼克并肩作战。她知道卡兰尼克永远不会改变，认为如果让记者更近距离地接触他，也许记者会像她一样了解他。

霍德健将媒体见面会安排在那周五下午，地点位于曼哈顿熨斗区华丽的格拉梅西公园酒店。见面会安排在一个私人房间，卡兰尼克坐在皮质沙发上，面前的茶几上摆着几盘奶酪和小松饼，他向记者解释自己不是怪物，表明了优步想与媒体建立良好关系的意愿。①

通信团队将组织晚宴的任务交给了伊恩·奥斯本。奥斯本是英国人，和优步一直关系紧密，擅长与媒体打交道。他的工作就是引荐商界、媒体界、好莱坞影视界的重要人物相互认识。

宾客们来到韦弗利酒店的一个私人房间，那里与平常的公共用餐区相距甚远。鸡尾酒会后，他们受邀来到一张细长的木制餐桌边落座，桌子太窄，不便用餐，每个人都紧挨着，不太舒适。卡兰尼克坐在长桌的一头，一侧坐着在政治和出版领域极具影响力的传媒大亨阿里安娜·赫芬顿。他们在 2012 年的一次技术会议上认识，那几年关系十分要好。

---

① 本书作者那天也参加了见面会，但由于同意了"禁止录音"条款，他想不起太多细节。但是，"美版今日头条"（BuzzFeed）发布了有关那天见面会的报道，该报道帮助作者回忆起了上面的描述。另外，作者没有参加那天晚上的媒体晚宴。

　　赫芬顿边上坐着的是利·加拉格尔，他是《财富》杂志的高级编辑，负责编制"商界 40 位 40 周岁以下最具影响力领袖"榜单。卡兰尼克另一侧坐着霍德健，她的旁边是奥斯本，接着是优步的首席商务官埃米尔·迈克和其他一些在纽约具有影响力的媒体撰稿人，还有一位是演员兼优步投资人爱德华·诺顿。诺顿和卡兰尼克是好朋友，也是优步入驻洛杉矶时的第一位正式乘客。

　　卡兰尼克开始与另一头的杂志撰稿人闲聊，他的副手埃米尔·迈克也在与对面的媒体作家迈克·沃尔夫寒暄，沃尔夫是与 BuzzFeed 的主编本·史密斯一同前来的。

　　史密斯活跃的性格让他在晚宴颇受欢迎，他温和友善的举止经常会让他报道的对象卸下防备。温和气质掩盖了他斗志昂扬的一面，在华盛顿特区，史密斯就以其从不退缩的斗志而出名。作为《政客》的记者，他经常在推特上与他的报道对象或同行竞争对手争论。2012 年他跳槽到新锐网络媒体 BuzzFeed 工作，任务是将其改头换面，从恶搞新闻和博眼球的垃圾文章堆砌的网站，重塑成一个受人尊敬、针砭时弊的新闻机构。史密斯将他所在的部门更名为 BuzzFeed 新闻部，很快建立了严肃专业的团队，他们的报道标准和对独家新闻的投入可与大多数老牌新闻编辑部媲美。

　　史密斯发现，坐在自己对面的优步高管正是曾对优步与媒体关系多次公开表示不屑的埃米尔·迈克。作为媒体人，史密斯内心十分震惊。主菜烤比目鱼和肋眼牛排上来后，迈克还以为房间里在座的都是向着优步的友人，他开始大声抱怨优步遭遇媒体的不公正对待，因太成功而成为舆论的受害者。

晚宴继续进行着，史密斯觉得迈克越发傲慢自大。迈克对史密斯提出的微妙的质疑颇为不适，重申优步所做的事对社会公众都有益，那些抱怨收入低的出租车司机根本不懂得计算。他们之间的对话开始慢慢涉及更多有争议的话题，迈克却丝毫没有注意到史密斯正拿着手机进行记录。

迈克谈到层出不穷的各种负面报道，说："这简直就是胡扯，就跟以往一样，媒体总是针对我们。"他还说，最胡说八道的就是莎拉·蕾西的文章。

蕾西在业界人缘并不是很好，她和搭档保罗·卡尔不光常常和他们的采访对象闹翻脸，还经常与其他记者同行交恶。迈克对此了如指掌。

迈克继续说："如果我们以其人之道还治其人之身会怎么样呢？要是花上 100 万美元聘请一些记者和顶级私家侦探^①调查记者的个人生活和家人信息，帮助我们反击媒体，那会怎么样？"他坚信，如果调查蕾西的婚姻和她与工作搭档卡尔的关系，肯定可以挖到许多黑料。

迈克没完没了，继续高谈阔论。蕾西最近宣称她不再使用优步，因为害怕优步司机威胁她的人身安全。谈及此事，迈克说："去找 100 个女性，问问她们感觉是坐出租车安全还是优步车安全。如果有哪个女性听了蕾西的话删了优步程序，选择坐出租车出行，可又偏

---

① 以挖掘他人信息换取报酬为生的人。

偏不巧被出租车司机骚扰了，那么蕾西就是罪魁祸首。"

史密斯简直不敢相信自己的耳朵，硅谷最遭人鄙视的科技公司高管竟然会说出这番话，迈克知道自己对面坐的是谁吗？

这次晚宴事先说好不准录音，不准做任何记录，也难怪埃米尔·迈克这么口无遮拦。但迈克·沃尔夫在邀请史密斯与他一同前往晚宴时，忘了告诉史密斯晚宴是不许做记录的。[①]

史密斯想给迈克一次拯救自己的机会。他告诉迈克，如果优步真要这么做，人们关注的焦点不会是蕾西，而是优步。在餐桌上也有人提醒，如果优步背地里准备挖蕾西黑料这件事被曝光了怎么办？

迈克说："不会有问题的，没人知道是我们做的。"

史密斯仍在手机上做记录，礼貌地等待晚宴结束，一边继续在韦弗里酒店光线幽暗的屋里谈天。

晚宴结束后，史密斯起身感谢主办方优步，回到家便打开苹果笔记本电脑开始写稿。

周日早上，奈瑞·霍德健醒来，自以为优步的媒体亲近计划进展顺利。她知道一切还算不上完美，比如，在下午的记者见面会上，卡兰尼克与记者对话时没有按照事先准备的内容发言，他表现得有些自嘲和寻求同情。但她对自己的安排很满意。她将优步纽约办事

---

① 沃尔夫之后写了一本有关特朗普当局的畅销书。书中他将"特拉维斯·卡兰尼克"作为某一节的标题，详述了自己和 BuzzFeed 的主编史密斯对这位优步创始人声誉的看法，以及那天举办晚宴的目的。后来沃尔夫提到他以为史密斯是知道晚宴禁止记录的，这是他犯下的糟糕失误。

处总经理乔希·莫勒尔拒之门外，尽管他提出了也要参加周五晚宴，但她觉得这人行事过于鲁莽，她态度坚定地拒绝了他。霍德健也确信那周末如预想的一样进展顺利。事情慢慢有了起色，也许她可以说服世人相信卡兰尼克不是个混蛋，或者至少让部分记者开始相信她的话。一切都按计划完成，团队打包行李，准备飞回旧金山。

36 小时后，周一晚上 8 点 57 分，本·史密斯在 BuzzFeed 新闻网上发布了一篇文章。在文章中，他对优步拉拢媒体的安排进行了概述，起先是在周五下午于格拉梅西公园酒店开记者见面会讨好记者，接着在韦弗利酒店设下鸿门宴，列了星光熠熠的出席名单，邀请了众多名流。文中还披露了优步计划成立私家侦探侦查小队的细节，明确表示要针对一位特别爱批评公司的记者，对其进行"荡妇羞辱"。

文章写道："优步要挖黑料曝光蕾西，尤其要曝光她的私生活。"

这一文章迅速而激烈地发酵起来。《纽约时报》《华尔街日报》和许多其他出版商立即进行评论；美国 NBC（美国全国广播公司）、ABC（美国广播公司）和 CBS（哥伦比亚广播公司）电视台的早间新闻也跟着煽风点火，特别强调文章中的这些话语可以证明，卡兰尼克、埃米尔·迈克等优步高管和领导层确实如大众想象的那样贪婪、混账。

文章所描述之事确是事实，这也是优步如此令人厌恶的原因，卡兰尼克就是那种不惜一切代价获胜的人。他也的确喜欢雇用私家侦探来打击对手，他不仅想赢，还总想差辱对方。

毕竟，很久以前，卡兰尼克和迈克就有成立侦查小队的想法，私下也相互讨论了很久。密友知道他们厌恶猜疑且总是耸人听闻的媒体，他们觉得媒体唯一的目标就是打击优步通过艰苦奋斗取得的成就。但他们不知道的是，与行业竞争对手对抗的方法不适用于和媒体对抗。用过去他们摧枯拉朽攻下市场的方法，并不会让媒体退让。穷其所有才能，卡兰尼克依旧不明白，与媒体对抗并不是地盘争夺战，而是舆情战。他意识上的这一盲点开始暴露，这让他们摊上了事儿。

周一晚上，霍德健的同事在旧金山优步总部慌乱不已，她自己也只能皱起眉头，无奈摇头。优步拉拢媒体的糖衣炮弹计划失效了。

第十四章　企业文化之争

如果说曾经塑造硅谷的是那些疯狂的、格格不入的、叛逆的和找麻烦的人，以及苹果公司"非同凡响"广告中描述的黑客、技术革命者等不断上升的反文化力量，那么硅谷的后金融危机时代，是由另一股势力主导的，那便是不断涌入的 MBA 毕业生。

2008 年金融危机前，商学院的毕业生能在高盛找到初级投资银行家的工作，或者在麦肯锡找到薪水颇丰的咨询工作。但时过境迁，如今金融业和咨询行业失去了往日的光彩，商学院毕业生开始往美国西部地区寻找新的机遇。

硅谷气候宜人，这里的公司还提供一日三餐、洗衣服务和健身房。员工不用像初入摩根大通任职那样，整天替资历更老的交易员打杂。最好的一点是，技术人员都是温和的人，不会在办公楼前安营扎寨，搞什么"占领华尔街"运动。到 2015 年，科技行业已经成了第三大热门就业行业，约有 16% 的商学院毕业生选择进入科技行业。那时硅谷有150多家"独角兽"企业，其中近1/4是由商学院毕业生创立的。来福车的联合创始人约翰·齐默在转行进入科技行业前，也曾是雷曼兄弟的实习生。

与大多数其他科技公司相比，优步更加看重MBA学位，因为这能体现其商业头脑和大佬心态。当然，并不是所有MBA毕业生都是"混蛋"，有趣的是，恰好这个群体中的"混蛋"都倾向于加入优步。

在优步，"争强好胜"是褒义词而不是贬义词。根据公司价值观的第二条，"在精英社会中，最好的主意总会取胜，最具锋芒的求真者才能勇攀高峰"。卡兰尼克认可好斗精神，他认为拥有"冠军心态"（价值观第四条）是成功者的必备品质，而他只希望与成功者一起工作。

一群具有大佬心态的商学院毕业生聚在优步一起工作，"冠军心态"就完全变味了。"争个你死我活"成了公司员工心照不宣的座右铭，如果你稍不注意，就会被人背地里暗算，被想要争先的同事出卖。很多员工相信，成功必须以牺牲他人的利益为代价。

权力意志是赢得卡兰尼克青睐的唯一途径。乔希·莫勒尔是优步的模范员工。他负责经营优步纽约办事处，担任总经理，这是公司在全球范围内最赚钱的办事处之一。莫勒尔本科毕业于纽约大学数学系，毕业后继续在该校深造，拿到了MBA学位，因此，他是优步的理想人选。他矮壮结实，下巴宽厚，像随时等待出拳的拳击手。他如孩子般的笑容使他看上去比实际年龄年轻，但稀疏的发际线又让他看上去比实际年龄大。其实，莫勒尔才30岁出头，对手底下的人态度强硬，有时会很粗暴地对待他们，从不接受任何理由。他争强好斗，而这一点很重要，毕竟他的工作地点是纽约，而纽约有着世界上最强大的交通运输工会。

莫勒尔让员工相互竞争，看谁能给他留下深刻印象或谁表现得更好，卡兰尼克本人也相当支持这一策略。上司提到下属的缺点，哪怕是不经意提及时，都会吓到下属，比如，在员工和领导讨论项目时，领导瞥了一眼他日益后退的发际线，员工就不免心生紧张。而莫勒尔却会当着办事处所有人员的面，当众指出某个员工的缺点，表扬胜者，羞辱败者。

莫勒尔自以为这能帮助员工提升，最好的管理策略就是对他们抱有高期望。实际上，办事处的人并不这么认为。有两位员工透露，办事处员工都认为他就像矮小版的毕夫·坦能——电影《回到未来》中高中校园的霸凌反派。

莫勒尔养了条迷你贵宾犬，名叫温斯顿。它全身的毛洁白蓬松，不停地对着员工吠叫，还会去咬他们。当办事处有公司高管来时，莫勒尔喜欢把狗塞给他们，让他们抱着它拍照片（每个人对它的喜爱程度差异很大），还将照片传到狗的"个人"推特账号上。一天，莫勒尔下班之后，他的狗在来福车所有的纽约蓝色公共自行车旁拉大便，他还拍下照片上传了推特。

办事处的一些女性觉得办事处管理层在排挤她们。有些员工和莫勒尔一样大男子主义，带着类似的"兄弟会"心态，莫勒尔和他们就相处更为愉快，办事处的文化也充分体现了这一点。

　　莫勒尔的业绩总是很优秀。这是优步最看重的指标，因此，多年来他业务上的成功使他的位置稳如泰山。

　　保持高业绩的要求也给办事处带来了巨大的压力。所有城市的员工都会工作到深夜，有些人周末从不休息，牺牲了与家人共度美好时光的机会。员工午夜接到上司的电话也是常有的事。如果要与东南亚或者澳大利亚办事处的员工交流，那么纽约办事处的员工在凌晨 2 点开会也是家常便饭。即使有免费晚餐，莫勒尔也会效仿卡兰尼克在公司总部的做法，晚上 8 点 15 分才开始供应晚餐。

　　这位在其他人看来不守规矩的员工，卡兰尼克却对他倍加欣赏，因此，他哪怕对下属的行为不当，也可以免受惩罚。在一次公司员工集会中，气氛颇为紧张，莫勒尔骂另一位同事为"死同性恋"。尽管该行为遭到投诉，他却从未道歉。有了卡兰尼克的庇护，意味着他做错事也不用承担什么后果。

　　还有些经理会威胁员工，如果业绩不佳，就会降职。里约热内卢的一位经理在生气时会对下属大喊大叫，甚至把手里的咖啡杯朝下属砸过去。如果员工业绩不达标，经理们还会抢起棒球棒威胁他们。还有一次，这位经理对某位员工的表现大加指责，搞得他在整个办事处的人面前哭了出来。这位经理后来还与直接下属约会，在工作上偏袒她，造成了其他员工的不满。但是，因为里约热内卢是公司业绩最好的市场之一，人力资源部哪怕收到了很多有关该经理的投诉，也不予以处理。对管理层来说，只要你业绩达标，做出成绩，其他一切都不重要。

人力资源部门在优步并非无足轻重，但它和合规部门一样是后来才设立的。公司的运营主管瑞安·格雷夫斯同时分管人力资源部门。公司"人事与区域"负责人蕾妮·阿特伍德在遇到问题时要向格雷夫斯汇报工作。但格雷夫斯不可能事无巨细地操持人力资源部门运行相关的方方面面，因此，人力资源部门的具体事务仍由蕾妮负责。事实上，人力资源部门连员工投诉都来不及及时回应，更别说帮他们解决问题了。

招募新人的时候，准员工的待遇也很差。公司设计了一种算法，能够算出候选人在公司发出 offer（录用通知）之前可以接受的最低薪资水平。这一高效但冷血的技术能帮公司省下几百万美元的权益资产。

卡兰尼克还找到了其他省钱的方法。在发达市场，优步相对更受欢迎，于是乘客的补贴就会给得更少。公司的高管一直在寻找提高利润率的方法。公司一大部分的利润是固定的：每笔订单都会抽成20%~25%，其余的费用归司机所有。

2014 年，公司一位高管想到了提升利润的妙招，那就是在每笔订单中加收一美元"乘车安全费"。当时优步向乘客收取该费用，标榜这是必要举措。公司还在官方博客中写道：这笔安全乘车费支持我们不断努力进步，以确保为优步司机和乘客尽可能提供最安全的平台。这笔费用用于行业领先的背景调查程序、定期的汽车检查、驾驶员安全教育、应用程序安全功能的开发和购买保险。即使乘客注意到增加了这笔费用，也鲜有抱怨，毕竟许多人认为这可以让他们乘车更安全。

　　现实远没有优步标榜的那么崇高。据从事这项工作的员工称，由于优步的保险费用成倍增长，"乘车安全费"的设计是在每笔订单上增加一美元的纯利润。这意味着，在美国，乘客每下一笔订单，优步都会多拿到一美元现金。当然，这一额外收益并没有司机的份。运行几年之后，这笔收入累计达到了数亿美元，成了可观的新收入来源。但是，额外收的这笔钱从未专门用于提高乘车安全性。所谓的"驾驶员安全教育"，也仅仅是一个简短的在线视频课程；过了好几年之后，应用程序内的安全功能才得到重视。一位前优步员工说："公司纯粹是为了提高利润率，才编瞎话说乘车安全性提升了，这非常无耻！"

　　优步的整体运营基调都缺乏专业性。有时，大学刚毕业的新员工会在公司博客上发表不成熟的言论。公司的一位数据分析师布拉德利·沃伊特克曾创造了一个名为"荣耀之行"的新名词，指的竟是人们在一夜情后清晨乘坐优步回家的行为。他还在博客上发文："曾经，发生这种事后，你可能会惊慌失措，在黑暗中仓促慌张地抓起你的皮草外套或天鹅绒夹克还是什么衣服套上，然后在黎明到来前，经过漫漫长路走回家。"沃伊特克是认知神经科学家，加入优步是因为他觉得可以通过其庞大的数据库探究人类行为。对他来说，实时观察人们的出行轨迹，简直就像拥有了属于自己的蚂蚁农场，盯着里面的蚂蚁一窥究竟，而这些蚂蚁还都是真人扮演的。

　　沃伊特克的博文继续大谈特谈深夜乘车行为，饶有兴致地谈到在清晨乘优步车从陌生人家中离开的人在每个城市都不胜枚举。他写道："今时不同往日，世界已经改变了，人们再也不必在一夜情后羞愧地一路走回家，因为我们的世界有了优步出行。"

除了员工言论不成熟和上司霸凌下属这两个问题，优步的问题还有部门间的矛盾。部门之间热衷于抢夺公司内部最有价值的奖励——鼓励津贴。

"鼓励津贴"指的是优步免费发放给乘客和司机的钱。这意味着，优步在鼓励津贴上要支出巨额资金。对优步来说，这完全没有问题，一方面，可以强烈地刺激人们的出行需求，让人们更依赖优步出行，哪怕在公司不再发放津贴后仍会继续使用该程序；另一方面，卡兰尼克总有办法筹集到更多的钱。

截至 2015 年，优步每年要在全球发放 20 亿美元鼓励津贴以激励司机和乘客，即使对资金最雄厚的初创公司来说，这一金额也极为惊人。公司内部都很清楚，哪个部门掌控了钱，哪个部门就会拥有话语权，所以，各个部门都争相筹集更多的钱放入公司这个大存钱罐，以期获得更多的话语权。发放鼓励津贴是刺激增长最快的途径，而增长能让团队分到奖金，获得晋升，得到上层赞誉。脸书前副总裁埃迪·巴克在优步执掌着一个增长部门，他拉来了数百万新用户，由此名声大噪。产品、运营和财务等其他部门的高管也争相加入竞争。

卡兰尼克乐见其成，他的管理方法就是让各个部门相互竞争控制权，直到产生最终赢家。在他心中，这能让公司最具才能的员工浮出水面，是最公平的选才方式。

　　但卡兰尼克没有看到各个部门背地里进行的所有勾当，或者他对此选择性忽视。每个人都知道，如果想让特卡（员工给特拉维斯·卡兰尼克取的昵称）站在自己那一边，就不能真的质疑或者挑战他。

　　员工如果足够勇敢，想要挑战卡兰尼克，那最好拿出铁证如山的数据来支持自己的观点，除了这些，他什么都不会听。多年来，许多总经理一直恳请他在优步应用程序中增加一个小费打赏功能，这样一来，乘客在行程结束后可以额外给司机打赏几美元。这一简单之举能让公司在司机群体中获得巨大的赞誉，更何况竞争对手来福车已经加上了这一功能。但是，卡兰尼克仍坚决反对添加小费打赏功能，他认为优步成功的秘诀就在于无感免密支付体验，乘客下车后无须再打开应用程序进行付款。他认为，添加小费打赏功能毫无必要，打赏需要乘客在行程结束后再次打开应用程序，反而影响了支付体验。对于小费打赏功能可以改善优步司机的生计这一点，他从不理解，或许也从不关心。

　　偶尔也会有人反驳卡兰尼克。瘦瘦高高的产品负责人阿隆·希尔德克鲁特曾与卡兰尼克有过正面交锋，他后来被提拔为优步司机产品部门主管。他观点尖锐，擅长辩证思维，消息也十分灵通。希尔德克鲁特几乎总是身着黑色衣服，戴着厚厚的黑框眼镜，深褐色的头发乱蓬蓬。他和任何人讨论任何话题，最终都会进入哲学探讨；他曾在哈佛大学和芝加哥大学攻读社会理论，热衷于思考人们行为的深层原因，而不仅仅停留于观察表象。在加入优步之前，希尔德克鲁特创立了一家从事约会交友的公司，在当 CEO 的那几年吸取了宝贵的经验教训。其中最重要的一点就是，他知道什么时候 CEO 应该遭到质疑和挑战。

在一次会议上，卡兰尼克做了一个有关某个产品的决定，这也不过是他那一天做的几十个决定之一。但希尔德克鲁特有不同意见，他列出了一系列会导致卡兰尼克的计划出问题的可能原因，以及他自己的不同想法。两人你来我往地争论不休，在会议室面对面冲着对方大吼，在场的员工尴尬地坐在两人之间，不敢言语。希尔德克鲁特进会议室时穿着灰色连帽运动衫，待争论结束时，他胸前已被汗水浸湿。但他最终赢得了争论，也得到了卡兰尼克的尊重。

对于前途光明的年轻工程师来说，能够赢得卡兰尼克的青睐大有裨益。卡兰尼克是位激励大师，有点像战场上的将军，也有点像自救领袖。他始终将优步的奋斗定位为"我们与对手的对抗"。卡兰尼克如果认为哪个下属始终秉持"热血沸腾，竭尽全力"这一价值观，就会注意到他。他可能会对其加以重视，邀请他去休息室一起来一场"头脑风暴"；或者约上他一起散步，碰撞思维火花；也可能会在员工全体会议上与他大声争论。无论是何种形式，员工都喜欢得到老板的另眼相待，努力进入老板的小圈子。

卡兰尼克小圈子的最高待遇，就是允许其参加优步总部晚上 10 点的秘密战略会议。在这些夜间会议上，卡兰尼克会和他亲自挑选的员工一起，商讨如何花费筹集来的巨额风投资金对抗竞争对手。他喜欢给项目取代号，将深夜战略会议命名为"北美系列锦标赛"，这是对优步与来福车竞争的致敬。

最幸运的员工能参加代号为"黑金"的工作，这是优步亚洲战略会议的代号。这个名字很特别，"黑金"本意指的是中国台湾臭名昭著的犯罪黑帮三合会及其相关的政治腐败行为和"黑"勾当。

优步用此代号，就意味着其不惜采取肮脏的勾当，来与资金雄厚的中国对手竞争。

第十五章 优步帝国的建立

几十年来，西方科技公司一直怀揣梦想，想在中国开拓业务，把美国软件业务打入中国市场。然而，成功者甚少。

卡兰尼克将中国视为近乎完美的市场。中国拥有 14 亿人口，这就意味着优步的潜在用户数量巨大。这些人口中近 1/3 是千禧一代，他们年轻，聚集在城市，可支配收入节节攀升，同时带来了高流动性。几乎所有人都经常上网，其中有不少是热衷于技术和科学的学生。

和美国同龄人一样，这一代中国年轻人也成长于网络时代，在他们的成长过程中，互联网无所不在。在 14 岁至 47 岁的中国网民中，近 97% 的人拥有智能手机。西方人经历了从台式机上网到智能手机上网的大变迁，但中国的千禧一代直接跳过了台式机时代，大跨步进入智能手机时代。这些中国人像卡兰尼克一样相信技术，甚至比西方人更快地拥抱新技术。卡兰尼克也需要他们拥抱优步。

凡事说起来容易做起来难。过去20年，硅谷几乎所有最具影响力的企业家，如拉里·佩奇、谢尔盖·布林、马克·扎克伯格、杰夫·贝佐斯、迪克·科斯托洛和埃文·斯皮格尔等，都提出过要在中国开展业务，但几乎所有人都失败了。每一家尝试进入中国市场的硅谷公司，都遭遇过这样或那样的问题，有的公司目前正在面临各种情况。

卡兰尼克对打开中国市场信心满满。中国人出行仍然在很大程度上依赖出租车，而出租车正是卡兰尼克最讨厌的敌人。他认为，只要人们看到优步出行能提供更好的服务，很多人就会选择优步出行，对这一点他信心十足。此外，他还有个秘密武器，那就是耗资数十亿美元向乘客和优步司机提供免费乘车补贴。他相信这些钱足够刺激中国消费者的需求。中国市场将是优步最难啃的一块骨头。私底下，卡兰尼克对于能否在中国市场打败本土对手仍有些疑虑，但他相当期待接下来的对战。

卡兰尼克担心中国政府对优步的态度。中国政府一直以来都很重视促进和保障中国公司在本土经营发展。近年来，中国政府已注资数亿人民币，成立国资控股的风险投资基金，掀起了一股创业潮，让中国的经济发展速度更快。中国政府还在深圳等城市设立了"经济特区"，促进技术创新和企业孵化。西方国家虽然仍保持着全球技术主导地位，但全球市值排名前20位的科技公司中，有9家是中国公司。

关心新闻的人，肯定对卡兰尼克粗鲁又难控制的名声有所了解。

即使是这样，卡兰尼克仍对进军中国市场满怀信心。

相比中国政府，更让卡兰尼克担心的是中国本土的一家初创公司——滴滴出行。"滴滴"与"弟弟"谐音，带着"兄弟"情谊的意思；此外，"滴滴"也是个拟声词，是汽车喇叭发出的声音，因此又被称作"滴滴的士"。

虽然公司名字听起来很有趣，但这家公司和其领导层却一点也不好对付。"滴滴出行"是中国杰出的乘车服务创业公司，公司的创建基于多年来对十几亿人口出行模式的分析。程维在二十八九岁时成立了这家公司，兼任 CEO，此前他只做过一些销售工作。2012 年，他在打车业务上孤注一掷，取得了成功。公司在短短三年时间内迅速发展成为出行服务行业的巨头，价值数十亿美元，而且还获得了中国最大、最受欢迎的两家科技公司腾讯和阿里巴巴巨额投资，为其保驾护航。

滴滴出行拥有优步想要成功所需的一切：市场规模、公众认可度，以及最重要的要素——政府支持。公司资金极其雄厚，运作短短几年就从中国投资界融资了数十亿美元。公司的领导人也很有魄力。在"滴滴出行"成立之前，"滴滴打车"与其最主要的竞争对手"快的打车"陷入了烧钱大战。两家公司耗费几百万元，争着给用户提供乘车补贴甚至免费出行服务，后来终于停战、合并。到两家公司合并的时候，用手机应用程序打车的出行模式已成为公众的习惯，融入了大家的日常生活。

对此卡兰尼克并不担心。在美国每个大城市，他都战胜了腐败的政客和出租车工会；他也经历了与来福车的竞争，以自己的聪明才智战胜了对方。优步已入驻全球多个城市，战胜了对手，与政府周旋，最终以更好的产品赢得了更多的客户。曾经的策略都奏效了，这次进军中国市场一定也能奏效。

他后来说："我能做到人们认为我做不到的事，为此我感到兴奋！"

去完成看似不可能的任务，让卡兰尼克很兴奋，但公司首席技术官图安·潘（越南裔）的感受就大不相同了，他需要处理现实中一桩桩一件件的日常事务。2015 年，他已陷入困境。

优步在中国的增长速度超出了所有人的预期。潘已在中国成都、北京、武汉和其他几十个城市组建了团队，与强大的对手"滴滴出行"展开了全面的竞争。这让卡兰尼克很高兴。老板高兴了，潘当然也就很高兴。

作为优步的首席技术官，潘负责管理公司内部整个工程师团队，该团队由几百名出色的年轻工程师组成，相当庞大。整个团队都仰仗他：这位高管严于律己，训练有素，头发乌黑，皮肤呈古铜色，戴着一副青铜色方框眼镜；一丝不苟的外表与他热情的笑容看起来有点不搭。在他的下属看来，他属于首席技术官中的稀有物种，例如，他对下属总是富有同理心，在处理棘手的公司问题时甚至会情绪外露。他的这些举止赢得了员工信任，员工对他十分忠诚。最重要的是，员工尊重他的职业道德，尤其是他无论何时都会及时回复下属电子邮件的行为，即使是在度假，哪怕是坐飞机前，他也会打开电脑回复邮件，直到起飞前空姐提醒了，他才会把电子设备收好。

但是现在，图安·潘并不开心，原因是，虽然优步出行在中国市场的行程激增，但这也意味着优步发放的激励津贴在暴增。

优步内部每个人都知道，想在中国占据足够的市场份额，需要提供大量的免费行程。为了消除投资者对公司烧钱速度的担忧，卡兰尼克写信提醒他们，公司可能会花费巨资，以在中国站稳脚跟。

图安·潘作为首席技术官，能看到投资者看不到的数据。为了引导乘客和司机选择优步而不选择滴滴出行，优步每周都要在中国市场耗费 4 000 万至 5 000 万美元的补贴，这一数额简直令人震惊。

媒体开始四处打探风声，卡兰尼克便派埃米尔·迈克去搪塞那些爱管闲事的记者，告诉他们，优步在中国的运营非常高效，比很多人想象的要好得多。媒体在采访中想要了解具体的数字，迈克都会拒绝透露，他知道这会让他们大跌眼镜，吃惊到下巴都要掉下来。

卡兰尼克写给投资者的信后来被透露给媒体。信中他提到，短短 9 个月时间，在成都和杭州两个城市，人们使用优步出行的次数已达到纽约同时段数据的 400 倍，而纽约是优步此前营收规模最大的城市。他还写道，这一增长史无前例，非常惊人；他充满信心地认为，中国是优步尚未开发的最具潜力的市场，比美国市场的潜力还大。

但卡兰尼克漏掉了一个事实，那就是他提到的这些数据一半以上是假的，完全就是在浪费优步投资者的钱。

图安·潘曾专门负责对付反欺诈行为，也经历过各种艰难局面。1967 年，潘出生于越南，12 岁时陷于战火之中，母亲带着他和弟弟逃到一艘破烂的木质渔船上，在中国南海汹涌的水域中航行，躲避战火。他们在海上经历过狂风暴雨，遭遇过泰国海盗抢劫，后来幸运地漂流到了印度尼西亚的一个难民营。不久之后，他们又被送往接待其他东南亚国家移民的小岛上，那里连基本的卫生条件都不具备。图安·潘一家最终设法来到了美国马里兰州，与另一家人共同租住在狭小且蟑螂遍地的公寓里，母亲打多份工维持生计，养大兄弟俩。

潘在学校学习刻苦，年纪尚小的他接触到了 IBM（国际商业机器公司）个人计算机，逐渐喜欢上了信息技术。他在惠普找到了一份入门级计算机相关工作，由此进入了创业公司的世界。他最终成功突出重围，获得了优步的首席技术官一职，这绝对是个高薪职位。他和卡兰尼克一样，工作努力，面对公司扩张时的种种压力，即使是高强度和长时间工作也从不退缩。

但优步在中国市场面临的挑战是史无前例的。公司在中国市场的战略目前为止还是资金噩梦，潘需要将其转变为实际能创造盈利的业务。

潘组建了一个危机处理小组，从旧金山湾区的本地竞争对手那里挖来了顶尖的安防和欺诈检查人才，在旧金山优步总部组建了一个 50 人的反欺诈小组。他还让中国的本地经理更加严格地审核新注册会员，推出了身份验证以及其他一些对司机和乘客进行实时甄别检查的功能。

乘车数据作假在全球每个市场都很普遍。内部人士指出，2014 年，在纽约，优步总收入的将近 20% 被人以伪造乘车人骗取补贴的形式套走，伦敦市场的损失也差不多是这个量级。不管是在华盛顿还是在洛杉矶，优步在其最重要的市场上白白流失了数百万美元。

图安·潘的反欺诈小组没过多久就证明了自己的价值，且不仅是在解决中国市场的问题上。在纽约布鲁克林，该团队发现盗刷者用被盗来的信用卡支付优步车费，用以从事贩毒和卖淫活动。这一诡计很简单：盗刷者会从暗网买来被盗的信用卡卡号，然后登录被盗账号，在优步应用程序中输入这些卡号以支付车费。他们每周都要叫几百次车进行贩毒或卖淫活动，而这些车费都用优步的鼓励津贴支付，或者是在原持卡人上报盗刷行为后用信用卡公司的退款来支付。

对盗刷者进行了长达几个月的监控之后，优步最终与纽约警察局合作，展开了一次复杂的突击行动，通力抓捕了盗刷者。监控到可疑的优步行程时，警察局都会从信用卡公司调取报告，打电话给司机并让他们停车，然后以信用卡盗刷、藏匿毒品、卖淫等罪名逮捕乘客。虽然警察局并未公开宣扬反欺诈小组的功劳，但确实是他们帮助纽约警察局完成了行动。

潘的团队后来利用之前的盗刷假乘行为数据建立了机器学习模型，对优步的系统进行训练，以期能及时发现盗刷行为。团队取得了很大的进步，纽约市场的盗刷假乘行为降至个位数，卡兰尼克和潘都对反欺诈小组的成果感到自豪。

但要打击中国市场的欺诈行为还需更谨慎。中国的盗刷者不断与优步工程师斗智斗勇，使用的伎俩越来越高明，反欺诈小组要更努力才能识破盗刷者。在美国，欺诈行为通常很简单，不轨者要么是为了享乐，要么是为了非法运送毒品，基本都是用被盗来的信用卡账号支付。但在中国，优步司机会和乘客联手来骗取优步几十亿美元的津贴，然后进行分赃。

许多为骗取津贴而刷单的人都是在中国的网络论坛上找到彼此的，他们只需要匿名，就可以很快找到合作对象，一拍即合，一起捞一笔。他们还创造出了一些江湖黑话，例如，刷单司机会在论坛上"求打针"，"针"暗指优步应用程序内标识用户位置小小的红色箭头，"求打针"即表示想找刷单乘客。然后，会有刷单乘客以"有护士"作为回应，表示愿意帮司机"打针"，建一个新的假账户和那位司机一起串通刷单。最后，双方拿到优步提供的鼓励津贴进行分赃。这些伎俩在几十个城市反复上演，最终，不起眼的司机津贴却造成了优步数百万美元的浪费。

但是，卡兰尼克不能停止发放鼓励津贴，竞争对手滴滴出行正在烧钱吸引乘客，优步必须赶上它的步伐。为了增加用户，卡兰尼克将新用户注册过程尽可能简化，成为优步用户只需输入姓名、电子邮箱地址、电话号码和信用卡账号，而这些信息都可以轻而易举地复制。盗刷者在注册时输入假的姓名和邮箱地址，在虚假号码程序上注册上千个假的电话号码，用来匹配被盗的信用卡号码。但在中国市场上，如果让用户注册时增加身份验证，虽然会让信息更精确，但也会有损用户体验。而卡兰尼克的数据分析师在研究中发现，用户体验受损会减缓业务增长。因此，对卡兰尼克而言，他无论如何都不会考虑增加复杂的身份验证步骤，阻碍业务增速。

　　卡兰尼克选择让优步的业务继续增长，解决问题就交给反欺诈小组。但道高一尺，魔高一丈，盗刷者越来越聪明。最终，盗刷者发现在论坛上找乘客费时又低效，决定自己创造"乘客"。有些盗刷者购买大量的廉价手机，在每个手机上创建不同的司机和乘客账户。盗刷者从他的"乘客"手机发出打车要求，然后用他的"司机"手机接单。接着，"司机"就会带着散落在副驾驶和后座的几十个手机穿行于城市的大街小巷，不止如此，虚假刷单的每一单车费还越来越高。

　　反欺诈小组最终发现了这一伎俩。在旧金山优步总部控制室的监视器里，有些小点在复杂的中国城市地图上闪烁。每一个小点代表着不轨司机的车，地图上显示紧跟其后的还有一长串十几名"乘客"。反欺诈小组就像是在屏幕上看着几十条电子蜈蚣在扭来扭去，在津贴的支持下，每条蜈蚣都越长越肥。

　　有的盗刷者还制作了巨大的临时电路板，上面装着上百个插槽，可插入 SIM（用户身份识别模块）卡，也就是让手机与蜂窝网络进行通信的小型芯片。电路板上的每张 SIM 卡都是一个新号码，可以自动输入创建新账户时所需的验证信息。有了这样的电路板，盗刷者就能刷更多的单，骗取更多的津贴。那些 SIM 卡被用过后，还有专门的人员换下那批卡，换上一批新卡，再重复刷单过程。一周七天，每天都有成百上千的假司机重复几十次上述操作，这给优步造成了严重损失。

　　尽管潘的反欺诈小组工作非常出色，在纽约和旧金山这样的城市都获得了成功，但在中国，他们虽竭尽所能，还是找不到更好的办法。卡兰尼克不得不继续向中国市场这个无底洞投入更多的资金，而潘和他的工程师团队能做的也只是尽量止血，控制损失。

刷单骗取津贴并不是优步在中国市场遭遇的唯一问题。在业务开展方面，中国公司和优步有一些共同之处，那就是它们也都愿意为了利益"不择手段"。

滴滴的城市经理会付钱给当地的出租车运营商，让他们抗议优步的点对点乘车服务。他们还会给优步司机发假消息，告诉他们优步已在中国停止运营，鼓励他们改用滴滴出行，为滴滴服务。滴滴喜欢的策略之一就是将新雇员派到优步，让他们加入优步，担任工程师。他们在优步入职后，就会担任间谍的角色，将优步的相关信息传回滴滴，还蓄意破坏公司的一些内部系统。

滴滴在忙于对优步各层面进行渗透的同时，还得到了一些最强大的盟友的帮助。正如在美国优步有谷歌支持，滴滴最大的投资者之一是中国三大科技公司中的腾讯。

腾讯旗下拥有中国最受欢迎的社交聊天软件微信。微信时不时会屏蔽优步应用程序，这对优步来说是沉重的打击。微信屏蔽优步就意味着腾讯把它踢出了中国最重要的社交媒体。更糟糕的是，方便消费者进行无现金交易的"微信钱包"也不支持支付优步车费。

起初，优步还不了解手机钱包在中国的风靡程度。优步初登中国时只接受信用卡支付，但其实中国人并不习惯这一支付方式。优步花了一段时间才搞明白状况，转而支持微信和支付宝等移动支付方式。但优步走这一步花了太长时间，尽管优步通过各种努力，最终也开始支持中国的各种电子钱包支付方式，但仍时不时被腾讯推出的电子钱包所屏蔽。

优步在中国市场的某些问题是由它自身造成的。例如，优步仍然依靠谷歌地图导航，全程引导司机去接乘客上车，然后再将其送达目的地下车。事实证明，这一选择糟糕无比。虽然谷歌以无与伦比的精度绘制了许多发达国家的地图，但中国地图仍是它的盲区。基于谷歌地图设置的导航软件经常让优步司机方向错乱，而司机迷路绕路也让乘客气愤无比。

在中国市场之外，优步也存在严重的问题。在整个亚洲市场，卡兰尼克都在与出租车运营商、政府以及资金雄厚的竞争对手抗衡，例如印度的 Ola 和东南亚的 Grab，这两家乘车服务初创公司也都是残酷无情的对手。

卡兰尼克派出 24 岁的员工阿克夏·BD 担任班加罗尔的一线地区经理。BD 做事积极，在街上到处找出租车司机，鼓动他们注册为优步司机。印度是全球最大的市场之一，BD 在该市场努力刺激需求，他的进取符合优步的价值观，是那种卡兰尼克会考虑升职的人选。

但 BD 并没有做好应对 Ola 和出租车公司反击的准备。在孟买，当地出租车司机聚集在优步办事处，试图恐吓优步员工，暴力行为也时有发生；在班加罗尔，BD 每次下班回家都不让优步司机直接开到他家，因为他知道竞争对手可能在跟踪他。2017 年年初，海得拉巴一位名叫 M·孔达的 34 岁优步司机因无法按时偿还车贷而自杀。一群愤怒的司机把他的尸体扔在优步办事处门前的台阶上，聚众闹事。他们中有一些是优步的司机，有一些是赶来煽风点火的出租车司机。他们认为，要不是优步给司机的工资那么低，孔达就能好好活着，不会自杀。

如果优步有降价的计划，类似事件还会激增。卡兰尼克有时会一次性宣布在多个市场同时降低优步车费。这会对全球优步市场产生影响，无论是旧金山湾区还是世界其他地区，会一下子影响数百万优步司机的生计。卡兰尼克降价是为了刺激乘客的增长，但有时会导致暴力行为。

有一次，一名印度男子跑到办事处，对优步大幅度降价很不满。他歇斯底里般拿出一个汽油罐，往自己身上浇汽油，挥舞着打火机，扬言如果优步不把价格调回去就自焚。保安随后将其制服，压倒在地，把他手上的打火机抢走了。这不是一个偶然事件，该事件后来还引发了一系列的自杀事件。

印度最严重的司机犯罪行为发生在 2014 年 12 月，一名 26 岁的女性金融从业者在下班吃完晚饭后，叫了一辆优步车送她回位于新德里郊外古尔冈的家。她坐上优步车后不久就在后座上睡着了，司机希夫·库马尔·亚达夫发现她睡着了，就驾车偏离了预定路线。

亚达夫关掉了手机，让警察和优步无法追踪到他。他找了个僻静的地方，停了车，爬到后座，强奸了这名女乘客。事后，他还威胁说，如果她报警，就杀了她，让她保持沉默。随后，亚达夫把她送回了家。她在周六凌晨 1 点 25 分向警方报案。她在亚达夫驱车离开时拍下了车子的牌照，警察很快在第二天逮捕了他。

　　这一案件迅速传开，印度国内外的公众立即将此事归咎于优步薄弱的安全保障环节。此事发生的前几周，媒体刚刚曝光了卡兰尼克对女记者莎拉·蕾西的抨击，称其"魅力攻势"是拙劣伎俩。这件事过去没多久，就发生了印度强奸案，这更加剧了公众对优步男权主义、漠视女性的刻板印象，公司形象一败涂地，公众担心其根本不能提供安全的乘车服务。美国媒体也在谈论这一案件，将矛头对准了优步，人们对优步的负面印象越发深入。

　　印度国内的反应更加强烈。政府官员意识到了公众的愤怒，立即停止了新德里所有的打车服务，等待进一步调查。印度各城市的优步关闭了办事处，搬进了旅馆，以躲避公众无休无止的抗议和威胁。6周来，出租车组织的官员甚至在街上殴打优步员工，印度的优步员工只好带着父母和家人一起躲进酒店。

　　优步在东南亚市场也陷入了大混乱。东南亚主要的打车服务公司Grab是优步强劲的竞争对手。优步花费近10亿美元与之对抗，但结果却出乎意料——优步原有的市场份额竟然下降了近一半。4年后，优步在东南亚的市场份额只剩下了25%，因此不得不将东南亚业务出售给Grab，换取它27.5%的股份。优步在东南亚市场的败绩最终使负责该地区的经理迈克·布朗被赶出公司，迈克·布朗离开时还带走了价值数千万美元的股票。

　　公司遭受的损失、竞争对手的诡计、无休无止的街头暴力，所有这一切都在折磨卡兰尼克的神经。他本来就是个神经紧绷的好斗之人，中国和东南亚市场的情况更是让他产生了被迫害情结。他开始认为自己一直在被人蓄意打击，怀疑朋友或员工在欺瞒他，伤害公司。在经历了中国市场的商战后，他愤世嫉俗的心态渗透到了公司业务的方方面面，且愈演愈烈。

美国本土关注优步的人也注意到了其在海外的麻烦，但大多数人都认为优步没有做错什么。卡兰尼克过得也挺好。

卡兰尼克能随便开空白支票，投资者或董事会成员都不会对此过问，于是他开始在各地建办事处，以彰显公司的成功。

优步的自动驾驶汽车部门位于匹兹堡，卡兰尼克聘请建筑师和工业设计师建立了一个具有未来感的办事处。这一办事处空间巨大，可容纳数百名员工，各方面都奢华无比。卡兰尼克喜欢不同类型的椅子，为了投其所好，光是椅子，公司就准备了20多种不同类型的。办事处全部竣工耗资约4 000万美元，相当于人均耗资20万美元。优步在圣莫尼卡的办事处则是豪华的海滨别墅，同样耗资数千万美元。

极致奢华的是旧金山总部。优步员工人数越来越多，原来的办公楼已不够用，卡兰尼克在市场街1455号又租下了几层楼。这栋楼原先只是市中心一栋矮楼，后来按照优步的风格进行了改装。他们推掉了楼层之间的楼梯，耗资数百万美元装上了透明玻璃楼梯。这是众多办事处中卡兰尼克最爱的设计，他觉得这体现了他的品位。黑色的花岗岩搭配透明玻璃的办公空间，工程师在银色的苹果电脑前24小时不间断地工作，他将这一切称为"银翼杀手遇见巴黎"。

经理们会在大楼最秘密的"作战室"花上几个小时讨论战略策

划。"作战室"位于优步主要办公楼层的正中，由精品设计师和家具
设计师专门为优步量身定制，四面都是玻璃墙，用于举办重要的战
略会议。墙上挂着显示旧金山、纽约、伦敦、迪拜和新加坡时间的
数字时钟，全都按 24 小时制显示。领导们坐在里面开会宛如置身于
白宫战情室。

　　如果会议更机密，还可拨动开关将办公室玻璃墙变为磨砂、半
透明的幕墙，这就可以更好地保护公司的机密信息。

　　时过境迁，卡兰尼克的新办事处越来越奢华。他从未担心过资
金的问题，因为他总能筹集到更多的资金。

第十六章　与苹果交手

优步在中国市场遭受了沉重的打击，现金流损失严重，因此，卡兰尼克时刻盯着工程师，让他们解决问题。这个情况在优步反反复复出现：公司出了问题，老板希望问题能够得到解决，他不关心是怎么解决的，只要解决掉就行。

卡兰尼克让公司首席技术官图安·潘建立反欺诈小组，给了他们很大的自由度。反欺诈工程师需要考虑周全，行动迅速，随机应变。卡兰尼克还给予该团队特别保护，让其免受公司内部角力的影响，还承诺向其成员提供所需的资金或其他支持。

反欺诈小组一名成员名叫昆汀①，是一位 30 岁的产品经理。此人机智聪敏，在麻省理工学院读研究生期间曾获奖项，毕业后进入谷歌负责搜索引擎等产品。同事评价他聪明、友善、语气柔和，与那

---

① 为保护其隐私使用化名。

些大男子主义的"优步兄弟会"类型的员工截然相反。他不会和那些运营经理站在同一战线。

同事说昆汀最突出的特质之一便是神经质,他在接触世界并与他人交流时表现得相当谨慎,甚至他的肢体语言都是防御性的。与人交谈时,他会略微侧过身子;他也会久久盯着别人,打量一番。同事认为他的性格从事评估风险和安全性的工作再合适不过了。

2014 年年初,优步招聘了 500 名左右的员工;同年 10 月,员工的数量增加了三倍不止,而且每天都有新鲜血液注入。昆汀领导的风险、账户安全、反欺诈和反职权滥用团队的人数也超过了 150 人。优步的每位员工都很努力,而昆汀的团队比大多数员工更勤奋。他和一些同事帮忙设计了纽约的毒贩抓捕行动,遏制了中国市场的欺诈行为,并且帮助优步在其他有风险或亏损的方面加以改善。昆汀是一位极具价值的员工。

昆汀于 2014 年 3 月着手创立团队,当时有个问题让他们十分头疼。2012 年,苹果公司发布了新的 iOS 移动手机版本,该版本屏蔽了外界获取手机识别号的接口。每部苹果手机都有唯一的识别号,这些识别号就是 IMEI 号,也可称为"国际移动设备标识码"。此次更新是蒂姆·库克执掌苹果公司后提出的特别主张。苹果的业务与其竞争对手谷歌、脸书和亚马逊不同,不依赖于获取客户的个人数据。脸书和谷歌收入的主要来源是广告,因此,它们极度依赖客户的网络足迹等信息,以便向他们精准推送广告。优步识别不轨者的方法也和上述几家硅谷大公司类似,采用的是数字监控技术。

　　这一做法违背了苹果长期奉行的某些原则，特别是个人的隐私权。史蒂夫·乔布斯相当重视消费者的隐私，而他的继任者蒂姆·库克对个人隐私权更加执着。他认为苹果用户应该对自己的私人电子生活有完全的掌控权，如果苹果用户决定将自己的苹果手机上的数据清除，那么其他任何人都不能在该设备上找到此前的数据，无论是用户本人、家人、公司，还是执法部门。如果苹果手机上的数据被清除了，就意味着彻底清除了，所有数据就此消失，无法再复原。

　　苹果系统的这次更新让优步始料未及，对它来说这是个极坏的消息。中国市场的盗刷者喜欢用偷来的苹果手机创建假账户并注册优步。如果优步的反欺诈团队发现其中一个账户是假的，并加以屏蔽，那么骗子只需要清除苹果手机中的数据，再创建一个新账户就好了。这一操作仅需几分钟，而且可以反复操作。为了应对这一伎俩，优步花了几个月建立了IMEI识别号数据库，帮助公司追踪已经注册过优步账号的苹果手机。在2012年苹果系统更新前，如果优步团队监测到某人反复使用相同的设备来创建新账户，他们就能知道这是个盗刷者，可以快速地将其屏蔽。但在2012年苹果系统更新后，优步无法再接入获取苹果手机识别号的接口，一切又回到了起点。

　　但在2014年，昆汀的团队找到了解决方法。在新版本苹果系统发布后，一夜之间，有6家公司宣称自己能检测到苹果的IMEI识别号。昆汀对其中几家做了测试后，最后选择了波士顿的一家小公司英奥特。该公司称，只需在优步手机应用程序中插入一小段代码，便可以追踪到安装该程序的苹果手机设备识别号，这一技术在安防和反欺诈行业中被称为"指纹识别"。一旦手机的"指纹"被"识别",优步公司便更容易分辨该设备是否用于虚假诈骗。在这一技术试用几个月后,昆汀便与英奥特签了合同。

这一技术十分奏效。在开始使用这一技术前,中国市场和其他主要城市的盗刷行为每周都要给优步带来数千万美元的损失,有时甚至更严重。优步更新了插入英奥特公司代码的版本后,昆汀发现诈骗数直线下降。如果诈骗者想在优步已经"指纹识别"了的设备上创建新账号,那么优步的反诈骗系统就会启动,自动屏蔽该账户。最后,优步在被坑了好几年以后,终于找到了克敌制胜的反击方法。

但还有一个问题,那就是英奥特的这项服务公然违反了苹果有关用户隐私的规定。因此,英奥特与优步的合作必须保密。如果让苹果发现,那么这两家公司都将陷入巨大的麻烦,苹果甚至可能会禁用优步应用程序。

硅谷每个手机应用程序开发工程师,都要面对苹果应用商城的规则。苹果每年都会更新其移动端的软件,而苹果软件做一个简单的调整,都有可能影响到手机应用程序开发公司的业务计划。要开发手机应用程序,特别是为苹果公司开发应用程序,工程师就免不了会感到焦虑、沮丧。开发人员向苹果应用商城提交新的应用程序后,等待回应的心情就像朝圣者等待神谕一样。苹果有时会给出积极的回应,有时则不予理会。

昆汀和他的团队选择了回避苹果的隐私规定,因为他们觉得除此之外别无选择。团队需要解决大量的诈骗问题,如果优步和英奥特低调一点，也许反诈骗小组使用的手段不会被苹果检测到。

然而，他们并没有这么走运。2014 年 11 月中旬，BuzzFeed 报道了臭名昭著的"晚宴事件"，揭露了埃米尔·迈克扬言要对记者进行反侦察的丑事。那时，绝大多数人的注意力都在迈克身上。

但是，在优步用"糖衣炮弹"拉拢媒体期间，曼哈顿办事处骄傲自大的总经理乔希·莫勒尔犯了一个严重的错误。那周，他接受了一次采访，无意中说漏了嘴，提到了早期版本的"天眼"，这一工具可以实时监控乘客行程，给优步提供了"上帝视角"。记者那天下午是坐优步车去见莫勒尔的，莫勒尔夸口说他跟踪了她一路。记者可不会忽略这样的信息。

有关报道曝光 8 天后，昆汀的团队遭受重创。优步的丑闻接连被爆出，也引来了更密切的关注。亚利桑那州的乔·吉隆是一位富有正义感的年轻黑客，他解码了优步的安卓应用程序，发现了该程序在被安装时要求获取一系列的数据访问权限。各种访问权限名目众多，远远超出了大多数优步用户的预期，包含了获取电话簿信息、使用摄像头、获得短信记录和无线网连接许可等各种权限。任何应用程序要求获得这些访问权限都很可疑，更别说优步只是个打车服务应用程序了。为什么一个打车服务应用程序需要获得访问用户短信或使用摄像头的权限？这是侵犯用户隐私的一种越界行为。优步不仅仅想要对记者进行调查，它还想了解每个用户及其手机的所有信息。

乔·吉隆在博客上发布了这个消息，这篇文章一经发布便引起热议。这篇文章在各大安防论坛和其他网站上广为流传，最后传到了黑客资讯论坛上，该网站是工程师和硅谷精英广为阅读的消息论坛。但当时文章的读者并不知道，这位黑客还无意间发现了优步应用程序中秘密地写入了一段英奥特代码。这正是两家公司之间的秘密交易。为了对设备进行识别，与普通的应用程序相比，英奥特需要更多的数据，这就意味着优步应用程序需要各种各样的扩展权限。英奥特根据这些数据来创建设备配置文件，对用户手机的 IMEI 识别号进行三角测量。这一技术十分巧妙，除优步外还有其他公司也花费数百万美元使用了该项技术。但是，当用户发现优步在自己毫不知情的情况下获取了如此多的隐私数据，他们对这一做法极其不满。

视线回到优步总部，代码的事情暴露后，反欺诈小组的成员都吓坏了。他们不想让公众知道优步与英奥特的交易，更不想让他们看到那段授权的代码。优步应该向公众披露这件事吗？万一苹果偷偷打探呢？优步最近才提交了最新版的苹果应用程序，如果苹果发现公司违反了隐私规则，他们应该如何解释呢？

起初还算风平浪静。但是，几周之后，问题来了：苹果应用商城拒绝了优步最新版本的更新。昆汀团队被抓包了。

苹果应用商城的负责人埃迪·库早已见过太多初创企业的发达和陨落。

埃迪·库是直接向公司 CEO 蒂姆·库克汇报工作的高管。比起硅谷其他人，他能更早察觉到初创公司中冉冉升起的新星，因为这些公司的应用程序下载量会飙升，霸占他管理的应用商城的榜首。

初创公司在达到这样的成就时，就会引起他的重视，他会与初创公司的创始人见面。2013 年，这位 50 岁的苹果互联网软件和服务业务高级副总裁就已听说了卡兰尼克的大名。埃迪·库和蒂姆·库克早就意识到了优步的潜力，并十分赞赏其对苹果手机技术的应用支持。优步从谷歌风投和德太投资那儿成功融资数百万美元后，他们与卡兰尼克进行了会谈。

埃迪·库和蒂姆·库克两人都看到了卡兰尼克的热情和才华，但并不觉得他有吸引力。卡兰尼克向埃米尔·迈克详细地描绘了优步的野心，卡兰尼克的傲慢让库感到惊讶。对于优步在媒体中声誉不佳的情况，以及受到的监管限制问题，卡兰尼克根本不在意。

两位苹果高管在计算机行业从业已有 50 年，且一直位居高层，而卡兰尼克对他们说："我很清楚自己在做什么，共享乘车这个领域没人明白，只有我们清楚。"

会上，埃迪·库以为也许略微挑衅一下卡兰尼克，他会展露他谦逊的一面，于是问了他一个问题："谷歌到底为什么要投资你们呢？这感觉有点像引狼入室。谷歌已经在自动驾驶领域进行了多年的研究，我们一直认为，谷歌有一天也会推出你们现在的业务，会出现在它的商业版图上。"

库克点了点头，指出优步的董事会构成也有问题。库克问道："你一点都不担心大卫·德拉蒙德吗？"大卫·德拉蒙德是谷歌首席法律官兼企业发展高级副总裁。库克之所以这么问，是因为知道卡兰尼克承诺德拉蒙德可以在董事会占有一席之地。在库克和库看来，德拉蒙德实际上就是谷歌 CEO 拉里·佩奇的代理人。

卡兰尼克满不在乎地回应："不用担心董事会，董事会成员都是我亲自挑选的，他们都听我的，在董事会我想怎样就怎样。"

库非常惊讶。许多创始人至少在公开场合会很谦逊，但卡兰尼克显然完全不懂谦逊，哪怕只是战略性地示弱。

会谈结束后，库克和库仍定期与优步保持联系。只有人们愿意在苹果手机上下载应用程序时，苹果手机才能发展得更好，因此苹果密切关注着下载量排名靠前的应用程序。每一个或两个季度，卡兰尼克和迈克都会坐着优步从旧金山出发，往南开一小时，来到阳光充足的库比蒂诺郊区苹果总部，和苹果的高管一起开会。

但是，优步从来都不是苹果的完美合作伙伴。埃迪·库手下负责跟踪优秀手机应用程序的苹果商城主管经常因为优步头疼。

大多数问题都来自优步的软件更新。苹果商城里的应用程序公司想要更新其应用软件时，都必须将新版本的应用程序发给苹果商城进行审批。对苹果来说，处理优步的新版本应用程序特别麻烦。当优步发来更新的版本时，苹果工程师经常会在其中发现隐藏在代码里的后门程序。比如在某个版本的应用程序中，优步会将乘客下载的乘客应用程序自动转成为司机量身打造的司机应用程序，这一设计据说是为了让新用户使用更顺畅。此举虽小，但却违反了苹果的规则，因此这一新版本不能运行。苹果发现了这一不当行为，给了优步一个小警告。优步必须为乘客和司机分别提供单独的、专门的应用程序。

优步应用程序更新时类似情况层出不穷，于是库的下属也密切监控着优步应用程序的发展；工程师对优步的代码进行了全面严谨的分析，随时能在他们耍花招时把"小伎俩"揪出来。

很长一段时间里，库都愿意睁一只眼闭一只眼，把卡兰尼克的工程师往好了想。苹果的规则也并非条条都很明晰，而优步应用程序在苹果用户中十分受欢迎。但姜还是老的辣，苹果商城的管理员依旧能看透程序代码中的各种小花招和伎俩，其中有些相当拙劣。优步层出不穷的小手段确实让人烦恼，但是苹果商城团队也能监控到。

然而，情况在 2014 年底直转急下，苹果商城的负责人看到了黑客资讯论坛上的帖子，宣称通过解码优步安卓端的应用程序，发现其要求众多扩展权限以获得大量数据。库确信无疑，苹果版的优步应用程序肯定也要求扩展相同类型的权限。他不会放任优步的这种"指纹识别"方案从他手上出去。当时临近假期，工程师都想赶在假期前让自己的应用程序代码获批，但苹果拒绝了植入指纹识别技术的 iOS 版优步应用程序。

由于苹果商城不断地否决优步的新版本，旧金山优步总部的工程师都在忙于应对。每次否决时，苹果并没有给出一个真正的解释，这是苹果典型的工作方式。优步员工心知这很有可能是英奥特公司的代码的原因，但也不想主动去询问原委。倘若苹果并没有发现这一点，自己去问不就是不打自招了么。

优步反欺诈小组和移动端团队花了很长时间探讨解决方案，突然，一位沮丧的手机开发工程师站了起来。这位前苹果员工说他知道优步如何才能解决被苹果商城否决的问题，他说："我有个主意，我能解决这个问题。"说着他就走出会议室，回到办公桌上的笔记本电脑前开发他的方案。

对于优步的工程师来说，在提交新版本期间时不时地回避规则并不是什么大事。许多开发人员在向苹果商城提交版本更新的时候都这么做过。

但这位工程师所谓的新点子就和"特洛伊木马攻城"一样无耻。他主张用一种叫作"地理围栏"的技术来欺骗苹果，该技术通过手机中的 GPS 定位和 IP（网际互联协议）地址可以为优步提供用户的确切位置。"地理围栏"的运作就和其字面意思相似，即如果用户在特定的地理范围内，应用程序就会以某种方式进行响应。具体到优步的解决方案，如果用户在旧金山大湾区或苹果总部附近使用该应用程序，那么用于获取个人数据以识别设备的英奥特代码库就不会运行。

那位工程师的错误在于，他以为所有苹果商城的代码审查员都在苹果总部或旧金山大湾区办公。最终，办公地点不在加利福尼亚的一位代码审查员偶然在优步应用程序内发现了英奥特代码库。至此，优步的诡计原形毕露。

埃迪·库非常生气，钻空子回避苹果的规则是一回事，但是主动使用诡计、故意在苹果管理者面前隐瞒实情就是头等大罪。优步是在精心设计骗局，蓄意欺骗苹果公司。

库怒火中烧，在办公室拿出苹果手机拨通了一个电话。

电话那头是卡兰尼克，他开心地接起了电话。作为优步 CEO，他知道自己任何时候都应该和库搞好关系，顺他的意。

库才不吃这一套，他对卡兰尼克说："我们需要谈谈，我们之间出了些问题，该好好谈谈。"他详细地指出了优步应用程序中隐藏的一些具体勾当，明确表示他非常愤怒。

库接着说："你需要亲自来这里一趟，和我们一起解决这个问题，我会让下属安排好会议的，再见！"他没等卡兰尼克道别就挂断了电话。

卡兰尼克吓坏了，他担心苹果会采取强硬措施。

卡兰尼克把昆汀和他团队的一些成员叫到总部会议室，紧急召开了一场会议。他一关上门，就开始不停地问问题，归根结底就是一句话："这到底发生了什么？"

昆汀的团队大致知道发生了什么。昆汀把那位出了馊主意的手机开发工程师带到了办公室，让他解释用来欺骗苹果的技术。当时，这位工程师已经吓得魂儿都快没了。

了解了事情的严重程度后，卡兰尼克和往常一样开始在会议室来回踱步。他为自己开脱，说自己从来没让工程师去撒谎去欺骗苹果。尽管所有优步团队都听命于他，但他也希望这些团队的头儿能好好管理自己的下属。

卡兰尼克一直以来都对团队说："无论如何我们都要赢，要不惜一切代价。"在优步，这一言论深入人心，传遍了每一个团队、每一个部门，已经成了员工理解的优步价值观的核心。要不惜一切代价取得胜利。

于是，反欺诈小组开始准备对之前发生的情况进行解释，并向苹果的埃迪·库道歉。

苹果是硅谷最神秘的公司之一，但其位于库比蒂诺的总部的一切都在努力显示出开放性和透明度。

苹果的白色办公楼矗立在无限圈路 1 号，茂密且修剪整齐的草坪环绕四周，主入口与苹果零售店的美学风格相呼应：大面积的玻璃面板，纯白色墙壁和圆形屋顶。

优步团队刚走入苹果公司办公楼，就被领到了一间私人会议室。他们有备而来，为苹果公司准备了一套详细的说辞。

埃迪·库大步走进会议室，身后跟着一些负责苹果商城的下属。库身边站着的是苹果营销高级副总裁菲利普·席勒。从 1997 年起，席勒就一直在苹果工作，并直接向史蒂夫·乔布斯汇报工作。在乔布斯手下工作时，1998 年他推广了新版 iMac，其显示器后部设计为卵型，外壳有亮橙色、柠檬绿、深绿色和其他各种颜色，十分靓丽。他还负责 iPod 所有不同版本的营销与推广，取得了前所未有的成功。库和席勒都已年过半百，两人拥有的净资产合计达到了数亿美元。

库一上来就咄咄逼人地对卡兰尼克说："我们希望你把整件事的原委详细解释清楚。"

卡兰尼克瑟瑟发抖，打起了磕巴，但还是努力开始从头解释。埃米尔·迈克受卡兰尼克指派负责摆平库和苹果的问题，于是他为卡兰尼克准备了一套完整的说辞。卡兰尼克先从优步平台上出现的大规模诈骗行为讲起，描绘了骗子精明的伎俩，详述了苹果手机版本更新给优步打击诈骗所造成的困扰。

卡兰尼克努力想一改往日的高姿态，拿出悔恨、请求和解的态度来参加这次会议。他知道这样做能让公司免于苹果的诉讼，不会把事情闹到政府官员和权威机构那里。虽然在少数情况下他也知道自己需要放低姿态，但他几乎从未这么做过。然而，这次在苹果总部，在苹果两位高管面前，他只能放低姿态。双方的会谈漫长而紧张，最后库对卡兰尼克说："我们希望你承诺，再也不会有类似的事了，并且你们必须信守承诺，否则就直接出局，苹果客户端再也不会支持优步应用程序。"

库是认真的，他将此事告诉了老板蒂姆·库克，他俩都认为这件事严重地违反了规则。无论应用程序或开发公司有多么成功，都不能欺骗苹果后，还逍遥法外。对库克来说，最大的罪过莫过于侵犯苹果用户的隐私权。要知道，库克后来可是敢与 FBI 公开对抗，拒不解锁圣贝纳迪诺杀人狂魔的苹果手机；他还在公开场合抨击脸书侵犯用户隐私的行为。库克毫不犹豫地支持库做出的决定：如果优步不解决指纹识别代码的问题，他们会禁止优步应用程序进入苹果应用商城。

卡兰尼克也知道他们是动真格的。如果有关这次双方的较量公开出去，一定会引发重大丑闻。更糟糕的是，他知道遭苹果应用商城封锁对优步意味着什么。优步现在的估值达到了数百亿美元，苹果用户的下载占据了优步的大部分业务，如果全球所有苹果手机都无法再下载优步应用程序，毫无疑问公司将会破产。因此，卡兰尼克向苹果高管保证这种情况再也不会发生。

库接受了这一承诺，但仍把优步列为观察对象，给了他们一个观察期。他们在会议上给优步定下了一些规则，要求优步工程师每次向苹果应用商城提交新版本时，必须同时提交相关支持文档。

如果卡兰尼克的团队再做出类似的事情，库就不会这么善解人意了，优步将永远出局。

几周后，卡兰尼克再次来到苹果总部，与库克和库进行定期的会面。上一次和库、席勒以及苹果商城领导开会很煎熬，但这次与库克和库会面，才真正让卡兰尼克感到担心和焦虑。

卡兰尼克装出一副若无其事的样子。他再次来到苹果园区，穿着他最爱的那双耐克达尔文系列运动跑鞋，红色的鞋带，红色的网格鞋面，搭配粉蓝相间的条纹袜子，年轻时髦，这身打扮看上去还不错。[1]

但卡兰尼克的内心实际上紧张得很。这是苹果和优步产生摩擦后他第一次亲自去与库克见面，这位苹果 CEO 会做何反应，卡兰尼克心里完全没底。

会议开始后，库克慢条斯理地提到了这个问题，他想确认代码

---

[1] 达尔文款运动鞋脚感舒适，卡兰尼克特别喜欢穿着该款式在优步顶楼踱步绕圈，他还穿着它出席大多数公开活动，包括 2016 年接受《名利场》编辑格雷顿·卡特对他的采访。

问题是否存在。

卡兰尼克坐在位子上，虽然一直都在等着库克提这件事，但真的听到库克提起时还是略感不适。他比以往更谦卑，更礼貌地解释说这事是真的，但他已经向库保证过了，以后不会再发生类似的情况。

库克点了点头，卡兰尼克的紧张时刻算是熬过去了。他们继续讨论了会议的其余议程。但库克还是微妙地提到了苹果的底线，如果优步再尝试欺骗苹果一次，那就别想再登上苹果的应用商城了。

卡兰尼克坐上优步汽车向北驶去，离开了苹果公司园区。之后，他与一位朋友碰面，他向朋友坦言，当天下午开会时，他委实感到心里发慌，但也只是片刻而已，就是跟库克一五一十地交代实情那会儿他的肾上腺素激增。他说："蒂姆·库克那满脸不快的样子，该死的库克！我总算是扛过去了，优步不会被苹果禁用了。"

优步扛过了这一关。在他朋友看来，卡兰尼克的恐惧转变成了一种新的自信，甚至更趾高气扬了。优步既然都能承受住苹果施加的压力，那就完全不怕与其他任何人抗衡了。

第十七章 "最好的防守"

　　与苹果公司摊牌是件大事，但在这一危机还没处理好之前，卡兰尼克又遇上了一个更头疼的问题。为了解决这一问题，他的首席技术官图安·潘特意聘请了乔·沙利文来帮助优步，在沙利文看来，这一问题简直是安防噩梦。

　　在此之前，沙利文是脸书的首席安全官，他早已习惯面对混乱的情况。6 年来，在社交网络领域，他还有什么大场面没见过？他在脸书负责保护用户免遭身份盗用、毒品买卖、枪支交易和未成年色情内容传播的侵扰。当马克·扎克伯格四处寻找互联网可以征服的新领域时，沙利文则忙于追踪网络小偷，例如那些从女性的手机中窃取她们的裸照，并以此勒索敲诈她们的小偷。

　　沙利文收到了优步首席技术官图安·潘发来的电子邮件，向他寻求帮助，他对此很感兴趣。他曾经读过有关优步这个打车服务公司的报道，这家"独角兽"公司争议不断，时不时就登上新闻头条，尽人皆知。从一些报道来看，优步简直一团糟，什么跟踪乘客、挖记者黑料和收集用户数据等，名声实在不好。

尤其是追踪乘客行径轨迹，这一行为是对个人隐私权的极大侵犯。卡兰尼克却将其视为正当的手段。2011 年，优步入驻芝加哥，邀请了一群知名的芝加哥市民到乐土酒店参加私人聚会。在那次聚会上，"天眼"首次亮相，宾客们看着巨大的屏幕，上面显示了数百名优步乘客在芝加哥地图上的实时运动轨迹，所有人都看得目瞪口呆，一旁的卡兰尼克和搭档瑞恩·格雷夫斯则得意地咧嘴而笑。

优步开发了"天眼"，与此同时，卡兰尼克却因"地网"被告上了法庭。"地网"属于优步内部最高机密，是极具价值的项目之一。其作用是让优步能监视那些又开优步又开来福车的司机的位置。优步总部的员工会创建假的来福车账号，用来追踪附近来福车的位置，一个假账号最多能追踪到 8 辆车。随后，有关这些车的位置信息就会被传回总部，存储在数据库中。许多来福车司机同时也是优步注册司机，"地网"帮助优步实时监控来福车司机的位置，这样优步就能监控到来福车提供给司机的价格，然后开出比其更高的价格，让司机更愿意使用优步接单。沙利文认为"地网"系统相当卑鄙，极不道德，相关信息一旦泄露给公众，一定会演变成公关噩梦。

"天眼"和"地网"只是开始。这些程序都属于"竞争情报"的范畴，也可缩写成"竞情"，其实说得难听一点就是"公司监视"的行为。硅谷的公司或多或少都有自己的"竞情"程序。最常见的就是利用网站、应用程序和其他一些公开资料获取竞争对手的数据，通过书面程序和编码脚本自动收集信息，也称为"刮取"信息。优步的工具能在来福车的应用程序中获取有关价格变化的信息，如此一来，优步就能按部就班地击败竞争对手。

优步还从切片情报等数据中介公司购买收据。这些公司从信用卡公司和零售商那里购买了大量的匿名消费数据，将它们分门别类打包，再次出售给其他公司。例如，来福车车费账单的汇总数据能让优步确定竞争对手的价格，再结合自己收集到的位置信息与价格数据，优步对竞争对手来福车的业务简直了如指掌。沙利文知道这样的手段相当卑鄙，但它确实有效。

除了监视竞争对手的问题，优步还深受安全问题困扰。印度的强奸丑闻只是冰山一角，外界不知道的是，优步的运营团队每年都要处理几千起行为不当案件，包括日益增加的性侵事件。优步不断发展壮大，人们使用优步服务的次数也从几百万次增加到了几十亿次，如此庞大的数字意味着暴力犯罪和性犯罪几乎不可避免。同时，优步将司机注册的门槛也定得很低，哪怕进不了出租车行业开车的人，也能注册成为优步司机。乘客安全问题日益凸显，优步后来自创了一个分类法，将不当性行为和暴力犯罪分为 21 个等级，以便对每年该类事件的数量进行准确统计。

公众如果知道有几百名优步司机曾因性侵乘客受到指控，这将成为公关噩梦。公司或司机一旦受到新的强奸指控或诉讼，优步员工就会到处宣扬"无罪假定"。卡兰尼克本人也经常把这个词挂在嘴边，尤其是与安全和法律团队商讨策略时。严格来说，"无罪假定"

是对的，也确实有一部分是报假警或敲诈勒索。但是，卡兰尼克很少会考虑受到侵犯的乘客和受到指控的司机个体，他更多地觉得优步一直在遭到迫害，所有外部势力都在策划怎么反对优步，竞争对手也想要看到公司倒闭。在他眼里，优步才是真正的受害方。因此，他经常给员工灌输"无罪假定"这个概念。有时，如果性侵案受害者决定不起诉，或警方的证据不足，优步总部五楼就会欢呼雀跃。

除了隐私和安全问题，优步还有一个大问题，沙利文刚知道这个问题时简直难以置信。公司高管称，优步曾在 2014 年年初遭遇大规模黑客攻击，导致 50 000 多名优步司机的姓名和驾照编号等数据遭到泄露。优步一直对此次黑客事件保密，因为它不知道如何将之公之于众，实际上也根本不想公之于众。卡兰尼克不了解法律，也没兴趣诉诸法律。他十分不希望引起大众的激烈反应，也总以为让公司法务和安全部门制定出解决方案，让问题消失就可以了。但沙利文知道不能就这么草草了事，根据加利福尼亚州法律规定，优步应将数据泄露事件上报给政府。

数据泄露一事发生在 5 月，优步在 9 月便感受到了这一事件带来的影响，而沙利文计划入职已是 12 月了。公司却只字未提此事。

在面试过程中，卡兰尼克要求沙利文向公司高管展示他未来上岗后对优步安全性的构想。沙利文表示，他希望乘车安全能成为优步营销策略的重要一环，要让用户认为坐优步车比坐出租车安全得多。他说："乘车安全应成为优步品牌的一个关键要素，而不仅仅是达到行业最低标准。"

沙利文仔细阐述了自己的构想。他成了优步的首席安全官，接管的所谓安全团队只是些散兵游勇，三十几个团队成员分散在优步的不同部门。优步仍在不断扩张，不断扩大国际市场，沙利文如果想要他的团队有所建树，也必须扩大团队规模。他还提出想要直接向 CEO 卡兰尼克汇报工作，公司接受了这一要求。

与其说沙利文需要优步，倒不如说优步更依赖沙利文。他已经准备好迎接挑战。那时他完全相信卡兰尼克的说辞，还相当喜爱这位能言善道的 CEO。

沙利文起初并未投身科技界。他是家中 7 个孩子里的老大，父亲是雕塑家和画家，母亲是学校教师和作家。他违背了父母的意愿，去上了法学院。那时，年轻的技术创业者都投身于前景广阔的软件开发业，而 20 多岁的沙利文成了联邦检察官，与人性最恶的一面斗智斗勇。罗伯特·S. 穆勒曾是荣誉等身的战争英雄，前些年还负责对特朗普总统进行的调查。当年，正是穆勒亲自挑中了沙利文，把他安排在计算机黑客和知识产权网络犯罪部门工作，这一职位在旧金山北区美国检察官办公室颇具威望。沙利文在迈阿密大学学习了网络法，并取得了该校法学博士学位。20 世纪 90 年代后期的经济繁荣时期，他专门处理涉及商业秘密和公司间谍这类颇具挑战性的案件。待 2000 年经济泡沫破裂时，他已在业界小有名气。

沙利文身高约 1.9 米，不过他有点含胸，喜欢把双手插在口袋里。棕色的浓密眉毛和整齐的栗子色头发让他看上去温和可亲。穿了几年制服后，他穿起了"老爸风"牛仔裤和衬衫，后来开始穿科技界风行的牛仔裤配 T 恤衫。高颧骨、高额头和大眼睛让他看上去很刚毅，即使在面对棘手的信息安全问题时也镇定自若。

他语速很快，逻辑清晰，多年的律师经历让他习惯了冷静和客观。他脸上的表情变化最多不过眉毛微微上翘，或者讲起自己当检察官的故事时刻意假笑。哪怕是笑，他也只会轻声一笑，就好像他的世界里没有笑话趣事存在。

在沙利文身上看不到律师应有的那种闪光的魅力，但人们依旧喜欢他。他是个怪咖但又完全不反社会，他愿意努力工作，惩恶扬善。每个认识他的人都说他很可靠，是个各方面都很靠谱的家伙。

在政府部门供职处理了大量网络犯罪案件后，他动了心思，想去商业公司工作。2002 年，他在易趣网找了份工作。当时易趣是一家营收不断增长、前景光明的科技公司，每天都有几百万卖家和买家在易趣平台上在线交易。

但网站上同样充斥着欺诈行为。沙利文是易趣信用安全部门高级主管，大部分时间，他都在打击那些利用易趣平台从网络新手那儿骗钱的骗子。有几百万人在平台注册，他们都是初次体验网上购物，无法识破骗子的伎俩。骗子在网上兜售各种商品，什么豆宝宝玩偶、可收集的棒球卡等，而实际上这些都是虚假信息，这些东西压根儿就不存在。

大多数诈骗案件都很简单，比如卖家显示已完成交易，却未给买家邮寄商品。有些案件比较复杂。有一种类型是骗子向诚实的卖家提出不在易趣平台上付费，而用别的方法付钱，结果却是骗局。

在这种情况下，哪怕卖家投诉，也追不回损失，因为交易不是在易趣网上完成的。最糟糕的骗局通常是最简单的：卖家直接给买家邮寄一个空盒子。易趣网每年都会发生上万起欺诈案，随着平台越来越受欢迎，类似案件变得越来越多。

在易趣，沙利文既要当侦探，又要当电子警察，这和他作为检察官时追查小偷和骗子别无二致。不过在易趣，一切还是会方便一些。在法庭上，他需要精心地将很多细节拼接在一起才能拿下一名被告，如果是团伙作案，还可以拿下一个团队。而在易趣，他手下的反欺诈专家每天都会抓到数百个诈骗犯，把他们从平台上剔除。他还创造了一个用于对付坏人的系统，遇上有组织的大型犯罪团伙打算在易趣网实施诈骗，沙利文和他的团队都有办法即时制止他们。

沙利文最喜欢对付的就是罗马尼亚人。2003年以前，罗马尼亚并没有有关网络犯罪的法律。该国管理松懈，组织犯罪团伙层出不穷，精明的程序员也不少，所以，当时罗马尼亚诈骗横行。他们的诈骗手段通常是以高折扣甩卖高价的电子产品，这会立即在易趣上吸引到很多竞标者，比如有人花2 000美元竞得一台大屏幕电视，付款之后，这些罗马尼亚人便会消失得无影无踪。诈骗犯在布加勒斯特的网吧作案，而且只接受西联电汇作为付款方式，因此，警察很难定位他们。此外，由于这些团体是罗马尼亚或俄罗斯黑手党一手操控的，当地的执法机构为避免自己的人身安全受到侵害，从不追究此类案件。

沙利文才不怕他们，他和同事将易趣网上最大的罗马尼亚犯罪团伙拉下马，之后他还自告奋勇地要求公司派他去布加勒斯特出庭作证。他到达法庭后，身旁站着当地魁梧的警卫贴身保护。他们人人都配着 AK–47 自动步枪，戴的黑色巴拉克拉瓦头套完全遮住了脸，以防在法庭上被认出，在庭审后被当地的黑手党杀害。沙利文全程没有戴面罩，穿着西服打着领带，在庭上作证了几小时，让那些诈骗犯锒铛入狱。

沙利文先在易趣工作，后来又去了其姊妹公司 PayPal（贝宝）工作了两年，之后他又发现了更有趣的挑战。2008 年年底，初创企业中的"当红炸子鸡"——脸书向他抛来了橄榄枝。脸书当时已拥有 1.5 亿用户，而其法务团队刚好有个职位空缺。沙利文抓住了这个机会，他看中了脸书的爆发式增长和马克·扎克伯格无限的野心。扎克伯格想让整个世界都使用他的社交网络，拥有整个世界的用户。面对这一机会，沙利文想都没想就答应了。

如果说易趣网给沙利文提供的工作像海豹突击队，那么在脸书安全部门工作就像是在指挥自己的私人部队。脸书和易趣网一样，上面不法分子层出不穷，但脸书上的不法分子更是五花八门，恋童癖、跟踪狂、一心想着报复的前男友、敲诈勒索者等，只要你能说得出来的各种变态，脸书上都有。沙利文在脸书工作的六年半期间，该公司成了全球最大的个人信息存储库，而他就是负责监管所有这些信息的人。入职一年后，他便升为首席安全官。

沙利文的团队积极地追踪那些打算在网上做坏事的坏蛋。他们用法律武器对垃圾邮件制造者和骗子提起诉讼；与网络霸凌者和俄罗斯网络犯罪团伙斗智斗勇，将他们拿下后移交给联邦调查局。

　　沙利文的安全手段有别于硅谷的其他安全措施。

　　他在一次采访中说："许多公司只停留在防守阶段，而我们花大量时间积极进攻，试图找出另一端网络犯罪的元凶。"

　　沙利文在脸书任职时，某个周末发生的一件事，完美地证明了他的安全策略有效。当时一位同在脸书工作的女同事兼友人疯狂地给他打电话，向他求助。那晚她在浏览配对网，想找人"一夜情"，在网上遇到了一位圣何塞的男性建筑工人。两个人聊得火热，情到浓处，她把自己上半身的裸照发给了那个男子。但那位陌生人的下一条信息让她十分震惊，该男子告诉她，他已调查过她的背景，知道她在硅谷一家知名公司工作，他威胁如果她不给他转 10 000 美元，他就要把她的裸照发到全公司同事的电子邮箱里。

　　沙利文一听就知道接下来该怎么做。他和一位同事接管了她的网聊账号，试图引诱勒索者泄露其身份。他知道最佳方法就是了解诈骗犯的支付信息。对沙利文这样的网络侦探来说，在线支付信息通常是寻找勒索者身份的最佳机会。譬如，某些银行会阻止人们向特定地区汇款，这就缩小了罪犯的潜在位置范围。沙利文还会在付款时故意输错一些细节，让交易无法完成。在多次付款失败后，罪犯会提供更多有关其账户位置的详细信息，这有助于沙利文进一步缩小罪犯的位置范围。

　　沙利文通过支付系统来追踪勒索者的信息，最终确认了此人的身份，是一名谷歌前实习生，当时这名勒索者在尼日利亚。锁定了他在拉各斯的具体位置后，沙利文聘请了当地律师与其在尼日利亚的一家咖啡店摊牌，那位前实习生很快就承认了自己的勒索行为，并交出了电脑和电子邮箱账户信息。

沙利文在获得访问权限后，经调查发现，此人的勒索对象远不止那位脸书女同事一人。他是配对网庞大勒索组织的成员，几个月来，他勒索了数十名硅谷女员工，威胁她们如果不给钱就将裸照发给她们的公司。沙利文不仅挽救了自己好友的名声，还通知了之前那些被勒索的女性，告诉她们自己已经抓住了勒索者，可以不用再忍受几个月来承受的痛苦了。

无论是在易趣网上进行诈骗的大规模罗马尼亚黑客，还是敲诈勒索那些无辜女性的坏人，沙利文总能在网上找出他们，并保护他人的安全。这也是优步想要将他招入麾下的原因，而他也认为自己的经验很适合优步，最终决定接受这份工作。沙利文在对优步进行分析时，发现了一系列棘手的问题：欺诈频发，竞争对手遍布各大洲，黑客围攻公司宝贵的个人信息数据库。优步给他提供了一个机会，在这里，他不仅仅是网络警察，优步的服务性质决定了他还需要处理现实中的问题，毕竟在现实生活中，每天都有几百万人使用优步出行。

入职优步前的几个月，沙利文就帮助优步解决了系统信息泄露的问题；优步于事件发生 9 个月后，即 2015 年 2 月，才根据法律规定上报了此次数据泄露事件。这也不是优步经历的最后一次数据泄露事件，此后在 2016 年，又有一位黑客击溃了优步的系统。但在

2015 年，沙利文和卡兰尼克主动承认了优步被黑客入侵，此后未再主动承认过。但他们谁也没想到，保持沉默的代价比任何人想象的都要高。

然而，直到 2015 年 4 月沙利文入职优步后，他才发现手头上有一个比欺诈津贴和盗窃数据更严重的问题，那就是他还要保护优步司机，防止谋杀司机案件的发生。

沙利文上任不到两周，就接到了一个紧急电话，得知优步的一位司机在墨西哥瓜达拉哈拉被杀。当地的优步运营经理怀疑当地的出租车公司与此事有关。

此前的几个月，优步墨西哥市场一直遭到当地出租车垄断组织的打击。起初，暴力行为还不严重，只发生了零星几起肢体冲突和破坏行为。但事态很快就升级了，和美国的许多城市一样，出租车经营者要想在墨西哥经营，也需要花费数千美元购买牌照、获得经营许可，接受培训和其他国家规定的项目。但现在优步将生意都抢走了，出租车工会变得越来越无助。出租车司机越来越绝望，殴打、掠夺和抢劫优步司机的事件频频发生。许多被打的优步司机还被迫去恐吓别人不要加入优步。

当时出租车司机兼工会领导人埃斯特万·梅萨·德拉克鲁兹代表 13 000 余名出租车司机说："我们不能放任优步司机抢我们的生意，我们要跟踪他们，把他们拿下。"

沙利文入职时，暴力行为已从小打小闹发展到了流血冲突。有人因此丧生，而且类似的事情在全球市场都有发生。执法部门几乎不会出手，处理一个司机丧命的案件对瓜达拉哈拉警察来说并不是什么当务之急，因此，沙利文打给政府的电话总是没有后续回应。他很沮丧，于是打电话给情报部门的老朋友。一位前联邦调查局的朋友挑明了说："瓜达拉哈拉是个集权社会，我们从不派探员去那里。"

像巴西这样的国家，情况更加糟糕。卡兰尼克聘请了前脸书促发展主管埃德·贝克来开拓南美市场。贝克鼓励圣保罗或里约热内卢的城市经理，让尽可能多的人注册成为优步乘客和司机。为了减少注册时带来的麻烦，优步简化了注册程序，允许用户只需要提供一个电子邮件或电话号码便可进行注册，无须提供其他身份证明；但电子邮件很容易伪造。此外，巴西仍是以现金支付为主的国家，信用卡支付并不流行，因此，优步很难收集到个人的身份信息和支付信息。

对于小偷和愤怒的出租车垄断联盟来说，这便是绝佳的犯罪机会。犯罪分子可以利用假的电子邮箱地址匿名注册优步，来一场刺激危险的"优步轮盘赌"。他们会用优步叫车，然后蓄意制造混乱，有的车子被盗，有的车子被烧毁，司机遭到殴打、抢劫，有时甚至是杀害。即使暴力事件不断加剧，优步仍坚持不改变新用户注册机制。

52 岁的司机奥斯瓦尔多·路易斯·莫多罗·菲略被一对年轻的夫妇杀害。他们用假名叫车，选择以现金付款。之后，这对夫妇掏出两把蓝柄的厨房刀连捅了司机几刀，把一命呜呼的司机扔在路中间，开着他的黑色 SUV 扬长而去。

优步 2015 年入驻巴西时，这个国家正处于动荡之中。失业率创历史新高，整个国家的暴力犯罪和谋杀率也急剧上升。失业率高意味着有更多的巴西人愿意成为优步司机，但每天的现金收入使他们成为小偷的目标。在巴西，至少有 16 名优步司机被杀害，此后，卡兰尼克的产品团队才开始改进身份验证步骤和程序中有关安全的设置。

卡兰尼克和其他优步高管其实并不冷漠，并不是对新兴市场的司机所面临的危险漠不关心，只是因为他们太过于专注公司规模增长，必然会产生很多盲点。不假思索就采用经济激励措施，常常会激化现有的社会文化矛盾。此外，卡兰尼克自以为优步软件自身的某些设计可以使其比常规出租车更安全，比如每一单行程都由 GPS 进行记录和追踪。他希望优步可以通过更多技术方案来保障司机的安全。

但是，当沙利文看到这一切后，他知道必须马上行动。他要组建一个世界一流的安全组织，将其划分为多个部门，以应对经济欺诈、数字间谍、人身安全等各方面的问题。他向卡兰尼克要了数百名员工，包括负责优步系统的安全工程师，负责秘密行动和现场调查的前中情局和国安局雇员，以及其他许多领域的人。卡兰尼克同意了这一请求，还给了他一张可自己填写任意金额的空白支票。

但卡兰尼克提了一个很重要的要求，那就是优步不能只守不攻。

第十八章　自动驾驶汽车领域的对抗

卡兰尼克坐在泰瑞尼度假村的豪华宴会厅里，气得冒烟。泰瑞尼度假村位于洛杉矶西南的海滨城市帕洛斯佛迪，是富人的度假天堂。此时，2014 年度开发者大会正在此举办，聚集了很多科技界的精英。舞台上，谢尔盖·布林正在进行一次历史性的演讲，卡兰尼克在台下用苹果手机给大卫·德拉蒙德发着消息。布林表面上是卡兰尼克的合伙人和投资者，然而，他刚刚在台上推出了一个产品——一辆全自动无人驾驶汽车，很可能会威胁到优步的生存。

布林对台下的观众说："自动驾驶汽车项目让我感到兴奋，因为这能改变世界。"在场的技术人员、风险投资人和新闻记者都对此兴奋不已。作为当晚的主讲人，这位谷歌联合创始人身着白色 T 恤、黑色裤子，穿着一双老旧的卡骆驰，他不讲究穿衣风格，更注重体感舒适度。

视频开始播放，映入眼帘的是一辆蛋形、亮白色的两座汽车绕着停车场转了几圈，这辆车外形丑陋、身形娇小。从车子的前面看上去是个笑脸，也像矮胖子变的高尔夫球场车，与后来推出的"银翼杀手"完全不一样。

但这些都不重要，车子不需要方向盘，因此可以设计成任何形状。车身能容纳两人，完全无须任何人工操作，就可让车子轻轻松松地绕着山景城停车场行驶。卡兰尼克认为谷歌的蛋形自动驾驶汽车堪称一件艺术品。

卡兰尼克一直将谷歌视为长期的盟友和合作伙伴，如今却刀剑相向。谷歌这一小小的无人驾驶汽车足以摧毁优步。如果谷歌推出了无人驾驶的共享出行服务，他们可以不费一分一厘就抢走优步所有的用户，并摧毁其业务。

主持此次开发者大会的女记者卡拉·斯威舍在台上对布林进行了采访，她直截了当地问谷歌是否有像优步一样开展打车服务的计划。卡兰尼克希望听到否定答案，但事与愿违。

布林含糊其词地回答道："我认为有些商业方面的具体问题，如业务的运作、是自营还是合营等问题，可以等到业务即将大规模部署的时候再来解决。目前这些还是初始版的测试车，只能我们自营，因为这非常专业化。关于长期的发展，目前还不明朗。"

卡兰尼克对此极为恼火。无论是在科技领域还是在交通运输领域，优步都已成为业界巨头，但至今仍未拥有全自动无人驾驶汽车，甚至还没有开始对此项技术开展研究。

卡兰尼克一直认为，无论何时何地，优步都未得到应有的尊重，在他担任 CEO 的整个任期内，他自始至终都是这样的心态。一开始，优步要与贪婪且不道德的出租车公司对抗，而这些公司往往与当地政府勾结；之后，优步又要与资金雄厚的来福车竞争，就是那个带着一撮毛茸茸的粉色胡须标识的来福车，人畜无害的外表背后却是无情的高管；而如今，看起来优步又要与全球科技巨头谷歌对抗了。

　　想到这里，他的怒火慢慢转为恐惧。谷歌的搜索广告业务实际上很赚钱，这给了谷歌大规模拓展新业务的底气，即使亏钱也能接受，即使新项目的想法极其疯狂也无所谓。（如"谷歌眼镜"这一产品，价值数千美元的穿戴式智能设备，人们可以用该产品进行偷拍，因此，佩戴谷歌眼镜的用户都被谑称为"眼镜混蛋"。虽然谷歌眼镜项目很快就夭折了，但在正式关停前，谷歌已经在这上面浪费了几亿美元。）当时，谷歌的自动驾驶汽车研究已进行了好几年，对硅谷其他几乎所有公司来说，这项研究都耗资过大，但相比谷歌的收入，这简直可以忽略不计。

　　卡兰尼克后来告诉朋友，2014 年那次开发者大会后，他才开始感到害怕。布林结束演讲后，卡兰尼克一直不停地疯狂发送短信和电子邮件。

　　他急着想与大卫·德拉蒙德谈谈。

　　德拉蒙德也正等着卡兰尼克联系他。

　　阵亡将士纪念日举办开发者大会的那个周末，谷歌的湾流五号去洛杉矶打了个来回，第二周周二又飞离了旧金山国际机场停机坪。关于如何将当晚布林要上台展示的一切告诉卡兰尼克才合适，参加编码会议的谷歌高管已经讨论过。最终他们决定让身为优步董事会一员的德拉蒙德将此消息传给卡兰尼克，这样才最合情合理。

德拉蒙德对如何处理这类情况得心应手，他知道沟通的关键在于要富有同理心。他身材魁梧，完全可以当一名橄榄球队中后卫。淡褐色的眼镜和明媚的笑容让他看上去温柔亲切，像是聪明又和蔼的公司律师。这些品质使他成了为数不多的非裔硅谷管理层高管之一，还让他在同行中脱颖而出。尽管沟通技巧不在话下，他也完全有信心做好这次沟通，但他还是想避免冲突，因此，他决定不立即把谷歌的计划告诉卡兰尼克，过十多个小时再联系他。

德拉蒙德早就知道这一话题十分敏感，而且优步在整个硅谷都有间谍。由乔·沙利文和其心腹马特·亨利领导的情报组织庞大、体系完整，其"竞争情报"行动日趋强大。卡兰尼克经常听到有关谷歌自动驾驶汽车项目的小道消息，偶尔也会听到谣言称谷歌将要启动自动驾驶出租车服务。每当卡兰尼克听到类似的谣言，都会发一封电子邮件给德拉蒙德。

卡兰尼克曾在邮件中表明自己已获悉谷歌要开展自动驾驶汽车服务的情报，他在信中写道：我们听到了一些谣言，这并不让人觉得愉快。如果事实并非如此，那么与拉里·佩奇见上一面便可平息此事，但他从去年秋天开始就不肯与我会面。如果不与我们沟通，那么我们不得不假定谷歌确实打算与优步在短期内展开竞争，也许早在传闻之前就开始计划了。卡兰尼克每次将这样的邮件发给德拉蒙德，德拉蒙德就会想法解释并安抚他的情绪，于是一切都会恢复正常，等到下一个谣言出现，卡兰尼克又会发邮件来。几个月来，这样的事情已经反复发生了很多次。

开发者大会那天，德拉蒙德才最终决定致电卡兰尼克，就当晚布林即将展示的内容给他打了预防针。了解此通电话内容的人后来说，当时的气氛相当紧张；不出所料，卡兰尼克沮丧万分，他觉得被盟友背叛了。

布林演讲结束后，德拉蒙德约卡兰尼克一起在度假村周围散散步。据知情人士介绍，卡兰尼克当时已然崩溃，德拉蒙德花了比平日更多的口舌安慰他。作为合伙人和商务开发人员，他知道如何处理佩奇和布林都不愿意做的善后和安抚工作。

卡兰尼克努力冷静下来，他也想相信德拉蒙德说的是实话。德拉蒙德是优步董事会成员，他的公司花费了数亿美元投资优步的未来。对卡兰尼克而言，他确实希望德拉蒙德说的就是实话。

但是，当天晚些时候，卡兰尼克便把"保持冷静"的想法抛到了九霄云外。每年开发者大会的开幕之夜，组织者都会为与会者举办一场盛大的海边晚宴。重量级的高管会受邀到酒店其他园区参加私人晚宴。那年，卡兰尼克收到了邀请，携音乐家和舞蹈家女友加比·霍尔茨瓦出席了私人晚宴。他和女友是经卡兰尼克好友兼优步早期投资者施欧文·彼西弗偶然介绍认识的。

霍尔茨瓦当时只有24岁，是受过专业古典音乐训练的小提琴家。她在旧金山长大，从小学习音乐，经常在旧金山和帕洛阿尔托街头表演。彼西弗在一家糖果店前遇到她在演奏音乐，便聘请她到自己家，

在家里举办的科里·布克筹款活动上演出。正是在那里，她第一次
邂逅了卡兰尼克。

霍尔茨瓦性格火辣，从小就追求艺术。卡兰尼克喜欢她的野性、
热情、坚韧和健谈。卡兰尼克是商界冉冉升起的新星，这一对璧人
的简历也随之丰富。他们携手参加了几十个高级盛典，如《时代》
杂志庆典、奥斯卡颁奖典礼和大都会庆典等。每次，卡兰尼克都身
穿燕尾服，女友则身着定制舞会礼服盛装出席。

在开发者大会的私人晚宴上，这一对情侣与众多大人物坐在一
起，包括硅谷几个最大的公司的 CEO。他本应享受这顿晚宴，因为
这彰显了他的成功和影响力。但是，那天晚上他大部分时间都在盯
着谢尔盖·布林和自己的女友聊天。

霍尔茨瓦很有礼貌，哪怕与最闷的工程师也能聊得很好。布林
之前因与一名员工有染，正在离婚，而该离婚案非常混乱，还搞得
街头巷尾人尽皆知。布林似乎忽略了卡兰尼克的存在，也完全没有
顾及在场的摄像头。晚宴结束前，卡兰尼克用苹果手机拍下了布林
与自己女友热聊的照片，发给了德拉蒙德。后来他告诉德拉蒙德他
看见布林把手放到了自己女友的大腿上，认为布林的行为会给谷歌
带来麻烦。

尽管德拉蒙德安抚人心的才能一绝，但那晚发生的事并没有平
息下来。晚宴后，布林邀请霍尔茨瓦一同出去玩，晚些时候到游泳
池边聊聊天。卡兰尼克焦虑不安，谷歌正在想法搞垮他的业务，而
现在，他又眼睁睁看着这个要搞垮他公司的人企图把自己的女朋友

也抢走。

再谈谈自动驾驶汽车研究，优步已被谷歌远远甩在身后。拉里·佩奇十分痴迷于交通工具的变革，在布林向世界推出蛋形自动驾驶汽车之际，他们已在该项目上投入了逾 10 亿美元，以及数万名员工。佩奇想把自动驾驶汽车带入日常生活，没有人比他更坚定。

同样痴迷于此的大概只有安东尼·莱万多夫斯基。这位身材矮胖、脾气暴躁的工程师参与了"专职司机"项目，这是谷歌自动驾驶研究项目的昵称。但莱万多夫斯基的地位有些岌岌可危。

他是一个糟糕的领导，经常就项目的进展与下属争论。而佩奇也正好欣赏他不墨守成规这一点，佩奇相信像莱万多夫斯基这样的人有能力引领谷歌的自动驾驶研究，带其进入下一个新阶段。

莱万多夫斯基对佩奇也产生了一定影响。虽然经常和其他人有分歧，但他也有自己的迷人之处。莱万多夫斯基和佩奇偶尔会一起吃饭，共同畅想无人驾驶汽车的未来愿景，对不擅交际的佩奇来说，约饭已经算是很特别的活动了。甭管莱万多夫斯基有什么缺点，佩奇还是需要他留在谷歌。

但是，到了 2015 年，特立独行的莱万多夫斯基觉得佩奇对他个人不够重视，几百万美元的奖金仍不足以让他感到满意。他已经受够了那些畏畏缩缩、不敢冒险的同事，上司否决他的意见也让他心生不满。他认为谷歌总是对自己的项目指指点点，拖他后腿。他一直坚信自己的团队能做得更好，他个人也能发展得更好。

于是，莱万多夫斯基开始向自己信赖的一些同事推销新理念：进军长途卡车领域，该领域已经很久没有新的科技发展了，最后一项算得上重大创新的大概还是抗疲劳咖啡因药片。他在下班后自己设宴，邀请同事们吃饭，不断地向他们描述这一愿景：想象这样一个世界，自动驾驶卡车不断在城市间穿梭，运送货物；疲劳驾驶的货车司机不再会成为死亡威胁。货运是一个庞大的行业，美国有 740 万人从事该行业，每年能创造 7 389 亿美元的收入。美国交通运输部的数据显示，美国卡车行驶的里程仅占所有机动车行驶里程的 5.6%，却导致了 10% 的高速公路死亡事故，因此，自动驾驶卡车推出的价值巨大。此外，自动驾驶卡车研发不会与谷歌直接形成竞争，至少莱万多夫斯基是这么告诉他的同事的。他们将这个项目取名为奥托莫托，简称奥托，离开谷歌后，他以此为名成立了公司。

2016 年，莱万多夫斯基带着一小批同事出走谷歌，其中包括他的密友莱尔·荣恩，荣恩曾在谷歌的拳头产品谷歌地图部门工作多年。莱万多夫斯基在发给佩奇的最后一封电子邮件中明确表达了当时的感受："我想自己成为驾驶员主导方向，而不是坐在乘客的位置上听人指挥。更不用说我现在的地位就好像是被扔进了后备箱，任人摆布。"

不到半年，2016 年总统大选那个夏天，莱万多夫斯基的公司便开始了运作。他和荣恩是公司的联合创始人，四处招兵买马，员工数很快扩充到了 41 人。三辆沃尔沃卡车已带着实验设备在道路上行驶了 10 000 多英里。41 人中有 15 人是谷歌前员工，其中一半以上是自动驾车汽车工程专家，也是硅谷宝贵的人才。

不过，很罕见的是，奥托完全没有进行风投资金的融资，这群谷歌前员工都很有钱，能够自己承担起项目所需的资金。莱万多夫斯基是他们中最富有的，他几年前把公司卖给谷歌，收获了数百万美元。

但奥托的秘密武器并不是其创始团队雄厚的资金，也不是瞄准空白领域的远见卓识，而是莱万多夫斯基终于摆脱了谷歌这一大公司法务部门的束缚，他现在可以按照自己的意愿做事了。在谷歌期间，他经常因为违反规则或章程而受到责骂，但在奥托他就不受这样的限制了。

奥托开发的自动驾驶套件可以在普通的大卡车上加装应用，随后公司打算为其拍摄一个视频短片。莱万多夫斯基知道有位政治说客曾说服内华达州的立法者为谷歌的自动驾驶汽车制定新的法律，他给这位说客打电话，请他帮忙弄一张许可证，允许奥托在该州的一段高速公路上进行拍摄。然而，内华达机动车部门拒绝了他的请求，但莱万多夫斯基选择无视他们的拒绝，还是前往内华达州完成了短片的拍摄。从高空俯瞰，一辆刻有奥托黑色标牌的纯白色18轮货车在高速公路上行驶，在莫哈韦沙漠暖色调的映衬下格外醒目。一位立法者对此表达了不满，说该行为是非法的，但实际上莱万多夫斯基并没有承担任何后果。

对莱万多夫斯基而言，这次拍摄行动非常值得。如果他还像以前在谷歌那样循规蹈矩，那现在他可能还在等待批复。而如今，每个看到宣传短片的人都很喜欢这个短片。在奥托公司内部，工程师将打印出的橙色海报粘贴在旧金山总部，海报上写着标语"安全第三"，如果莱万多夫斯基看到这条标语，一定十分认可。

莱万多夫斯基和卡兰尼克注定会走到一起。

特拉维斯·卡兰尼克和安东尼·莱万多夫斯基于2015年在塞巴斯蒂安·特伦的引荐下首次碰面。特伦是谷歌前高管，也是自动驾驶汽车领域的行家。两人认识后不久，莱万多夫斯基就打算离开谷歌自立门户，他与卡兰尼克私下见了一面。

两人一拍即合。莱万多夫斯基身高约2米，和蔼可亲，能说会道，思想超前，这引起了卡兰尼克的共鸣。这两位40多岁的中年人，憧憬着未来满大街跑的都是无人驾驶汽车。莱万多夫斯基拥有该领域的技术和才能，卡兰尼克则拥有庞大的叫车服务网络，两者能够强强联手。卡兰尼克后来说道，他感觉莱万多夫斯基虽然与他没有血缘关系，但却胜似亲兄弟。

第一次见面之后，两人又私下约见了很多次。莱万多夫斯基白天在山景城的谷歌上班，然后晚上回到旧金山，与卡兰尼克会面讨论未来的合作伙伴关系。为了掩人耳目，他们俩会分别前往旧金山的地标海运大厦。两个人各自拿着一份外卖，先朝北走，然后再往西走，沿着码头，朝金门大桥走去，到了那里，他们开始讨论有关自动驾驶汽车的梦想。卡兰尼克对自动驾驶技术几乎一无所知，但莱万多夫斯基帮助他恶补了技术知识，详细地给他介绍了技术细节。研发自动驾驶汽车，光是了解目标行驶区域的地形，就需要大量设备来采集数据，如果要考虑行车安全问题，就更是需要大量的设备数据。车子底盘装有激光设备、360 度摄像机、一系列的传感器和雷达信标，还需要激光雷达来探测和测距，帮助汽车的软件录入数以万亿计的地形数据。

在一次会议上，卡兰尼克在白板上写道：莱万多夫斯基的激光雷达只是"开胃小菜"，"重头戏"还在后头，他们花了很多时间编写代码名称，用暗号交流。卡兰尼克想，如果自动驾驶汽车真的能做到无人驾驶，那么公司就能创造出"最优"版本的优步，或者成为"优步最优版"（Uber Super Duper，简称 USD）。现在优步的经营模式是从司机那抽取车费的 30% 作为收入，到时候，优步根本不需要司机了，无须费用分成，所有车费都归优步所有，这样一来，公司的营收将实现几十亿增长。公司内部戏称"优步最优版"的缩写 USD 本身就与美元符号一样，于是他们将这一项目代号设计为美元符号"$"。

莱万多夫斯基与卡兰尼克聊起天来，就像沉迷科学项目的青年一样谈天说地。每次与莱万多夫斯基见面完回到家，卡兰尼克都会异常兴奋，指着苹果手机上记录其城市运动轨迹的计步器，挥舞着手机对女友吹嘘道："你看我们这次又走了这么多步，聊了很久呢！"

离开谷歌后，莱万多夫斯基最终创建了自己的初创公司，即专营自动驾驶卡车的奥托。公司地址选在了砂山路，这条路是硅谷知名顶级风险投资公司的聚集地，例如，安德森·霍洛维茨资本和凯鹏华盈等风投公司都在这里。莱万多夫斯基本可以在公司忙着开风险投资会议，为公司项目筹集资金。但他没有这么做，而是选择不筹集任何外部资金。因为他们基本上是独立运作，将股权分给外部投资者是没有意义的。后来发生了一些变动：优步将以数亿美元收购奥托。这充分彰显了优步涉足自动驾驶领域的意图。

卡兰尼克为了应对谷歌自动驾驶部门对自身业务的冲击，已经开始招兵买马。他与卡内基·梅隆大学的研究人员共同开展了一个项目，在匹兹堡设立了一个专门从事自动驾驶汽车研究的中心——先进技术小组。这个先进技术小组本身只是一个幌子，目的是窃取卡内基·梅隆大学机器人实验室的研究成果。优步的早期员工、卡兰尼克的心腹马特·斯威尼，从卡内基·梅隆大学撬走了40多名工程师，离开匹兹堡后加入了优步新研究团队的怀抱。卡内基·梅隆大学对此极为愤怒。

但是，与此相比，收购奥托有更深刻的意义。收购莱万多夫斯基的公司，就是将部分谷歌自动驾驶研究部门的原有员工收入麾下，这一举措也彰显了卡兰尼克的决心。收购奥托的交易额最终锁定为6.8亿美元，这一数额相当于当时优步整个市值的1%。此外，莱万多夫斯基和他的团队拥有的权益也不小，因为自动驾驶卡车是他们创建的，公司被收购后，他们有权获得与之相关业务20%的利润分成。优步收购奥托这一步迈得很大，给谷歌带来了不小的打击。

卡兰尼克的收获也不小。他能获得奥托的所有数据，制定公司未来发展的蓝图，对奥托的知识产权和专利也享有完全控制权。莱万多夫斯基对自动驾驶事业的一腔热情和心血，也都属于卡兰尼克的了。

2016 年 8 月 18 日，卡兰尼克和莱万多夫斯基对外宣布公司收购成功。媒体将其渲染成一场政变：优步得到了拉里·佩奇手下的一员大将，突然能够挑战谷歌在自动驾驶领域的地位了。

卡兰尼克在与高级工程师主管开会时提到了收购奥托的决策，他说："自动驾驶领域的和平年代已经过去，是时候开战了。"

40 英里以南的谷歌总部，高管们醒来得知了这一收购消息后，勃然大怒。

第十九章　一帆风顺

特拉维斯·卡兰尼克的一切颇为顺风顺水。

不久前，他会见了来福车的联合创始人洛根·格林和约翰·齐默，和他们讨论了两家公司合并的可能性。尽管优步在争夺客源中抢得了先机，但来福车每过三五个月都能想办法筹到资金以维持运转。优步的高管认为，直接收购来福车也许会比继续烧钱打价格战更划算。

卡兰尼克邀请了来福车的 CEO 约翰·齐默和自己的心腹埃米尔·迈克，一道前往卡斯特罗山上他的公寓做客。几个人一边吃着外卖中餐，一边谈条件，双方都提出了己方看来貌似公平的条件。但双方对公平的理解显然截然不同。齐默希望出售来福车后，自己能获得优步 10% 的股份。

卡兰尼克和迈克则希望将条件降至 8% 的股份。双方都努力想达成协议，但显然没能相互妥协，另一位参与讨论的风投合伙人则开口要高达 17% 的优步股份，会谈到此基本结束。

无论如何，卡兰尼克其实并不是真的想要收购来福车。他不喜欢齐默，讨厌他的性格，根本不想与他共事。他只是想借并购的话题来羞辱齐默，因为他知道来福车的资金很快就要用尽了。

后来回想起来，卡兰尼克觉得没有收购来福车是一件幸运的事。迈克和他私下里聊起来，觉得优步对融资的艺术已然融会贯通了。

现在，他们成功说服了沙特阿拉伯的公共投资部门向优步注资 35 亿美元，公司的私下估值达到了 625 亿美元。对任何一家私人科技公司来说，这都是一个史无前例的数字。

2016 年 6 月，与沙特阿拉伯达成的协议对外公布，卡兰尼克也借此巩固了自己在优步高层的权力地位。卡兰尼克指示相关人员起草文书，赋予他在优步董事会再任命三名董事会成员的权力，而且只赋予他一个人这一权力。这一举动也对后来发生的事情带来了影响。卡兰尼克的这一举措让一些董事感到紧张，特别是比尔·格利。这一决议如果表决通过，卡兰尼克将获得在董事会安插自己人的权力，任何对他提出质疑的人都将无法与他抗衡。

但这些董事同样看到卡兰尼克实实在在筹到了 35 亿美元的投资资金。沙特阿拉伯的这笔投资不仅为公司带来了现金流，也是优步的"战时"资金。当时，优步正在中国市场与滴滴展开竞争，在东南亚与 Grab 和 GoJek 两家公司竞争，在印度与奥拉竞争，在美国与来福车竞争。在全球多条战线上与资金充足的对手作战，异常艰苦，成本极其高昂。此时，沙特阿拉伯的投资给了卡兰尼克在多条战线上同时压制敌人火力的资本。

因此，经过深思熟虑，优步董事会成员还是同意并签署了这份文书。

让卡兰尼克的斗志更加昂扬的是与来福车的竞争状况。2016年年底，来福车陷入了困境，与优步展开补贴战让他们白白流失了大量资金，但来福车没有卡兰尼克那样的资金保障。能痛击格林和齐默，卡兰尼克感到相当愉悦，他对他们毫不留情。优步的安全主管乔·沙利文监控来福车的网站、开源存储库和数据，想要找到机会给他们以致命一击。

工程师工作小组向卡兰尼克推荐了一个新的秘密武器，听起来相当不错。"工作式度假"是优步一年一度的传统：对于每年12月的节日假期，员工可以根据自己的意愿，选择不休假放松，而是选择跟进他们想要做的项目。某一年12月的"工作式度假"期间，一群员工开发了一款优步司机版应用程序的原型应用程序，这一应用程序能对司机手机的某些部分进行重新设置，具体来说，该应用程序会重设它们的加速计和陀螺仪，来检测来福车应用程序发出的提示音。如果优步知道了哪些司机同时在给来福车当司机，就会对他们使用不同的策略，比如，给他们一些现金奖励，以此诱惑他们离开来福车，只为优步工作。

在一次会议上，工程师向经理、律师和卡兰尼克本人介绍了该成果。当时在场的高管都感到既兴奋又紧张，这可是打击来福车的新武器。但是，未经允许就在司机车里检测声音可能会违反道德准则。

演示结束后，卡兰尼克静静地坐着，没有人说话。

"好吧，"卡兰尼克打破了紧张气氛，一边点头一边大声说，"这程序不错。"他站起来，认真看着工程师说："但是，我不希望联邦贸易委员因此而打电话给我。"卡兰尼克在对大家的到来表示感谢之后，快速解散了会议，转身朝门口走去。该功能最终还是未能实施。

硅谷的公司渴望收集数据，但对用户隐私的尊重和保护长期以来让数据的需求退居其次。然而，优步的步子迈得更大。卡兰尼克将用户隐私摆在次要的位置。在某个阶段，他更改了优步的设置，使该应用程序即使在用户结束行程后还可以跟踪他们。用户进行了抗议，要求更严格的隐私设置，但卡兰尼克之后很多年都没有更改这一设置，他就是希望能够查看人们下车后的去向，以此了解用户行为。

每一次较量，优步几乎都比来福车更聪明。格林和齐默很有竞争力，雄心勃勃，但卡兰尼克总是快人一步，而且更愿意打擦边球，使用非正常手段来解决问题。卡兰尼克不仅挖来福车的用户，他还试图撬走他们最优秀的员工。特拉维斯·范德赞登是一位创业者，2013 年，他把自己的初创公司"优步洗车"卖给了来福车。卡兰尼克称赞特拉维斯·范德赞登是一个有才能的人。入职来福车不到一年，范德赞登就升任来福车的首席运营官，这可是公司最高职位之一。2014 年，他背叛来福车，加入了优步。

这是典型的卡兰尼克式表现：当他的下属传来好消息（对竞争对手来说，这往往意味着坏消息）时，他总是咧嘴笑着，露出迷人的孩子气的笑容，兴奋地搓起双手；如果他是坐着的，就会站起来踱步，思考优步的下一步行动。他恨他曾经的顾问迈克·奥维茨在搜索网时期搞砸了他的公司。但他也从奥维茨那儿学到了经验。20 年来，奥维茨这位超级经纪人掌管着创意艺术家协会，在好莱坞的地位举足轻重，他的制胜宝典就是《孙子兵法》。如今，卡兰尼克也将《孙子兵法》视为自己的宝典：兵之形，避实而击虚。

相比之下，来福车处于弱势，优步则更强大。两家公司都愿意展开竞争，但优步比来福车行动更快，资金更充足，也更心狠手辣。格林和齐默想扮演好好先生，而卡兰尼克为了获胜什么都愿意做。来福车的资金逐渐耗尽，创始人筹集资金困难重重，看上去优步即将获胜。"天哪，我怎么会如此陷入泥潭？"杰夫·琼斯想。

琼斯和助手坐在优步总部大堂空荡荡的桌子旁，看着自己脸书主页下涌入一群自称是优步司机的账号，个个口出秽语，愤怒无比。琼斯此前在明尼苏达州的塔吉特百货担任首席营销官时，已经习惯了明尼苏达州人的温和气质，脸书主页上这些污言秽语让他很不舒服。"这些人感觉很不开心！"他边说边环顾四周，想看看周围人的反应。但周围只有他的助手和其他几个员工坐在旁边的黑色真皮沙发上，全神贯注地盯着自己的手提电脑，并没有人理会他。

杰夫·琼斯是一位职业经理人。在之前的公司，虽然也曾有员工对他表示过不满，但毕竟比较少见，大多数人还是喜欢他的。琼斯虽然年近半百，满头银发，但看上去仍然意气风发。他容光焕发，神采奕奕，脸上洋溢着的爽朗笑容不觉会让和他见面的人也跟着开朗起来。琼斯曾在福克联合军事学院待过一年，这使他自律，身姿挺拔。琼斯身上与生俱来的活力和魅力让他在美国商业界游刃有余。他先后在盖璞公司和可口可乐任职，后来成了塔吉特公司的营销奇才。

顾客大多都很喜欢塔吉特的标志：红色的大靶心。他们模仿法国口音，称之为塔吉特。在塔吉特百货任职期间，作为首席营销官，他曾带领公司度过了史上最糟糕的时期之一。2013 年，塔吉特发生了一起数据泄露事件，导致数千万目标客户的个人信息和财务数据遭到黑客攻击。所以，琼斯了解客户的愤怒怨恨情绪汹涌袭来是什么感受。

尽管如此，如今优步司机的愤怒、怨恨和塔吉特顾客的愤怒不可同日而语。特拉维斯·卡兰尼克知道优步业务增长很快，人们使用优步出行的次数不断增加。但他也知道优步的司机始终是一个问题，而且这个问题已经开始影响他的底线。优步司机的流失率，即一个人注册成为优步司机后停止使用优步，不再为优步当司机的比例很高，高得吓人。

公司每个人都知道这背后的原因，那就是为优步开车很痛苦，琼斯也很快就会知道这一点。公司对待司机就跟耍猴似的，小时费的价格不断波动，司机与总部也很难沟通。优步在纽约推出了新的拼车服务后，纽约办事处向司机们发送了一份问卷，了解服务的开展情况。一屋子的优步员工在浏览问卷结果时，一位经理对司机回复中的拼写和语法错误极为不屑，打趣地说道："天哪，我真不敢相信，为什么这些人的选票能和我们的选票一样？他们的选票难道能算一票？"

因此，司机们觉得优步对他们向来都是弃如敝屣，事实也确实如此。在内部会议上，产品经理也强调，司机的满意度原本已经很低了，而在 2016 年年初，满意度更是一跌再跌。每个季度，优步司机都会再流失 1/4。人们非常讨厌成为优步司机，因此该公司不得不从劳动力市场不断招揽新司机，什么人都招。这其中包括大家能想到的，比如来福车司机和出租车司机；还有那些大家不太能想到的，比如在麦当劳和沃尔玛赚最低时薪的工人，甚至是琼斯老东家塔吉特百货的最底层员工。

和安东尼·莱万多夫斯基一样，琼斯是在一次 TED 演讲的场合偶遇卡兰尼克并被其吸引的。卡兰尼克下了演讲台后，两人就如何改善优步糟糕的声誉聊了聊。每个人都喜欢优步的服务，但又讨厌这一品牌。恰巧琼斯的专长是品牌营销，因此没过多久，卡兰尼克就引诱琼斯跳槽到优步。琼斯的新头衔是"共享汽车总裁"，这一职位既模糊又宽泛。

实际上，琼斯承担了高级副总裁瑞恩·格雷夫斯的大部分营销职责。格雷夫斯本是优步的元老级人物，但从一开始他就不擅长营销。公司如今臭名远扬，需要专业人士挽救。所以格雷夫斯被边缘化，得了个闲职，新职位专注于"优步创新业务"，如食品和包裹运送业务，充其量是个"安慰奖"。

琼斯的职位有双重职责：一方面要加速营销，另一方面还要负责解决司机问题。格雷夫斯忽视了这一点。他从未创立运转良好的人

力资源机构，也没有找到有效的方式来应对数百万来去自由的优步
司机的投诉。

　　琼斯接手新工作几周以来，常常待在办公室电脑前，看着成百
上千的优步司机在社交平台上发泄愤怒。他想了一个计划，即在脸
书上与司机互动，回答他们的问题，让司机了解自己，并借此改善
司机与公司的关系。司机们抓住这一机会表达了他们的不满。"无
人驾驶汽车上路时，你们会如何对待我们这些司机？""无人驾驶汽
车上岗后，你们会给司机股票期权吗？""优步是不是忘了，是我们
这些司机让公司发展起来的？""正是我们司机群体造就了优步的成
功，为什么要让我们失业？"司机们纷纷质问和指责琼斯，压抑了
多年的不满倾泻而出。琼斯原本计划花 30 分钟回答问题，结果只回
答了 12 个问题就停止了。他意识到，要处理这么多年积累起来的愤
怒和问题，显然这点时间是远远不够的。后来，琼斯的助手上线，
宣布问答阶段结束，琼斯要先行离开了，这一举动让讨论区彻底沸
腾了。

　　有人写道："假如还有人有疑问的话，要知道，优步已明确表示
确实不在乎自己的司机，我们从内心深处鄙视你们：竖中指。"琼斯
盯着电脑屏幕摇了摇头，想着他怎么会让自己陷入这种境地。

　　琼斯忙着应付网上的谩骂，卡兰尼克却在体验他的全新生活方
式——亿万富翁 ① 的花天酒地。

---

① 　这些钱是卡兰尼克出售红标公司得来的，他在掌管优步期间从未出售过优步股份。

在经营搜索网时期，卡兰尼克和父母住在一起。优步成立初期，他宁愿舒舒服服地对着 Excel 表格工作，也不愿意去脱衣舞俱乐部欣赏美女，过花天酒地的生活。有一天晚上，他和一些朋友去了脱衣舞俱乐部，他竟真的在那儿掏出笔记本电脑开始工作。现在优步已经成了"独角兽"公司，卡兰尼克在一位朋友的影响下脱胎换骨。这位朋友兼优步的早期投资人名叫谢尔文·皮什瓦尔，他激发起了卡兰尼克内心真正的欲望。

皮什瓦尔身材魁梧，头发油亮。他在硅谷做风险投资人，朋友众多，树敌也众多。他可能今天还在赞美某位企业家，明天就会因为某个竞争条款而与之为敌。最重要的是，皮什瓦尔喜欢权力，机会一旦出现，他绝不会错过。随着时间的推移，他从他的新朋友卡兰尼克身上看到了机会。他成功说服卡兰尼克让自己的公司门罗风投注资优步。皮什瓦尔的合伙人之一肖恩·卡罗兰为与优步达成协议做了很多工作，结果皮什瓦尔却在媒体面前大肆邀功。有段时间，他还把后脑勺的头发剃成了"优步"这个单词的式样，以向优步表忠心。

后来，皮什瓦尔被多个女人指控在两性关系中行为不端。其中一起事件涉及卡兰尼克最早的雇员奥斯汀·盖特，也是在职时间最长的员工。2014 年，优步举办"咆哮的 20 年代"主题节日派对，皮什瓦尔标新立异地带着一匹小马来参加派对。据盖特说，他把手放在自己的腿上，还在裙子下面摸来摸去。他反驳了她的说法，另一个和他在一起的同伴也为他辩护，说皮什瓦尔不可能去摸盖特，因为他一手牵着小马，一手拿着饮料。

　　皮什瓦尔说卡兰尼克现在是商界新星，应该尝试名流的生活方式。有一次，卡兰尼克从巴拿马飞回洛杉矶，皮什瓦尔派助手去机场接他。汽车后座上放着给卡兰尼克准备的一套礼服，然后他们就坐着优步直奔比弗利山庄参加名流派对，和索菲亚·布什、爱德华·诺顿等众多名人混在一起，莱昂纳多·迪卡普里奥也成了他们社交圈的常客。

　　与卡兰尼克关系密切的朋友称其为"夜店达人综合征"。早在优步成立之前，卡兰尼克就一直想做个坏小子，坐豪华轿车，和最性感的女孩约会，参加各种聚会。现在，他实现了这一梦想。卡兰尼克一直在填补多年来未曾满足的欲望。加入名流圈所要付出的代价是优步股权，就是让那些名人有机会获得少量但价值不菲的优步股权。其中也有一些交易是战略性的：在初创公司界，名人经常以股票或现金作为交换条件，利用自己的影响力推广新的应用程序。

　　卡兰尼克和埃米尔·迈克对那些遥远且具有异国风情的派对尤其感兴趣。迈克后来成了他的心腹。卡兰尼克的女友加比·霍尔茨瓦也曾帮他召集了许多朋友和明星，在西班牙伊维萨岛上举办了派对。对于卡兰尼克和他那帮人而言，进入名流圈、流连于声誉和享乐极具吸引力。

　　混迹名流圈一段时间后，卡兰尼克和迈克认为需要一位"大明星"来加入优步的董事会。他们认为，优步作为炙手可热的初创公司需要一位好莱坞重量级人物来扭转局面。

　　奥普拉·温弗瑞是上佳人选。卡兰尼克在伊维萨岛的派对上遇见了温弗瑞，接着开始一心想拉她进董事会。硅谷所有人都想让奥普拉加入自己的董事会，她是个白手起家的黑人女性企业家，崇拜者众多，全球各地粉丝无数。哥伦比亚广播公司《今日早安》脱口秀的联合主持人盖尔·金是温弗瑞的老朋友，很多人都想通过他引荐，但鲜有进展。皮什瓦尔想安排一次晚宴，请金做说客；卡兰尼克也派出女朋友去跟金甜言蜜语搞关系；他们使出浑身解数，但金没有吃这一套，奥普拉也从没对此事感兴趣。

嘻哈天王杰斯——肖恩·卡特·彼得森更吃卡兰尼克这一套。他和妻子碧昂斯都是优步的早期投资者，他们有先见之明，知道优步会发展壮大。在某一轮融资中，杰斯往优步账户里汇去了比应投份额更多的钱，试图增加他的股权。卡兰尼克和迈克当时在一起，想到要回绝大人物杰斯，都有点紧张。他们想办法婉拒了杰斯，解释说实在是有太多投资人感兴趣，照顾不过来了，然后把多出来的那部分钱汇了回去。

脱衣舞俱乐部的派对成了家常便饭，这笔开支经常花的是公司账户的钱。一些高管报账时往往以客户娱乐和业务发展为由，另外的高管也会在上面签字。这种情况之后会让公司陷入麻烦，正如后来爆出的 2014 年韩国卡拉 OK 酒吧事件那样。公司内部有一句玩笑话，形容公司花在脱衣舞俱乐部的钱是"卡兰尼克之胸"。

优步企业文化的基调是由高层决定的。卡兰尼克知道自己想要什么样的员工——大部分是 20 多岁的白人男性，并据此做出招聘决策。这导致很多员工都和卡兰尼克很相似。

每个全球办事处都是独一无二的。卡兰尼克希望公司的价值观"因材施用"会为员工赋能，并鼓励员工在自己的领域发挥专长。但因为优步雇用了数千名与卡兰尼克性格相似的员工，很多办事处的风格都或多或少有相似之处。

例如，东南亚办事处的员工和经理经常开派对，吸毒、酗酒是常有的事，更糟糕的是性骚扰也时有发生。

2015年的一天晚上，优步马来西亚办事处的一名女员工在回家路上发现一群男人在跟踪自己。她马上意识到，这是一个当地的黑帮，于是她开始疯狂地发短信求助。她也发了信息给她的老板，即当地办事处总经理。她说自己很害怕，需要帮助，担心自己会被强奸。

她还在继续往家赶路，经理给她回了短信："别担心，公司有很好的医疗保障，我们会为你支付医药费的。"

当时泰国办事处的情况可能更糟，那里乌烟瘴气，不时会有吸毒人员和性工作者造访。优步也没有人监督这些行为。

在一个特别喧闹的夜晚，一群泰国优步员工半夜还在喝酒、吸毒，这在那个办事处已经是常态了。一名女员工不想再和同事们一起吸毒了，她想戒毒。但她还没来得及离开，经理就一把抓住她，拼命摇晃她的头，还把她弄伤了。然后他抓住她的后脑勺，把她的脸摁进了桌子上的毒品里，强迫她在他们面前吸食毒品。

纽约办事处的风格则是充满了大男子主义、性别歧视和攻击性；圣保罗办事处的经理如果对下属不满，会肆意向他们扔咖啡杯，或者冲他们大吼大叫。上司和下属有染的事情也时有发生。

这些负面事件很少会给管理层带来什么麻烦，员工如果知道了这些不当行为，要么选择忽视问题，要么努力压制心中的顾虑。但对许多人来说，与公司不断成长扩张带来的激动兴奋相比，公司的这些问题都不算什么。即使在经济不景气的时候，人们也普遍认为，优步凭借一流的叫车服务很快会成为一个全球巨头，仅次于谷歌、亚马逊和苹果公司。优步拥有数十亿美元的资金，从硅谷各个公司挖来了顶尖人才，也有征服国际市场的远见卓识。等员工手里的限制性股票解禁，他们将赚得盆满钵满，钱多到让人无法想象。

卡兰尼克的40岁生日狂欢派对令他难以忘怀。那是在爱琴海上举办的一场多游艇派对，派对上有喝不完的顶级美酒，还有一大群美艳的模特相伴。2016年年底，卡兰尼克生活奢侈，有钱有势，优步帝国也正在日益扩大。

2017年伊始，一名年轻女子刚刚在极简支付公司入职，这是一家总部位于旧金山的创新支付创业企业。此时距她辞去在优步的工作已有两个月了，关于自己从这家炙手可热的创业公司离开的细节，她并没有和任何人提起。每次想到在优步工作的那一年，她就会感到恶心、悲伤和愤怒，在优步工作完全没有她一开始想象的那般美好。

朋友和家人不断地问她为什么要从优步离职，她总找不到合适的语言来解释。然而，到了2月，她试图总结、描述她在优步的经历，于是她在个人博客上发表了一篇博文。这篇博文有3000多字，和杂志文章的长度差不多，文章标题为"回望在优步非常奇怪的一年"，她写下这一标题时感到十分紧张，担心会不会真的有人来读这篇文章，是否真的有人会在乎。

苏珊·福勒在那篇博文的引言部分写道："这是一个奇怪、略带恐怖但精彩的故事，这一切在我脑中至今仍真实生动，很值得讲出来。接下来就请大家一起来看看吧。"

第四部分

第二十章 三个月前

在苏珊·福勒点击"发布"按钮发表个人博文前的三个半月，科技界陷入了一个怪圈。

自21世纪初互联网泡沫破灭以来，媒体基本上一直在奉承美国的科技行业。当然，这种情形也贯穿了整个智能手机时代。《华尔街日报》《纽约时报》和其他主要出版物的头条都对天才少年在科技领域所取得的进步大加赞赏。马克·扎克伯格很有远见，他的社交网络把世界各地的朋友和家人连接在一起；推特为民主在中东地区的蓬勃发展创造了条件；谷歌的"神童"少年得志，不仅创造了漂亮的线上地图为生活提供便利，还让人人都拥有了免费的电子邮件账户；埃隆·马斯克则野心勃勃，试图用特斯拉电动汽车拯救世界，并通过太空探索技术公司 SpaceX 征服星辰。

尽管也有些报道提及了技术的消极方面，但美国媒体和公众往往对这些消极影响避而不谈。比如：脸书对社会媒体的高度垄断、亚马逊对互联网基础设施的控制、谷歌广告技术对个人隐私的破坏、通过推特散布的有害的种族主义帖子，以及 YouTube 自动化算法向用户灌输莫名其妙的有害理论，如地球是平的、疫苗会导致自闭症、"9·11"是一次内部策划之类的，等等。然而，市面上那些亲技术的观点自 2016 年 11 月 8 日晚开始遇冷，这一晚，唐纳德·特朗普出人意料地赢得了美国大选。

虽然这次大选的结果总体而言给科技行业蒙上了一层阴影，但对优步而言，这是一个转折点。当然，优步的麻烦并非源于大选，大选的结果也不是他们造成的，但优步还是很快陷入了随之而来的混乱中。这场大风暴开启了美国商业历史上最糟糕的年景之一。

一直以来，科技工作者自认为是青年和民主理想主义的堡垒，致力于建立一个更高效、更健康、联系更紧密的国家。然而，在大选结束后的那个早晨，当他们醒来时，这种形象就已经粉碎了。

唐纳德·约翰·特朗普成了美国总统。过去 10 年，这位经历过三次婚姻的房地产大亨一直在推特上对巴拉克·奥巴马的"出生地阴谋"① 进行攻击。如今，他已是美国的最高统帅。硅谷已经为希拉

---

① 据美国镜报网站 3 月 9 日报道，奥巴马同父异母的哥哥马利克·奥巴马 3 月 9 日在推特上发了一张貌似是奥巴马出生证明的照片，上面显示他的出生地不是夏威夷，而是肯尼亚。美国《宪法》规定，"只有在美国出生的公民或美国公民才有资格竞选美国总统一职"。1790 年和 1795 年，国会通过法案，对此做出进一步说明："美国公民的后代视为美国出生的公民。"

里·克林顿的竞选阵营捐赠了数百万美元，因为科技界人士认为希拉里上台能提供大量科技行业就业岗位。

此刻，公众开始指责脸书、谷歌、推特、Reddit 和 Instagram 都为特朗普的胜利助了一臂之力。剑桥分析公司操纵了社交媒体，脸书则在特朗普的阵营中安插了自己的人。公众认为，科技界原先以年轻人为主力军，其纠偏能力曾助推奥巴马入主白宫，如今，它却日渐走偏，成了邪恶心理的宣传机器。公众此时才突然意识到谷歌和脸书广告引擎的覆盖范围和精准投放能力。国会议员也感受到了公众的不安，开始把矛头指向科技公司，媒体亦是如此。

《纽约》杂志的一篇报道称："显而易见，脸书无力解决（或无意解决）恶作剧和假新闻问题，于是助推了特朗普获胜。"这条新闻的标题传递的是令人毛骨悚然的观点：唐纳德·特朗普之所以能赢得大选，是脸书发挥的作用。这种怀疑和担忧也开始蔓延到科技界，甚至在脸书内部，原本最狂热的信徒也开始质疑自己所建立的平台是否具有重塑世界的力量。

推特也遭到了谴责。他们为特朗普这个亿万富翁怪物提供了平台，而他则最大限度地利用了这个平台进行全天候曝光。特朗普在这些平台上免费获得的公共关注远远超过其他候选人，其宣传效果不亚于他在传统媒体上花费 20 多亿美元得到的宣传效果。现在，他的每一条推文都成了总统竞选宣言。

过去，公众和媒体都很喜欢大型科技公司，脸书和推特为人们提供了发声渠道，而优步和来福车则让每个人都能打到车。但是如今，公众讨论的都是，国家资助的黑客是如何利用庞大的个人信息数据库来影响大选的。转眼间，公众都转而认为，来自硅谷的恶势力把这个国家拉入了深渊，而科技巨头却从这场纷争中获利。

过去两年，特拉维斯·卡兰尼克在公司治理方面一直是以希拉里·克林顿当选为前提做准备的。

他在每一个重要的市场都组建了游说团队，希望团队成员准备好与即将上任的政府打交道，未来这届政府虽然是工会的朋友，但对采取合同工模式的公司来说并不友好。希拉里暂时还没有盯上科技巨头，她与硅谷的主要捐赠者保持了密切联系，包括脸书的雪莉·桑德伯格、凯鹏华盈的约翰·杜尔和赛富时的马克·贝尼奥夫。如果说希拉里入主白宫后一定会盯上某一家公司，那么，它很可能就是全美国最令人讨厌的初创公司：优步。

然而，特朗普的意外获胜让所有优步人都大吃一惊。大多数普通民众，尤其是民主党和自由党那批人，只要一想到特朗普当选总统就会抓狂（就连优步中的许多共和党人也觉得这很荒唐）。优步首席技术官图安·潘在一封内部邮件中抨击特朗普的当选为"一次巨大的倒退"，称这位新总统是"无知之人"，并将他的获胜与历史上其他独裁者的崛起相提并论。

随着特朗普在竞选之夜几乎锁定胜局，特拉维斯·卡兰尼克开始看到了一线希望，因为共和党政府不太可能盯上优步，尤其是卡兰尼克把自己的公司定位为史上最能创造就业机会的初创公司，任何有车的人都能通过优步的平台找到工作，卡兰尼克会因此广受好评。也许接下来在特朗普的四年任期内，优步的境遇不会有想象中那么糟糕。

除了总统竞选这事之外，还有不少事让卡兰尼克头疼不已。在短短两年的时间内损失数十亿美元后，卡兰尼克的投资者要求他放弃中国市场。尽管卡兰尼克为此付出了很多努力，但中国政府还是选择支持一家中国公司——滴滴出行。

卡兰尼克并不情愿退出中国市场。在《纽约时报》报道优步从沙特阿拉伯获得 35 亿美元融资的时候，他想让优步的战略服务集团跟拍滴滴出行的总裁柳青，希望能扭转局面。

尽管卡兰尼克可能希望继续战斗，但他的支持者却不这么想。

公司在中国的烧钱速度让优步董事会的"胆小鬼"比尔·格利感到不安。董事会中卡兰尼克的另一个死对头大卫·邦德曼也开始发声反对。卡兰尼克在 2013 年的一轮融资中引入了德太投资的私募股权巨头邦德曼，如今后者指责卡兰尼克为在中国烧钱进行融资却打了场败仗的行为。

为了解决冲突，优步的一些机构股东与滴滴出行最大的投资者举行了电话会议。卡兰尼克虽然为此生气，但并不感到惊讶，他一直都认为，投资者最终都是会背叛他的。最终，在 2016 年，优步在这场争夺战中认输，宣布将暂停其在中国的业务，由滴滴出行接手。

对投资者来说，这是一种胜利，因为不会再有大量的现金流失，也不会再浪费繁荣市场所带来的利润。为了让这次合作更加愉快，优步拿到了滴滴出行 17.7% 的股权，未来这部分股权会升值，在滴滴出行决定上市后，可能还会带来巨大的利润。埃米尔·迈克花了很大力气促成这次交易，将其视为自己在公司取得的最大成就之一。但对卡兰尼克来说，这次失败苦大于甜。这次失败使他无法超越佩奇、多西、扎克伯格，成为首位征服中国市场的美国科技公司 CEO。

此时，卡兰尼克在打别的主意。如果特朗普获胜，那么一个亲商的共和党政府可能会停止打压科技界，并减少针对劳动力和交通运输的条例。但优步得加快行动，特朗普当选后已经开始组建政策委员会了，吸纳了不少科技界的大佬，他也想加入。卡兰尼克和他的团队找了一些关系来确保他在其中能争得一席之地。大选结束一个月后，在换届过渡期间，顶级科技公司的 CEO 受邀与特朗普一起出席了一个科技峰会。那会儿卡兰尼克还在印度，错过了这个出镜机会，但他获得了和特朗普直接联系的机会，依然十分开心。

然而，他的员工颇有微词。公司走廊里怨声载道，很多优步员工都表示无法理解，为什么他们的老板要向一个排外、无知和有种族主义观念的人示好。在公司内部的全体会议上，他们希望老板能三思，退出特朗普的政策委员会。

但卡兰尼克坚持己见，认为在总统的政策委员会中拥有一席之地总比没有好。公司团队中弥漫的挫折感，他应该可以缓解。

第二十一章 "#卸载优步"

在特拉维斯·卡兰尼克奋力跻身特朗普集团政策委员会时，芝加哥一位名叫丹·奥沙利文的科技工作者仍然认为唐纳德·特朗普是满嘴胡言。

这位总统花了整整一周的时间与媒体争论就职典礼的规模（特朗普的新闻办公室宣称这次就职仪式观礼人群为"史上最大"，这显然与事实不符）。奥沙利文认为，特朗普是个笨蛋，是被深受福克斯新闻毒害的选民强推到总统位置上的白痴。奥沙利文祈祷特朗普会一直受到顾问的阻挠，到离任时也兑现不了2016年竞选时许下的承诺。

丹·奥沙利文出生于长岛，父亲是一名爱尔兰裔电话接线员，母亲是一名护士。他成长的地方，离曼哈顿镀金大楼（即特朗普大楼）非常遥远。他为自己的蓝领背景感到自豪。1934年，运输工人联盟成立，他的曾祖父迈克·奎尔就是创始人之一。因为和共产党的关系,奎尔有了"红色迈克"的绰号。在奥沙利文姐姐出生的那天晚上,他的父亲和其他接线工人一起参与了通信工人联盟的罢工。

在辗转于长岛和缅因州的学校后,丹·奥沙利文来到了芝加哥,尽管对这座城市知之甚少,但他还是很喜欢这个地方。奥沙利文身高 1.9 米,体重 100 公斤,看起来和他父亲不一样,他更像是芝加哥熊队队员,而他的父亲则更像是贝尔大西洋队队员。他很快学会了芝加哥口音,缩短了"U"和"A"的发音。他发元音时鼻音很重,因此,很多人误以为他是芝加哥本地人。

奥沙利文梦想着成为一名作家,成为自由职业者,为《高客》《雅各宾》等左倾机构撰写政治文章。为了生计,他来到了一家科技公司的呼叫中心当客服,专门应付那些愤怒的客户。虽然工作不尽如人意,但下班后奥沙利文会花时间追求自己的梦想,不放过任何一个写作机会。

奥沙利文的推特生活可比沉闷的呼叫中心的工作生动有趣多了。他用推特跟踪新闻和政治报道,并且保持和其他作家的联系。渐渐地,他开始在推特上和其他左翼分子聊天。有些网友一开始以匿名头像出现在他的推特订阅圈,后来慢慢与他成了固定网友,他也爱和他们在推特上谈笑。虽然特朗普利用推特获得人气和成功这一点让他感到绝望,但他自己也利用推特这个平台和网友们一起嘲笑特朗普不过是个跳梁小丑。

奥沙利文非常珍惜线上匿名发表观点的机会。在推特上,他既固执又粗鲁,他知道自己对特朗普的污言秽语可能会让他的老板不开心。如果要换个老板，看到他和网友在推特上分享的那些粗俗下流的笑话，想必也不会欣赏他。

尽管如此，推特还是值得珍惜。他有了自己的圈子，还给自己选了个有双关意义的用户名"Bro_Pair"，这样他的粉丝就能记住他。

2017 年 1 月 27 日星期五晚，宣誓就职一周后，特朗普下达了一项即时生效的命令，要求立即关闭国境入口，针对主要的伊斯兰国家，禁止叙利亚等处于暴力内战国家的难民进入美国以寻求庇护。

在签字仪式上，特朗普称"我们不希望他们来到这里"。"他们"指的是所谓的"伊斯兰激进恐怖分子"（特朗普对穆斯林的称呼）。"我们想要确保我们士兵的海外作战对象不会进入美国。我们只会让那些支持美国、热爱美国人民的人进入我们的国家。"

特朗普在 2015 年年底的竞选中就预告了这一提议。当时，他呼吁限制所有穆斯林进入美国，以此来回应发生在加州圣贝纳迪诺、法国巴黎的血腥恐怖袭击。他还宣称，相对于寻求庇护的穆斯林，基督徒和有其他信仰的人应该优先获得移民资格。穆斯林禁令在群众大会上反响热烈，特朗普的支持者也很赞同这一提议。当然，当时两党的政客都谴责这一做法既不人道，又违反宪法。但当时的愤怒转眼之间就烟消云散了。

回到 2017 年，唐纳德·特朗普已然成了美国总统，他正在兑现竞选时的承诺。特朗普的穆斯林禁令点燃了 11 月 9 日大选尘埃落定以来一触即发的愤怒，让丹·奥沙利文这样激烈的反对者忍无可忍。

这一声明证实了特朗普确实和他们想象的一样可怕。

这一次，愤怒的星星之火瞬间燎原。全美国数百万人涌向机场，涌向那些寻求庇护的移民可能会被各联邦机构拒于门外的地方，为他们声援。成千上万的律师穿上荧光黄的帽子和 T 恤，为陷入困境的移民免费提供法律咨询。成群结队的抗议者冲向行李认领处，冲击交通安全局设置的安全线，手里举着匆忙写就的支持穆斯林的标语和海报，高呼口号，表达对特朗普的愤怒。

抗议活动持续不断。到周五晚上和周六早上，纽约的穆斯林出租车司机团体也联合起来在机场罢工。这么做一方面是表示团结，另一方面也是让美国感受一下穆斯林工人对国家的重要性。周六下午 2 点多，纽约出租车工人联盟官方账号发布了一条推特："今天下午 6 点到 7 点，肯尼迪机场暂停所有出租车接送服务。我们的司机与成千上万反对不人道和违反宪法的'＃穆斯林禁令'的抗议者一条心。"

随着出租车工人联盟的介入，优步纽约分公司的员工开始关注此事，他们很忧心，因为人们成群结队地前往机场，而他们最常使用的打车软件就是优步。但是，肯尼迪机场几乎已是只进不出的状态，在那个周末，有很多人来到机场航站楼，如果有大量乘客源源不断地使用优步进入肯尼迪机场，优步应用程序就会自动启动涨价程序。这意味着人们得支付两倍、三倍、四倍甚至更高昂的车费，才能去机场参加抗议。优步纽约分公司和旧金山的经理们都可以想象得到，如果车费持续飙升，那么等待优步的就是头条负面新闻，比如，"优步欺人太甚，竟然对进行人道主义抗议的正直公民敲竹杠"。

不过，很快优步就无须为此感到头痛了。旧金山总部给了纽约分公司明确指示，允许他们关闭前往肯尼迪机场的涨价程序，确保乘客不会多花钱。当天晚上晚些时候，"优步纽约"账号发了一条推文："去往肯尼迪机场的涨价程序已确认关闭，请您放心乘车。但等车时间会因此变长，对此我们深表歉意，请您耐心候车。"

这条推文最终让优步损失了数百万美元。

奥沙利文简直不敢相信自己的眼睛。

总统大选之夜，特朗普成功当选，而奥沙利文却崩溃了。他为左翼杂志《雅各宾》撰写了他的最后一篇文章，文章关于特朗普主义以及推动特朗普走向成功的力量，是奥沙利文颇为疯狂的思考。随后他便发誓永不再写政治文章。大选结束后，他神情恍惚，在空荡荡的芝加哥街头游荡，觉得有种深深的抑郁向他席卷而来。这种抑郁一直持续到2017年，还让他胖了4.5公斤。

对奥沙利文来说，观看1月的总统宣誓就职仪式倍感痛苦。看到一群大亨和巨头在国会大厦围着特朗普，庆祝邪恶战胜善良，奥沙利文厌恶不已。三五天后即将执行的旅行禁令对他来说似乎就是虐待。斯蒂芬·米勒和史蒂夫·班农是特朗普的顾问，他们仇外、崇尚民族主义，而特朗普的禁令完美地体现了他们的思想，满足了他们想让移民痛苦的愿望。

但是，当奥沙利文看到新闻报道成群结队的美国人聚集在机场，抗议特朗普的不公正禁令时，他似乎看了一丝希望。成千上万人和他一样，受够了恐惧和愤怒，正通过抗议来对抗政府，这才是最具美国精神的行为。奥沙利文仔细查看了自己的推特账户"Bro_Pair"，浏览了记者、报纸和他的粉丝们公开反对总统的报道和言论。周六，奥沙利文注意到在他的推特推送上，纽约出租车工人联盟的一条推特滚动出现，记录了他们在肯尼迪机场罢工的场景，这种团结让他颇感欣慰。

几分钟后，他注意到另一条推文，是优步发的，声称将关闭肯尼迪机场的涨价程序。

在那之前，奥沙利文从未喜欢过优步。他只是被动地关注着优步的各种争议，毕竟技术行业的每个人对此都很关注。对左倾的奥沙利文来说，特拉维斯·卡兰尼克就是典型的硅谷资本家代表，只关心用户增长和收入增长，不关心他们这种普通人的生活。他偶尔会使用优步，毕竟，优步确实不错，非常方便，但他常常会为自己使用了优步而感到自责。

但在那一刻，看到推特推送给他的优步推文，他认为这是一种破坏行为，是对团结的背叛。奥沙利文以及其他人都认为，优步此举是想利用出租车罢工大捞一笔，这就是在公众脆弱的时候抢钱。即使不考虑眼前的情况，这条推文也让奥沙利文想起了对优步意识形态以及运营核心的不满。优步采取以合同工为基础的雇佣模式，避免了雇用司机作为正式员工，这使司机无法团结在一起。奥沙利文觉得这家无耻又无情的科技巨头公司永远不会保护普通民众的利益。奥沙利文无法确定自己这些感觉从何而来，是因为他的家庭与劳工组织关系密切，还是因为他那讨厌的呼叫中心的工作带来的失意，抑或是他内心深处想要反击特朗普？总而言之，那一刻，他内心翻腾了起来：他已经受够了优步！

那是芝加哥的隆冬时节，奥沙利文独自一人坐在冰冷的公寓里，开始回应优步的推文，他依然怒火中烧："感谢＠**优步纽约**及时开工，送难民下地狱，祝贺！吃你的屎，然后去死吧。"不一会儿，他想到应该加上个话题标签，让其他发布愤怒推文的人也可以加上这个标签，于是他加上了"＃卸载优步"。

奥沙利文用"Bro_Pair"账号继续发推："反对＠**优步**剥削性的反劳工政策以及和特朗普的合作！现在居然打算从仇外心理中大捞一笔？＃卸载优步"。奥沙利文进入优步网站的支持页面，琢磨怎样才能注销优步账号。没想到注销账号非常复杂，需要填写一份表格，然后发给公司的工程师。于是奥沙利文开始在推特上发布截图和注销账户表单的链接，让其他人能更容易找到并注销优步账号。

这一话题引发了大量共鸣。其他人开始纷纷效仿奥沙利文，在推特上愤怒地攻击优步，人们开始在推文末尾添加话题"＃卸载优步"。看到优步不仅破坏抗议行动，还试图从中大捞一笔，美国民众积压已久的愤怒终于找到了发泄口。数百人开始回复和转发"Bro_Pair"的推特，想让更多愤怒的民众看到。于是数百人变成了数千人数万人，他们在网络上疾呼"＃卸载优步"！

令奥沙利文惊讶的是，人们开始把他们成功注销优步账号的截

图发到推特上并 @ 了他（Bro_Pair）。有个用户写道，"你是反法西斯的斗士"；还有人说，"利用纽约出租车罢工大赚特赚令人憎恶，这是掠夺性资本主义与法西斯政府的公然勾结"；还有人补充道："优步，带着你的臭钱见鬼去吧。"

奥沙利文惊呆了。连名人也开始在推特上给他发送注销优步账号的截图。媒体开始给他打电话要采访他。奥沙利文的推特激起了大批公众对优步的愤怒，远超他的想象。那些 @ 他的人也随即表达了对特朗普政府及其歧视行为的愤怒。但是"＃卸载优步"运动的意义远不止于此。这成了人们可以做的事情，成了他们抗议穆斯林禁令活动的一部分，批判技术文化、拒绝虚假新闻、反对硅谷。许多人认为科技行业一开始就欺骗了美国人，诱骗他们选了特朗普。"＃卸载优步"运动不仅仅意味着卸载手机中的一个打车软件，同时也向贪婪、兄弟文化、科技巨头等优步所代表的一切表达了不屑与厌恶。

那天晚上晚些时候，奥沙利文退出"Bro_Pair"推特账号、关闭电脑后，一阵幸福感突然袭来，这在过去的几个月里还是头一回。"＃卸载优步"运动在推特上十分热门，迅速风靡全球。媒体也开始报道这一事件的影响，优步相当狼狈，只得仓皇止损。

奥沙利文最后发推文说："好吧，我得去睡觉了。但这是我见过的唯一一件话题标签带来的好事。谢谢大家，让我们继续努力。"

他在推文末尾加上了话题"＃卸载优步"。

此时，位于市场街 1455 号的优步总部，一切都崩溃了。

随着"＃卸载优步"这一话题渐渐流行，全世界成千上万的民众要求注销账户，工程师猝不及防。在此之前，优步很少收到注销账号的请求，大家都很喜欢优步，即便有人不喜欢优步，也只是从手机上卸载优步应用程序而已，不会要求注销账户。优步也没有自动处理注销账户请求的机制。此时，推特上"Bro_Pair"的抵制优步活动引发了大规模效应，卡兰尼克不得不指派一名工程师来处理大量的账户注销申请。

优步的公关团队试图向媒体澄清，优步并无意破坏抗议行动，而是希望通过取消峰时价格，为抗议者前往肯尼迪机场参与抗议活动提供便利。那个周末，卡兰尼克拐弯抹角地道了歉，说他计划下周当面与特朗普总统就旅行禁令探讨优步面临的问题。虽然他说这些话时距离特朗普政策委员会的首次会议还有几天，但他的声明还是产生了反面效果，反而提醒了人们，卡兰尼克正积极与政府合作。外界认为卡兰尼克的立场就是暗中支持特朗普的政策。最后，就连优步员工也开始这样认为。

"我知道很多公司内外部的人可能不同意这个决定，没关系，"卡兰尼克在给员工们的邮件里写道，"生活在美国的魔力就在于，人们可以自由地表达不同的意见。"

卡兰尼克想保住自己在特朗普政策委员会中的位置，但这一想法并没有持续多久。仅一周内，就有50多万人彻底注销了他们的优步账户，这还不包括不计其数的未注销账户但卸载了应用程序的人。对优步来说至关重要的乘客增长曲线，多年来一直是曲棍球棒式的增长，而如今却开始下降。卡兰尼克急了。

反观来福车，当时正在资金枯竭和破产的边缘挣扎，却因为这场抵制活动起死回生。人们开始抛弃优步，投向来福车的怀抱（人们在抗议网约车时虽然感觉不错，但还是需要打车服务）。来福车的高管随后上演了一场精彩的公关大戏，向公众透露自己在过去四年向美国公民自由联盟累积捐赠了 100 万美元。这样一来，来福车扮演了"白衣骑士"的角色，而优步却在特朗普面前卑躬屈膝。

随之而来的是来福车乘客数的激增，将其从失败的边缘拉了回来。最后，来福车业务飞速增长的势头，很快吸引了私募股权基金科尔伯格·克拉维斯集团的投资，该基金拿出逾 5 亿美元的额外资本投资这家网约车公司。

来福车的成功融资让卡兰尼克沮丧不已。前一年，他花了整整一个夏天想要打败他在中国最大的竞争对手，但他失败了。现在，新年伊始，优步想打败它在美国的最强对手，这个机会也溜走了。优步只差一步就能打败来福车，不过，以后再也没有机会了。

几天之后，在周二的优步全体会议上，多名优步员工与卡兰尼克对质，指责他保留特朗普政策委员会中的席位。两位工程师质问他要怎样才愿意退出特朗普政策委员会，而卡兰尼克却一再回避这个问题。到了周四，随着优步用户持续锐减，同时优步员工越发对卡兰尼克失去信心，卡兰尼克终于妥协了。

在离卡兰尼克去白宫参加首次政策委员会会议不到 24 小时的时候，优步安排了他和特朗普总统进行通话。在电话中，卡兰尼克告知特朗普他要退出该委员会。

通话简短而尴尬,卡兰尼克向特朗普致歉,并给了个拙劣的理由,引来特朗普的一顿抱怨。此前两个人从未见过面,但卡兰尼克知道自己已经惹恼了这位总统,最后结束了通话。

当天晚些时候,卡兰尼克给优步的员工发了一封和解邮件,说他已经退出了特朗普的政策委员会。但对优步公司内外部的许多人来说,卡兰尼克的让步实在微不足道,也来得太迟。这并未能止住优步增长数据的日渐下滑,民众对优步的敌意还在继续损害公司的声誉和整体客流量。但就目前而言,卡兰尼克化解了迫在眉睫的威胁,使优步不再出现在负面头条新闻中。

然而,这只是解决了眼前的问题。

第二十二章 "在优步非常奇怪的一年……"

2015年11月，距离特朗普上台的总统大选还有不到一年，优步聘用了一名新工程师。优步在那年聘用了数百名新员工，其中只有不到40%的女性。新员工中有几十名工程师，24岁的哲学和物理专业毕业生苏珊·福勒是其中之一。福勒加入了男性占绝大多数的部门，后来的一项研究表明，大约85%的优步工程师都是男性。福勒在亚利桑那州的一个小镇长大，看起来不太像是会成为优步工程师的候选人。对她来说，进入优步做工程师算得上是梦想成真。后来她告诉记者，加入优步就像"飞越月球"一样。

福勒大学刚毕业时曾在两家初创公司工作，但能进入硅谷的耀眼之星优步公司当工程师，说明她的职业生涯已小有成就。福勒获得这份工作之前的经历，和大多数工程师不太一样。她没有麻省理工学院的学位，没有计算机专业的本科教育背景，也没有正经的工程师实习经历。但福勒有的是决心和动力。

　　福勒家里一共有七个孩子，她是老二。福勒在亚利桑那州的亚内尔长大。亚内尔是一个小村镇，因 2013 年的一场地狱般的山火曾短暂出名，但除此以外，外人对这个小镇一无所知。她和她的兄弟姐妹一起在家乡上学。她的大部分知识来自在当地图书馆的自学经历，她如饥似渴地阅读着普罗塔克、伊壁鸠鲁或塞内卡的作品（她喜欢斯多葛派）。她家境不富裕，父亲是一名福音派传教士，兼职卖付费电话。为了补贴家用，福勒开始去牧场帮工，还兼职做保姆。当然，上帝还是相当眷顾福勒一家的，年轻的苏珊乐于学习，不过她更喜欢在当地的图书馆里自学。

　　16 岁时，家人突然鼓励她去上大学，尽管他们并没有提供什么实质性的帮助。苏珊开始疯狂地搜寻如何申请大学的信息。她不知道申请资料是什么样的，也不知道她需要推荐信，更不知道没有上过高中的她如何才能拿到推荐信。但上大学是她的梦想。她非常幸运，凭着出色的入学论文获得了亚利桑那州立大学的全额奖学金，在那里，她完成了低年级课程，之后转学到宾夕法尼亚大学。原本只是在亚内尔公共图书馆自学的福勒，如今已经进入了常春藤名牌大学。

　　硅谷的许多工程师都很符合公众对他们的刻板印象：20 多岁的男性白人，瘦削笨拙，没有社交能力，擅长和数字打交道，不太擅长与他人相处。福勒正好相反，她热情，对陌生人友好，能够交谈自如。她带着一口美国西南牧师女儿的口音，声音轻快，喜欢发长

元音和 "y'all"[①]。她是一个天生的美人，一双深棕色的眼睛，五官端正，留着齐肩的长发，栗色刘海刚好盖住她的眼睛。她总是对人充满热情，当她热情地向你打招呼时，你很难不对她报以灿烂的笑容。

她外表的甜美掩盖了内心的火热，福勒下决心要完成的事都能完成。无论是考上大学，还是闯入初创公司的兄弟世界，无论在前进道路上遇到了什么困难，她总是能不断进取。

这并不容易。她在宾夕法尼亚大学跌跌撞撞度过了第一学期，指导教师则对她在家自学的教育背景持怀疑态度，还一直试图引导她不要学习物理。

福勒没有放弃。她拜访了宾夕法尼亚大学校长艾米·古特曼，并在她的办公室留了言。福勒说，她的梦想是在常春藤盟校学习物理，而古特曼曾在毕业典礼上说过，宾夕法尼亚大学会帮助学生实现他们的梦想。所以古特曼默许了，告诉福勒她是正确的，并鼓励她继续努力学习。虽然起步有些坎坷，但福勒还是一步步站稳了脚跟，最终在 2014 年拿到了物理学和哲学学位。

如今，从宾夕法尼亚大学毕业后仅仅几年，苏珊·福勒已是优步的网站可靠性工程师，要知道优步可是硅谷闪闪发光的"独角兽"。在优步工作意味着全新的挑战：如何在硅谷最具侵略性、最男性化、最受瞩目的公司取得成功。

就在优步聘用她的那个月，福勒遇到了她的一生挚爱查德·里

---

① 相当于 "You all"，美国南部使用较多，意思是 "大家"。

盖蒂，他拥有迈克·法斯宾德一样的帅气外表，对量子计算理论充满热情。福勒对他一见钟情。在他们第一次约会（共进晚餐和看电影）结束时，福勒拿出手机，想用优步打车回家。

"不，不，不，"里盖蒂说，"我不用优步。"

福勒很困惑，毕竟，她是优步的员工。里盖蒂说优步公司负面新闻缠身；作为一名同样经营着初创公司的企业家，他不喜欢优步，所以选择不用优步，他还发誓，以后都不会使用这个软件。

福勒以后会意识到，这是一个预兆。

经过两周的入门培训，苏珊·福勒于 2015 年 12 月开始与她的新团队合作。同一天，她收到了经理发来的一连串聊天信息。

福勒当时还是新员工，她得挑选自己想合作的团队，如果能加入心仪的团体，就再好不过了。网站可靠性工程师在优步起着关键作用，正如职位名称所示，他们要保障平台正常、可靠地运行。在脸书或推特这样的公司，网站可靠性工程师要确保网站全天候在线运行，这样人们可以随时发布新动态或推文。对优步而言，网站可靠性工程师团队专注于能让数十万优步司机时刻在线。团队深知优步哪怕只是宕机几分钟，都有可能威胁到公司的生存。同时，如果用户对优步的服务失望，那么他们会转而使用另一种网约车。这样一份维持优步正常运营的工作让福勒激动不已。

优步的一系列重挫接踵而至，维护优步的重任落到了网站可靠性工程师团队的肩上。2014 年的万圣节之夜给优步员工留下了不可磨灭的印象。万圣节是最繁忙的拼车夜之一,而那天晚上,优步公司的供需系统瘫痪,优步向用户收取了高昂的打车费。第二天早上,当乘客醒来后发现优步账单竟然高达 360 美元时,顿时怒火冲天。

福勒加入团队的第一天,她的上司就开始对她进行挑逗。他莫名其妙地告诉福勒,他和他的女朋友是开放的性关系。他的女朋友一直在寻找新的性伴侣,她很顺利就换了一个又一个,而他想找新伴侣却不那么容易。他还说他在努力"远离工作中的麻烦",但却"总是陷入麻烦",因为他总是把所有的时间都花在工作上。

福勒被上司赤裸裸的暗示吓了一跳。她知道对女工程师来说,硅谷是一个危险的地方,似乎每个科技公司的每个部门都有那么一两个令人恶心的男性对自己的同事有着非分之想。但是在上班第一天就遭遇上司的性骚扰,简直让她无法接受。福勒可没法把这不当一回事,于是直接举报了上司。

优步倒也不是什么风气败坏的初创企业。2016 年年初,它已经是一家实力雄厚的私营公司,在全球几十个国家设有办事处。她相信,如果她曝光上司的龌龊行为,像优步这样规模的公司,肯定会正确处理。她的上司在网上对她大谈特谈他心目中的性征服愿望清单,福勒把他们的聊天记录截屏,然后向人力资源部门进行了投诉。优步是一家大公司,人力资源部门应该知道怎么处理,如果投诉的当天没有处理骚扰她的上司,她希望至少能在当周解雇他。

福勒不知道的是,像硅谷的许多其他公司一样,成为一家"大公司"是特拉维斯·卡兰尼克的噩梦。在他看来，想要优步保持旺盛的斗志，需要"少花钱多办事"和"有干劲"。成长为一家无聊、刻板的大公司意味着员工会变得自满、懒惰、低效。比如，思科公司就像一个臃肿的庞然大物，中层管理人员统一穿着开领短袖衬衫，毫无吸引力。对优步来说，没有什么比变成下一个思科公司更糟糕的了。

但是，想要避免成为"大公司"就意味着要避免官僚主义，比如，要建立合适的人力资源部门。在人力资源方面，卡兰尼克其实只关心招聘。他视人力资源部门为一种工具，可以帮助网罗大量新人才，迅速解雇免不了会误招进来的不良员工。在他的理解中，人力资源管理并不是留住和管理优步正式员工，因此，该部门的管理、指导和培训的功能几乎完全被忽视了。成千上万名全职员工的工作生活完全只有一小部分人负责管理。[①] 对卡兰尼克来说，人力资源工作就是些有关行为准则、敏感性训练、性骚扰政策、不当行为报告程序、形式审查等内容，都是些刻板的条条框框，任何一个锐意进取的年轻人听了都会翻白眼。然而，公司的规模每年都会翻一番。截至 2016 年年初，不算司机，该公司共雇用了 6 000 多人。卡兰尼克可能不想给优步营造出大公司的感觉，但他也无法再否认：优步确实已经成了一家大公司。

---

① 新人在不断涌入。到 2016 年年底，也就是福勒所描述的"在优步非常非常奇怪的一年"结束时，优步的员工数增长到了近万人。

员工觉得，人力资源部门只会处理投诉和安排工作场所，此外并没有建立健全的员工评估系统。公司的绩效评估只不过是一张分别列举员工三个优缺点的表格，然后给出一个大致分数，这是卡兰尼克设计的所谓"T3 B3"程序。这些分数波动很大，通常取决于该员工与评分经理或部门主管之间的关系密切程度。整个评分系统基于优步的 14 条企业文化价值观：一名员工可能因为不够"有干劲"而得不到好成绩（优步的企业文化价值并不是要求员工"时而"有干劲，而是要求他们"永远"有干劲）。经理私下对员工进行评估，然后打出分数，至于他们是如何打分的，则很少给出解释。不管你接不接受，这就是你的分数。这个分数决定了你在优步的年终奖金、加薪多少甚至你的职业发展轨迹。

随着时间的推移，得分和升迁制度日趋政治化，员工需要讨好合适的领导者，最重要的是，研究出能够创收的产品或想法，而作为一名员工或一个人，个人的素质并不重要。归根结底，创收，例如行程、用户、司机、收入等因素，才能让你胜出。

通常，对效益增长的强调会产生意想不到的副作用，也就是管理层所说的"负外部性"。经理会一门心思追求业务增长，哪怕这会导致企业其他部门运行效率低下也在所不惜。例如，早期为了让司机尽快上路，优步曾向所有新司机免费赠送 iPhone 4。只要有新司机注册，经理就会派发 iPhone 4。但是，一些性急的经理还等不及司机通过背景调查或完成文书工作，就急匆匆地把 iPhone 4 寄出去了。新司机人数激增，经理的业绩看起来很喜人。但随即发生了一连串只为得到 iPhone 手机而进行盗窃和欺诈的事件，这让公司付出了高昂的代价，相当于免费把手机赠送给了骗子。

优步短命的 Xchange 租车业务是另一个例子。在优步发展的某个时期，有人认为可能有成千上万的潜在司机因缺少抵押品或信用记录不佳而拿不到汽车贷款。但优步不在意这些，可以以任何方式租赁车辆，只要求承租人立即为优步开车来履行他们的义务。因此，优步开始向信用评级较低或根本不存在信用评级的高风险人士提供服务。从某种程度上说，这一方案是有效的。以前没有资格贷款的人突然能租汽车了，这使优步的业务增长达到了峰值。成千上万的新司机加入了优步，主管经理因此获得了丰厚的奖励。这相当于叫车服务行业的"次级抵押贷款"。

但正如 2008 年的次贷危机一样，副作用很快开始显现。优步注意到 Xchange 租车业务启动之后，安全事故的发生率大幅上升。后来他们发现，很多事故都是 Xchange 租车司机造成的，也就是那些信用记录很差或根本没有信用记录的司机。超速罚单、性侵犯，几乎什么样的情况都有。经理引发了道德风险，间接给数千人带来了痛苦，并可能引发一场公关和法律危机。

此外，汽车经销商迫使这些边缘司机选择更昂贵的租赁方式，从而降低了司机从工作中获利的机会。司机们昼夜不停地开车，还车时的车辆状况比刚租赁时要糟糕得多。优步很快就发现，尽管 Xchange 租车业务的司机人数一直在增长，但这一业务涉及的车辆损失平均高达 9 000 美元，远远高于最初估计的平均 500 美元的车损。

公司发放给司机的"次级贷款",他们根本就还不起,还毁了自己的信用记录,而这一切都不过是换回了一份零工,而且由于公司扣发司机的工资,这份工作的回报一年比一年少。

尽管不健康的激励政策造成了很多浪费和不良影响,卡兰尼克仍然在不停地奖励那些有助于创收的人,用创收的多少来区分普通员工和高绩效者,高绩效者所获得的奖励是普通员工不可企及的。

这就是优步的另一种价值观:冠军思维。

福勒没有得到她期待中的回复。

人力资源部门的代表告诉她,那位经理这是初犯,第一次对下属有性骚扰行为,他会受到严厉的批评。但由于他是一个"高绩效者",他很可能不会遭到解雇,这"或许是他的无心之失"。福勒获知她拥有选择权:要么继续留在他手下,但到她面临考评的时候,无疑会收到糟糕的绩效评估;要么换一个她想去的团队,换个职位。

在她看来,这两个选项都不够好。人力资源部门似乎并不在乎她遭遇的一切,也不在乎她的经理可能还会骚扰其他女性员工。她担心自己在绩效评估中会得到一个糟糕的评价。所以,她离开了这个团队,花了几周时间,在公司内部找到另一个合适的职位。

福勒很担心。工作还不到一个月,她就受到了上司的性骚扰,可能还会因为举报他而遭到报复,现在不得不找一个新的职位。她开始重新审视这份所谓梦寐以求的工作。但几周后,她就加入了另一个网站可靠性工程师团队,有了新的岗位,做着她刚进公司的时候想做的工作。她甚至打算根据自己在新团队所做的工作，为一家技术出版商写一本书。

然而，随着时间的推移，她开始在优步结识其他女性员工，发现这些女性员工在公司的经历与她相似。她发现，她的前经理对其他女同事也有过不当行为，这与她从人力资源部门听到的说法不一致，当时他们声称他是初犯。直到现在她才明白，他在优步早就对女性员工有过不当行为了，但因为他的业绩很好，公司并不会考虑开除他。[①]

随着她越来越深入了解人力资源部门，从同事那里收集到越来越多的数据，公司看起来就显得越发糟糕。优步的员工绩效体系创造了一个"成王败寇"的环境。在后来的一次会议上，福勒回忆起一位董事吹嘘自己为了讨好一位高管而隐瞒了另一位高管的信息的事情（这种做法居然还奏效了）。背后中伤不仅受到认可，甚至是得到鼓励的。

"没人真正在意项目，"福勒后来这么说道，"没有人知道我们所在的组织的首要任务是什么，也几乎没有做出些什么实质性成果。"员工总是在担心哪个团队会被解散，或并入公司的另一个敌对派系，或本月的领导会大规模重组团队，而当新领导轮值，就会解散这个团队。福勒认为："这是一个非常混乱的公司，一直非常混乱。"

---

① 福勒在公司找到一个新职位后不久，她原先的经理又对另一名员工进行了性骚扰，后者再次向管理层举报了他。最终，该经理于 2016 年 4 月遭到解雇离开了优步。

　　女性总是更难一些。福勒回忆说，她刚加入自己所在的部门时，这个部门的女性员工比例是 25%。按照大多数公司的标准，这个比例很低，但对优步这样一个以男性为主的公司来说，这个比例已经非常高了。毕竟，《智族 GQ》杂志曾引用卡兰尼克的话，谑称他的公司为"波霸"①，说公司的成功让很多女人对他投怀送抱。

　　真正让福勒印象深刻的是"皮夹克事件"。那一年年初，公司向所有的网站可靠性工程师承诺送大家皮夹克作为礼物，这是一项很好的员工团建补贴。优步已经收集了所有人的尺寸，并将在当年晚些时候为他们购买皮夹克。几周后，福勒部门剩下的 6 名女性员工，包括福勒，都收到了一封邮件。主管在邮件告诉这些女性员工，她们是没有皮夹克的，优步能拿到 120 件男士皮夹克的团购折扣，可是因为女性员工太少，他们找不到愿意提供折扣的厂商。主管说，由于没有达成协议，所以无法为团队里的 6 名女员工购买皮夹克。

　　这一决定让福勒感到很震惊，她回复邮件，表达了自己的想法，认为这并不公平。主管的回复很直接："如果女性员工真的想要平等，就要明白，恰恰是女性员工没有皮夹克，才是平等。"在主管看来，处处为女性员工考虑、为她们提供特殊的便利才是贬低了她们，破坏了精英体制。如果角色互换，男性员工得不到皮夹克，主管也会这么处理。他显然没有想到，在男性主导的硅谷，这种情况永远都不会发生。

---

① Boober，boob 即胸部。

就皮夹克以及优步如何对待女性员工等问题，福勒与人力资源部门和高管进行了反复讨论，福勒受够了。因为对优步厌恶至极，她跳槽去了另一家科技公司。在皮夹克事件几个月后，她永远地离开了优步。

福勒离开优步两个月后，2017年年初的某个周日早上，天还在下雨，她决定公开自己在优步的遭遇。那时，因为卡兰尼克决定留在特朗普政策委员会，优步刚刚经历了媒体的狂风暴雨。之后，迫于员工压力，他不得不辞去政策委员会的职位。

福勒在优步的时候已经写了大约3 000字，复制到了她的个人博客中。她和经理之间的事，她和人力资源部门之间噩梦般的斗争，还有皮夹克事件，她把这一切都写进了博文里。她完全没有想到在她点击"发布"按钮之后会发生什么。

苏珊·福勒最后看了一眼屏幕上的字。给帖子加了个标题："回望在优步非常奇怪的一年"。她深吸了一口气。

然后点击了"发布"。

第二十三章 ……摔得更重

特拉维斯·卡兰尼克一觉醒来,发现自己的手机遭遇了狂轰滥炸。

几个小时内,苏珊·福勒的博文经由私人信息和聊天群在优步内部被转发分享了数百次。优步的员工都很愤怒,夹杂着一些兴奋和困惑。那个周日早上,旧金山下着雨,卡兰尼克当时在洛杉矶。优步高层纷纷打电话来询问有关福勒举报一事,他有些昏昏沉沉,但还是开始一一回复。

福勒在公司里职位不高,远不到引起他注意的程度。然而,正是这名女性,作为优步庞大工程师队伍中的一员,以一己之力让整个公司陷入了不安。媒体不停地给公关部门打电话,要求他们对福勒发布的博文进行回应。福勒本人已经关机,记者打不通她的电话,除了她发布的那篇博文外,再也没有任何只言片语。

在优步迄今爆出的所有丑闻中,福勒的这份带聊天截图的爆料最致命。聊天群里一片混乱。愤怒的员工都在向管理层发邮件,不是要求做出回应，就是其他的举报指控。福勒事件只是一个开始，她的博文就如打开了一座大坝的闸门，员工多年来压抑的抱怨就像洪水一般从开闸的大坝倾泻而出。对卡兰尼克来说，更糟糕的是，员工开始在推特上公开谈论他们在优步遭遇的一些糟糕经历。

"这太可怕了，完全不能忍。我在优步人力资源部门的时候，他们也这样，冷酷、无理，"另一位刚从优步离职的员工克里斯·梅西纳在推特上写道，"看苏珊的遭遇，优步真的活该被骂。"

由福勒事件爆发出来的内部怨怼并非无中生有，自从最初卡兰尼克拒绝辞去特朗普政策委员会委员一职，大家就开始对他日益不满。自大选后，这些技术员工的心态就变了。在特朗普上台之前，大家都觉得充满干劲、极有远见的创始人站在了历史正确的一边。然而，自特朗普上台后，如果公司的哪个 CEO 是一个压迫、为难他人的暴君，那他所有的想法都会变得令人无法忍受。到卡兰尼克离开政策委员会时，员工对他的看法进一步恶化。他们认为，也许自己的老板和总统是一丘之貉。

一连几个月，优步员工开始受到旧金山湾区其他公司的排斥。对员工来说，在优步工作让他们感觉是种耻辱。曾经，身着优步黑色制服是一种骄傲，就像脸书的蓝色一样，而现在，一旦让人知道你是在市场街 1455 号工作，聊天就进行不下去了，还会引来他人奇怪的眼神，似乎在说，"你怎么能为优步打工？"

这种感觉并不好，因此大家开始纷纷辞职。2014 年至 2016 年，优步雇用了数千名前谷歌员工，而现在，谷歌开始重新大批聘用这些在优步饱受良心谴责的员工。爱彼迎、脸书，甚至来福车都开始挖优步的墙脚。优步亟待解决士气问题，而如今福勒的博文让局面变得更加糟糕。

卡兰尼克立即开始采取行动。周一早上，他搭乘返回旧金山的航班，抵达位于市场街的优步总部，准备应对福勒事件。

在会议上，一名董事会成员提议由外部机构来对优步进行内部调查。卡兰尼克需要找一个声名显赫的重量级机构合作，比如华盛顿特区的科文顿－柏灵律师事务所，以示优步对此事的重视。科文顿聘请了巴拉克·奥巴马的司法部长埃里克·霍尔德。卡兰尼克之前就认识霍尔德，这位前司法部长和优步有过合作，非常可靠。选择霍尔德和他的搭档塔米·阿尔巴兰来主导此次内部调查可能会扭转局面。

其他人则更为谨慎。雷切尔·惠特斯通是卡兰尼克的高级副总裁，负责优步公关和公共政策，她很紧张。她原先是一名运营人员，长期从事公关和政策执行工作，在加入优步之前，曾在谷歌工作了近10年，爬到了通信行业的食物链顶端。惠特斯通留着一头粉金色长发，操着一口时髦的英国口音，瘦削而略显焦虑。在一头扎进科技行业之前，她来自竞争激烈的英国政界保守派。她是一个天生的战略家，善于观察周遭，洞察媒体的目标，并为此做足准备。她与高管讨论长期政策，视他们为同事，从不将自己局限为一个下属，这一点帮助她在公司站稳了脚跟。惠特斯通原来的上司大卫·普洛夫更擅长与政界人士打交道、撰写发言稿，实际管理一个每天都要对外发声的部门却不那么适合，因此，卡兰尼克将他明升暗降，提拔了惠特斯通来接替他的位置。

过去的几个月里，惠特斯通和卡兰尼克的关系变得紧张起来。吉尔·哈泽尔贝克是另一位谷歌前员工，也曾是政界一员，如今是惠特斯通的副手。卡兰尼克觉得她俩在塑造优步公共形象方面做得很糟糕，外界对公司负面报道不断，可见她们的工作有问题。而通信团队认为自己已竭尽所能来维护公司形象，但是手上的牌并不好：不讨人喜欢还很顽固的CEO、嘈杂的工作环境、无数和卡兰尼克性格相似的员工。到了福勒的博文在网上流传之时，卡兰尼克已经开始无所顾忌地在其他高管面前大声质疑惠特斯通的策略。

周一上午与卡兰尼克和其他团队成员开会时，惠特斯通提到了谷歌前CEO埃里克·施密特多年前给她的忠告："一旦引入外部人士，公司就会以最快的速度失去控制权。"对优步来说，对自己不满意的员工加强内部培训，或开除部分员工是一回事，从外部引入人员、让国内最好的律师参与进来又是另一回事。新来的、好奇的眼睛肯定会发现新的、可怕的骷髅。即便如此，依然是惠特斯通率先提出了让霍尔德参加调查，因为她觉得，如果优步打算引入外部调查人员，那就应该是像他这样的人。

让卡兰尼克点头同意甚至根本无须费力，自从他看了福勒的博文后就很不高兴，巴不得立即着手处理。

然而，他处理此事的方式将引发一些出乎他意料之外的更深层次的问题。此时的卡兰尼克对此类调查完全没有概念，更不知道霍尔德的调查会进行得多彻底，他只是下令让埃米尔·迈克联系霍尔德并当即下了聘书。当天下午晚些时候，卡兰尼克发送了一份备忘录，试图安抚那些情绪不佳的员工。

各位团队成员：

过去的24小时十分艰难。我知道公司正受到一些伤害，我也理解大家一直在等待更多信息，关心有关事态的发展进程和我们将采取何种行动。

第一，奥巴马总统任期内的美国前司法部长埃里克·霍尔德和他的搭档塔米·阿尔巴兰，两位都是科文顿－柏灵律师事务所的合伙人，他们将会在本公司主持独立的内部调查。主要调查内容包括苏珊·福勒举报的工作环境问题，以及优步企业多元化与包容性的问题。

第二，阿里安娜将和我与亚纳（霍恩西，人力资源总监）一起，参与明天的全体员工会议，讨论最近发生的事和我们的下一步举措……

第三，目前对优步技术团队的性别多元化问题质疑颇多。但纵观我们的工程、产品管理和科学家团队，15.1%的员工是女性，这个比例在去年并没有发生实质性的变化。为大家提供一些数据作为参考，脸书的女性比例为17%，谷歌为18%，推特为10%。接下来几个月，我和亚纳会发

布一份公司层面更全面的性别报告①。我坚信，我们所做的
一切都是为了创造公平正义的工作环境……我的首要任务
永远都是让大家经此事件后，能够成为更优秀的组织，践
行我们的价值观，为那些遭受不公的人而奋斗，支持他们。
谢谢！

特拉维斯·卡兰尼克

高管以为这封信发出后会有员工回复质疑，但这封信似乎缓解
了内部的紧张情绪，至少在第二天上午全体会议进行之前，没有什
么动静。目前，聊天群里渐渐安静下来，员工重返工作岗位。

卡兰尼克觉得自己这一步走对了。就像其他人后来评价的那样，
他迅速与果断的行动值得赞扬，他确实试图改正曾经发生在福勒身
上的问题。为了重塑优步的公众形象，他非常倚重董事会的另一位
成员。在接下来的 6 个月里，这位董事会成员与卡兰尼克的关系比
其生命中的其他任何人都要密切。

这位董事会成员就是阿里安娜·赫芬顿。

---

① 卡兰尼克突然愿意对优步员工性别、种族分布情况进行研究，这让员工颇感困惑。
多年来，员工一直希望卡兰尼克能发布一份多元化报告。2017 年左右，哪怕是在
以白人和男性为主的硅谷，这种透明策略也变得越来越普遍。卡兰尼克的安全主管
乔·沙利文常因此对卡兰尼克施压，但他一再拒绝，因为多元化报告不符合优步的
文化价值观。毕竟，优步在他眼中是"精英"的代名词，他认为优步只雇用"最
好"的员工，其他方面如性别和种族差异不在其考虑之中。许多人认为这份多元化
报告来得太迟，就如卡兰尼克退出特朗普政策委员会的决定来得太迟一样。

卡兰尼克从没想过自己会赌上人生和事业来信任阿里安娜·赫芬顿,但事情就这样发生了。

当卡兰尼克和副手埃米尔·迈克在构思理想的董事会成员名单时,奥普拉·温弗瑞是他们的首选,但他们未能成功说服这位超级巨星。于是,卡兰尼克开始考虑另一位与他相识多年的名人:赫芬顿。

他们在 2012 年的一次技术会议上第一次见面,卡兰尼克在演讲间隙把赫芬顿请到一旁,向她展示优步的运作方式。当时,优步还只是有钱人能享受得起的应用程序,离推出 UberX 还有好几个月,而赫芬顿如果能使用优步,会是理想的推广人。她在推特上写道:"@卡兰尼克向我展示了他超酷的应用软件,优步:每个人的私人司机 uber.com。"她还在自己拥有百万粉丝的账号上分享了两个人在会议上的合照。对卡兰尼克来说,这是一个重要时刻,因为赫芬顿是个名人,正是优步高级轿车服务的目标客户。

远在优步的概念诞生之前,赫芬顿早已名声大噪。赫芬顿原名阿里安娜·斯塔西诺普洛斯,1950 年出生在希腊,父亲是康斯坦丁·斯塔西诺普洛斯,母亲是埃利·斯塔西诺普洛斯,她和她的妹妹阿加皮一起在雅典长大。她们的小家庭本来很幸福,但后来父母的婚姻触礁。她们的父亲是一名记者,婚内出轨,在阿里安娜还很小的时候就和她母亲分开了。她们和母亲一起生活,母亲是一个热情、聪明的女人,会说四种语言,并且一直支持她的女儿们。她们出身于普通家庭,但她的母亲很重视高等教育。埃利告诉两个女儿:"你们的嫁妆就是你们所受的教育。"她带着女儿们搬到了伦敦,阿里安娜也因此得以参加剑桥大学的入学考试。

这一切都得到了回报。阿里安娜的母亲鼓励两个女儿往更高的社会阶层上爬，而阿里安娜也像母亲一样，天生聪明。阿里安娜获得了剑桥大学的部分奖学金，这是她进入社会精英阶层的开始。在学校，她成绩优异，先是在剑桥大学学习经济学，后来又前往印度修读比较宗教学。20 世纪 60 年代，十几岁的阿里安娜没有像诸多年轻人一样沉迷于派对和毒品，而是更喜欢辩论和公民学。毕业前，在一场有关女权主义的电视辩论中，她的一次偶然露面让她接触到了一位出版商。这最终促使她于 1973 年出版了第一本书《女性》。该书在妇女问题上采取了更保守的立场，而阿里安娜对妇女解放运动的这些思考也使她成为公众思潮的独立评论员，开启了她的职业生涯。

随后，阿里安娜陆续出版了许多其他作品。在遇到卡兰尼克时，她已累计出版了十几本书，她一直在以一个勇敢的独立作家的身份持续输出大胆的观点。1981 年，她为著名的希腊女高音歌唱家玛丽亚·卡拉斯写了一本传记。1988 年，她着手撰写了一本关于毕加索的书。这两部作品都成了当年的畅销书。①

20 世纪 80 年代，她邂逅了共和党银行家兼政治家迈克·赫芬

---

① 这两本书也都饱受争议。当她撰写的卡拉斯传记出版时，阿里安娜被指控抄袭另一位卡拉斯传记作者的作品。而另一本以毕加索为主题的书出版时，受到一位艺术历史学家更激烈的指责。莉迪亚·贾斯曼教授在 1994 年对一名记者说："她的所作所为简直就是偷走了我 20 年努力的成果。"阿里安娜对所有抄袭指控一直矢口否认，第一个案件在庭外私下和解；而第二本书相关的原告则从未提起诉讼。

顿，很快，两人在 1986 年结婚，这位特立独行的作家从而成了阿里安娜·赫芬顿夫人。她的丈夫是一名共和党众议员，所以，她也成了一名共和党人。赫芬顿偶尔会为《国民评论》撰写文章，也与鲍勃·多尔和纽特·金里奇合作，以保守派谈话领袖的身份出现在每周的广播节目和写作节目中。20 世纪 90 年代，她成为"拉里·金现场秀"和彪马叔政治脱口秀的常客。

不管走到哪里，赫芬顿都能迅速吸引所有人的目光。她身高近 1.8 米，留着一头浓密的红发，长相出众，但更与众不同的是她夸张的口音：充满活力，发音饱满。哪怕刚认识不久的人，她也会给人打电话，开口就是"亲爱的——"，语气就像与老友交谈一般。

赫芬顿魅力非凡。无论是朋友还是对手，都会惊叹于她的能力—— 如果你想要她介绍一份工作，那么赫芬顿再合适不过了，她几乎认识纽约、洛杉矶和华盛顿的每一个人；如果你的新书需要一个封面简介，她也能轻松搞定，毕竟她自己就写了 15 本书；为你的新书写完简介后，她甚至可能还会为你的新书举办派对，邀请她的各位名人朋友来捧场。

赫芬顿是百变大师。早年她曾研究神秘主义，后来她开始冥想。成为共和党人多年后，她又彻底改变，把自己塑造成了一个进步主义者，拥护环保政策，支持约翰·克里竞选总统。

赫芬顿支持的约翰·克里在 2004 年总统竞选中失败，输给了乔治·沃克·布什。之后，赫芬顿不断进取的性格促使她尝试创立一个真正的在线媒体阵地，《纽约客》后来评价其"比德拉吉报道网更开明自由"。2005年，在风险投资和一位科技公司执行合伙人前辈的帮助下，她创办了《赫芬顿邮报》。这是一个新闻博客网站，该网站开创了一种早期的"公民新闻"形式，实际上，就是自由职业者在网上找其他人的文章来总结、汇总，再转载到《赫芬顿邮报》的网站上。主流记者对此嗤之以鼻，而赫芬顿和她的合伙人则欢声笑语地赚足了钱。2011年，她以3.15亿美元的价格将《赫芬顿邮报》卖给了美国在线门户网站，她一个人就净赚2 000多万美元。

赫芬顿并不属于任何一类人。在她的人生中，她的事业、观点总是日异月殊。关于阿里安娜·赫芬顿，唯有一件事始终如一，那就是除了她自己，没有人能将其归类。她唯一不变的正是她的善变。

"有没有可能总结一个阿里安娜一以贯之的理论？"一位作家在2006年评论赫芬顿第11本书的时候曾这样发问，"她信奉什么吗？"

在逐渐被美国在线的权力中心边缘化后，赫芬顿在66岁进军个人护理和健康领域，创立了新公司繁荣全球（Thrive Global），关注健康生活方式，并且又出了一本新书。

莫特·詹克洛曾代理赫芬顿有关毕加索的作品。1994年，他这样告诉《名利场》："关于阿里安娜这个人，人们有两种看法，一种是她老谋深算、冷血无情，另一种是她确实在每次做出改变前都先说服了自己。她先成功地向自己推销自己。"

她的政治生涯为她进入数字媒体行业铺平了道路，而她的媒体经历则开启了她在健康养生领域的新冒险。随着在这个领域的日渐深入，她也了解到了硅谷的变革性本质。

　　赫芬顿和卡兰尼克在 2012 年初次会面之后，慢慢地走得更近了。他们会一起出现在会议的主讲台上。有一年，赫芬顿邀请卡兰尼克去她家参加圣诞派对，他带着父亲唐纳德和母亲邦妮前去做客。2016 年，赫芬顿正式加入优步。

　　与赫芬顿的友谊出现在卡兰尼克人生的关键时刻。2016 年年底那段时间对他来说很艰难，那会儿他刚和交往了两年的女友加比·霍尔茨瓦分手。卡兰尼克与工作无关的亲近关系就只有女友和父母，而当时，因为无法忍受卡兰尼克繁忙的工作日程，霍尔茨瓦离开了他。卡兰尼克把自己献给了优步，他醒着的所有时间几乎都在办公室度过。霍尔茨瓦和朋友去欧洲玩了几个星期，试图缓解一下两个人的紧张关系，而卡兰尼克依然在工作。

　　2016 年年初，卡兰尼克决定让赫芬顿进入优步董事会。他来到赫芬顿在布伦特伍德的小屋和她进行了一次交谈。卡兰尼克一边在房间里踱来踱去，一边向赫芬顿阐述自己的想法。总有一天，优步不仅仅为乘客提供出行服务，还会将业务扩展到整个运输业，运送食物、零售商品、包裹等所有的一切①，他的公司将为实现这一目标提供基础架构。在他的设想中，无数自动驾驶的优步车将在旧金山畅行。甚至有一天，优步会开展飞行业务，载着人们在空中穿梭，从一个城市前往另一个城市。卡兰尼克讲了四个小时，还在踱步，

---

① "一切"不包括邮政业务。卡兰尼克坚决反对优步成为现代版美国邮政署。在他看来，这是一个毫无吸引力的市场，如果贝佐斯愿意，他可以把平邮让给亚马逊来做。

还在滔滔不绝。赫芬顿被他的设想和对优步的热爱打动了。卡兰尼克则从阿里安娜那里感受到了极大的温暖，像是一种鼓励他去实现理想的母爱。

　　赫芬顿下厨做了煎蛋卷，卡兰尼克在房间里边踱步边吃，就这样，他们达成了协议。阿里安娜·赫芬顿将成为优步最新的董事会成员，她会在卡兰尼克的背后支持他。

第二十四章　没人能从拉里·佩奇那里轻易得手

2016 年年底，就在苏珊·福勒发表博文的几个月前，特拉维斯·卡兰尼克的另一个麻烦正在酝酿中：旧金山往南 64 公里，拉里·佩奇正大为光火。

拉里·佩奇的得意门生安东尼·莱万多夫斯基于 2016 年 1 月离开了公司。离开时，他还带走了 1.2 亿美元，那是其为谷歌的自动驾驶汽车项目做出的贡献而发放的奖金。谷歌在这个项目上花费了 8 年时间，投资了数亿美元，投入了几十名员工的时间和资源。谷歌的高层感觉莱万多夫斯基在危难关头撒手不管，放弃了这个自动驾驶项目。而后，这位不忠的后生创办了自己的自动驾驶汽车公司，更糟糕的是，很多谷歌员工也纷纷离职，带着他们宝贵的知识和经验，投奔了莱万多夫斯基。

对佩奇来说，这算是结下了私人恩怨。他早已放手不管搜索引擎业务的日常琐事了。2015 年，谷歌调整了公司架构，成立了母公司 Alphabet，佩奇出任 CEO。谷歌的搜索业务仍然很赚钱，每季度能赢利数十亿美元，这使 Alphabet 的其他子公司能够开展多样化的业务。

这一调整使佩奇得以从公众视线中消失。他向来讨厌作为谷歌 CEO 不得不接受的监督与审查，他希望有更多的时间来开展自己的项目。一直以来，无人驾驶汽车的构想只是他个人的计划，还处于起步阶段。基蒂霍克（Kitty Hawk）是由他个人出资的一个旁支项目，目前正在研制一款可向消费者推出的飞行汽车。佩奇想在有生之年实现儿时的梦想。

谷歌是第一家投入大量资源和资金进行自动驾驶汽车研究的大型科技公司，但高管也承认，他们在落实和积极测试汽车方面进展缓慢。苹果和特斯拉等竞争对手在该领域越做越好。莱万多夫斯基离职后，佩奇调整了自动驾驶汽车项目的部门架构。该项目原本隶属谷歌的"登月计划"Google X 部门，现在他把自动驾驶汽车研究剥离出来，成立了独立的公司，将其命名为"新出行"（Waymo），取自创造"一种新的移动方式"之意。佩奇任命现代汽车美国公司的前总裁约翰·克拉夫西克为"新出行"的 CEO。"新出行"在该领域的竞争中领先多年，新公司打算在竞争对手还未能赶超之时，好好利用这一领先优势。

2016 年 5 月，在离开谷歌四个月后，莱万多夫斯基首次向外界透露自己新成立的公司名叫奥拓（Otto）。然而，仅仅三个月后，他就以 6 亿多美元的价格把新公司卖给了优步。这立刻引起了佩奇的警觉。因为谷歌在几个月前就已经卷入了与莱万多夫斯基的仲裁纠纷，谷歌控告莱万多夫斯基利用公司内部保密的薪资信息，诱使谷歌员工跳槽至奥拓。现在，他这么快就将公司卖给优步，这更激怒了佩奇，佩奇派人开启司法调查，调查莱万多夫斯基在谷歌时的工作账户及其离职情况。他觉得事情有点不对劲。

　　佩奇的预感是对的。对谷歌提供的莱万多夫斯基的工作电脑进行取证后，调查人员发现，在他离职的前几周，他从谷歌的服务器直接下载了超过 1.4 万份与自动驾驶程序相关的机密文件，转存到了他的个人笔记本电脑上。这些机密文件包括"新出行"公司的激光雷达①电路板设计专利，这也是大多数自动驾驶汽车正常行驶所必需的关键部件之一。下载文件后，他将 9.7G 的数据复制到了自己的外置硬盘上。做完这一切后，莱万多夫斯基重装了电脑操作系统，清空了他工作笔记本电脑硬盘中的所有内容。后来"新出行"的律师透露："莱万多夫斯基抹去了这台笔记本电脑上的所有信息后，他只用过几分钟这台电脑，之后就再也没用过了，这不合常理。"

　　其他跟着莱万多夫斯基跳槽到奥拓的员工也下载了专利信息，包括"机密的供应商名单、制造细节和含高精尖技术信息的文件"。莱万多夫斯基离职前后，他的搭档利奥·罗恩还曾在谷歌上搜索过"如何秘密删除 Mac 电脑中的文件"，以及"如何从我的电脑上永久

---

① 激光雷达是"激光探测与测量"的简称，激光雷达是大多数原型车的重要组成部分，也是各大科技公司和汽车公司组建自动驾驶车队的竞争关键。

删除谷歌云盘上的文件"等相关问题。

这些细节是致命的。但是，如果不是"新出行"自己的激光雷达组件供应商疏忽大意，佩奇的调查人员可能还无法把所有线索串联起来。2017 年 2 月，在奥拓被优步收购几个月后，这家制造商无意中把一封包含优步最新激光雷达组件设计示意图的邮件转发给了一名"新出行"员工。这件事引起了"新出行"工程师的注意，因为优步的激光雷达组件看起来就像是"新出行"硬件的翻版。

佩奇曾经对莱万多夫斯基十分器重。多年来，谷歌的 CEO 一直对这位后生很大方，对他的任性和犯上也十分包容，在其他高层想要解聘他的时候还出手保他。可现在，这位得意门生背叛了他。

2017 年 2 月 23 日，昆鹰律师事务所的律师代表"新出行"在加州北部联邦法院提起诉讼，控告奥拓和优步窃取了"新出行"的知识产权和商业机密，侵犯了"新出行"的多项专利，控诉两家公司串通一气，实施了欺诈、违法的不公平商业行为。"新出行"称，此番窃取机密的行为会为优步迄今仍未成功的自动驾驶技术开发注入生机。

"新出行"的律师在提交的文件中指出："奥拓和优步已成功窃取'新出行'的知识产权，因此得以降低独立开发专有技术的风险、时间成本和投入经费。而最终，这起精心策划的窃取行动会为奥拓的员工带来超过 5 亿美元的收入，并让优步得以重启一个陷入停滞的项目，而为这一切付出的却是'新出行'。"

对佩奇来说，亲自下令提起诉讼算是釜底抽薪的一招。在硅谷，企业剽窃竞争对手项目的频率之高，可能会让时装设计师、汽车制造商或其他衍生品较少的行业感到震惊。脸书曾抄袭色拉布的核心功能，而在过去的 6 年里，数百个抄袭 Instagram 的应用充斥着苹果应用商店。不过，起诉又是另一回事了，因为起诉一名前员工存在巨大风险。在法庭取证过程中，各种见不得人的邮件和文件可能会被暴露，而在未来招聘过程中，员工可能会犹豫是否要加入一家有可能会在他们离职后起诉他们的公司。

借着这次起诉，"新出行"向莱万多夫斯基和硅谷其他人宣告：没有人能在偷了拉里·佩奇的东西后全身而退。

2017 年冬天刚过了一半，负责优步公众形象管理的杰夫·琼斯试图让公司高层的每个人都能清醒过来，优步当前面临的不是形象问题，而是特拉维斯问题。

琼斯是优步执行领导团队中唯一一个有营销经验的人，他亲自研究了人们对优步品牌负面情绪的根源。在他加入优步之前，他并没料到自己的工作竟会面对这样的情形。琼斯知道人们认为特拉维斯是个混蛋，但他对当前的境地毫无准备。而苏珊·福勒的博文则使事态急剧恶化。

福勒发文才过去四天，这边"新出行"就对优步提起了诉讼，从而引发了一个巨大的问题：优步的新自动驾驶团队领导看起来是不折不扣的小偷，还可能涉及犯罪。这还不是最糟糕的。三天后，优步的刚招进来的大牌员工、曾负责完善谷歌搜索算法的阿密特·辛格哈尔，都还没正式到岗开始工作，就被迫从优步辞职了。一个月前，卡兰尼克刚宣布了即将聘用辛格哈尔的消息，当时振奋了不少员工。然而，就在"新出行"提起诉讼没几天，媒体就爆出辛格哈尔是因为受到性骚扰的指控才被赶出谷歌的，此前谷歌的高管联手压下了这个消息（辛格哈尔本人一直否认该指控），因此，卡兰尼克在决定聘用他的时候对这事一无所知。对优步来说，这个消息来得太不是时候了。

但琼斯想获得更多的数据。他起初加入优步时，曾对卡兰尼克说，希望调查公众对优步和卡兰尼克的看法。关于这些问题，公司并没有掌握任何数据，而琼斯想知道公众的想法。

几个月后，数据出来了。琼斯邀请了执行管理团队的大多数人和他一起，离开总部，参加为期两天的管理层外出会议。但他要求卡兰尼克回避，因为他想单独和管理层一起分析这些数据，而不是在大老板眼皮底下进行分析，他希望卡兰尼克能够尊重这一决定。这样的要求激怒了卡兰尼克，但琼斯很坚决。最后，卡兰尼克同意退让。

2月下旬，旧金山市中心金融区巴特瑞大街，约12名来自优步不同部门的高管在艾美酒店会面，准备就调查的结果和一些其他事项进行讨论。琼斯提前订了一间会议室，还做了一个PPT，以方便管理层其他成员看懂这些数据。

调查结果很明确：人们喜欢使用优步的服务，但当提到特拉维斯·卡兰尼克时，用户表现出了厌恶的情绪。卡兰尼克个人的负面形象很大程度上拖累了优步的品牌形象，使其日渐变糟。

那天晚些时候，琼斯收到了卡兰尼克的短信，作为 CEO，他要来参加会议。卡兰尼克不喜欢所有的高管都在讨论公司的未来，而自己被忽视。他走进坐满高管的酒店会议室，看到了贴在墙上的图表、调查和研究报告。房间中央有张巨大的纸，上面用黑色粗体字写着一句话，那是该调查组认为优步在外界眼中的形象：一群荒唐、成功的霸道年轻人。这一点还真没说错。

然而，卡兰尼克立即开始反驳琼斯的这一调查结果和他在墙上看到的数据。

"嗯——，"卡兰尼克说，"朋友，我不相信这个调查结果，我不这么认为。"

连卡兰尼克的副手都目瞪口呆。即便现在优步深陷有史以来持续最久的危机，卡兰尼克也不承认墙上的白纸黑字。优步的司机产品负责人阿隆·希尔德克鲁特立即站出来为琼斯和这些数据辩护。另外两位德高望重的高管丹尼尔·格拉夫和雷切尔·霍尔特也支持并维护琼斯。虽然那时卡兰尼克不喜欢琼斯，但他很尊重格拉夫和希尔德克鲁特，霍尔特则从优步创立之初就一直陪伴着他。这三个人都支持这项调查结果。如果说卡兰尼克还能听得进别人的话，那么除了他们没别人了。

这场争论被打断了。优步的公关负责人雷切尔·惠特斯通接到一个电话，她去走廊接通了电话。过了一会儿，惠特斯通示意负责政策和沟通的二把手吉尔·哈泽尔贝克跟她一起出去，到走廊上谈谈。发生了一些糟糕的事，但此时，会议室里无人能预料事态会有多糟糕。

随后，琼斯也去了走廊，卡兰尼克紧随其后。惠特斯通从会议室里拿了一台笔记本电脑放在他们面前的椅子上。她点开了彭博新闻社的网站，该网站刚刚发布了一篇关于卡兰尼克的报道。文章的开头是一段视频。

四名高管围着笔记本电脑，卡兰尼克跪在椅子前，他们一起观看了一段模糊的行车记录仪视频。视频是从优步车里拍摄的，视频里是一名司机和后座的三名乘客，是特拉维斯·卡兰尼克和两位女士，他坐在她们中间。

视频一开始并无特别之处，只有三人断断续续的谈话声和笑声，从模糊的画面中不难看出他们是在晚上外出后醉醺醺地回家。收音机里正播放着魔力红的歌，卡兰尼克在车里随着节奏摇摆。几位高管在镜头里看到老板的这副模样，脑子里只有一个词：混蛋。

卡兰尼克和他的朋友到达目的地，司机试图搭讪，他说自己认识卡兰尼克。然后突然气氛一转，司机法乌卡·卡迈勒质问卡兰尼克，他抨击优步为客户降价实际上给司机造成了沉重的损失的政策。"因为你，我损失了9.7万美元，"卡迈勒对他说，"因为你，我破产了，你每天都有新花样！"

"等一下！"卡兰尼克打断他，两人的谈话开始变得激烈。"我对优步高端车做什么调整了？"

"你降价了！"卡迈勒反驳道。

"胡扯。你知道什么？！"卡兰尼克边下车边说。"有些人总想把自己的狗屎都推给别人！"他冲着卡迈勒的脸大喊，声音盖过了对方。

卡兰尼克一边朝天竖起了一根手指，一边反驳道："他们想把自己生活中的一切不如意都归咎于别人。祝你好运！"卡兰尼克从车上下来，在视频中消失，留下卡迈勒在车里大喊大叫。几秒后，视频结束了，一个高管合上了笔记本电脑。

早晨还精神抖擞的卡兰尼克，此时跪在地上，对着他的下属开始喃喃自语："糟糕，这真的很糟糕。"他向前倒了下去，瘫在地上。"我这是怎么回事？"他尖叫起来。

所有高管都不知道该怎么办。看到卡兰尼克这样在地上打滚，他们深感不安。

卡兰尼克给他觉得唯一可以求助的人打电话，他打给了阿里安娜·赫芬顿。"阿里安娜，我们需要帮助，"他对着电话那头哭诉，"我们怎么才能渡过这次难关？情况太糟糕了，我把一切都搞砸了。"赫芬顿对着电话低声说了些老生常谈的话，试图让心烦意乱的卡兰尼克平静下来。

琼斯尝试安慰他，提议与危机公关公司①联络，让他们帮忙制定战略，看看下一步该做些什么才能让优步摆脱困境。

琼斯说："特拉维斯，公关公司有专业人士帮我们。"

---

① 他们给默多克家族的御用危机公关专家史蒂文·鲁宾斯坦打了电话。但他最后并没有接卡兰尼克的单子，不到一个月，他和卡兰尼克偶然碰面。作为离别礼物，鲁宾斯坦给他提出了两条建议：第一，卡兰尼克必须找到属于他的雪莉，这指的是马克·扎克伯格与雪莉·桑德伯格的关系。当时人们普遍认为，雪莉·桑德伯格的存在有效地制衡了扎克伯格的领导；第二，他认为卡兰尼克需要休假。"要么你搬起石头砸自己的脚，要么最后等着媒体朝你的头开枪。"

惠特斯通不同意。"我觉得你找不到比我和哈泽尔贝克更合适的人选。"她自告奋勇想承担这个重任。她相信，这一次公关部门团队仍然能把他从这场灾难中解救出来。

相反，卡兰尼克却将自己的怒火发泄在惠特斯通和哈泽尔贝克身上，把她们痛骂了一顿："你们两个没有策略，也毫无新意，根本无法帮我们摆脱困境。"卡兰尼克的辱骂声回荡在空气中，大家都默不作声。惠特斯通和哈泽尔贝克受够了。她们起身收拾好自己的东西，大步离开了房间。

卡兰尼克很快意识到自己错了，媒体正准备把他撕成碎片，而他却气走了试图保护他的人。他在酒店走廊追上两位公关主管，试图说服她们留下来，哈泽尔贝克与他对峙。

"你竟敢这样对待我们！"她大声吼着，凑到卡兰尼克脸前，其他人都在一旁震惊了。"为了你和这家公司我赴汤蹈火，如今这一切全是你自己招惹的麻烦！"①

团队已人心涣散，这一天也完全毁了，但卡兰尼克最后还是想方设法说服了惠特斯通和哈泽尔贝克先不要离职。一半的人先回到了哈泽尔贝克在旧金山牛谷区的别墅，离这儿只有 20 分钟的车程。哈泽尔贝克给大家叫了外卖。

优步的高管坐在哈泽尔贝克家客厅的沙发上，吃着比萨喝着啤酒，暗自思量着自己该何去何从。与此同时，卡兰尼克还在继续他

① 据一位现场的目击者回忆，高管交流时的用词比这里要有趣多了。

的表演，在哈泽尔贝克家的地毯上痛苦地扭来扭去。他一遍又一遍地重复："我是个混蛋。我是个混蛋。我是个混蛋。"

惠特斯通敷衍地安慰他："你并不是个混蛋，但你确实做了很糟糕的事。"

当天晚上，惠特斯通、哈泽尔贝克和卡兰尼克向记者发布了一份声明。那时候，那段视频已在网上疯传，媒体和公众议论纷纷。通过这个视频，人们非常确定：卡兰尼克并不关心司机，还像个混蛋一样寻欢作乐。他们坚信，特拉维斯·卡兰尼克就是个混蛋。

那天晚些时候，卡兰尼克向全体员工发送了一封道歉信。第二天一早，他们也在公司的官方博客上发布了这封道歉信。

> 我想，你们肯定已经看过我对优步司机无礼的视频了。羞愧已不足以形容我此刻的感受。作为你们的领导，我的工作是引领大家……首先我自己应该行为良好，让大家感到骄傲。我不应该那样做，我犯下的错，根本无从解释。
>
> 很明显，这段视频反映了我的一些问题，而我所受到的批评则是对我的警醒：作为一个领导者，我必须从根本上有所改变，有所成长。有史以来第一次，我承认，我需要有人来帮助我一起领导公司，我也打算将此付诸实际行动。
>
> 在此，我向法乌卡、司机群体以及优步团队致以深深的歉意。
>
> 特拉维斯·卡兰尼克

第二十五章 灰球

苏珊·福勒的博文在硅谷引起轰动，登上世界各地报纸的头版，一周后，我接到了一个陌生号码的来电。

"喂，是迈克吗？迈克·艾萨克？"电话另一端有个声音问道，"嗨，迈克，我叫鲍勃，是优步的员工，我们可以私下谈谈吗？"

前几天，我写的《揭秘优步狼性企业文化》登上了《纽约时报》头版。我曾与30多名优步现任和前任员工交流过，他们向我详细地介绍了公司内部的情况。自2014年加入《纽约时报》以来，我写了几十篇关于优步的报道。但福勒的文章很不一样。

精英管理体系尽管受科技乌托邦主义者大肆吹捧，但福勒的博文完美地描述了这一体系中存在的骚扰、偏见和恶习，比如，每一位科技行业的女性都曾试图回避上级的性挑逗，曾在即时通信工具上忍受过不恰当的评论；每一位女性创始人都曾见过男性那些低级的创业想法获得注资，而女性领导的初创公司明明想法更棒，却得不到机会。

福勒对这些并不了解，但她的帖子即将为之后发生的一场运动揭开序幕。2017 秋天，《纽约时报》和《纽约客》石破天惊地发文披露好莱坞著名制片人哈维·韦恩斯坦牵涉甚广的性骚扰事件，最终导致他被传讯，并引爆了"#me too"运动。当时，福勒发帖之后，我和其他记者一起开始报道优步内部的混乱和无法无天的行为。

鲍勃说他欣赏我之前的文章，就是那篇首次详细报道了优步拉斯维加斯"十的指数级"盛会狂欢作乐细节的文章。优步如今面临许多内部员工提起的诉讼，疯狂的毒品滥用、性骚扰指控（不包括早先福勒的指控），五花八门。"你的报道是我读过的对优步内部情况描述最贴切、最准确的文章。"他这样评价我的报道。

"但你只了解到了皮毛。你听说过'灰球'这个词吗？"鲍勃问。事实上，我一无所知。

他说他想和我当面聊聊这个词。

我们约在了帕洛阿尔托一家破破烂烂的比萨店见面。周二晚上 8点，比萨店的停车场几乎空无一人。那地方简直就是垃圾场，卖的是油腻的面包片和汽水。关键是，鲍勃不想在公共场合被人看见和我碰面。约在这么个地方，我们是绝对不会遇到其他优步工程师的。

我坐在车里，梳理了一遍鲍勃给我列的见面前待完成事项。离家之前，我需要删除手机中的优步应用程序，并检查隐藏在应用程序子菜单中的设置，删除我在优步服务器上的联系信息。优步有一个功能要求用户将他们的通讯录上传到云端，如果和朋友或同事两人一起乘车，他们可以通过这个功能快速分摊费用。对大多数用户来说，这个功能实用且便捷；但对鲍勃和我来说，这是个风险，优步的信息安全团队可以监控我乘坐的车辆，以及我的通讯录联系人的姓名和号码，监控一切我曾授权提供给优步的信息，只要他们想这么干，就能轻而易举做到。所以，我最好把优步从我的手机里完全删除。此外，我还得把手机留在车里，关机，只带一支笔和一个笔记本去碰头。等我到了那里，他自会来找我。

那地方很脏，有些年头了，破旧的塑料隔间和台球桌上方挂着半明半暗的百威吊灯。我点了一份比萨，在一个破旧的卡座坐下，等着鲍勃出现。这地方没什么人，只有两个年轻人在打台球，还有一个收银员站在柜台后，另一个在后厨做比萨。

鲍勃戴着棒球帽，拎着一个塞满了纸的文件夹走了进来。他看上去有些紧张，他并不习惯与记者见面。这次他冒了很大的风险，如果被卡兰尼克发现了，优步的律师会把他的生活搅得天翻地覆。我很感激他为见我一面所付出的一切。我挥手向他示意，尽量显得和善一些。当记者的窍门就是装傻，表现得友好，这往往要比着急、催促显得更好相处一些。

我和鲍勃一边大口喝着冰可乐，吃着意大利辣肠，一边快速浏览他带来的这些文件。文件涉及优步不同的项目，比如，优步在某地的一位总经理给司机发了一封邮件，提供了一系列躲避警方抓捕的策略：

· 不要把您的优步手机放在风挡玻璃前，放在杯座上即可。

· 询问乘客是否愿意坐前座。

· 在离乘客打车点最远的车道请乘客上下车。

　　请记住，如果您在机场接送优步乘客时收到了罚单，优步会为您报销，并提供必要的法律援助。请拍下您的罚单，发送至 XXXXXXXXXX@uber.com。

谢谢配合，祝您有美好的一天！

　　这封邮件措辞友善，但依然可以看出，优步在有计划地教司机如何规避执法。

　　我们用完餐，鲍勃从背包里拿出了一台笔记本电脑。他打开网页浏览器，输入了一个网址，页面加载了一段波特兰当地报纸《俄勒冈人》三年前发布的 YouTube 视频。在视频中，交通官员埃里希·英格兰正试图打车，这是该市对优步非法运营车辆"钓鱼执法"计划中的一部分。我们在看视频时发现，英格兰没能打到车。他解释说，有两名司机接了单，但不知道出于什么原因，又马上取消了订单。"肯定是因为现在有很多人在打车。"英格兰耸耸肩说道。之后，优步应用程序显示，没有可接单的优步车。最后，他放弃了。

　　"这绝非偶然，"鲍勃说，"这叫'灰球'。"

　　"灰球"是优步用来有计划地欺瞒和逃避当局的一款软件工具，起源于费城，那是优步最难打入的市场之一。2014 年秋天，优步试图在费城推出 UberX 服务，费城停车管理局给司机发了一条措辞严厉的信息：任何 UberX 车辆一经发现在运营，将被拖离且扣押。随后，费城停车管理局开始创建假优步账号来进行"钓鱼执法"。优步司机前来接单，工作人员会扣押他的车，同时处以数千美元的罚单。这很有效，人们渐渐不敢开优步了。

费城的优步城市经理开始慌了，如果警察继续扣押他们的车辆，优步还怎么说服人们为他们开车？鲍勃给我看了优步在费城的经理发给司机的短信，向他们保证优步会提供帮助和支持。

UberX 提醒：如果您收到了费城停车管理局的罚单，请致电 XXX– XXX– XXXX。无论您何时使用优步出行，我们都百分百支持——我们永远在这里，会把您安全送回家。所有相关费用由我方承担。感谢您为 XXX– XXX– XXXX 的乘客提供安全、可靠的出行服务。Uber，加油！

费城的运营团队把工程师们赶回总部，让他们拿出解决方案。后来，全国各地的车队都遇到了类似的问题，旧金山总部的压力越来越大。总部的运营和工程部门想知道费城有关运营 UberX 车辆的详细政策法规。由优步法律总顾问萨莉·刘领衔的法律部门表示这是一个灰色地带，并没有关于打车服务的具体法条规定。因此，优步辩称，从理论上来说，开优步车并不违法。

对特拉维斯·卡兰尼克来说，"灰色地带"这个词简直有神奇的魔力。反欺诈小组的一个天才工程师昆汀出了个主意。昆汀的团队曾处理过中国的许多盗刷案，早先卡兰尼克被迫向埃迪·库解释优步为何违反苹果应用商店规则，昆汀也曾负责处理相关事项。昆汀解释说，乘客打开软件时，有一个工具可以控制乘客能在优步地图上看到什么车。他们把这个功能用在了各种事务上。如果优步正在进行推广活动，比如广受欢迎的优步冰激凌服务，该功能会隐藏路上所有其他优步车，而单单向客户显示附近正在派送冰激凌的司机。这个工具被戏称为"灰球"，意思是工程师们在操纵客户，也可以理解为将客户眼中所见的部分区域变成灰色，以屏蔽或突出特定的车辆。

　　工程师们想，如果他们能够在警察或其他执法人员打开应用程序时，用"灰球"将路上所有 UberX 汽车都隐藏起来，会怎么样？这样一来，执法人员就无法确定哪些车是优步车，而司机也不会被扣押，同时，乘客依旧能打车出行。这个策略可以让多方获益，当然，只有费城停车管理局是输家。

　　鲍勃向我解释说，最大的问题是如何找出政府人员，这样他们就知道该针对哪些客户开启"灰球"功能。如果优步搞错了对象，最终可能只是欺骗了普通客户，让他们打不到车。

　　所以，优步的工程师、反欺诈小组成员和地方工作人员想了十几种方法来识别政府人员。其中一种方法和"地理定位"有关，即在优步的目标城市的管理局所在地周边绘制电子边界。城市经理会密切关注这一范围内哪些客户在快速打开和关闭优步应用程序，工程师把他们的这种行为称为"盯梢"，即监控附近的司机。城市经理还详细调查了新用户的其他细节，比如信用卡、电话号码和家庭住址等个人信息，以检查这些数据是否与警方的信用机构或其他一些泄露的信息相关。如果优步的经理确信自己发现了警察或执法人员，他们要做的只是添加一小段代码，也就是"灰球"和一串数字，就能对这些账户屏蔽优步的存在。这个办法效果极好，费城停车管理局从未发觉这种欺骗行为，优步车的罚款率直线下降。

昆汀的反欺诈小组为城市经理如何使用"灰球"制定了一套新方案，命名为"违反服务条款"（以下简称 VTOS），声称政府人员使用该应用进行欺骗性的叫车行为，违反了优步的服务条款协议，因此，优步有权使用"灰球"。优步在内部除了为各种不同任务创建的数十个方案，还建了一个类似维基的信息目录，所有员工都可以在这个目录中找到"灰球"方案。

优步在进入几乎每一个市场时都会遇到阻力，VTOS 和"灰球"程序犹如天赐之物，帮优步解决了新入驻市场的问题。比如在韩国，当地警察不得不掏钱让市民有偿举报司机，美国的犹他州也采取了类似的赏金计划作为应对。"灰球"程序很快就被运用于各地市场的运营，因此，反欺诈小组的成员不得不召开一次峰会，邀请来自全球 10 多个国家的优步总经理参加，来讨论"灰球"的最佳运用方式。

鲍勃在比萨店开始向我解释这个项目时，他渐渐放松了下来。他说，在保守了这么久的秘密之后，他终于有人可以倾诉了，这让他松了一口气。"灰球"可能是非法的，而优步为了业绩这么做可能是在妨碍司法公正。

"我不知道你要怎么处理这些东西,"他对我说,把我们用晚餐剩下的空纸盘推到一边,把文件放在了桌上。"我不知道该怎么办。刚刚和你见面,把事情都告诉了你,不管怎样,我现在感觉好多了。也许这会改变一些事。"他这样说道。

在我们道别后,我离开比萨店走回自己车里,我的脑子一片混乱。几个月后,用鲍勃曾经给我打过电话的号码再也联系不上他了。所以,这是我第一次也是最后一次见他。

3月3日上午,《纽约时报》向订阅者的手机端推送了一条新闻:"多年来,优步一直在利用自己的程序秘密识别执法人员以避开对其的限制或禁止。"

新闻很快引起了巨大的反响。美国各地的检察机关开始询问优步是否在他们的城市使用"灰球"程序。新闻发布之后几天,优步首席安全官乔·沙利文下令禁止员工继续使用"灰球"程序识别政府人员,并称优步正在自我检视实施"灰球"方案的全过程。美国司法部对优步使用"灰球"程序的情况及其合法性展开了调查,并将调查范围扩大到费城、波特兰和其他曾用过该程序的城市。优步原本就有不合作和咄咄逼人的坏名声,现在,人们更是称其为潜在罪犯。

公司的损失还在攀升。员工不再在公共场合穿优步品牌的 T 恤。两个月前抗议卡兰尼克参加特朗普政策委员会期间,抗议者在优步总部门前久久不散，而现在门口几乎每周都有示威者出现。公司的声誉变得很差，员工也都不来上班了。有一次，留守办公室的政策团队中，有两名员工在优步的水泥走廊里扔下一个球滚了出去。走廊有数千英尺那么长的距离，他们让球滚出去只是为了看看，楼里还有没有人在上班，会不会听得到声音。

没人注意到，因为已经没有人上班了。

艾美酒店会议上的冲突、卡兰尼克痛骂司机视频的曝光、"灰球"引来联邦调查……凡此种种，让杰夫·琼斯做出了决定，他要离开优步。

当初他接受优步的聘用，完全是为了修复优步与其数十万司机之间破裂的关系。然而，仅是那个司机的视频就足以使他的努力付诸东流。2015 年，优步下调收费价格，卡兰尼克并不担心收入下降会对司机产生何种影响，而是感到狂喜，因为价格降低意味着需求增加，业务将再次爆炸性增长。卡兰尼克最在意的并不是司机的忧虑，而是业务量的增长。

司机工作量翻倍，行驶更多的路程，拉更多的乘客，这对卡兰尼克来说并不重要。为了平均每小时能有更多订单行程，司机从 2 小时甚至 6 小时车程之外的地方赶到旧金山之类的繁华都市接客人，晚上只能停在小巷或空无一人的停车场，缩在车里过夜，如此的艰辛对卡兰尼克来说也不重要。因为旧金山没有足够的公共厕所供司机使用，他们只能去咖啡店的厕所，更多的时候甚至随便找个地方凑合着解决一下，这些对卡兰尼克来说也不重要。司机夜间加班、睡眠不足，这些对卡兰尼克来说当然都不重要。

卡兰尼克对司机毫无怜悯之心，对他们不得不面对的账单也毫不在意，诸如车辆磨损、医疗保险等，他将司机归为填报 1099 杂项税表的短工群体。优步的整个商业模式就建立在对司机责任最小化的基础上。

司机确实找到了反击的方法。他们成立了非官方的工会，利用 UberPeople.net 这样的论坛收集、共享信息，并且组织罢工和其他抗议活动。优步和来福车的兼职司机、航空航天工程师哈里·坎贝尔开了一个个人博客，命名为"司机之家"（Rideshare Guy），记录一些自己的工作技巧和见解。司机希望能得到更多来自优步的支持和帮助，然而，他们只能互帮互助。

作为直接向卡兰尼克本人汇报的高管，杰夫·琼斯身居高位，却无力帮助司机群体。回顾过去 6 个月的一地鸡毛，琼斯决定离开。2017 年 3 月 19 日，美国科技新闻媒体 Recode 报道称，优步拼车业务的总裁杰夫·琼斯已从优步辞职，有消息称，该公司经历的一系列争议事件是导致其离职的直接原因。

卡兰尼克试图对媒体做出反击。他让传媒联络人员向 Recode 透露了一份备忘录。卡兰尼克在其中称，琼斯在即将被任命为首席运营官后选择离开。琼斯也不会轻易地让前老板贬低他，所以在优步发声明后，他也向 Recode 发布了公开评论，直接将自己的离职归咎于公司的领导文化：

我加入优步是为其使命奋斗，为打造全球化竞争力，
助力公司成熟、繁荣。

然而，很明显，我在优步的所见和经历与引导我职业
生涯成长的理念和处事方式背道而驰，因此，我无法再担
任拼车业务总裁一职，我选择离职。

优步有成千上万优秀的员工，我真诚地希望每个人都
一切顺利。

常见的公司公开声明往往措辞谨慎，这份声明可以算得上是琼
斯对卡兰尼克的猛烈抨击了。

这很有效。休息了一段时间后，他最终被报税巨头布洛克税务
聘为总裁兼 CEO，和妻子一起搬到了布洛克税务总部所在的密苏里
州堪萨斯城。

对优步来说，这个月并不顺利，但最糟糕的日子还在后头。

还是 2017 年 3 月，加比·霍尔茨瓦还在努力忘记她的前男友特
拉维斯·卡兰尼克。她在一家汽车初创公司找到了新工作，这是她
与卡兰尼克分手后的第一份全职工作。有一天，她接到了埃米尔·迈
克的电话。

霍尔茨瓦和卡兰尼克交往了三年之后，两人在 2016 年年底分手。
分手对两人来说都是一个艰难的决定，朋友和同事都知道他们彼此
是真心相爱。随着卡兰尼克声名鹊起，两个人更是互相支持。在不

需要工作的时候，卡兰尼克大部分时间都和霍尔茨瓦待在一起。

　　但他们之间也存在问题。后来，霍尔茨瓦回忆她和卡兰尼克在一起的时光，她告诉记者，她觉得他有时在情感上缺乏敏感性。卡兰尼克从不会对她大喊大叫，但无论是在工作中欺凌、训斥员工，还是在家里对待霍尔茨瓦，他有时会变得残忍刻薄。出于他的要求，霍尔茨瓦会帮忙组织一些活动，比如卡兰尼克的生日派对，帮忙邀请模特来助兴。霍尔茨瓦做这些事的时候也没觉得有何不妥，但现在回想起卡兰尼克对待她和生活中其他女性的态度，她觉得自己有些可悲。

　　"你去参加一个活动，而那里只有一堆他们请来的模特，"她后来说道，"那是他们喜欢的玩乐方式。差不多就是这样。"

　　然而，有一件事在之后几年里依然给她留下了深刻的印象。2014 年年中，霍尔茨瓦和卡兰尼克到首尔出差，因为优步在那里开展 UberX 业务时遇到了来自首尔官员的阻力。一天晚上，卡兰尼克、霍尔茨瓦、埃米尔·迈克和另一位优步女员工与韩国当地的优步经理一起外出喝酒。有些出乎意料，他们最终来到了一个他们以为只是普通卡拉 OK 厅的地方。

　　优步这群人开门进去，看到有一群在这里工作的女人正围坐在酒吧顾客面前，每个人的迷你裙上都贴着不同编号的标签。男性客人可以观察她们，对她们进行评估，然后选择一个号码，被选中的女人就会和他们一起到独立包厢唱歌，她也会为客人倒酒和饮料。有时，唱过几轮，她还会跟着客人回家。

卡兰尼克这帮人中有几个很快就猜到，这些带编号的酒吧女孩是专门陪客的。霍尔茨瓦和那位优步女员工对此都觉得心里不太舒服，但为了不扫其他人的兴，她们没有提出异议。优步在韩国的四位男经理挑了几个女人来一起唱歌。几分钟后，那名优步女员工先走了，显然是受到了惊吓。迈克唱了《我甜美的爱人》，在唱了一两圈歌后，霍尔茨瓦、卡兰尼克和其他几个人也走了，只剩下了优步的几个当地经理和陪伴他们的女郎。

据大家说，卡兰尼克、迈克和其他人只是点了一些饮料，然后在酒吧的一间公共房间里唱歌。然而，这次事件可能会给每个人带来大麻烦，因为当他们的下属与性工作者调笑时，卡兰尼克和迈克对此都显得毫不在意。几个月后，那名优步女员工向人力资源部投诉，后来也直接对卡兰尼克表示，当时的场面让她感觉很不舒服。然而，依然风平浪静，人力资源部只是简单地向高管了解了一下情况，再无其他，似乎所有人都选择了遗忘。

霍尔茨瓦也没打算把这件事告诉任何人，直到她接到埃米尔·迈克的电话才改变了主意。

3月1日，迈克突然发短信给霍尔茨瓦。要知道，自从2016年年底她和卡兰尼克分手后，迈克就再也没和她联系过。迈克在短信里说想给她打个电话，她同意了。

一开始，他们只是闲聊。霍尔茨瓦和迈克本人从来都不是很熟，尽管当时她经常和他女朋友待在一起，那也只是因为他和卡兰尼克是朋友而已。"情况真的很糟糕。"迈克说道。他俩都心知肚明，优步确实遇到了困难。随后，迈克进入了正题。

"还记得我们在韩国的那个晚上吗？"迈克问道。"嗯……有记者在四处挖消息想把这事儿爆出来。我只是想和你聊一下，"他继续说道，"我们不过是去了一间卡拉 OK 酒吧，仅此而已，没错吧？"

霍尔茨瓦有些心烦意乱。对她来说，迈克这话说得听起来像个恶棍，像个想要了结这一切的黑手党军师。他会告诉其他人，他只是想提醒她，这件事可能会见报。

"你能别牵扯上我吗？"霍尔茨瓦问道。她正试着重新开始自己的生活，但她的前男友不停地出现在各大网站和报纸上，这就已经够她受的了。而现在，迈克又闯入她的生活，对她步步紧逼。

但迈克不愿就此放下这个话题，继续向她施压。他坚称韩国那晚他们只是去了卡拉 OK 酒吧。"对吧？"他说，"仅此而已，对吧？"

霍尔茨瓦哭了。"我有自己的糟心事要处理！"在对着手机啜泣时，她气急败坏地说道，"求你了，求你别把我扯进去！"

最后，霍尔茨瓦答应，如果有记者试图联系她，她会保持沉默并且离得远远的。谈话结束时，霍尔茨瓦在电话那头流着泪抽泣，迈克佯装很支持她，想给她留下一个关心朋友的好印象。"我希望能够一切顺利。"迈克说道。

"谢谢，照顾好你自己。"霍尔茨瓦回答道。随后，他们互道再见，挂断了电话。

霍尔茨瓦挂掉电话后，突然崩溃大哭。后来她告诉别人，那一刻，卡兰尼克对待她的方式以及和他在一起的时时时刻刻都让她觉得是种羞辱，所有关于她失败感情的一切，都如潮水般涌上心头。

不久之后，霍尔茨瓦非常心烦意乱，于是打电话给卡兰尼克的公关主管雷切尔·惠特斯通，告诉她韩国事件的始终和迈克联系她一事，她把所有事都和盘托出。惠特斯通惊呆了，一遍又一遍地向霍尔茨瓦道歉，问了几个问题后，她又亲切地安慰了霍尔茨瓦，之后两个人才挂断了电话。

惠特斯通召集了执行高管团队的其他人，包括法律总顾问萨莉·刘、人力资源主管亚纳·霍恩西，以及渐渐参与更多管理决策的阿里安娜·赫芬顿，几人聚在一起商讨如何处理这一事件，祈望不会泄露出去。所有人都对埃米尔·迈克感到愤怒，他的所作所为过于愚蠢、鲁莽，仿佛《教父》里的情节。

迈克大概是意识到了自己的错误。高管开会的第二天，霍尔茨瓦收到了迈克的短信，显然是想要为之前的愚蠢和鲁莽找补，他在短信里说：

> 我为那天的电话向你道歉，我太冷漠了，这是因为当时我太慌了。我应该先问候一下你的近况。其实我很关心你，也把你视为我的朋友。我们曾分享过许多美好的时刻。希望你能相信我，我也很想在某个合适的时间来看看你。

迈克还派了其他一些女性来帮他说好话。他让女朋友给霍尔茨瓦发短信，后来，另一名优步女员工也给霍尔茨瓦发短信问候她的近况。当天晚些时候，迈克的另一位女性朋友也联系了霍尔茨瓦，邀请她参加一个生日派对。

　　霍尔茨瓦既伤心又困惑，还有些害怕，但最强烈的情绪仍是气愤，埃米尔·迈克最让她气愤的是把她推入如今这个境地。后来她告诉记者，她不想保持沉默。原因很简单，因为迈克太霸道，就像优步欺负那些妨碍公司发展的人一样，他也以为自己可以随意欺负她。

　　霍尔茨瓦想起她早期参加的一场演奏会，她在信息公司的发布会上演奏过小提琴。这是一家几年前刚冒头的科技新闻公司，曾发表过许多有关优步的报道，公司里有些人她觉得还算熟识。

　　她还留着这家公司一名记者的手机号码。

第二十六章　致命错误

从 2017 年 1 月的 "#卸载优步" 运动开始，一直到福勒的博文事件、彭博社发布的视频、参与特朗普政策委员会的惨败结局，再到 "灰球" 事件的曝光，卡兰尼克的声誉大跌。

韩国事件进一步证实了公众的猜测：卡兰尼克经常对优步内部的 "有毒" 文化视而不见，公司的最高层也受到了这种文化的影响。高管埃德·贝克和阿密特·辛格哈尔要完蛋了，杰夫·琼斯则在铺天盖地的负面报道中离职。对卡兰尼克的得力助手和知己埃米尔·迈克来说，情况十分不妙。除了这些，还有霍尔德的报告也令人担忧，而他迟迟没有将此报告提交至董事会。优步总部环绕着一种神秘的气氛，霍尔德的报告就像一把达摩克利斯之剑，不知何时就会当头劈下。高层最近 8 年的所作所为都会受到调查，谁知道霍尔德还会挖出些什么东西呢？

对卡兰尼克来说，更糟糕的是董事会给他施加了新的压力，要求他解雇安东尼·莱万多夫斯基。2017 年 3 月底，莱万多夫斯基丑闻缠身，成了拖累优步的一个主要因素。

早在 2016 年 12 月，莱万多夫斯基在旧金山启动了一项自动驾驶汽车的测试计划，此举没有获得许可，直接违反了加州交通部门的规定，交通部门认为此举是非法的。很快，测试程序出错了。优步的一辆测试车在光天化日之下闯了红灯，周边一名司机的行车记录仪拍下了这个场景。随着这段视频在网上疯传，优步发表了一份声明："本次事件因人为失误造成。这辆车不在测试范围内，也没有搭载乘客。涉案司机已被停职，对此，我们将进行后续调查。这也是为什么我们相信设计建造优步自动驾驶车辆将会促进道路交通安全。"

然而，三个月后，《纽约时报》发表了一篇文章，引用了优步内部文件来反驳其之前发布的声明。该文章称，闯红灯的罪魁祸首正是自动驾驶软件，而非司机。关于这个非法的测试项目，优步早前的声明是彻头彻尾的谎言。

莱万多夫斯基让人们觉得，或许优步在其他方面也有一些暗地里经营的勾当。他在"新出行"提起的民事诉讼中拒不配合；3 月底，他表示，如果政府提起单独刑事检控，他有权保持沉默，以免受到牵连。

卡兰尼克知道自己应该解雇莱万多夫斯基，但他下不了手。和卡兰尼克一样，莱万多夫斯基也是个天生魅力四射的人，还很有表演才能。他们曾一起沿着内河码头散步，伴着码头上的即兴演奏声，视彼此为异母兄弟，所有这一切都曾带给卡兰尼克快乐与幸福。自动化的未来是他们的共同梦想，他们希望设计一个软件程序控制一支自动车队，完成数百万司机的工作。但无论如何，卡兰尼克必须采取行动了。为了掩人耳目，卡兰尼克和莱万多夫斯基想出了一系列所谓降级手段，声称莱万多夫斯基只参与自动驾驶汽车的研究，但不再参与激光探测与测量相关的讨论，因为这是"新出行"提起诉讼的核心技术。这套荒谬的操作没有骗过任何人，莱万多夫斯基仍操纵着局势。

卡兰尼克在亲自出面解雇员工这件事上总是有些扭捏，虽然事情再明白不过了，就如莱万多夫斯基事件，只有卡兰尼克才能挥下这把斧子。最终，还是董事会的比尔·格利和大卫·邦德曼对卡兰尼克施压，才迫使他采取了行动。2017年春末，安东尼·莱万多夫斯基突遭解雇。卡兰尼克为失去这样一位亲密的盟友和朋友而难过。除他之外，公司上上下下都觉得早应如此。

几周之后，曾负责"新出行"起诉优步和莱万多夫斯基一案的法官威廉·阿尔苏普以"调查可能存在的商业机密窃取行为"为由，把此案提交给旧金山的美国联邦检察官办公室。如果他们决定追究此事，意味着莱万多夫斯基可能会面临刑事指控，甚至有可能面临牢狱之灾。

"优步后悔当初让安东尼·莱万多夫斯基加入了董事会，"后来在"新出行"诉讼进入审判阶段时，优步的一名律师对陪审团说道，"优步能为安东尼·莱万多夫斯基做的只有完成这场官司。"

2017 年第一季度每一次发生灾难性事件，优步的公关团队都在忙着挽回损失。有些人形容这就像在一片布满地雷的土地上前行，他们每向前走一步，就离下一次爆炸更近一步。

优步危机公关策略之一是展现公司的透明性。韩国事件曝光几天后，优步发布了其有史以来的第一份多元化报告，详细介绍了该公司员工的性别和种族构成。为了对这份报告进行解释说明，优步 2 月丑闻爆发前几周，刚上任的人力资源主管亚纳·霍恩西在接受媒体采访时表达了歉意。她试图软化卡兰尼克曾展现出的强硬立场，并承认优步确实一直在进行内部调整，但还有更多工作要做。

霍恩西的采访似乎暂时平息了公众的抗议。阿里安娜·赫芬顿也出面表示，公司不会再聘用"出色的混蛋"。很快，赫芬顿逐渐开始在公司品牌重塑的行动中扮演更重要的领导角色。她察觉到因为卡兰尼克不信任身边的人，公司出现了权力真空，这既是公司的领导危机，也是卡兰尼克的个人危机。没错，她是持有部分公司股份，但在危机时刻，帮助船只调整航向的人需要拥有特殊的地位和权力，如果这艘船是价值 690 亿美元的泰坦尼克号——此时的优步，更是如此。

3 月下旬，多元化报告和霍恩西的采访的发布，平息了公众的愤怒。但刚过了两周，又一颗重磅炸弹爆炸了。

此时，优步和来福车之间的竞争早已众所周知。卡兰尼克不仅想打败来福车，还想让他们破产。2017 年 4 月 13 日，优步的心狠手辣暴露无遗。一篇科技媒体的报道揭露了优步"地狱"计划的存在。这一计划会非法改变手机功能，成功定位来福车司机，并引诱他们跳槽到优步。然而，这还只是个开始。

"地狱"计划是由一个被称为"竞争情报"的团队（以下简称COIN）创造的，目的是监视竞争对手。优步的工程师设置了专门的计算机服务器，这些服务器并未连接到公司的主要设施，并始终保持"不归属"于优步的状态。优步在这些服务器上存储、处理和分析优步工程师从来福车的应用程序、网站和代码库中"搜刮"来的信息。

情报竞争团队同时密切关注海外竞争对手，例如印度的奥拉和中国的滴滴出行。优步还有一个组织名为战略服务集团，简称SSG，属于其最高机密，由前中央情报局、特勤局和联邦调查局特工组成。优步与分包商签订专门的匿名合同雇用他们，这样就无法追溯这一组织的成员与优步的关系。这群黑客什么都干，有的活动最后甚至脱离了优步的掌控。

在尼克·基钦托的领导下，SSG人员利用虚拟专用网络、廉价笔记本电脑和通过现金交易的无线热点来执行情报和反情报任务，包括冒充优步司机进入瓦次普私密聊天群，搜集司机是否正组织或计划反优步罢工的信息。

SSG组织还在线下监控、偷拍、跟踪滴滴出行和来福车等竞争对手，在优步引起争议的城市监视知名政治人物、立法者和警察。无论这些人是走路还是乘车，SSG都在跟踪他们的数字活动和行为，甚至在公共场所拍下官员的照片。他们冒充来福车司机或乘客来获取竞争对手的情报。对于优步在中国的竞争对手滴滴出行和东南亚的竞争对手Grab，SSG工作人员还录下了相关人员的私人对话。一名来福车高管高度怀疑自己被优步的人跟踪了，他甚至走到门廊上举起两个中指四处挥舞，示意正在监视他的间谍，他明确地知道他们的存在。

　　SSG内部的通信是通过一个名为Wickr的企业版应用程序进行的。出于它的设计结构，Wickr对端到端的每条消息都进行了加密，也就是说，只有发送方和接收方能够读取消息。过段时间后，所有的消息都会被自动删除，这样就避免了在未来被司法机关发现的可能性。克雷格·克拉克和沙利文都是持照的律师，他们通常会将文件设置为"律师""客户"才能查看，这也是一种防范潜在法律威胁的手段。

　　没人知道这个黑客行动部门的预算是多少，他们由卡兰尼克直接管理。拥有不可估量的资源，卡兰尼克和他的精英团队的其他成员可以派遣SSG特工去执行秘密任务，搜集情报去对付那些卡兰尼克认为会构成威胁的人。该团队的某位成员形容这些秘密任务为"一些真正的间谍行动"。例如，在编程大会上偷拍滴滴总裁柳青，这也是SSG执行的任务之一。那时，他们并不清楚这些情报中有多少是有意义的，甚至是有价值的。尽管如此，卡兰尼克还是批准了数千万美元的预算，用于监视活动、全球行动和信息收集。

　　卡兰尼克想掌握竞争对手的一举一动。当时他正在多个国家的市场中与竞争对手展开全面竞争，所以他利用SSG来获取对方的相关情报。但卡兰尼克这么做不仅仅是为了利用这些情报，在柳青获悉优步得到沙特阿拉伯35亿美元投资的那一刻拍下她的照片，是为了报复滴滴出行在中国市场给他带来的痛苦。卡兰尼克身边的人表示，滴滴出行对其内部阵营进行渗透，给这位优步CEO带来了一些改变。在中国市场之争后，他一直怀疑其他人在蒙蔽他或欺骗他。卡兰尼克相信他的间谍能够搜集到他需要的数据，这样他才能真正看清当前竞争的局势。

卡兰尼克的首席安全官乔·沙利文并不觉得这种做法有任何不妥之处。他与他的副手马特·亨利和克雷格·克拉克后来告诉调查人员，所有其他的公司也在进行信息搜集，优步的所作所为与它们并没什么不同，这叫作市场调查。通过从第三方公司购买情报来获得竞争优势是很正常的商业行为。他觉得，如果有人批评优步认为它不应该设立一个间谍部门，那他们应该去了解一下沙利文加入这个计划之前的情况。当时，优步的体系一片混乱，每个员工都可以使用"天眼"①，连小偷都可以随心所欲地骗过优步的奖励制度，司机们的境遇可以说生不如死。所以，当沙利文在南美、印度和其他地区派出SSG特工时，他称自己这么做是为了拯救生命。他的努力很快就有了回报，沙利文新成立的执法外联部门协助警方一起调查针对优步司机的威胁，欺诈行为也下降了不止32个基准点，降幅巨大。

---

① 实时监控优步司机位置的工具。

尽管如此，SSG 和 COIN 的存在还是让许多人感到不舒服。公司以"删除垃圾数据"的名义删除大量内部邮件、群聊信息和公司数据，这让员工颇感不安。公司内部的许多人都认为这是因为高管们知道优步未来将会面临起诉，想要预先掩盖行事的痕迹。

在优步的亚洲市场也存在着贿赂问题。优步的本地员工认为贿赂是一种必要的行为，是美国公司想要在海外经营所必需的成本。

例如，过去从未报道过的印尼事件，也将成为一个巨大的隐患。随着优步在印尼与 Grab 渐渐展开竞争，优步开设"绿灯服务调配中心"，作为该地区司机接受车辆检查、向当地经理登记投诉等活动的临时检查站。问题是，这些调配中心都建在仅供居民居住的郊区。几乎在一夜之间，这些绿灯服务调配中心就吸引了数百名司机，造成了郊区道路的堵塞，激怒了当地人。当警方发现这一现象后，他们威胁称要关停优步的调配中心。

优步的本地经理并不打算搬迁调配中心，而是准备收买警察。每当警察出现时，优步经理就会以现金的方式行贿，行贿金额通常在 50 万卢比左右，约合 35 美元，警察收了钱就会离开。不出所料，警察成了这里的常客。

优步的员工或者从零用现金箱里拿钱来贿赂警察，或者伪造与贿金等值的收据录入到费用报销管理系统中。在我撰写本书的时候，美国司法部仍在调查优步这些违反《反海外腐败法》的潜在行为。

那年春天，埃里克·霍尔德的科文顿 - 柏灵律师事务所为完成他们的报告，对数百名员工进行了采访，类似的问题开始在公司各体系浮出水面。雷切尔·惠特斯通曾警告过卡兰尼克，一旦引入外部人士，公司就会以最快的速度失去控制权。现在看来，她的警告似乎很有先见之明。

　　卡兰尼克此时很脆弱，但他的同事并不确定他是否真正意识到了形势的严峻性。一旦投资人发现员工这些不可告人的行为相当严重，甚至有可能构成犯罪，公司的估值肯定会受到影响。仅仅三个月，优步就从世界上最有价值的投资项目变成了一个价值700亿美元的定时炸弹。

　　特拉维斯·卡兰尼克解雇了密友安东尼·莱万多夫斯基，几周后，又被迫解雇了另一位老朋友艾瑞克·亚历山大。亚历山大本应是为特拉维斯·卡兰尼克出谋划策的人，但事与愿违，他最终成了优步的破碎球①。

　　如果说埃米尔·迈克是卡兰尼克手下的第二号人物，那么亚历山大就是第三号人物，但这并不意味着他是第三顺位有可能当上CEO的人。亚历山大的官方头衔是优步亚太区商务总裁，负责维护整个亚洲的关系。亚历山大是一个知道如何帮人建立社会关系的人。在亚洲市场的出行服务竞争中，他是优步的宝贵财富，因为他能搞定一切关系。

　　随着时间的推移，他不仅是优步的财富，更是卡兰尼克的朋友。

---

① 悬挂于吊车的吊臂上，供拆除建筑物用。

卡兰尼克和迈克前往韩国或东南亚的小镇过夜时，亚历山大当然也和他们一起。和他的老板一样，亚历山大把自己的生活都献给了优步，每周都要花好几个小时从一个国家飞往另一个国家。

2014年12月，印度优步司机强奸女乘客案在印度引发争议，艾瑞克·亚历山大是最先接到卡兰尼克电话的人之一。亚历山大迅速飞到印度，立即与印度官员和媒体取得联系，有效地控制住了公司的损失。最终，优步摆平了这名女子对公司提起的诉讼。尽管当时优步在德里地区的业务因此暂停，但2015年年初就恢复了运营。看起来，公司似乎已经渡过了最艰难的时刻。

然而，2017年夏天，有科技媒体发现，亚历山大通过一家律师事务所获得了当时印度受害者的私人医疗档案，这些档案详细记录了医生在她遭受性侵几小时后对她的检查报告。这些档案是印度强奸案调查的部分内容。亚历山大私自把这些档案带回了美国。随着调查的展开，法律团队向卡兰尼克和其他高管简要介绍了相关的调查情况。

印度的案件发生后不久，有种传闻甚嚣尘上，称这起强奸案可能根本就没有发生，这实际上是由优步在印度的主要竞争对手奥拉的高管策划的，是针对优步而设计的阴谋。根据对司机和受害者账号的调查情况来看，该司机拥有多个优步账号，而受害者的账号则被多人使用，导致调查人员无法核实每个账号的真实身份。因此，他们提出了一种可能性，认为这些账号是为了攻击优步而注册的。

本案中还有一个关键点。这份医疗档案显示，这位年轻女子的处女膜仍然完好无损。调查人员仍在对这一说法进行调查核实，卡兰尼克就已对此深信不疑，他甚至偶尔会在同事面前提起这一点。

2017 年 4 月，《纽约时报》曾联系过优步，想要采访卡兰尼克，请他就发生在印度的优步司机强奸案说点什么。这一次，卡兰尼克矢口否认，不承认自己曾怀疑受害人说法的真实性。随后，优步的公关团队将有关阴谋论的说法定性为假消息，这种论调未再流传开来。

那一年夏天，科技新闻网站 Recode 报道称，发现亚历山大将印度一案相关的医疗档案携带回国，并表示将在第二天揭露印度案件相关内幕。在臭名昭著的韩国卡拉 OK 酒吧事件中，亚历山大也和卡兰尼克、迈克一起在场。一旦这些事都被捅出去，后果将不堪设想。

卡兰尼克高管团队的成员也觉得公司有关印度案件的所作所为令人作呕。他们认为卡兰尼克谈及受害人医疗档案的隐私细节，根本就是为了引导人们质疑这名女子的说法。震惊之余，至少有两个人当面驳斥了卡兰尼克的观点，提出受害者有可能是以非正常方式遭受了强暴。

高管一直心存疑虑，但这并不妨碍公司在印度协助执法调查。强奸案发生后不久，亚历山大为印度官员提供了 GPS 记录，记录显示该账号在邻近案发时间和地点下线。亚历山大后来也在司机的刑事审判中出庭作证。

然而，亚历山大携带受害者的私人医疗档案回国是有问题的，卡兰尼克也知道他必须在 Recode 的报道发布之前解雇亚历山大。于是他打电话给亚历山大，把情况告诉了他，并为自己不得不解雇他而道歉。6 月 7 日，艾瑞克·亚历山大在优步的一切都结束了。这位高管离开了优步，为保住颜面，最后只能这么做。但一切都是徒劳，印度强奸案被媒体爆出，员工出离愤怒。

　　此刻，公司的高管已经站在了十字路口。此前发生的桩桩件件已经够糟糕了，而这一次对强奸案矢口抵赖更是太过分了。公关负责人雷切尔·惠特斯通也离开了优步。她曾多次提出辞职，每次卡兰尼克都说服她留下来，这一次，她又提出了辞职，卡兰尼克于 4 月接受了她的辞呈。余下的大约 6 名高管起草了一封致优步董事会的信，在信中，他们认为优步迫切需要一位独立董事长，来制衡卡兰尼克的绝对权力。他们恳请董事会终止埃米尔·迈克的职务，认为埃米尔·迈克会给卡兰尼克的冲动火上浇油。

　　最重要的是，他们希望卡兰尼克能休假。如果他们要出手挽救公司的声誉，他们会需要董事会的帮助和承诺，而卡兰尼克始终在董事会占据重要席位，这使得他们想挽救公司声誉的计划几乎无法实现。

　　5 月底，特拉维斯·卡兰尼克接到一通电话。当时他在纽约，从电话中得知他的父母遭遇了一起离奇的沉船事故。卡兰尼克必须马上飞往弗雷斯诺。

　　卡兰尼克订了一架从曼哈顿飞往弗雷斯诺的私人飞机，他一直在担心他的父母，他们是他生命中唯一可以依靠的两个人。现在，正是他人生中最糟糕的时候，而他的父亲唐纳德在事故中受了重伤，情况危急，他母亲的情况则更糟糕。

出事前几周，卡兰尼克还在考虑阵亡将士纪念日那个周末和父母一起前往派恩弗拉特湖度假。卡兰尼克小时候，一家人就曾到那里度假。那时，他们在尘土飞扬的露营地玩耍，花好几个小时修理他父亲的破汽艇。"母亲生前发给我的最后一条信息，是一张从露营地去往湖边时拍的绝美湖照。当时他们还在游说我取消东海岸的会议，和他们一起去度假，"事故发生几天后，卡兰尼克在他的脸书主页上这样写道，"但我却没有答应他们。"

孩提时代的那些夏季旅行，卡兰尼克和他的家人会开车向北行驶 20 英里，来到国王河的湖泊源头。5 月底的那个周五，他的父母旧地重游了一次。当他们接近河流的源头时，卡兰尼克的母亲邦妮说她想掌舵。"他们经常这样轮流掌舵，我见过几十次。"卡兰尼克写道。事故发生前的最后一刻，家里的狗突然卡住了方向盘，方向盘瞬间转向，船径直冲向一堆岩石。卡兰尼克的父亲唐纳德还没来得及把方向盘转回来，船就撞上了岩石，他被甩进了冰凉的湖水里。撞击发生时邦妮还在船上。

唐纳德·卡兰尼克的五根肋骨骨折、一根脊椎骨骨折、一条腿骨折、一侧肺部塌陷。即使如此，他还是游回了正在下沉的船中，想要营救即将随船一起沉入水中的妻子。他用救生衣裹住妻子，奋力游了近两个小时才游回岸边。一上岸，唐纳德就立即对妻子进行人工呼吸，但回天乏术，邦妮·卡兰尼克在撞击发生时就已死亡。最后是一个渔夫发现了他们，把他们运送到了安全的地方。

特拉维斯·卡兰尼克崩溃了。母亲邦妮是他在这个世界上最亲近的人。无论遇到什么，他的父母始终支持他，甚至是在他大学毕业后住在父母家的那些贫困时日里，穷到无法自食其力，他们也一如既往支持他。无论什么时候，邦妮都非常疼爱他。但现在，她走了。

在卡兰尼克痛失母亲之后，科技界暂时停止了对他的攻击。这位优步 CEO 和弟弟科里一起守在病重的父亲床边，陪着父亲挺过艰难的日子。媒体报道这一消息后，无数安慰他的邮件蜂拥而至，就连多年来一直与其较量的蒂姆·库克也给他发了一封邮件表达哀悼。

卡兰尼克不知道该何去何从，他打电话给阿里安娜·赫芬顿，她正在最近一班航班上赶往弗雷斯诺。消息传开后，其他人也联系了卡兰尼克，想看看是否能帮上忙。与他还保持朋友关系的前女友安吉·尤问他是否需要她来陪他，一起守候在父亲的床边，毕竟他们曾交往多年，她对卡兰尼克的父母非常了解。赫芬顿后来告诉朋友，在卡兰尼克人生的至暗时刻，她真诚地关心着他。旁观者称，她对卡兰尼克来说相当于一个母亲的角色，在他亲生母亲逝世后照顾他。然而，一些熟悉内情的优步高管认为，赫芬顿是在趁机控制局面，以图接近卡兰尼克。

离开父亲的病房后，卡兰尼克回到医院街对面的假日酒店，试图挽救自己的事业。他在酒店里租了一间会议室，尽管条件比他常住的四季酒店要差很多，他把这间会议室当作优步总部之外的一个临时作战地。为了把自己的注意力从父母身上移开，他想给员工们写一封邮件表达自己真诚的悔恨，以示他了解大家的不满，表明自己也是想要做出改变的。他一边来回踱步，一边想着如何措辞，大声地口述着自己的想法，时而待在会议室里，时而缩在酒店昏暗、铺着地毯的走廊上，写着他的邮件。他听从了阿里安娜的建议，试图在谦逊、歉意和鼓舞人心之间寻找合适的语气，来匹配一个有意愿、有能力带领公司渡过困难时期的领导人形象。

修改了很多遍之后，他们终于敲定了一个版本。在他们看来，这个版本听起来像是卡兰尼克愿意对自己的言行负全责。他在信中说了一些他认为员工想听的话。这是他第一次以书面形式为自己言行的不妥之处道歉。直到此时他才明白，自己早该坦诚认错，他觉得这封信也许能挽救自己的事业。

大家好：

过去七年，我们公司取得了长足的发展，然而，它却没有真正成长。

我一直是一个企业家。大多时候，我都处在失败和破产的边缘。我所关注的并不总是如何让企业兴旺壮大。更多时候，我只是在挣扎求生。

优步起步的时候，是我人生第一次领导一个企业的同时不必每天徘徊在失败边缘。过去的三年半中，我们提供的服务和我们的公司一直以前所未有的速度发展着……

发展当然可喜可贺，但如果没有适当的制衡，就可能引发严重错误。规模大了，我们犯下的错误对整个团队、对我们的客户和服务的群体都会产生更大的影响。这就是为什么当企业规模扩大时，小公司的管理方法就必须有所改变。在我们还是个小企业时，我成功了，然而当我们的规模逐渐扩大时，我失败了……

……在过去的几天里，我相信你们想到了，我脑子里一直萦绕着家人的事。

我的母亲总是鼓励我与那些优秀、才华横溢、令人振奋的人亲密无间，是他们成就了今天的优步。她总是以人为本，现在，我也该继承她留给我的这份遗产。我的父亲教导我说，行动胜于空谈，要以身作则。因此，我觉得有必要与大家开诚布公地谈谈此刻优步面临的挑战，包括我们要如何立即采取行动，让一切回到正轨。

我希望你能与我一起，携手建立一个更好的优步。

在假日酒店走廊上，卡兰尼克在笔记本电脑前看着这封邮件，上面还有一句："有时候，比起证明自己是对的，表达你的关心更重要。"他很疲惫，已经好几天没有睡踏实了，但他觉得写这封信是件实实在在必要的事情。这是他在未来几周可以向大家传达的信息，是在霍尔德出具报告后，能让大家对他的领导能力重拾信心的东西。

　　此刻的卡兰尼克还不知道，这封邮件，他将永远无法发给他的员工。

第五部分

第二十七章　霍尔德报告

卡兰尼克聘请了埃里克·霍尔德及其在科尔顿－柏灵律师事务所的合伙人对优步进行调查。四个半月以来，在公司内部员工和外界眼里，即将出炉的霍尔德调查报告显得神秘莫测。有人认为其像恐怖小说家洛夫克拉夫特撰写的《亡灵之书》，蕴藏着公司内部黑暗秘密的玄机。还有一些人视这一报告为整顿公司的机会，借此承认之前的错误行为，改过自新。无论大家在背后怎样议论，6月13日周二这一天，公司将在优步内部全体员工会议上将霍尔德报告公之于众，公开报告中的意见和建议。

每个人都知道该报告会带来新的负面新闻，关键问题是会带来多少负面新闻。公司的高管决定在这一天到来之前进行一些风险管理，及时止损。在6月6日的内部会议上，公司对外宣称，已经根据调查结果辞退了20名员工，其中包括监视记者和玩弄员工的纽约市场总经理乔希·莫勒尔。莫勒尔之后声称要去图斯克风险投资公

司做管理合伙人，体面地离开了优步。^① 该公司由一位政治活动家创
立，此人同时是优步早期的支持者和顾问。其他人也以类似的体面
理由离开了公司。除了解雇员工，优步还宣称另有 7 名员工已经因
各自的行为收到了书面警告，另外有 31 名员工正在接受咨询或额外
的培训。

　　6 月 11 日，周日，优步董事会成员齐聚位于洛杉矶市中心的科
尔顿－柏灵律师事务所办公室，讨论霍尔德报告的发现和对公司的
建议。当天下午，走进办公室的七名董事会成员每个人都各有主张。
风险投资人比尔·格利想要这场闹剧赶紧结束。私募股权巨头大
卫·邦德曼希望优步从负面新闻的循环中抽离出来。两个人都希望
优步赶紧上市，这样他们的公司在优步投入的初始投资就能为他们
带来数十亿美元的回报。

　　加勒特·坎普，优步的发起人和创始人，已退出董事会多年。
这位缺席的创始人很乐意让卡兰尼克执掌公司，毕竟卡兰尼克让他
成了富豪，将来更是"钱"途光明。优步第一位任期短暂的 CEO 兼
运营总监瑞安·格雷夫斯对卡兰尼克忠心不二。他也认为媒体将矛
头指向优步，进而转向卡兰尼克，这一切甚为不公。他不认为董事
会应该罢免卡兰尼克，但他觉得卡兰尼克短暂离开一下对公司和卡

---

① 布莱德利·图斯克是图斯克风险投资公司的创始人，也是早期卡兰尼克企图征服
　曼哈顿市场时的顾问和帮手。当时他的政治咨询费市场价格高达上万美元，而他
　免费为优步充当顾问，选择以优步的股份作为回报。如今这些股份价值已超一亿
　美元。

兰尼克自己都有益无害。

　　沙特阿拉伯公共投资基金的代表亚西尔·鲁迈扬从一开始就支持卡兰尼克。沙特人希望王室的资产多样化，避免最终成为单一的石油王朝。卡兰尼克将他们带入了优步的市场。他个人也很喜欢卡兰尼克，认为没有理由将他驱逐出公司，他会一路跟随卡兰尼克。

　　独立董事阿里安娜·赫芬顿的立场也很明确。霍尔德报告还未出炉，她就毫不含糊地公开表示支持卡兰尼克。她在当年 3 月的一次会议上谈到卡兰尼克时说："我绝对信任他，董事会也对他有信心。"这一言论让其他董事和高管感到紧张。在公司管理层中她显然站队卡兰尼克，也会投票让他继续掌权。她加入董事会的这两年，和卡兰尼克的关系越来越亲密。更重要的是，她内心十分清楚，只要坎普、格雷夫斯和鲁迈扬这些盟友始终支持卡兰尼克，他就仍能掌握多数投票权。赫芬顿虽然公开宣称自己是独立董事，但公司内部每一个人都了解她的立场。

　　最后来看看卡兰尼克的态度，他希望霍尔德报告发布之后，能如愿让优步摆脱公众的苛刻审视。但无论报告提出什么建议，他都无意辞去优步 CEO 一职。

　　为了防止报告内容意外泄露，律所小组选用了一种安全的方法。想要了解报告内容，每个董事会成员只有前往律所办公室，将所有电子设备留在办公室门外，才能进门阅读纸质版报告。除了律所办公室电脑中的唯一一份电子原稿外，不存在其他电子版副本。

　　那些前往律所读完整份霍尔德报告的董事震惊至极。报告长达数百页，罗列了在优步全球数百个办事处中发生的违规行为，这些行为反复出现，数不胜数，甚至包括性侵犯和人身暴力。公司有多项未决诉讼缠身，而且还极有可能面临更多诉讼。瑞安·格雷夫斯读完报告后，感到恶心想吐。

在 6 月 11 日那场漫长的会议上，优步的七位董事碰头讨论刚读过的报告。虽然房间外没人看过调查结果，但大家仍十分担心信息泄露。此前，记者在公司各个层级都找到了有意愿提供消息的线人，因此，霍尔德报告如果泄露，定会引起媒体的强烈关注。格雷夫斯从一开始就要求每个人对会议的内容保密，只在内部进行讨论。后来，他又央求各位董事，请求他们不要告知媒体。

报告罗列了霍尔德及其律师合伙人塔米·阿尔巴兰的一系列建议。最终版本建议有 12 页之多，其中包括许多重大的组织结构变更，之后还将向不同部门分发有针对性的改进建议。霍尔德和阿尔巴兰将最重要的举措放在了首位：特拉维斯·卡兰尼克应该暂时离开优步，放弃对优步业务的控制权，离开自己一手创立的公司；公司应另聘一位合适的首席运营官接手他的职务。第二点建议是：解雇埃米尔·迈克。最后，公司急需任命一位独立的董事会主席，此人须与优步无任何关联，客观地提供见解，在高管之间进行协调。

会议室中出现了分歧，格利和邦德曼担心霍尔德报告提出的建议还不够深入，因为对卡兰尼克的处罚只不过是短暂地停职，而不是永久驱逐出公司。董事会有些成员怀疑赫芬顿曾向霍尔德和其合伙人阿尔巴兰施压，要求他们不要在最终报告中提议解雇卡兰尼克。

最终，格利和邦德曼对报告拟议的改革建议大体满意，的确是时候在公司内进行整顿了，而一切改变都应从高层开始。

即使赫芬顿、坎普、格雷夫斯和鲁迈扬不想让卡兰尼克彻底下台，但他们也都认为他需要短暂地离开公司。公众对优步的一举一动密切关注，媒体也总是辛辣无比，卡兰尼克哪怕只是低调地暂时离开一下，也能帮助公司缓解舆论的压力。

卡兰尼克深知董事会将要求自己离开公司，他关心的是自己是否还能再回到优步。霍尔德报告要求解雇迈克的决定让他深感痛苦。他目睹了过去这半年内他的朋友迈克深陷困境、四面楚歌。迈克是卡兰尼克自认为在优步唯一可以信任的人，要知道连女友都已经背叛了他，但到了最后时刻，迈克还在与他并肩作战。不管怎么说，卡兰尼克知道董事会必须齐心协力，只有如此，优步的改变才能显得合法和真诚。周日午夜，七位董事会成员一致投票接受了霍尔德报告的所有建议。在周二的全体员工大会上，报告将会公开呈现给全公司所有人。周日董事会所有人都不知道，报告公开后卡兰尼克会有何举动，连卡兰尼克自己也没有想到。

那天晚上，迈克接到了电话，许多他手下的员工仍然支持他。甚至连对他提出过最严厉批评的人也都承认他是位才华横溢的高管，鲜有人能与他的职业道德、人际交往能力和谈生意的能力匹敌。

迈克给自己的团队写了封告别信，信中不乏自我赞美之词。他写道："优步若要取得所有能达到的成就，任重而道远。我很期待看到你们在未来几年中取得成就。"他还在未事先通知和未受邀请的情况下拨通了电话，与他的前业务团队员工召开了最后一次电话会议。迈克悲痛欲绝，过去的四年里，他一直全身心地投入优步，试图分担卡兰尼克的工作，然而，卡兰尼克却让他走上了歪路。当晚的电话会议期间，迈克再次告诉员工，他为自己曾给一家改变世界的公司效力过而深感自豪。

然而，这也是埃米尔·迈克在优步职业生涯的终点。

每位优步员工都会在日历上做好标记，太平洋时间每周二上午10点，是公司全体员工会议时间。届时，来自全世界各地的员工都会接入公司视频会议专线，听取副总裁、董事会成员或卡兰尼克本人等公司领导人对公司事务最新情况的汇报。员工们接入会议专线后能看到宽敞的会议区，也能看到执行领导团队和董事会成员准备进行演讲。

公司员工有些紧张。过去半年中，优步的负面报道和动荡对他们的工作和个人生活都造成了影响。整个春季，阿里安娜·赫芬顿频繁在美国有线电视新闻网、美国消费者新闻与商业频道等各大电视台的节目中露面，谈论霍尔德报告。她曾在节目中宣称，报告将在一两周内出炉，以此堵住媒体的嘴。然而，邦妮·卡兰尼克因撞船事故而意外身亡，整个报告推迟了。如今，赫芬顿就站在台下，等待会议区内所有人就座。

揭晓谜底的那天早晨，卡兰尼克不见了踪影。原来他根本不在公司大楼里。上周末，就有新闻报道说卡兰尼克可能会暂时离开公司，但员工大会那天，他不见了，谁都不清楚卡兰尼克那天打算做什么，哪怕是头衔最高的高管也不清楚。公司全体员工接入视频会议专线时，卡兰尼克还没来公司，彼时他正疯狂地敲着键盘打着字，筹划对员工说些什么。上午9点59分，赫芬顿上了台，打算开始演讲，两边站着董事会成员比尔·格利和大卫·邦德曼，突然，所有员工的邮箱都收到了卡兰尼克的来信。

赫芬顿对着麦克风说："大家早上好！"参会的员工敷衍地向台上这位会议主持人回了个"早上好"。赫芬顿问道："在开始之前，我有个疑问，和与会的各位一样，我也想问，卡兰尼克去哪儿了？"

答案藏在卡兰尼克的一封秘密电子邮件中。赫芬顿正要开始演讲时，一部分员工打开了邮件，内容如下。

团队的各位成员大家好：

过去8年来，我一直将所有精力倾注于优步。最近发生的事让我意识到人比工作更重要。因此，我需要从整日的工作中脱离出来，休息一段时间，悼念我刚刚下葬的母亲。同时，我也将对自己的所作所为进行反思，提升自己，专注于建立世界一流的领导团队。

公司取得的成就和今天走到这种境地，最终责任都在我。当然，公司有许多值得骄傲的地方，但也有许多需要改进的地方。要想升级至优步2.0并获得成功，最重要的就是将我的时间倾注于建立领导团队。如果优步真的想要升级，我个人也得不断提升自己，以成为公司需要的领导人，也成为你们值得跟随的领导人。

在此过渡期，领导团队将在我的指导下代为运营公司。

对于最具有战略意义的决策，我也将随时协助。我将赋予
领导团队更多权力，授权他们大胆、果断地进行决策，带
领公司飞速发展。

　　我的休整时间还未设定期限，可能会比预期的时间更
久，也可能会更短。失去至亲对我来说一直很悲痛，我需
要正式地向我的母亲道别。你们所有人给我的衷心慰问和
哀悼都让我坚强，让我感动万分。几乎所有人的来信结尾
都是："我能怎么帮你呢？"我的答案很简单，那就是倾尽
全力工作，不辱使命。这样就能赐予我与家人共度的时间。
"以人为本"是我母亲留给我的箴言。让我们一道，将优
步 2.0 的愿景变成现实，让全世界的人都能看见你们所有
人做的鼓舞人心的工作，也让全世界都能看见你们这些让
优步越来越好的热情洋溢的人。

　　期待不久后相见！

特拉维斯·卡兰尼克

非常明确，卡兰尼克将要离开公司。[①]一方面，很难想象没有了
特拉维斯·卡兰尼克掌舵，优步会怎样。他早已与公司业务同呼吸

---

① 九个月后，电视智力竞赛节目《危险边缘》中，主持人亚里克斯·特雷贝克给选
　手出了个题：请给出"离开工作岗位休假，在此期间再造特拉维斯升级版"的优
　步 CEO 的姓名。卡兰尼克将电视屏幕上的问题截图，发了推特，还加上了话题
　"# 人生目标清单"。

共命运；但另一方面，员工们现在终于意识到，卡兰尼克已经成了一个"有毒"的符号。

卡兰尼克最后一刻在信件结尾写的话，把一些高管团队成员吓坏了。"期待不久后相见"，以及暗示他离开的时间"或长或短"，这些说法让高管们心有不安。尽管如此，他们还是松了一口气，无论最终结果如何，卡兰尼克还是愿意暂时离开一段时间。

赫芬顿继续她的讲话。她说，霍尔德报告中罗列的建议是数月来不懈努力的结果。霍尔德和阿尔巴兰亲自与200多人进行了面谈，此外还通过现场调查、匿名热线与数百名现任和前任员工进行了谈话。律师事务所审阅了300多万份文档，把公司翻了个底朝天。赫芬顿没有提及这项工作耗费了优步数千万美元，管理层认为，只要能解决优步现在的问题，那么这笔钱就花得值。

正当员工在快速浏览卡兰尼克发来的电子邮件时，赫芬顿说道："这些整改意见将立刻发布在公司的新闻网站上。"公司已经成立了一个特别委员会，负责监督实施该报告列出的建议。委员会由赫芬顿、格利和邦德曼组成，他们三人均采纳了整改意见，然后再将其转给七人董事会中的其他成员。赫芬顿还说："上周日的董事会会议是我参加过的耗时最长的董事会会议，会上全体董事一致采纳了这些整改意见。"

在赫芬顿讲话的同时，报告中的整改意见都公布在了网上。在会议上，员工集体松了一口气。报告开头所示的内容和他们听闻的消息一致，那就是卡兰尼克的权力将被削弱，他将受到更多的监督。董事会以外的任何人都看不到该报告的原始文本。报告就像一个资料库，收集了所有员工对公司提出的申诉和抱怨。经过几个月漫长的等待，与会的一些员工认为，公司有义务将报告的全部内容公布给员工。但赫芬顿指出，这一做法涉及隐私和法律问题，并不合适。

谈及多元化问题时，赫芬顿表示："对我来说，自加入董事会以来，个人的既定目标就是增加董事会的多样化，这一目标明确而坚定，就如同我对白人男同事的感情一样坚定。今天，我非常高兴地在此宣布，龚万仁女士加入董事会。"此时台下掌声雷动。龚万仁是食品行业的职业经理人，曾在卡夫和博登乳业工作，此前担任雀巢亚洲和非洲市场的执行副总裁。她将成为优步的独立董事，有投票表决权，以保障公司及其股东的最大利益。

赫芬顿继续说："我认为她是你们会很愿意去结识的人。"与会的许多员工都不知道龚万仁是谁或她会怎么想，但在董事会中增加一名女董事，无论如何都不会是个坏事。在不断交战的派系斗争中，她会对别人表明自己是中立国般的存在，而她加入公司时，派系斗争正处于顶峰。赫芬顿强调，龚万仁的加入会使原本以白人男性为主导的董事会增添一丝多元性，她说："众多数据显示，当董事会中已有女性成员存在时，继续有女性加入董事会的可能性会更大。"

此时，赫芬顿身边的大卫·邦德曼突然开口说话。此前他和格利一直很安静，为的是让赫芬顿完成她的汇报，但是这时，他的脑中突然闪出了一个念头。

邦德曼说："我来告诉大家，龚万仁加入后会是什么场景，那便是，在董事会会议上极有可能会出现更多的叽叽喳喳。"

会议室的氛围瞬间凝固。刚刚那一刻，是优步董事会成员对女性说话过多的性别歧视言论吗？

与会的员工都惊呆了：邦德曼，这一来自得克萨斯州沃斯堡的75岁白人亿万富翁兼对冲基金投资人，于旨在改变优步厌恶女性文化的全体员工大会上，竟公然给女性扣了个话多的大帽子。此时站在他身后的比尔·格利连连摇头。

赫芬顿试图缓和一下气氛，继续之前的话题，她笑着说："大卫，来吧，大家不要担心，大卫也会有很多话要说。"此时，会议间一片死寂。

赫芬顿试图摆脱当下的尴尬，连忙说："最后一个整改的类别是——文化。"

此时与会的一位员工笑出了声。

几个月来，邦德曼一直让卡兰尼克很抓狂。

邦德曼是职业金融家和正经生意人，过去的25年间，他身为得克萨斯太平洋集团这一私人股本公司的共同所有人及掌权人，同时兼任许多公司的董事。他出生于洛杉矶，后来搬到得州沃斯堡为富豪巴斯家族工作，这一家族控制着达拉斯–沃斯堡大都会区的石油和天然气产业。在这期间，邦德曼积累了财富，还遇到了为罗伯特·巴斯工作的合伙人——吉姆·库尔特。他们俩于1992年开始单干，成立了得克萨斯太平洋集团。库尔特是保守敏感派，而邦德曼却是激进冒险派。公司投资优步后，从优步的增长轨迹就可看出，这一投资是稳赚不赔的好买卖。但由于卡兰尼克大权在握，邦德曼对优步的实际控制权比他在其他公司董事会上享有的权力要小。

在大多数人看来，邦德曼是个身材高大的白人，走路一摇一摆，衣衫不整，穿着邋遢的西装，根本看不出来是高居全球排名第239位的富人（但他确实是），当然，他也从不会穿上类似其他得州能源大亨那种招摇浮夸的牛仔装束。邦德曼有些秃顶、声音粗哑，对闲聊从来不屑一顾，也敢在董事会会议上公然与卡兰尼克叫板。卡兰尼克对中国市场的执着让他颇感不安；他对解雇优步第一位也是唯一的首席财务官布伦特·卡里尼克斯也十分不满；此前莱万多夫斯基对整个公司来说是个祸端，而卡兰尼克过了很久才将他解雇，这也让邦德曼相当气愤。邦德曼不会考虑卡兰尼克的感受，他在乎的只有自己的钱，以及优步能如大家期望的那样成功，毕竟他的投资公司在优步投资了数十亿美元。

所以，当特拉维斯·卡兰尼克看到邦德曼在全体员工大会上的失误时，决定抓住这一机会。他早已厌倦了邦德曼这个老头子无尽的催促和抱怨。邦德曼在台上说漏嘴后，卡兰尼克马上开始拿起手机运作。周二早上的员工大会尚未结束，他就已经给董事会和领导团队的其他成员发了一圈消息。

他的意思很明确，那就是邦德曼应该走人。

邦德曼对女性的评价让与会的员工如坐针毡，当下不知如何是好，会上的汇报仍在继续。赫芬顿宣布了一些象征性的变化。比如，员工不用再在办公室等到晚上八点才能吃晚饭了——之前卡兰尼克为了把员工留在办公室加班，长期以来奉行这一做法。除此之外，办公室中著名的"战争室"将换上一个新的名字——"和平室"，这一点是赫芬顿本人提出的。这个新名字听上去很俗气，但与会员工还是接受了。

现在轮到格利上台演讲了。

格利高大的身材、尴尬的性格让他看上去和台上其他人格格不入。他开始了发言："我想说几句，客观地讲，优步无疑是硅谷历史上最成功的创业公司。它比其他公司发展得更快、规模更大，在这个过程中涉及的客户、城市和国家也更多，史无前例。"

"但是，我想再次提到一个短语，这个短语你们经常听到，我也觉得很恰当，"格利继续说道，语气慢慢变得沉重，"这就是'能力越大，责任越大'。公司越成功，肩上的担子也会越重。外界已经不再将我们视为创业公司了，而是世界上最大、最重要的公司之一。因此，我们个人的行为、公司的行为必须与外界对我们的期望相一致，不然会有不断的麻烦。"

员工们都点头表示同意。

格利继续说："如今我们公司声誉受损，你们可能会听到一些说法，说这对我们公司不公平。事实上，公不公平已经不重要了，要改变现状终究要费一些时日，而公众也不会轻易站在我们这边。"

"没有人会认为，只要我们在这宣读了霍尔德报告的建议，一切就自然会好起来。现在大家不要过分关注这些，需要做的只是尽职尽责地努力工作，帮助优步跨入新纪元就好了。"说完，他便把话筒递了出去。

员工一片沸腾，掌声四起，他们相信也许这一次能使公司改头换面。

除了邦德曼失言的小插曲，周二的全体员工大会总体来说还算成功。赫芬顿上台后没多久，一位《纽约时报》的记者设法获取了会议相关的实时消息，开始在推特上发布直播会议内容。[①]卡兰尼克大怒，安全小组的成员急急忙忙地想要找到这位记者。但对优步来说，幸运的是，这位记者似乎并没有获知邦德曼对女性的评价那段小插曲[②]，因此，也许优步可以私下处理此事。

然而，优步并没有如此幸运。会议结束几个小时后，另一个网站便发布了会议的全部内容，尤其还突出了邦德曼的性别歧视言论。这一击毫无疑问是致命的。优步等待了数月的霍尔德报告刚出炉，报告正是要建议公司进行重大变革，而公司董事会成员竟然当着6 000多名员工的面说女性话太多。此举让员工愤怒，但在记者看来，这恰恰是公司的文化得到了证实。优步的不良企业文化源于公司高层，这就是上梁不正下梁歪。

卡兰尼克关心的却不在于此，他想的是自己终于有了充足理由来铲除邦德曼。经过一天的短信商议和紧急事务委员会审议，邦德

---

① 即本书作者，优步对该行为十分不满。
② 对自己错过这段，作者也颇为懊恼。

曼知道自己要自食其果了，他在当天晚间给全体员工发了邮件。全文如下：

> 在今天的公司全体员工大会上，我对我的同事和朋友阿里安娜·赫芬顿做出了极其不恰当的评论，不可原谅。事实上，这一言论与我的真实意图截然相反，但我知道其必然产生破坏性影响，对此我将承担全部责任。
>
> 优步正致力创建让大家引以为豪的公司文化，我不希望自己的言论会动摇这一努力。大家都希望优步的企业文化能达到更高标准，我本人也应该用更高标准来要求自己。
>
> 因此，我决定从优步董事会辞任，自明早起生效。在优步董事会任职一直是我的荣幸，我期待公司在未来获得进步，取得成功。

这样一来，邦德曼离开了优步，而卡兰尼克在董事会上也少了一个对手。次日，他正式提出休假请求，优步也希望能借此恢复元气，迈向优步新纪元。至少这一走向是众人期待的。

第二十八章 "反卡联盟"

大卫·邦德曼在优步全体员工大会上张嘴失言，当时比尔·格利脑海里只有一个想法："你搞什么！你是在开玩笑吧！"

周二早上，格利是带着乐观的心态去参加全体员工大会的。他对霍尔德报告的内容厌恶至极，整份报告读起来简直就像一本下流杂志，也像充满种族歧视、性别歧视的硅谷单身汉派对。董事会一致同意接受报告的整改意见，因此，他对解决问题仍抱有希望。

每个人都指望着格利来收拾这个烂摊子。他和卡兰尼克已相交多年，是优步董事会成员，也有一定的话语权。如今，大家都期待格利能帮公司摆脱目前的困境。

格利的压力越来越大，到了六月中旬，原本瘦长的他也开始发胖。那年早些时候，格利还飞到圣迭戈，做了一次全面的膝盖修复手术。6月13日会议召开的前几周，他动过手术的腿还在治疗恢复阶段，但他已经在不断打电话处理工作了。标杆资本的办公室位于加利福尼亚州伍德赛德。格利在办公室里，背靠着办公椅，用他带着得州南部口音的男中音向合伙人抱怨卡兰尼克的固执。他的膝盖受了很重的伤，但与优步的现状对其和公司带来的伤害相比，这点伤简直不值一提。

格利有坚强的后盾。标杆资本与他一直以来都是真正的合作伙伴关系。每周一早上，在标杆资本合伙人会议上，风险投资人都会花上数小时审查其投资组合中每一个公司的情况。每个合伙人都会不吝分享自己的看法和意见，包括脸书早期员工、客户增长领域的专家马特·科勒，曾帮助推特罢免两位创始人、成功任命第三位CEO的"高情商"合伙人彼得·芬顿。两位最新加入标杆资本的成员埃里克·维书亚和莎拉·特拉维尔，对于在公众密切关注的初创公司担任创始人或高管也有些想法要表达。

当然，格利是标杆资本所有人中与优步交往的主要人物。于是，他的电话遭到了标杆资本合伙人的狂轰滥炸。标杆资本耗费数亿美元投资其他公司，正是这些超级富豪投资人提供了资金来源，包括大学捐赠基金会、养老基金等。他们非常担心优步会分崩离析，导致原本预期能够获得的数十亿美元投资回报化为泡影。每收到一封沮丧的电子邮件，每接到一个急切的电话，格利都会安抚这些合伙人，向他们保证一切尽在掌控中。

但在他身边的朋友看来，一切似乎并不在掌控中。谷歌风投合伙人之一的大卫·克雷恩曾于2013年主导了谷歌风投对优步的2.5

亿美元投资。2017 年的一个夜晚，他在自家办了一个派对，为科学研究基金会募款。那晚，彼得·芬顿出席了派对，他像往常一样活跃友善。然而，与他一同前来的格利当晚大部分时间都在喝闷酒，要不就在克雷恩家的客厅闷闷不乐，要不就在他家后廊的户外吧台愁眉紧锁。他压力巨大，已筋疲力尽，感觉连站都站不稳。这位两米高的大汉对朋友们说，他也曾尝试照顾好自己，开始做瑜伽和冥想，但仍无法入睡。格利确实已经精疲力竭了。

霍尔德报告事件本应遏制住优步的种种负面事件带来的余波。特拉维斯·卡兰尼克卸任；公司采取一些措施重塑品牌形象，公司有可能摆脱困境，改头换面。

然而，全体员工大会简直就是场灾难，大卫·邦德曼在会上毫无来由的性别歧视言论让计划脱离正轨。卡兰尼克也不是省油的灯，他根本无意放低姿态。会议次日，他就打电话召集部门负责人和高管，一如既往地经营业务，就好像他向全世界宣布自己打算暂时离开这件事从未发生过一样。那一周，他在所谓的"休假期"开始与优步工程师们谈工作，下达指令，还让他们瞒着董事会。

最简单的解决方法就是董事会强力介入，坚持让卡兰尼克永远下台。但卡兰尼克哪里都不会去，他已经完全置自己休假的承诺于不顾。他会继续在公司斗争，企图将格利边缘化，而格利也非常了解卡兰尼克，绝不会低估他。

格利的疑虑既符合道理，也很实际。标杆资本在业内以"对创始人友好"著称。对冲基金或私募股权公司投资创始人的公司时，创始人常常被迫接受严厉的管理方法。例如，邦德曼曾严厉批评优步的烧钱速度，因为他是一位私募股权投资人。相较而言，风险投资公司则常常希望能被业界评价为"对创始人友好"。正因如此，标杆资本会对其投资组合里的公司给予支持，帮助其招募高管，设计发展战略，提供实用的建议。如果他们彻底让卡兰尼克倒了台，那么下一个优步、下一个脸书或下一个巨头公司还会考虑让标杆资本参与投资吗？

除了标杆资本的声誉，还有其他实际问题要考虑，比如金钱。那时优步的市值已膨胀至 685 亿美元，公司在私下估值最高峰时甚至超过了脸书，而标杆资本在其市值处于低位时进行投资，成本很低，因此，标杆资本初始 1 100 万美元的股权现在价值数十亿美元。这一投资很有可能成为硅谷历史上最伟大的风险投资之一。但现在，其持有的优步股票面临巨大风险。每出现一条优步相关的负面新闻报道，优步的估值便会下降一些，这让格利原本无与伦比的投资表现大打折扣，也意味着股东的最终收益缩水。

还有一些投资人公然与公司叫板。米切尔·卡普尔与弗莱达·卡普尔·克莱因夫妇是优步的早期投资人，一直以来活跃于所谓的"影响力投资"界，即在进行投资时实现社会效益、为社会做出贡献。两个人在公开博客中写道："我们认为，试图从优步内部悄悄影响公司决策这条路行不通，因此决定公开发表言论，相信公众能对优步投资人和董事会的行为正确与否做出正确的判断。希望我们的举措有助于优步领导层承担责任，因为其他所有机制似乎都失效了，只能用这一招。"

　　然而，格利意识到优步的情况到底有多糟，还是因为收到一条来自创始人的消息。那年夏天，某个下午，格利正在查看邮箱，突然屏幕上弹出了一封新邮件。邮件来自卡特里娜·莱克，量体裁衣公司的CEO。这是一家通过互联网向客户提供私人化定制服装服务的电子商务公司，备受赞誉，相当成功。

　　格利与莱克是老熟人了。早在2013年，标杆资本就对这家前景不错的初创公司进行了一轮1 200万美元的投资。还在商学院上学时，莱克就在卧室里创建了该公司的雏形。2017年，公司通过IPO成功上市，为标杆资本带来了数亿美元的回报。莱克和格利作为公司的董事会成员，关系日益亲密，格利相信公司的前景，而莱克也信任格利给出的建议。

　　莱克邮件里的内容句句诛心，她写道："优步这样的公司居然能在市场上存在，还能蓬勃发展，这简直丧心病狂。我对您这位我曾敬重有加的人参与其中感到失望。"

　　优步的故事对莱克来说能引起很深的共鸣。莱克是硅谷最杰出的女性CEO之一。她从经营一家小型创业公司开始，发展成市值数百万美元的企业，这一路上也一直在对抗性别歧视的坏人。在公司上升期的某个节点，她还曾遭到公司风险投资人贾斯汀·卡尔德贝克的性骚扰。卡尔德贝克此前一直作为观察员参与公司董事会，发生那次事件后，莱克坚持要求他离开。因此，莱克深知科技公司和风险投资领域中的男权主义文化会给女性带来多大的痛苦。

后来，莱克看到了有关苏珊·福勒在优步的遭遇的报道，优步印度公司发生的案件，以及其他有关卡兰尼克的泛滥丑闻等。别人如果将她的公司和优步相提并论，莱克会感到羞愧。尤其是想到她的人生导师格利在优步袖手旁观，甚至可能还在推波助澜时，她感到十分不安。

对莱克来说，成为硅谷的企业家不仅仅是运用新技术进行创新，而且是以创始人期望实现的价值观为基础创建公司。她说："我很庆幸自己的公司是一个鲜活的例子，我们公司正是因其价值观正确而成功，而不是那类虽然获得了商业上的成功，却价值观败坏的公司。"

格利快速回复了莱克的邮件并表达了感谢，写道："这简直是一场噩梦。"格利对优步的投资让他声名大噪，而莱克的邮件却给了他沉重一击。

优步在全体员工会议上公布了霍尔德报告之后，标杆资本举行了一次合伙人会议，会议讨论一致同意：标杆资本应该做正确的事，那就是让卡兰尼克离开优步。

但标杆资本单枪匹马做不成这事，格利需要帮助。

卡兰尼克对其风险投资人要求苛刻也有他的理由：如果有一天这些投资人反过来与他对抗，就像在搜索网时期迈克·奥维茨那样对他，卡兰尼克希望能维护自己的地位。

在与优步投资人的权力之争中，卡兰尼克一直做得不错。随着时间的推移，他逐渐侵蚀了股东的权力和影响力。他还尽可能隐瞒信息，阻碍投资人了解公司财务。对这些做法，投资人当然抱怨不断，他们在优步投入了大量资金，认为自己有权利知道公司的经营状况，有权利知道卡兰尼克用自己的资金做出了何种经营决策。一位投资人说，卡兰尼克对待他们简直就像在养殖蘑菇，提供给他们的信息如同腐殖质，还一直将他们置于暗处，对他们进行隐瞒。[①]但卡兰尼克认为即使如此，投资人也应感激不尽。

投资人似乎也足够自觉。优步估值一路飙升，也很少有人多说什么。从法律上讲，卡兰尼克拥有的无边权力是站不住脚的；那些持有高份额股份的投资方有权获得公司的信息。但至少有一位投资人说，卡兰尼克给予投资方的回应就是威胁他们，他对投资人说："不服就去告我，如果你连自己投资的公司都会起诉，那么你在这行的声誉会怎么样呢？"他的话有一定的道理。

更过分的是，随着时间的推移，卡兰尼克手里积攒了所谓的"超级投票权股份"，这是一种权力更大的股票，比大多数投资人持有的一股一票的普通股具有更多的投票权。卡兰尼克和他的两个盟友加勒特·坎普以及瑞安·格雷夫斯手持大量的超级投票权股份，这是他在优步早期就设计好的方案。此外，他手中的普通股股份也在持续增多。如果优步有员工希望通过内部回购计划将持有的股票变现，卡兰尼克就会要求这些员工将自己手中的股份卖给他。随着员工因正常的人员调整或流动而离开公司，或者出售股票，卡兰尼克的投

[①] 投资者这句话出自马丁·斯科塞斯执导的 2006 年奥斯卡最佳影片《无间行者》的台词。片中马克·沃尔伯格饰演一位警察，他用这句台词描述了其与美国联邦调查局之间的对抗关系。

票权占比也越来越大。

当然，卡兰尼克也不能在所有情况下都凭自己手中的"超级投票权股份"说了算，比如，是否要将某位高管撤职这类决策，就必须由董事会投票决定。

即便是这样，卡兰尼克也在投票中占据优势：他有效地控制了董事会。董事会 8 人中，大多数都是他的盟友：阿里安娜·赫芬顿、龚万仁、亚西尔·鲁迈扬、瑞恩·格雷夫斯和加勒特·坎普，这些人都对他唯命是从。2016 年，在沙特阿拉伯 35 亿美元的那轮融资中，他又为自己争取了一张王牌：董事会一致通过了那轮融资的各项条款，其中有一条赋予了卡兰尼克随时可以新任命三名董事会成员的权力。

2017 年夏天，媒体和公众的关注日益密切，格雷夫斯和坎普开始感到担忧。但他们都对卡兰尼克心存感激。坎普自始至终都没想过要亲自参与优步的经营管理，他十分乐意成为公司的后排乘客，而不是掌舵的司机。格雷夫斯过去几年的日子不是忙于参加派对，就是周游列国，但卡兰尼克从未指责过他。显然，格雷夫斯认为卡兰尼克是真正关心他的，认为他和自己亲如手足。

假使坎普、格雷夫斯或阵营里的任何其他人对卡兰尼克的行为有所不满，卡兰尼克通常都会平和地回应："你们知道我会帮你们赚多少钱吗？"这句话几乎回回都能奏效。

到了 2017 年年中，每个优步的投资人都感到无助。无论出了什么状况，卡兰尼克都不会向他们寻求帮助。多年来，他一直设法通过隐蔽的金融手段将主要投资方踢出局。他的目标就是要在投资方暗地里对他下手之前先铲除他们。为了实现这一目标，他在 8 年时间里，进行了一系列先发制人的行动。

门罗风投早期对优步进行投资时，合伙人肖恩·卡罗兰通过协商，获得了优步董事会的一个观察员席位，卡兰尼克明确表示，他不具有投票权。首轮资本公司的风险投资家罗伯特·海耶斯非常幸运地在优步"种子轮融资"期间对其进行了投资。① 除了获得优步大量的股份外，他还为自己赢得了一个董事会席位。但在 B 轮投资期间，卡兰尼克更改了合同，剥夺了海耶斯的投票权，还限制了他获取公司信息的途径。克里斯·萨卡是谷歌前律师，后来成为投资人和小写字体资本的创始人，他一度认为自己是卡兰尼克的朋友，在优步早期投资了 30 万美元，这一投资也让他获得了大量的优步股份。后来，萨卡试图从其他早期投资人手里购买优步的股份，即进行"二次股票购买"，卡兰尼克随即对他进行了打击，不再允许他以观察员的身份参加董事会会议。自此两个人就很少交谈了。

所有这一切，格利都心知肚明。几个月来，格利秘密联系了那些被卡兰尼克排斥的风投家，他们都表示，担心自己在优步的投资是否会爆仓。格利除了召集这些投资人，还开始与其他人联系并寻求建议。他联系了斯坦福大学专攻公司治理和白领犯罪的法学教授；

---

① 海耶斯在种子轮融资期间为优步注入 50 万美元的投资，这使得首轮资本公司拥有了优步 4% 的股权。8 年后，这笔投资价值逾 20 亿美元。这一投资和格利的投资一样，是有史以来最为成功的科技公司风险投资行为。

雇用了硅谷两家顶级律师事务所库里事务所和保罗魏斯事务所的律师，这两家公司时常为科技公司和风险投资公司提供咨询服务；他还雇用了一家危机公关公司。格利还提出了一个需要所有人共同努力来实现的计划。他知道卡兰尼克永远不会主动放弃自己的职位和权力，因此，他们不得不想办法强制让他下台。

格利制订的计划十分简单，他将领导一个由优步股东组成的集团，其中包括标杆资本、首轮资本、小写字体资本和门罗资本，这四家资本公司所持的优步股份加起来超过了优步总股本的25%，因此，他们将形成优步持股最多的股东集团。他们将联名致函卡兰尼克并提出一个简单的要求：让他辞去 CEO 的职位，以保公司周全。如果他拒绝这么做，那么他们将会把整个计划公之于众。他们会联系《纽约时报》，把整个计划告诉记者，给卡兰尼克的函件也会在次日登上报纸的头版。这一步具有战略意义，一旦计划公之于众，将有利于这一集团团结到更多的优步投资者。

根据格利猜测，卡兰尼克在收到"反卡联盟"发给他的函件之后，并不会加以理会，也会拒绝辞职。为了应对这一状况，标杆资本聘请了危机沟通专家史蒂文·鲁宾斯坦，一旦《纽约时报》的记者开始报道这件事，他就会接手与媒体联系的事宜。[①]格利深知，"反卡联盟"需要掌控一些公众言论，不能让卡兰尼克得了先手。毕竟

---

① 讽刺的是，几个月前网上爆出卡兰尼克朝司机吼叫的视频，卡兰尼克也曾有意要聘用鲁宾斯坦，请他出面处理这一丑闻。

卡兰尼克有赫芬顿帮忙，会试图寻求外界的怜悯，还有可能刻意抹黑风险投资家的形象。

如果计划并不顺利，"反卡联盟"还有个秘密武器：律师们在优步公司章程中找到了一个漏洞。目前，"反卡联盟"所有人均持有相当数量的B类股票，即"有超级投票权的股份"，每持有一股能投十票。如果该联盟想要利用公司章程中的漏洞打击卡兰尼克，需要承担的代价是：大家手中持有的有"超级投票权"的B类股票就会被强制转为A类股票，变成每股只能投一票。尽管这么做会严重削弱标杆资本的投票权，然而，这意味着卡兰尼克手里的超级投票权同时受到了限制。使用这一秘密武器定将制造一团混乱的局面，但也有希望建立起可能夺权的股东联盟。当然，"反卡联盟"还不想走到这一步，放弃具有"超级投票权"的股票是逼不得已的最后一招。

决定事态发展最重要的因素就是时间。格利的"反卡联盟"必须给卡兰尼克设定一个严格的期限，让他在规定期限内回应他们的要求。格利非常了解卡兰尼克，他会像攀岩者寻找落脚点那样，在"反卡联盟"的攻势中仔细寻找任何可能的弱点。如果给他足够的时间和精力，他定能找到弱点，利用弱点进行反击，最终将联盟全部击垮。卡兰尼克就是个绝境求生者，因此，"反卡联盟"需要做足准备，将他完全困住，不给他反扑的机会。

就在他们准备正式与卡兰尼克当面对质的那天，格利与"反卡联盟"及其顾问进行了电话会议。他在标杆资本伍德赛德的办公楼，在公司的主会议室主持会议。该会议室宽敞通风，房间中央摆着一张光滑的硬木桌，周围一圈是十几张黑色皮革和金属质地的高端品牌椅子。在这间会议室里，标杆资本曾听取过无数来自硅谷尚未成名的创始人推销自己的公司。格利也在这里签署过许多备受瞩目的条款，就对优步、色拉布应用、推特等公司进行投资展开过无数次的讨论，最终将这些公司纳入了标杆的投资组合。2017 年 6 月 21日，格利将这间会议室当成了"反卡联盟"罢免优步 CEO 卡兰尼克的作战指挥室。当天早上电话会议的内容对这一天的行动进行了部署。格利又特意花了一点时间，着重解释了需要迅速果断展开此次行动的原因，以及踏出这一步后大家将要面临的风险。一大波投资人、律师和合伙人都在线收听了电话会议。

格利在电话会议中问每个人："你们看过一部名为《异星觉醒》的电影吗？瑞恩·雷诺兹饰演的角色在太空执行任务，他们捕获了一个黑色的外星生命体，他们在发现那个生物后，将其放入了空间站试验室里坚不可摧的盒子中，以确保试验期间的人身安全。但最终那个外星生物想办法打开了盒子，逃了出来，杀死了空间站中的每个人，然后又朝着地球前来继续杀戮。所有这一切都源于他从试验室逃脱了出来。"

"反卡联盟"的成员都在线上静静地听着，想知道格利讲述这个故事的用意。有的人会心一笑，格利就是喜欢类比。

格利接着说："好吧，不卖关子了，卡兰尼克就像那个外星生物。如果我们的计划不成功，无法限制住他而让他逃脱，那么他将摧毁一切。"

第二十九章　风险投资家的报复

在格利与"反卡联盟"召开电话会议的前一天，特拉维斯·卡兰尼克本应在旧金山。但 6 月 20 日，他并没有待在自己卡斯特罗山顶的公寓里，也没在市场街 1455 号优步总部。他去了距旧金山 2 000 英里的芝加哥，用笔记本电脑远程办公。

那个周三，芝加哥的气温是 26.7 摄氏度，温暖而潮湿，但不像中西部地区那样闷热。卡兰尼克来与全食超市前联合 CEO 沃尔特·罗伯会面，他认为罗伯有能力成为自己的新任首席运营官。为了这次会面，卡兰尼克在芝加哥市中心密歇根大道附近的丽思卡尔顿酒店顶层租了一间私人会议室。卡兰尼克喜欢奢华的酒店，在丽思卡尔顿酒店顶层工作才最有面子。

卡兰尼克的芝加哥之行破坏了"反卡联盟"的计划。格利的电话被打爆了，不断有人打电话来告诉他卡兰尼克仍然没有休假，大家都知道他还在夜以继日地工作，但他们并不清楚原来他是跑到别的州面试高管去了。为了大家的计划能够顺利进行，他们不得不商量前往伊利诺伊州找他。

2017 年夏天，格利和卡兰尼克已经不再联系了。格利知道自己并不是飞到芝加哥去说服卡兰尼克递交辞呈的合适人选。格利的唠叨、担忧，以及他锲而不舍劝说他接受改变，这些卡兰尼克都已经烦透了。只要格利走进酒店房间，想劝卡兰尼克辞职，卡兰尼克就会大声嚷嚷让他滚蛋。他们之间需要中间人。

"反卡联盟"让马特·科尔勒和彼得·芬顿来承担这一重任。科尔勒于 2008 年加入标杆资本，他才华横溢，曾在脸书任职。他务实、现实、坦率，应该能以一种冷静的方式把消息传达给卡兰尼克，也应该能让对方理解。科尔勒身材瘦削，皮肤白皙，一头棕色鬈发，大眼睛，脸庞红润，那会儿他也不过 40 岁出头，但看上去还不到 30 岁。科尔勒是除格利以外最了解优步的人。在格利最初与卡兰尼克接触谈协议的时候，他就已经参与其中了。至少，对卡兰尼克来说，科尔勒是一张熟悉的面孔，不至于立刻想要揍他。

然而，科尔勒情商不高，这方面则是彼得·芬顿更擅长。芬顿是标杆资本最有魅力的合伙人之一，与年轻的初创公司创始人见面时，他温和的态度和灿烂的笑容会让他们放松下来。和科尔勒一样，尽管芬顿已经快 45 岁了，但他看上去很年轻。暗绿的眼睛、高高的前额和淡黄色的头发让他看上去不像野心勃勃、经验丰富的风投家，更像个邻家男孩。他在谈判桌上不好对付，但同时也很通情达理，能在必要时做出让步，让对方觉得自己的意见得到了采纳。对于想要达成交易的人来说，或者在需要向某人传达坏消息的情况下，这无疑是很好的品质。

这群人商讨如何让卡兰尼克辞职已经有好几个星期了。格利常常与其他风投公司的投资人打电话沟通，比如，首轮资本公司的乔希·科佩尔曼和罗伯·海耶斯，红杉的道格·卡莱尔和肖恩·卡罗兰，以及小写字体资本的克里斯·萨卡。但大多时候，他还是待在标杆资本，和自己的合伙人一道就目前的情况共商大计。他们很多疑，为防有人在无意中听到他们的计划，在公共场合进行讨论时，他们都使用代号来指代卡兰尼克，如果合伙人碰巧在乘坐优步时谈到卡兰尼克，也常常会随机用"鲍勃"或"杰夫"来代替"特拉维斯"。在卡兰尼克与司机争吵的视频被曝光后，大家猜测可能会有人录音或监听。

格利与标杆资本的员工的大多数会议都在伍德赛德的办公室进行。一群人在长长的木制会议桌边坐下，格利、科尔勒、芬顿，以及合伙人艾瑞克·维什利亚、萨拉·塔维尔和米奇·拉斯基，这些人一遍又一遍地完善他们计划的细节，直到大家完全熟悉为止。对于科尔勒和芬顿去找卡兰尼克时，后者可能会如何反应，他们都仔细展开了讨论。（卡兰尼克会大发雷霆吗？他会立即同意吗？他会绕过桌子来杀人吗？）打算交到卡兰尼克手里的信，他们也拟了十几个不同的版本，每个版本都对应一种有可能发生的情况。德高望重的上流律师事务所宝维斯的律师对每一份草稿的内容都仔细进行了检查。

科尔勒和芬顿出发的前一个周二，这帮人又在标杆资本的办公室会面。他们再次核对了计划，为这场注定会公开撕破脸的斗争做最后的准备。卡兰尼克绝对不可能屈服。据一位优步高管回忆，卡兰尼克曾说过，如果有一天他要离开公司，那么在走之前，他一定会"让优步的估值归零"。（后来，卡兰尼克通过发言人否认他曾说过这些话。）"反卡联盟"需要坚定决心，迎接即将到来的挑战。

尽管这个决定颇为痛苦，公司还是认可合伙人的计划。这都是为了保全优步，也保全自己的价值，他们不能坐视特拉维斯·卡兰尼克一手摧毁优步，让这个价值685亿美元的庞然大物一败涂地。过去的六周，他们一直在一起讨论这些计划，他们对外界、对彼此的说辞都是一样的："我们已经做了力所能及的一切。"目前只能实施这样的"逼宫"计划，因为他们已经别无选择。

天色渐渐暗下来，格利环视了会议室里的合伙人一圈，点了点头。他非常焦虑，但他已经能勉强接受事实了。

"我真的认为我们站在历史正确的一边。"格利说道。

当天上午，马特·科尔勒和彼得·芬顿租了一架私人飞机，从旧金山国际机场直飞奥黑尔。两个人抵达后入住了离丽思卡尔顿不远的一家豪华酒店，为接下来的事做准备。两个人离开停机坪，搭乘优步专车前往酒店，与从东海岸飞来的危机公关专家史蒂文·鲁宾斯坦会面。卡兰尼克一定会拒绝他们的提议，那么接下来鲁宾斯坦就会负责处理媒体方面的事宜。鲁宾斯坦是危机公关领域的传奇人物。21世纪初，新闻集团卷入臭名昭著的电话窃听丑闻时，他为鲁伯特·默多克承担了公关重任，卓有成效地为新闻集团控制了损失。鲁宾斯坦是纽约人，身材瘦削，戴着一副厚厚的黑框眼镜，爱挖苦人。他们计划，一旦科尔勒和芬顿与卡兰尼克发生冲突，鲁宾斯坦就立刻联系记者发布消息。

科尔勒、芬顿和鲁宾斯坦都知道卡兰尼克住在丽思卡尔顿酒店，但他们还是忍不住怀疑可能会在城里别处偶遇卡兰尼克。标杆资本几个月来一直疑神疑鬼，在对优步安全部门的一些隐秘活动进行调查后，格利总疑心有人在跟踪他，也有可能卡兰尼克在他家门外装了摄像头。

在伍德赛德的办公室里，格利坐在办公桌前的黑色皮革扶手椅里转来转去。标杆资本的合伙人在房间里进进出出。为了确保一切能够顺利进行，"反卡联盟"用瓦次普拉了一个内部群。此时，有十多个人参与策划了罢黜卡兰尼克的行动，他们需要统一行动。除了这个群，这些人私下里还常有短信交流。但格利仍然是该行动计划的核心人物。

科尔勒和芬顿离开了他们住的酒店，前往丽思卡尔顿与卡兰尼克见面。鲁宾斯坦留守后方，等待合伙人的消息，万一他们不得不把这件事闹到公众面前，他就做好应对准备。

尽管并不是所有人都知道这个计划，但某位知情人士周末给《纽约时报》的记者打了电话。这位人士声称，投资人都在议论这件事，《纽约时报》需要做好准备，可能会有戏剧性的事情发生，要准备好即时进行报道。这位知情人士的话既神秘又耐人寻味。

而那个接到电话的记者，就是我本人。

6月20日上午9点，我正在旧金山国际机场维珍美国航空公司候机楼坐着，口袋里的手机响了。当时我正打算飞往洛杉矶，前往一个科技会议采访一位高管，还准备利用这周剩下的时间和一些业内的朋友见个面。我按下静音键，看了一眼手机，来电的是优步的一位重要消息人士。

他在周末联系我，警告我有大事要发生，这有些不同寻常。这些年来，我收到了很多虚假的所谓"内部消息"，都没什么价值。但那天早上在我即将登机时，消息人士告诉我卡兰尼克掌权的时间已所剩无几。他有可能当天就会被迫从优步辞职。"他得离开优步，一切应该都会在今天尘埃落定。"消息人士这样说道。

我有些措手不及。"什么？你在说什么？"我结结巴巴地说。"我这会儿马上要登机了。这事儿马上就要发生吗？我是不是得立刻取消我的航班？"

空乘人员开始呼叫登机旅客。就算我能在飞机上使用无线网络，我也没法在3万英尺的高空接电话呀。在整个硅谷，经过数月的丑闻和公众的强烈抗议后，科技界所有人都在关注卡兰尼克能否保住他的职位。在霍尔德报告揭示优步内部已然失控、大卫·邦德曼突然下台之后，大家更加关注事态发展了。如果今天就是特拉维斯·卡兰尼克被驱逐的大日子，我必须马上做好准备。

"随时把你的电脑放手边备用，一整天都保持手机开机，"消息人士说道，"我会给你打电话。"他随后挂断了电话。

科尔勒和芬顿走出金色的电梯门，拐进丽思卡尔顿酒店12层大厅黑白相间的大理石走廊，他们并没有想到，这里会围着一群西装革履的人。那周，酒店正在举办房地产会议。来自瑞麦地产和科威国际不动产等全国性房地产公司的代表们西装笔挺，挤在主门厅。两位风投家礼貌地从拥挤的人群中挤了过去。

丽思卡尔顿酒店在芝加哥已经开了 40 多年，却从没重新装修过。这么多年来，当地人和来往的常客都觉得它有些老旧。但那天早上，科尔勒和芬顿走进酒店，映入眼帘的是一家改头换面的新酒店。几周后，丽思卡尔顿酒店将推出一项耗资 1 亿美元、历时 18 个月的大规模改造计划。一幅罗伊·利希滕斯坦的画作悬挂在人群上方。穿过大厅是一排朝北的窗户，可以俯瞰密歇根湖。若非焦虑万分，这两位风投家可能会驻足欣赏这美景。

科尔勒和芬顿穿过大厅，来到里面的电梯间，可以直达客房、私人办公室和位于大楼顶层的商务套房。那天早上，芬顿联系了卡兰尼克，告诉他自己和科尔勒在芝加哥，有急事需要和他谈谈。卡兰尼克知道有事要发生，有些措手不及。他让他们去丽思卡尔顿酒店找他，他说自己独自在楼上工作，在那里等他们。

当两位风投家走进私人会议室时，他们互相郑重地打了招呼。格利不在场，这件事稍微好办些，至少卡兰尼克没有气冲冲地甩手而去，科尔勒和芬顿以一种温和的方式慢慢切入主题。他们向卡兰尼克表达了他们的请求，当然，实际上这不仅仅是一个请求。为了公司的利益，他们希望卡兰尼克"立即且永久"下台。

卡兰尼克坐在座位上，惊呆了。芬顿从桌上递了一封信过去，卡兰尼克低下头，看着面前的纸条。

亲爱的特拉维斯：

　　我们是标杆资本、首轮资本、小写字体资本、门罗风投和其他投资公司的代表。上述这些公司共计持有超过26%的优步股份，以及超过39%的投票权。写这封信是为了表达我们对优步发展方向的深切忧虑，并提出未来发展方向的相关建议。

　　在过去的8年里，你的远见卓识与不懈努力创造了一个任何人都无法想象的公司和行业，对此我们深表感谢。然而，不幸的是，最近披露的一系列事件对我们造成了巨大的影响……所有这些问题都对优步品牌造成了极大的损害，有可能摧毁优步的价值，而这些都与股东和利益相关者息息相关。我们认为，这些问题源于优步根深蒂固的文化和管理问题，以及公司高层的行事风格……

　　我们必须采取一些具体措施来解决这些问题，维护优步品牌、加强公司管理。如果现在我们不彻底解决这些问题，优步的品牌价值和市场份额将继续受到侵蚀，这对公司、对包括你在内的所有股东而言，都没有任何好处。

　　……做出这些调整后，我们坚信优步可以重新成为硅谷有史以来最重要的公司之一。我们希望在这条道路上你能与我们共同前进。

"推动优步前行"：投资方的要求

第一，你必须立即且永久辞去CEO一职。我们坚信，管理层的改变，加上有效的董事会监督、管理改善和其他即时行动，是优步前行的必要条件。我们需要一位值得信赖、经验丰富、充满活力的新CEO，帮助优步解决当前的许多问题，并充分发挥公司的潜力。

第二，优步目前的管理结构，包括董事会的组成和结构，都已经不再适合一家拥有逾1.4万名员工、价值680亿美元的公司了。新任CEO必须向独立的董事会汇报工作，独立董事会对其工作进行适当的监督……此外，如你所知，霍尔德报告提出公司需任命更多的独立董事。为此，你手上所持有的三个董事会席位，应该安排真正的独立董事来填补其中的两个席位（你自己保留一个），新任的独立董事必须符合霍尔德报告中关于任职资格的建议……

第三，……你应该支持由董事会领导的CEO遴选委员会，该委员会包括一名独立主席、一名高管代表和一名司机群体代表……

第四，公司应立即聘请一位经验足够丰富的临时或全职首席财务官。在过去的两年多里，优步有意没有聘请一位合格的高管担任高级财务一职。所有投资方都认为，聘用首席财务官这一问题亟待解决。

　　我们希望在这条道路上你能与我们一起前行，期待你的回应。

　　卡兰尼克非常愤怒。他从椅子上站起来，一开始甚至无法看完整封信。他母亲突然遇难才不过几周，这两个人便陡然向他提出这样的要求，这让他勃然大怒。标杆资本怎么能这样对他？

　　卡兰尼克几乎立刻就回忆起了一周前刚刚召开过的董事会议。格雷夫斯、格利和其他董事会成员一直在讨论请卡兰尼克休假的建议，还公开祝福他一切顺利。格利说他对卡兰尼克休假后是否回归保持中立，并补充说无论卡兰尼克如何决定，他都会接受。因为这番话，卡兰尼克受到了鼓舞，在经历了这么多个人动荡后，卡兰尼克在那一刻感受到了董事会同事的支持和安慰。而现在，科尔勒和芬顿把给他的判决书滑过桌子时，卡兰尼克想知道判他死刑这一出他们策划了有多久。这是终极背叛！

　　卡兰尼克又像往常一样开始踱来踱去。他对着两位投资者大喊大叫，他曾认为科尔勒和芬顿是自己的盟友和支持者，而如今，他们只是面无表情地坐在那里。卡兰尼克仍在做困兽之斗。他不会轻易接受这一切的，他不同意他们的要求，他要反击。

　　"如果这就是你们想做的事，那我告诉你们，场面会变得很难看，"卡兰尼克说道，"我说到做到。"

　　这两个投资人很清楚卡兰尼克这么说是认真的。但他们对这个计划也是志在必得。科尔勒和芬顿把信交给卡兰尼克之时，"反卡联盟"就开始计时，而现在已经快到中午了。他们给卡兰尼克下了最后通牒：必须在当天下午 6 点前答复。如果卡兰尼克拒绝回复，如果他耽误太长时间，如果他试图进一步拖延，如果他使出任何看似卑劣的计谋，这两位风投家就会走出房间，发短信给"反卡联盟"成员，立即开启公关机制，把这场争斗放到台面上来。第二天早上，这场优步内斗就会登上《纽约时报》的头条。消息会迅速传开，其他投资人看到优步大股东的强硬立场，最终也会受其影响加入统一战线。至少此时已经有一个大人物站在他们这边了，科尔勒和芬顿出发前的最后一刻，富达投资也在这封信上签了名，要求解雇卡兰尼克。其他投资方，诸如格莱德·布鲁克合伙人公司、惠灵顿资本，以及大卫·萨克斯等天使投资人，私下里也已经相当躁动，希望撤掉卡兰尼克。科尔勒和芬顿威胁卡兰尼克说，一旦标杆资本把消息公之于众，剩下的其他风投公司也会站到他们这一边。

卡兰尼克知道他已经无路可走。双方花了很长时间反复进行交涉，他要求对方再给他一些时间考虑。科尔勒和芬顿同意了，随后两人离开了。

科尔勒和芬顿向在标杆资本总部等候消息的格利通报了交涉的情况，格利之后向"反卡联盟"发短信报告了最新进展。

"他在拖延时间。"格利在短信中说道。

这位优步 CEO 绝不仅仅是在拖延时间。科尔勒和芬顿离开房间后，卡兰尼克开始疯狂地打电话，他第一个电话就打给了他为数不多的盟友之一阿里安娜·赫芬顿。赫芬顿说，她和卡兰尼克一样，对投资方的阴谋小集团做出这样的举动感到震惊。接着两人开始讨论卡兰尼克该如何抉择。

卡兰尼克非常信赖赫芬顿。然而他不知道的是，赫芬顿虽然嘴上这么说，但心里已经在帮他构思辞职声明了。卡兰尼克的世界分崩离析之际，电话那头赫芬顿却潇洒地走进了录音棚，和演员阿什顿·库彻录起了播客。

科尔勒和芬顿一直在给"反卡联盟"内部群里的在伍德赛德等待的人更新最新情况。格利并不恐慌，这都在他意料之中。卡兰尼克在优步的朋友已所剩无几，他很可能会向盟友求助来保住自己。标杆资本要做的就是持续给卡兰尼克施压，就像把《异星觉醒》中的外星人困住一样。

另一位投资人发短信给格利询问最新消息。格利回复："围剿之中。"

卡兰尼克不仅仅打电话给阿里安娜·赫芬顿，还打电话给仍在优步工作的业务开发高管，比如大卫·里希特和卡姆·波茨谢尔。这两人在优步内部颇有些影响力，或许能帮卡兰尼克找到走出困境的方法。他还给董事会成员和加勒特·坎普、瑞恩·格雷夫斯等老盟友打了电话，也给其他也许能帮他对抗"反卡联盟"的投资人打了电话。

突然，卡兰尼克想到了一条出路。如果他能让足够多的优步股东站在自己这一边，那么他就有可能拿到足够多的表决权，就算进行公开股东大战，他也能够反击"反卡联盟"。为此，他开始致电"反卡联盟"的成员，企图用自己的个人魅力让他们反水。

"肖恩！"卡兰尼克用可怜巴巴的语气对着手机那头喊道，"我真不敢相信事情会变成这样！我可以做出改变！给我一次机会吧。"

肖恩·卡罗兰是门罗风投合伙人，也是优步的早期支持者。对他来说，他的确不想怀疑卡兰尼克。卡罗兰曾经对朋友们说过，他一直觉得卡兰尼克很能让人信服，他有着属于创始人的自信、斗志、智慧和魅力，这些都是卡罗兰投资优步的主要原因。如今，他从卡兰尼克的电话中听到了他的痛苦，为了捍卫自己的工作，他似乎在电话那头哭泣。明知不应该，卡罗兰还是觉得有些内疚，他觉得自己在毁掉自己一手扶持壮大的创始人，这是风投行业的一大罪过。但在一阵吞吞吐吐的东拉西扯后，他还是挂掉了电话，下决心让自己静候卡兰尼克给出恰当的答复。

"对不起，特拉维斯，我真的很抱歉，"卡罗兰这样告诉他，"尽管我很愿意相信你，但这次我确实帮不上你，恐怕我无法再支持你担任优步 CEO 一职了。"随后，他挂断了特拉维斯·卡兰尼克的电话。

过了一会儿，科尔勒和芬顿回到了自己住的酒店。他们跟卡兰尼克摊牌，如果他同意和平解决此事，他们会保全他的尊严，让他体面地下台。风投家都知道，通常公司高管被替换或降职时，公告中往往会讲一些装腔作势的场面话，一些半真半假的话，比如，"我会退居二线当公司顾问"或者"我决定辞职，花更多的时间陪伴我爱的人"，这些都是掩饰企业"政变"的陈词滥调。标杆资本很乐意给卡兰尼克这份体面。

天色越来越晚，丽思卡尔顿酒店外太阳开始落山。芬顿陷入了两难。他的孩子和妈妈一起待在法国，当天晚些时候，他应该要搭飞机飞越大西洋去看望他们。他着急等卡兰尼克给个回复。到了下午4点左右，留给卡兰尼克的时间越来越少，但他依然在负隅顽抗，要求再给他点时间。于是，科尔勒和芬顿先回酒店了。

最后，卡兰尼克仍在试图找出解决方案，同时开始派人与风投资本方交涉。阿里安娜·赫芬顿几个小时以来一直与卡兰尼克保持密切联系的，此时，她开始与芬顿谈话、发短信。

在此之前，赫芬顿一直力挺卡兰尼克，面对媒体和愤怒的员工，她始终为他辩护。那年早些时候，她曾在美国有线电视新闻网上表示，卡兰尼克在不断进步，他有能力担任CEO一职。她在电视直播中称，特拉维斯·卡兰尼克是优步的"心脏与灵魂"。赫芬顿与卡兰尼克合作多年，但此时此刻，她也建议卡兰尼克或许应该考虑离开。

如果是在其他任何时候，卡兰尼克会立刻把这个想法抛到一边。他从未停止过为自己想要的东西而奋斗，而他最想做的就是摆脱过去一年糟糕的影响，维护优步在全球的统治地位。

但一切都变了。母亲的突然离世让他悲痛欲绝，他还在慢慢让自己接受再也见不到母亲的事实。在事故发生后，他飞到弗雷斯诺，坐在父亲的病床前为他祈祷，这才短短几周，而回到洛杉矶将母亲下葬的场景更是历历在目。有生以来第一次,特拉维斯·卡兰尼克意识到他已经厌倦了斗争。也许对他来说,这一次下台离开优步去哀悼逝去的亲人是正确的选择。

格利向"反卡联盟"的一名成员发了一条短信,报告最新情况:"他有让步意向了。"风投家和顾问们在群里聊天,大家都不敢相信这竟然真的会发生。

那天晚上,太阳落山时,卡兰尼克已经拖延了好几个小时,投资人都受够了。赫芬顿曾给"反卡联盟"发来一条消息,暗示卡兰尼克可能同意辞职,此后就几乎再也没有取得任何进展。卡兰尼克找了一些盟友来帮他,芬顿和科尔勒时不时需要和这些代表他的利益方的人交涉。

但几个小时过去了,卡兰尼克还是没有给出明确的答复。他们已经受够了。

美国东部标准时间晚上9点19分,彼得·芬顿给阿里安娜·赫芬顿发了短信,说他们准备致电《纽约时报》。

"请见谅,我的语气有些着急,因为15分钟后我就要启程去欧洲了,"芬顿在消息里提醒他们自己还要赶飞机,"但我无法阻止大家把这事儿公之于众。我知道你尽力了,但我们的时间不多了。"

赫芬顿很快回复:"我马上给他打电话。"芬顿回复了一个"庆祝"的表情包,以示感谢。

"反卡联盟"的催促加上赫芬顿在最后一刻建议卡兰尼克辞职,

终于奏效了。这位 CEO 精疲力竭，别无选择。他没能说服任何一个曾经的盟友与他并肩作战，对风投家发起反击。他终于同意再次会面，签署文件。

在丽思卡尔顿酒店，双方的最后一次会面以谈判和签署文件为主题。卡兰尼克拿出一支笔，开始飞快地翻看这封信，把他不同意的地方划掉，对他认为有些过分的规定做出修改。

即使日后他不再领导这家由他一手建立的公司，他依然能在董事会层面拥有发言权。投资人同意了，他们觉得保留卡兰尼克在董事会的一席之地是最起码的事情。

相反，比尔·格利却无法继续留在董事会了。或许他确实赢得了这场斗争，但卡兰尼克再也不想见到他，也不想再和这位风投家打交道了，更不用说在未来几年在优步董事会共事了。经过一番讨价还价，双方达成了共识。格利离开优步董事会，接替他的将是他的合伙人马特·科尔勒。

投资人承诺让卡兰尼克体面地离开，他的离职将非常简单得体，不会让外部产生过多揣测。

芬顿在短信里对赫芬顿赞不绝口：

我由衷地感谢您。今天，您将不可能变成了可能，这一点让我十分佩服。无论何时何地，我都非常愿意与您共事。待目前的压力过去，我们可以畅想未来的前景。我非常希望一切努力都能朝着积极、崭新的方向前进。优步有着光明的前途。

格利给"反卡联盟"发去了最后的信息:"他签下了辞职信。"

美国西部太平洋时间晚上9点半,当我回到洛杉矶中心的酒店时,我从一个消息人士那里收到了最后一条消息。我收到了这封信的副本,大致了解了卡兰尼克在芝加哥是如何与投资人对峙的。消息人士让我打电话给卡兰尼克和赫芬顿,询问卡兰尼克声明的相关事项。

我当时并不知道,双方已经就卡兰尼克的和平退出达成了协议,也不知道他们会对媒体说是卡兰尼克自己决定辞职的。

我得到的消息只是:卡兰尼克被投资人逼迫赶出了公司。我需要抓紧时间,赶在别人之前写一篇报道。直到很久以后我才知道,在这个"反卡联盟"中,有人想要确保卡兰尼克永远都不会再回到公司的最高位置上。尽管"反卡联盟"中的大部分人都希望他能够按计划体面地离职,但也有少数人希望当时糟糕凌乱的局面能捅到媒体上去。于是他们利用我,利用一个不知情的参与者,来达到自己的目的。

在我收到消息人士的消息后,我爬到楼上的酒店房间,愤怒地写了有关卡兰尼克被解雇的千字长文,然后打电话给卡兰尼克和赫芬顿,询问他们做何评价。

"我爱优步胜过世界上任何其他东西,"卡兰尼克在给我的最后一封电子邮件声明中写道,"在这个人生中的困难时刻,我接受了投资方让我离职的要求。这样优步就能继续走下去，而不会因另一场斗争而分心。"

然而，东部时间凌晨一点半刚过，这场离职大戏就在网上传开了。《纽约时报》通过手机端把这则消息推送到了数十万订阅用户的主页上："投资方对优步司法丑闻和工作环境丑闻感到反感，特拉维斯·卡兰尼克辞去 CEO 一职。"

卡兰尼克被打了一个措手不及。按计划他本应该体面地离开，以他自己的方式描绘一个离职故事。事与愿违，他被彻底羞辱了，有人背叛了他。

伍德赛德的"反卡联盟"成员也都震惊了。有人把整个事件泄露给了《纽约时报》。说到底，他们只是想让卡兰尼克辞职，并不想将他置于尴尬境地。不知怎么搞的，在过去 48 小时的混乱中，一切都乱套了。他们感到有些内疚，但比内疚感更重要的是解脱感。特拉维斯·卡兰尼克终于不再是优步的 CEO 了。

现在，可以开始重建公司了。

不到 24 小时，《纽约时报》又在头版刊登了一篇报道，详细描述了特拉维斯·卡兰尼克在芝加哥痛苦遭遇的细节，列出时间表精确刻画了事件全过程，后面还配了一幅巨大图像，卡兰尼克的脸像玻璃碎片一样被击碎。这让卡兰尼克无法忍受，他极其愤怒，风险资本家把他给耍了，他一直怀疑他们会耍他。

而今，他们当着全世界的面愚弄了他。

第三十章 下台却未出局

特拉维斯·卡兰尼克被"反卡联盟"罢免职务的那天上午，一位知情人士将他的消息卖给了《纽约时报》。同天，他飞回加利福尼亚，一片迷茫。他的母亲和他的公司是他在这个世界上的最爱，如今，两者都不在了。媒体依然跟在他屁股后头纠缠，而他的大多数员工却都在为他的离开欢呼。

创始人被自己的公司解雇后该做什么？卡兰尼克，一个精力充沛、雷厉风行的人，突然失去了方向。斗争结束了，他输了，现在该做些什么呢？

卡兰尼克决定去"人间天堂"旅行。奢侈品时装设计师黛安·冯·芙丝汀宝给他出主意，让他去一个遥远的小岛疗养。她的丈夫巴里·迪勒是曼哈顿的媒体大亨，应用间通信的董事长，在南太平洋上有自己的游艇。迪勒和冯·芙丝汀宝曾在大溪地举办杀手派对，特拉维斯喜欢这种活动，但此刻他却没有心情参加聚会。直到此时，他还觉得有些迷糊，有些被动地听从身边人给他的判断和建议。尽管阿里安娜·赫芬顿在芝加哥逼宫事件中于最后一刻向敌方投诚，特拉维斯依然十分信赖她，她也建议他同意迪勒夫妇的提议，前往他们的游艇度假。

6月底，卡兰尼克登上了飞往法属波利尼西亚首府佩皮特的飞机。在那里，他花了一周的时间在迪勒的厄俄斯号游艇上休养生息。这是世界上同类型的第二大游艇，以每天早上为太阳打开天堂之门的希腊女神的名字命名。名人和他们的朋友们在游艇上来来去去，游艇上有20名船员，还住了16名客人，有的客人住在停泊在附近的其他船上。客人们来了又走，但这位优步前CEO却在上面待了好几周。唯一让卡兰尼克感到有所安慰的是有冯·芙丝汀宝相伴，她富有同情心，一直在努力让他开心起来。

如果特拉维斯·卡兰尼克被驱逐的细节没有立即泄露给公众，他可能会在大溪地多待一段时间。在过去的8年里，他每天工作18小时，每周工作7天，他需要放松，不仅仅是一次短途海岛之旅。在那段时间里，他甚至开始坦然接受所发生的一切，并从他职业生涯的灾难性结局中吸取教训。那一刻，特拉维斯·卡兰尼克开始成长。

但是，他看到他被驱逐的故事在世界各大报纸上传开，细节甚至精确到了分秒，他放弃了和平让位的想法。6月底，在大溪地，卡兰尼克重新开始准备投入战斗。

比尔·格利本以为芝加哥事件后就能过上太平日子了。

在芝加哥那天是格利一生中压力最大的日子之一,在那之后的几周里,一切似乎慢慢平静下来了。最初的几天,相关报道铺天盖地,过后媒体的注意力开始转向别处。董事会也准备开始面试优步下一任 CEO 的候选人。

在全职 CEO 空缺的情况下,公司暂时由 14 人组成的执行领导团队负责管理,与此同时,董事会则在紧锣密鼓寻找一个能胜任 CEO 的人选。这个解决方案并不完美,14 人团队过于庞大,毕竟这么多人组成的委员会很难与一个雷厉风行、处事果决的 CEO 相媲美。

更糟糕的是,他们很快就发现,自己被卡兰尼克提出的要求牵制了。卡兰尼克试图分散他们各个击破,再拉拢到自己这一边。每天,团队里的不同成员会收到前任老板的短信和电话,他这么做就是为了让自己还能参与到日常决策中,就像丽思卡尔顿酒店的辞职事件从未发生过一样。卡兰尼克不停地打电话给员工们,讨论那起臭名昭著的司机视频事件的余波。即使在他离开很久之后,这件事仍然困扰着他。他不断地向他们提问题,询问公司目前的运营状况,同时试图在公司未来发展决策上引导他们。卡兰尼克本应该已经退位了,但他没有罢手。

团队中的一些成员很矛盾,比如,安德鲁·麦克唐纳、皮埃尔-迪米特里·戈尔-柯蒂和雷切尔·霍尔特这样的高管共同管理着优步在全球数百个城市的运营,他们职业生涯的大部分时间只为卡兰尼克一个人忠心耿耿地工作。丹尼尔·格拉夫是数学和物流方面的奇才,在被卡兰尼克擢升后负责优步核心产品，此后他一直觉得自己与卡兰尼克很亲近。优步首席技术官图安·潘是卡兰尼克亲自聘请来的，多年来一直追随他。而现在，他们都被迫将卡兰尼克拒于门外。

但执行领导团队的成员也并非都是盲目的信徒。在过去的 18 个月里，许多人与他们老板的来往并不紧密。卡兰尼克嘴上那一套做得太过头时，他们就更加反对他了。7 月，卡兰尼克开始给其他人致电，包括主要股东兼董事会成员瑞恩·格雷夫斯。卡兰尼克提出让格雷夫斯在自己需要的时候听命于他，按他的意愿来行使投票权。在他最脆弱、最迷惘的时候，卡兰尼克一直在寻找信得过的盟友。这吓坏了执行领导团队的成员，他们不知道卡兰尼克接下来到底想干什么。

最终，14 名成员一起起草并签署了一封致优步董事会的信，敦促董事会对卡兰尼克采取进一步行动，阻止他干涉公司事务。7 月 27 日周四，他们发送了以下邮件。

尊敬的董事会：

在履行我们的义务、摆平我们认为重要的问题的同时，我们恳请董事会能够关注以下三件事。

1. 特拉维斯最近直接联系了一名员工，他先是问这名员工是否愿意和记者谈一谈即将报道的与法齐·卡迈勒事件有关的负面新闻（卡迈勒是三月视频事件中的司机）。在此之前，特拉维斯的私人律师也曾就同样的话题联系过这名员工。

特拉维斯还要求这名员工出示私人内部邮件，还威胁他如果不这么做，特拉维斯就会动用董事会成员的权力，直接从安全团队获取这些邮件。该员工并没有向其出示相关邮件，特拉维斯随后要求安全团队出示这些邮件。安全团队也拒绝提供，并向萨莉汇报了这一事件。萨莉随后建议执行领导团队坚决反对任何可能侵犯员工隐私权的要求，禁止董事独自进行调查。

特拉维斯还问这名员工是否曾与科文顿调查人员谈论过这个问题。科文顿调查过程属于机密，特拉维斯的这些行为对该员工造成了困扰，于是他向法律小组汇报了自己的担忧。

2. 特拉维斯最近曾致电执行领导团队成员，问团队成员能否按其意志行使投票权（具体目的、投票内容暂时未知）。有其他现员工和前员工也向执行领导团队报告了类似的情况。这使执行领导团队陷入了困境，我们想知道特拉维斯可能会做什么，是否需要关注。

3. 出于一些商业目的，特拉维斯仍在接触执行领导团队以外的员工。不管这种联络的意图是什么，它都会影响优步的日常工作。另一个令人担忧的原因是，他在联络员工时，往往会要求相关员工对管理层隐瞒谈话内容。

此致

执行领导团队

　　这封邮件还提出了一个更坚定的要求：如果卡兰尼克继续试图夺回公司大权，所有 14 名执行领导团队成员将集体辞职。

　　这一举动使格利和董事会其他成员大受震动。大量流失高层人员可能会让公司陷入死亡旋涡。他们必须采取行动来制衡卡兰尼克。

　　优步首席安全官乔·沙利文想到了一个主意。大家都没有勇气去阻止卡兰尼克，沙利文知道在这种情况下自己该做些什么。他准备禁止卡兰尼克在优步的电子权限。

　　沙利文一个接一个地撤销了前老板对优步机密信息的访问许可。卡兰尼克访问谷歌云储存服务的权限被关闭，他无法再进入聊天室、查看内部维基页面和员工论坛。仅仅敲了几下键盘，沙利文就击败了卡兰尼克。

　　起码就目前而言，这很有用。

　　为了尽快找到优步下一任 CEO，董事会委托了一家高管猎头公司。董事会成员坚信，只要任命了下一任领导人，就能阻止卡兰尼克重新杀回公司内部。但这个继任者必须足够强大，才能打败前任 CEO。

　　标杆资本认为自己已经找到了合适人选：梅格·惠特曼。公司与惠特曼渊源颇深，她是一位职业经理人，在多家世界 500 强企业工作过，步步高升。惠特曼先后毕业于普林斯顿大学和哈佛商学院，曾担任贝恩咨询公司的顾问、华特迪士尼公司的战略主管、孩之宝的总经理等职位。她对员工要求很高，表现差的人会被降职、开除，或者被她赶走。

惠特曼职业生涯最大的突破是在 1998 年 3 月，标杆资本创始合伙人鲍勃·卡格勒彼时将惠特曼提拔为易趣网的新任 CEO。尽管易趣网的创始人和领导者皮埃尔·奥米迪亚当时并不是职业的 CEO，但这家在线拍卖网站依然成了标杆资本投资战绩中最耀眼的一颗明珠。作为易趣网的董事会成员，卡格勒看到了这家年轻公司的发展潜力，并任命了年轻的惠特曼来掌舵。10 年后，惠特曼离开易趣网，此时它已是行业巨头，拥有逾 1.5 万名员工，市值超过 400 亿美元。

在竞选加州州长失败后，惠特曼在 2011 年成为惠普的 CEO。尽管她的支持者总拿她在易趣网的成功说事儿，但有些人从一开始就认定她不是合适的 CEO，无法扭转惠普日渐衰落的硬件业务。有人来接洽惠特曼，希望她成为优步下一任 CEO 候选人，她很乐意接受这份工作，因为优步发展飞速、备受瞩目，是这个"独角兽"时代的象征。

从优步刚开始建立时，惠特曼就知道这家公司，甚至还在 2010 年参与了天使轮投资。她还曾接受标杆资本的邀请，指导过当时处于摸索阶段的优步高管。多年来，他们偶尔也会在惠特曼的家里或办公室共进晚餐，聊天。她喜欢人缘极好的格雷夫斯，但她对傲慢不羁的卡兰尼克始终保持警惕，与其保持着恰如其分的距离。她也曾为优步扩增董事会成员推荐过人选，她本人也是优步董事会的候选人之一。她为卡兰尼克提供的首个商业建议与他对中国市场的痴迷有关，她很清楚他永远也征服不了这个市场。"你永远不可能在中国拥有超过 30% 的市场份额，"惠特曼曾这样对卡兰尼克说，"即便你拿出大爱无疆的情怀来做生意，也不会得到更多的市场份额。"

卡兰尼克一下台，猎头公司海德思哲就联系了惠特曼，希望她能成为优步 CEO 的候选人。起初，惠特曼给的回复有些模棱两可。首先，当时她仍担任惠普的 CEO，多有不便。其次，即便身处局外，她也能看得出来优步就是一个巨大的烂摊子。"我建议你还是好好和候选人名单上排在我前面的人谈谈，"惠特曼回复说，"如果整个名单都谈完了，发现还是需要来找我，到时候再给我打电话。"

但此时标杆资本已经打定了主意要选惠特曼。她拥有他们所需要的专业智慧，在全球软件业务拓展方面经验丰富。最重要的是，惠特曼有一条不可动摇的原则：如果她接手了优步，那么卡兰尼克必须彻底下台。卡兰尼克不能再插手公司管理，不能再干涉公司业务，他什么都别想干。惠特曼曾说过，让她来领导优步意味着特拉维斯·卡兰尼克的终结，对标杆资本来说，这话简直再中听不过了。

卡兰尼克还在不断地捣乱，标杆资本不得不迅速采取行动。惠特曼紧急会见了所有现任董事会成员，包括标杆资本的马特·科尔勒、德太投资的大卫·特鲁希略（接替了大卫·邦德曼）、瑞恩·格雷夫斯、加勒特·坎普，几乎所有人。

7 月 25 日周二下午，惠特曼正开车行驶在帕洛阿尔托市中心，接到了惠普的首席沟通和营销策略官亨利·戈麦斯打来的一个紧急电话。电话里戈麦斯告诉她有一篇报道即将发布，报道称她是优步最高职位的候选人之一。

惠特曼气得脸色铁青。卡兰尼克的一个盟友得知了惠特曼对他的强硬态度，于是就把这个消息透露给了媒体，让他们把惠特曼这事儿抖出来。作为一家上市公司的 CEO，惠特曼只能被迫放弃加入优步的机会，以免遭到惠普员工和股东的反对。

在标杆资本抛出橄榄枝的前几周里，惠特曼曾强调，关于她与优步接洽的消息不能有任何泄露，如果走漏了任何有关她即将离职的风声，都有可能让本就深陷财务困境的惠普雪上加霜。她明确表示，如果媒体得知此事，她会公开否认。在接下来的两天里，惠特曼的发言人不停地发布同样的声明：惠特曼完全忠于惠普，在任期结束前她一定会留在惠普。

然而，媒体的揣测并未停止。7 月 27 日周四下午另一则消息泄露，一时间各种揣测甚嚣尘上。该消息称，通用电气即将离任的 CEO 杰夫·伊梅尔特也是优步新任 CEO 的热门人选。

董事会的许多人都在猜测这次泄密事件背后的目的。有些人认为，标杆资本急着推惠特曼上位，与此同时，卡兰尼克和他的盟友则力荐伊梅尔特上台，毕竟比起惠特曼，伊梅尔特更愿意与卡兰尼克搞好关系。惠特曼并不希望卡兰尼克重回优步，但如果伊梅尔特掌权，卡兰尼克还有东山再起的希望。

然而，对格利来说，这就是噩梦。尽管他们并不清楚伊梅尔特对当前掌管的通用电气持何种愿景，但在他任职期间，通用电气的股价和业务都大幅下滑。显然，他对优步就更不可能有什么清晰的设想了。但更让格利担心的还是其他：如果伊梅尔特哪怕愿意给卡兰尼克一线生机，让他重返公司，谁知道接下来会发生什么。

越来越多的媒体报道使惠特曼压力倍增。惠普董事会认为她的第一份声明立场不够明确，员工和股东也这么认为。因此，惠特曼做了她认为必须要做的事：彻底与优步割裂。

周四晚上 7 点左右，优步董事会正要召开季度会议，商讨物色新任 CEO 的进展。此时，惠特曼发布了三条简短的推文。她在推文中表示："我通常都对谣言置若罔闻，但将我未来去向和优步挂钩的揣测严重干扰了我的正常工作。所以我决定尽可能地澄清事实。我全心全意地在为惠普效力，并且计划继续担任公司的 CEO。我在惠普还有很多事要做，我不会离开，哪儿也不会去。"惠特曼的推文在推特上不断被转发，而优步 8 位董事会成员的手机开始一个接一个地响起。

她最后一句话非常明确："优步的 CEO 不会是梅格·惠特曼。"

比尔·格利有些沮丧。

公司花了好几周时间来筹备让惠特曼担任 CEO 一事，结果她在最后一刻公开宣布退出竞争。格利担心的事情发生了，卡兰尼克又抖擞精神整装上阵，开始耍花招了。

现在轮到格利反击了。8 月 10 日，在大象、狮子、河马游荡的非洲原野上，正在进行游猎之旅的标杆资本合伙人马特·科尔勒开始致电其他董事会成员，通知他们标杆资本的下一步行动。公司准备起诉特拉维斯·卡兰尼克，指控其欺骗优步股东，并且违反了信托责任。这意味着优步这家备受关注的公司的董事会成员要向卡兰尼克公开宣战了。

格利的这一举动很有战略性，但也是孤注一掷。卡兰尼克企图向董事会发起攻击，他先是违背了协议，任命两名自己的亲信来担任独立董事。如果卡兰尼克安插两个傀儡进董事会，有了他们的支持，就足以为他的回归扫平障碍。

格利起诉卡兰尼克，想让他无权在董事会掌控多余的席位。在这起诉讼中，标杆资本称卡兰尼克对格利和董事会其他成员撒谎，如果他们早知道卡兰尼克把公司经营得如此糟糕，他们绝不会把这么大的权力交给他。

这对标杆资本来说颇具讽刺意味。想当年，卡兰尼克绕过监管机构在各大城市非法运营，违反交通部门管理条例在旧金山推出自动驾驶汽车项目，格利可是连眼都没眨就同意了。他投资的是交通运输行业的颠覆者，显然，这位颠覆者并不按规则行事。优步内部有些人认为，格利和标杆资本此刻才对卡兰尼克的所作所为表示震惊，显得十分虚伪。

尽管如此，一家风投公司起诉自己投资的公司的 CEO 是件惊天大事，起码能看出标杆资本想让优步摆脱特拉维斯·卡兰尼克的决心。要不是夺权政变之事早已经被捅出来了，这起诉讼绝对会破坏标杆资本维护多年的"创始人友好"形象。

优步早期投资者施欧文·彼西弗则力挺卡兰尼克。在投资方与特拉维斯·卡兰尼克之战中，彼西弗站在了卡兰尼克这一边。8 月 11 日，彼西弗给标杆资本发邮件，要求其撤出优步董事会。

"我们认为，从股东利益角度来看，要求卡兰尼克辞职让公司陷入了一场公关灾难。这既不明智，也毫无必要。"彼西弗在邮件中这样写道，自称是股东代表。他还随函附上了一个提议，他和同盟表示将收购标杆资本持股的 75%，也就是变相让标杆资本撤出优步董事会。

格利他们并不相信邮件中所说的一切，在他们看来，彼西弗只是空谈罢了。他动不动就吹牛，早就沦为硅谷风投界的笑柄，甚至连他的朋友都不把他当回事儿。现在，在毫无凭证的情况下，他声称自己是一群拥有数十亿美元资本的股东代表，要收购标杆资本的股份。格利他们觉得彼西弗这一出显然是卡兰尼克在虚晃一枪，是卡兰尼克想要逼标杆资本离开董事会。

如果卡兰尼克可以选择一个人来代表他与标杆资本宣战，彼西弗肯定不会是首选。尽管如此，彼西弗这一招还是有一定战略意义的。根据公司章程，董事会和标杆资本必须认真考虑他的提议。一旦标杆资本退出董事会，无疑是给了卡兰尼克重掌 CEO 一职的回旋余地。所以，这招不光是拖延战术，在某种程度上还真有可能奏效。

卡兰尼克和格利各自率领己方阵营开始公开互相攻击，此时另一个人嗅到了金钱的味道，像一只秃鹫对猎物虎视眈眈。这个人就是孙正义。

商界人称"Masa"的孙正义曾是软银的创始人兼 CEO。软银是一家日本大型企业集团，在全球一些最成功的金融、电信和科技公司都有持股。

碰巧，他和卡兰尼克一样，在商业世界像个疯子。对手永远无法预料孙正义的策略，也永远无法猜到他的下一步行动。

孙正义个子不高，生性活泼。作为在日本长大的韩裔，他在日本一直是个局外人，儿时，他的日本同学甚至会因为他的血统朝他扔石头。他的偶像是日本麦当劳的创始人，后者曾指点他去美国学习，后来他去了加州大学伯克利分校深造，主修经济学。大学期间，他进口了一些吃豆人游戏机出租给湾区附近的酒吧和餐馆，赚到了钱并完成了大学学业。

回到日本后，孙正义在1981年创办了软银，彻底颠覆了电信行业，自此踏上了他的发家之路。20多年来，孙正义大胆下注那些能改变世界的公司和行业，将自己羽翼未丰的初创公司一手打造成了市值1 800亿美元的巨型企业。在互联网热潮最盛之时，他在硅谷大事投资，将软银的资金分散投资于数十个高风险项目。2000年，行业崩盘让软银的市值在一夜之间蒸发了数十亿美元，软银的投资价值也直线下降。孙正义的个人财富损失了约700亿美元。孙正义损失最大的投资之一威普旺（Webvan），碰巧也是标杆资本的投资对象之一。

孙正义并没有消沉。在接下来的10年里，他继续豪赌，让软银重现辉煌。到2010年左右，软银已经持有1 000多家互联网公司的股份，收购斯普林特公司后，软银成了世界第三大电信公司。他的朋友和同事都认为他是一个无所畏惧的人。他也曾说过，希望在后人眼里，自己能成为一个"押注于未来的疯子"的传说。

愿景基金是由沙特阿拉伯公共投资基金、阿布扎比投资局、苹果、高通、软银以及其他几家机构联合出资构成的巨额资金池。2017年，软银通过从这个价值1 000亿美元的资金池中捞钱，在硅谷制造了严重的动荡。孙正义的想法很简单，就是把资金集中在科技投资上，为面向未来的全球科技基础设施建设提供资金，这也是他几乎整个职业生涯都在做的事情。他快速制定了投资工具，要求愿景资金在5年内将其全部资本进行投资。这意味着把大量现金快速投到初创企业。

优步的管理层动荡和士气萎靡让孙正义看到了机会。卡兰尼克和投资方之间的不和无疑使优步的潜在市场价值大幅缩水。如果软银能够以低于优步上一轮685亿美元的估值收购优步的股票，那么如果有朝一日优步重组上市了，孙正义也许就能从中赚到数十亿美元。

优步能否上市还有待商榷。当时，董事会成员之间爆发了公开战争，员工不断离职，用户纷纷抛弃了优步的产品，投向优步主要竞争对手的怀抱。这家公司确实有可能继续深陷泥潭，甚至以破产告终。

对孙正义来说，优步的动荡更激起了他的投资兴趣。他得想办法介入其中。

第三十一章　大交易

从 8 月 25 日周五开始，优步董事会决定在周末结束前定下到底由谁担任公司新任 CEO。

到了夏末，梅格·惠特曼宣布退出竞争之后，过了几周，公司确定了五位 CEO 候选人，随后又将候选人削减至三人。8 月的最后一个周末，董事会要求三位候选人以个人陈述的方式展示他们的能力，这是一次考核，也是一个展示他们将如何运营优步的机会。

即将离任通用电气 CEO 的杰夫·伊梅尔特仍是卡兰尼克的首选。这位 60 岁的高管在通用电气任职期间经营不善，使这家传奇企业的市值蒸发了数十亿美元，于是通用电气董事会要求他在 2017 年年初"退休"。如果能成功带领优步走出最黑暗的时期，冲过上市这条终点线，肯定能重塑伊梅尔特的形象，巩固他的商业价值。然而，对卡兰尼克来说，最重要的是自己能影响伊梅尔特，能让他接受自己继续介入公司事务。卡兰尼克虽然已被赶下台，但并不准备放弃对公司的控制权，所以伊梅尔特是他的最佳人选。

然后是黑马候选人达拉·科斯罗萨西。他是一名职业经理人，也是在线旅游和物流网站亿客行的现任 CEO。他毕业于布朗大学生物电气工程专业，后来成为艾伦公司的投资银行家。科斯罗萨西头发稀疏，眉毛却十分浓厚，鼻梁丰满挺拔，看上去英俊又迷人，甚至有点酷。他身上带着一种老爹的亲和力，穿黑色紧身牛仔裤也很好看。西方人常常觉得他的波斯姓氏有点难读，所以都叫他达拉。

伊朗 20 世纪 70 年代末爆发了一场革命，此后鲁霍拉·穆萨维·霍梅尼掌权。科斯罗萨西一家在革命过程中逃离伊朗，先是暂居法国南部，最后定居于纽约柏油村。他的父母希望儿子可以尽可能轻松地融入美国文化，于是让达拉和他的两个兄弟在哈克里中学就读。这是一所从幼儿园到 12 年级的私立预科学校，兄弟几个很快就融入其中。为了进入常青藤名校，科斯罗萨西在高中学习十分努力。"每个移民身上都扛着驱使你不断进取的重担。"他在后来谈到自己的童年时这样说道。

从艾伦公司离职后，科斯罗萨西加入了巴里·迪勒的应用间通信公司，他在那里供职多年，直到后来跳槽至亿客行，并最终爬到了最高位置。亿客行的旅游业务主要与物流有关，通过在线市场把人们带到世界各地。事实证明，这与他要在优步管理的业务没有太大差别。

比起像弹球机那样永远充满动力的卡兰尼克，科斯罗萨西沉着又冷静，身上似乎带着一种永恒的禅意，在外行人看来有些无聊，甚至有些被动。优步的董事们已经习惯了卡兰尼克这样充满活力、想要改变世界的梦想家，富有强烈的表演欲的人。相比之下，科斯罗萨西没有那种气势和派头，但他的低调沉稳显然很符合高管气质。显而易见，董事会每个人都喜欢达拉，但也明显对他没有那么热切，远不到非他不可的程度。因此，他是一个紧急备选者，算是个安全的选择。在整个遴选过程中，他的身份一直也没有被媒体公开。

标杆资本合伙人最不希望看到的就是下任 CEO 是一个被动的弱者。哪怕让了一英寸给卡兰尼克，他也会抓住机会爬回来。杰夫·伊梅尔特不打算压制卡兰尼克，他们也不确定科斯罗萨西是否有这个勇气。他们需要的是一个真正的定海神针：梅格·惠特曼。

格利相信他们应该能够说服惠特曼重返棋局。当然，这并不容易，毕竟惠特曼在推特上的声明算是板上钉钉，如果她再担任优步 CEO，会显得非常虚伪。因此，他们需要让惠特曼相信，这些舆论都无关紧要，只要先成为优步的 CEO，这些负面影响都可以在未来修复。

瑞恩·格雷夫斯最终帮了标杆资本一把。惠特曼曾指导过格雷夫斯如何领导、如何决策。他是优步的吉祥物，魁梧如熊，却和蔼可亲。比起卡兰尼克，他与惠特曼的关系更亲近。在做出决定的最后那个周末，格雷夫斯打电话给惠特曼，恳求她再重新考虑一下。他说，"留给我们的时间不多了。"这一次，格雷夫斯发誓不会再搞砸，"我向你保证，梅格。这次绝对——不会——走漏消息。"

惠特曼还在因为上次引起的纷纷扰扰感到担忧。一家上市公司的 CEO 接受另一家公司的聘请，这副做派不仅难看，对股东来说也是一个大问题。惠特曼不希望再次陷入危险的境地，不想再次成为公众关注的焦点。她需要确保此事不会发生。

惠特曼说："你应该先跟另外两个人好好谈谈，谈完以后，你需要确定你们要的是我，而不是他们，那时候再来找我。"

格雷夫斯回答说，在董事会中，伊梅尔特唯一的支持者就是卡兰尼克；而科斯罗萨西呢，虽然人人都喜欢他，但都没那么热切。格雷夫斯坦率地说："梅格，我们需要你。"他保证，只要惠特曼在 8 月的最后一个周末重新参与竞争，来向董事会做个人陈述，她就一定能得到这个职位。

梅格·惠特曼已经下定决心了，她确实想成为优步的下一任 CEO。"那好吧，"她对格雷夫斯说，"我们谈谈。"

8 月 25 日，星期五，杰夫·伊梅尔特和达拉·科斯罗萨西来到了加州街 345 号，穿过水泥柱子和金色大门，走进由大卫·邦德曼创立的私人股本基金得克萨斯太平洋集团。33 楼一间会议室里，通风良好，灯光明亮，优步董事会大部分成员都在。特拉维斯·卡兰尼克也在。自优步创立后，大部分时间都是他在领导公司，干劲十足，极有远见，但他把自己和公司推到了悬崖边，最后过了线。如今，优步需要一个不一样的领导者，一个成熟的领导者。两位男性候选人会在这一天阐述他们对公司的设想和愿景，而梅格·惠特曼将在第二天进行展示。

伊梅尔特首先进行展示，但他搞砸了。他似乎完全脱离了现实，完全没有做好准备，他似乎并不明白经营一个复杂的、受到严格监管的三方市场到底需要做些什么。一名董事会成员评价他的整个展示夸夸其谈，不得要领。

达拉·科斯罗萨西到场后，伊梅尔特的演讲看起来更糟糕。科斯罗萨西打开笔记本电脑，开始为在场听众讲解 PPT，房间里的董事会成员立刻就知道，他确实懂得优步业务的基本原理。科斯罗萨西来自物流和网络市场，在他担任亿客行 CEO 的 12 年里，公司年收入从 20 亿美元增长到 100 亿美元。他充分了解叫车服务市场的复杂性，也明白在乘客对低价车费的需求和司机赚钱的渴望之间做出平衡的种种精妙算法。科斯罗萨西知道优步有强大的行动力，他也欣赏优步的技术实力和对工程师文化的重视。最重要的是，科斯罗萨西深知品牌的重要性，要知道如今在商界，优步的公司品牌形象已经糟糕到无以复加了。

在展示期间，科斯罗萨西的一张 PPT 让在场所有人的神经都绷紧了，上面写着："CEO 只能有一个。"科斯罗萨西看向房间的另一边，直视着特拉维斯·卡兰尼克，明确表示，如果他成为优步的新领袖，卡兰尼克必须走人。科斯罗萨西表示，前 CEO 对公司事务的参与仅限于他在董事会的职责，仅此而已。

当天的工作结束后，董事会决定一起外出吃饭，讨论候选人的表现。酒过三巡，享用过新鲜无比的主菜之后，董事们谈到他们对科斯罗萨西的印象十分深刻。在过去几周的遴选中，他并没有引起大家太多的注意，但今天他出色地完成了他的展示，绝对是个意外之喜。这样一来，即使惠特曼和伊梅尔特出了什么状况，他们也有一个可以让所有人放心的候补人选。

所有人达成了共识，伊梅尔特并不适合这份工作。凭良心说，没有人会投票支持他成为优步的下一任 CEO，即使卡兰尼克和他的支持者也不会投票给他。

8 月 26 日，周六上午，梅格·惠特曼来到市场街四季酒店，从五楼电梯出来，穿过宽敞的大堂，走进一间私人行政套房，与优步董事会的其他成员会面，进行了展示。惠特曼戴着一顶帽子，帽檐尽可能往下拉，遮住眼睛和脸，以防有记者在酒店餐厅或电梯旁打埋伏发现她。硅谷的高管们经常在酒店的餐厅用餐，旧金山湾区不少人都认识惠特曼。如果有人在优步办公室或者得克萨斯太平洋集团看到她，那她在公众面前可能免不了会难堪。

惠特曼的演讲直截了当，没有废话。如果她被选中，她会非常认真。"如果你们认为我是这个职位的合适人选，有些事我们就立刻解决一下，"惠特曼的这句话引起了全场的关注，"这个诉讼案，"惠特曼指的是标杆资本和卡兰尼克之间的诉讼，"我们需要解决它。"

对惠特曼来说，更糟糕的是董事会老是泄密。她说，这让她想起了早期在惠普的日子，当时职能紊乱的惠普董事会向媒体泄露了一些事，导致董事之间失去了对彼此的信任。"我们需要封住这些导致信息泄露的源头，"她说，"在董事会，没有人可以私自采取单方面行动，否则董事会就是一盘散沙。"她的话音在会场久久萦绕。"我们得有凝聚力，董事会应该团结一致。我们不能容忍任何会给公司带来威胁的行为。"

惠特曼很强硬，尤其是在对待卡兰尼克的问题上。她明确表示不会让卡兰尼克参与公司的运营。卡兰尼克依然是公司的创始人和董事，但绝不能是 CEO。只要有惠特曼在，他就永远不能是 CEO。此外，如果董事会选择了她，他们还必须在公司的管理上进行大规模重组。在她的领导下，卡兰尼克不可能拥有超过普通董事的绝对权力。

周日上午，董事会准备用一天时间来仔细思量最终人选，一条推文引起了大众的关注。杰夫·伊梅尔特发推表示退出公开竞选。伊梅尔特写道："我非常非常尊重优步公司创始人特拉维斯、加勒特和瑞恩，但我已决定不再竞争优步的领导职位。"伊梅尔特身边的人立即将此举解读为他为了避免场面失控而做出的个人决定。董事会其实心知肚明。周六晚上，一名董事会成员出于礼貌联系了伊梅尔特，私下里告知他，他在董事会人气不够，无法赢得职位。于是几小时后，伊梅尔特在推特上发文宣布退出竞争，算是为自己保留几分颜面。

现在只剩两名候选人了，董事会是时候慎重讨论然后开始投票了。局面很快就明朗起来。伊梅尔特一退出，他的四名支持者很快就转而支持科斯罗萨西，其余的董事会成员都选择支持惠特曼。这一天，这群人想了个很有创意的方法进行匿名投票。海德思哲的合伙人杰夫·桑德斯一直在协助董事会选人，董事会每个人都把自己的选择以短信形式发送给桑德斯，由他进行统计。结果，投票陷入了僵局，双方都不肯让步。

会议拖到下午，仍没有取得任何进展，标杆资本的马特·科尔勒在会议室里发表了讲话。他说，实际上标杆资本已经向惠特曼做出了承诺，也为她上任做好了准备。优步的公关团队已经为惠特曼起草了发言，让她在公司内部向员工宣布接受此次聘请。甚至惠特曼首次在公司亮相的相关事宜都已经准备就绪，董事会要做的就是把票投给她。

但有人觉得科尔勒失算了。标杆资本的合伙人下了最后通牒，只要董事会投票支持惠特曼，标杆资本就会对卡兰尼克撤诉。这是对董事会的最后通牒，也是和平解决诉讼的交换条件。

这一次，董事们觉得原来幼稚的不只有卡兰尼克，科尔勒也半斤八两。科尔勒的边缘政策让在场的几乎所有人都惊掉了下巴，标杆资本非但没有遵循公平程序来选择最佳人选，还以要挟董事会的方式来助推他们选择的人上位。

惠特曼最终与这个职位失之交臂，科尔勒的这番话可能正是导火索。新一轮无记名投票后，结果出来了，这次不再是僵局了。科斯罗萨西以五比三的优势获胜，董事会选出了优步的下一任 CEO。

为了让整个过程看起来更团结，董事会之前就决定，无论是谁获胜，他们都将再进行最后一次投票，这一次所有人都将投票给同一名候选人。这样，当他们最终向公众宣布结果时，就会显得董事会一直很团结。

　　然而，最后一切都没有按计划进行。董事会联系好了一位女发言人，准备发表一份最终声明来宣布他们的决定，没想到消息先被人透露给了媒体。下午 5 点刚过，董事会甚至都还没来得及打电话给科斯罗萨西本人告诉他获胜的好消息，记者们就提前报道了优步新任 CEO 出炉的消息。董事会选了赫芬顿去给科斯罗萨西打电话，正式向他发出聘请。

　　"你好，是达拉吗？"赫芬顿带着明显的希腊口音说道，"达拉，我要告诉你一个好消息和一个坏消息。"科斯罗萨西在电话那头听着，笑了起来。

　　"达拉，好消息是恭喜你成为优步新任 CEO，而坏消息是这事儿已经泄露给媒体了。"

　　无论是达拉·科斯罗萨西出任优步 CEO，还是格利因卡兰尼克欺瞒投资方而提起的诉讼，都不是最终让卡兰尼克失去优步领导权的原因。他最终失去领导权的缘由是数月后达成的一笔交易，这笔交易由软银和孙正义促成，格利称其为"大交易"。

　　12 月，孙正义与科斯罗萨西和优步董事会达成了一项协议，软银将通过所谓的要约收购，购买优步约 17.5% 的总股份。要约收购可以让外部人士从公司现有股东手中购买股份，软银购买股份的对象不止一个，那些长期等待出售股份却因种种限制而无法达成所愿的员工，标杆资本、首轮资本、小写字体资本、谷歌风投等早期优步投资者等，都是软银收购股份的对象。对孙正义来说最重要的是，软银可以优步今年早些时候估值大打折扣的价格收购这些股份。孙正义和科斯罗萨西敲定了每股 33 美元的收购价，将优步的估值锁定在约 480 亿美元，这对软银来说是一笔好买卖。这也意味着过去一年的丑闻让优步的私有市场价值缩水了近 200 亿美元。

为了维持优步明面上的估值，投资人耍了一些花招。根据协议，软银将以优步早前 685 亿美元的估值为前提，购买 12.5 亿美元的新增发行股份。这个前提确实荒谬，毕竟如今二级市场对优步股价的估值明显低于其 2017 年之前的水平。然而，在市场眼中，这种策略奏效了，优步的估值仍将维持在 685 亿美元。

通过这笔大交易，优步董事会还将新增六个席位，软银占其中之二，剩余四席属于新设的独立董事和一名新的董事会主席。对于一家公司的董事会来说，新增六个席位不是一件小事，但多数关注这件事的人都认为有这个必要。新增这么多独立席位能有效制衡卡兰尼克，以防他借机开启另一场夺权之战。

大家都忙于就"大交易"协商详细条款之时，卡兰尼克还在找机会夺权。9 月，他利用优步章程中的一项旧条款任命了两名新董事——施乐的乌苏拉·伯恩斯和美林证券的约翰·塞恩。卡兰尼克完全是先发制人，他刚把消息通报给董事会其他成员，还没等他们缓过劲来，5 分钟之后就把消息向公众宣布了。

对此，格利只能保持微笑。他心里很清楚，只要董事会能够通过谈判与软银达成交易，卡兰尼克的这些花招都不过是徒劳。

"卡兰尼克今天的小动作都是白费力气，不过是他黑暗统治结束前的垂死挣扎罢了。"卡兰尼克任命新董事没过几个小时，格利喝了几杯，发了这样一条短信给一位密友。

格利在与软银的交易中加入了最后一项重要条款。多年来，卡兰尼克始终持有大量股份，并拥有十比一的投票权。格利在协议条款中加入了"一股一票"原则，这样可以大大削弱卡兰尼克对公司的影响力，让他无法再利用自己的股份左右公司的发展方向。取消超级投票权，为中立董事增加董事会席位，这几个动作最终使董事会迎来了期盼已久的平衡局面，摆脱了卡兰尼克对公司长达近 10 年的绝对控制。

2017 年 12 月 28 日，格利的大交易签字生效。卡兰尼克输了，格利赢得了最终的胜利。

8 月的最后一个周末选出新任 CEO 后，随后两天的情况对科斯罗萨西和董事会来说都有些记忆模糊了。有关优步新任 CEO 的消息提前泄露，带来的后果是毁灭性的。为了保守周末商议的秘密，董事会已经非常谨慎了。这本该是翻开新篇章的时刻，没想到高层之间的信任却遭到了破坏。

董事会和科斯罗萨西花了两天时间进行谈判，才最终敲定了这件事。尽管全世界都知道优步想让科斯罗萨西担任下一任 CEO，但他还没有接受这个聘请。他可以要求公司做出巨大让步，作为他接受聘请的条件。他结束了在亿客行的工作，拿到了新合同，准备和他的新公司见上一面。科斯罗萨西在谈判中争取到了相当优厚的条件，如果他能在接手优步后两年内，也就是 2019 年年底前带领公司上市，使其估值达到 1 200 亿美元，公司会为他支付超过 1 亿美元的薪酬。

签署完必要的合同，与亿客行在西雅图办公室的员工告别后，科斯罗萨西于周二登上了飞往旧金山的飞机，去拜访他的新老板。

赫芬顿立即着手安排接任事宜。她提议在周三的全体员工大会上介绍科斯罗萨西，在台上对他进行采访，同时向优步的 1.5 万名员工进行现场直播，让他们了解一下自己的新领导。为了让大家看起来高管们已经开始化干戈为玉帛，她还邀请了卡兰尼克第二天与科斯罗萨西同台。赫芬顿很擅长处理此类事情，她喜欢操办这种盛典，郑重其事地把优步的火炬从前任领导者手里传到下一任领导者手里。卡兰尼克同意出席这次会议。

董事会知道媒体会争相报道周三的会议。在这一重大活动开始之前，优步领导层觉得大家有必要一起吃顿晚饭，让优步高层互相了解一下。

周二晚上，优步的董事会和执行领导团队在米其林餐厅 Quince 用餐。餐厅位于旧金山杰克逊广场附近，一间宽敞的包间内，董事会和高管一行 20 人一连向新任 CEO 提出了几十个问题。几个月来的痛苦折磨终于过去，高管们开怀大笑，享受这一刻的轻松。一旁的服务员拿着巨大的酒瓶为他们斟上一杯杯波尔多葡萄酒和雷司令酒。

那晚深夜，大家都喝得酩酊大醉，想到什么说什么，倾诉着他们的不满和想要解决的问题。今夜之后，卡兰尼克会逐渐淡出人们的视野，科斯罗萨西的时代拉开序幕，而他们就要开始接受媒体和公众新一轮的审视和监督了。

值得赞扬的是，整个晚上卡兰尼克都表现得很大度，没有像往常一样滔滔不绝，不容他人插嘴。他矜持却也不沉默，友好却不激动。不管他心里有多苦，他都隐藏得很好，与他曾经的下属们愉快地度过了这一晚。

优步的首席安全官乔·沙利文突然站起来开始敬酒。这个大高个拿着一杯红酒，有些笨拙地转向他的新老板，开始描述此刻大家的感受："达拉，我想代表所有人告诉你，你能来优步我们非常高兴，"他说道，"我们之所以来到优步，是因为我们觉得它正在改变世界，而我们想成为其中的一部分。直到今天，我们仍然怀有这样的憧憬，希望优步能成为一个现象级的公司。"事后，沙利文承认当时他确实喝多了，但正因如此，他也尤为坦诚。那令人难以置信的、可怕的一年里，公司里弥漫着恶意中伤、竞争残酷的气氛，沙利文许久都未与其他高管掏心掏肺地交流。这一晚，他直视着科斯罗萨西，发自肺腑地说："我们希望你不是一个当了两年就走的 CEO。我们希望你就是那个正确的人。"

沙利文举起酒杯说："干杯。"

房间里的人都附和道："说得好！说得好！"

后 记

在接下来的 18 个月里，优步新任 CEO 达拉·科斯罗萨西有条不紊地推翻了前任 CEO 卡兰尼克所主张的一切。

格利的"大交易"成功了。卡兰尼克在公司的权力也削弱了。为了让卡兰尼克永久离开公司，科斯罗萨西选择接受挑战，尽管这一挑战会让优步市值大跌 200 亿美元。

接管公司后，科斯罗萨西面临的第一项任务是在公司多年忽视、不尊重司机之后，修复与成千上万名普通司机的关系。科斯罗萨西当选时，优步旨在改善与司机关系的"180 天变革"计划进程已经过半。该计划是由卡兰尼克掌管公司时的两位高管雷切尔·霍尔特和阿隆·希尔德克鲁特主持的，主要是听取司机的意见以及向他们道歉，同时也关注司机多年来一直要求的软件新功能和其他改进事项。这次活动最有意义的变化在于，允许乘客给司机小费，这是卡兰尼克之前一直不同意的。卡兰尼克离开公司后，平台开始允许乘客给司机小费，这为公司赢得了巨大的商誉。

科斯罗萨西也开始招募自己的副手。卡兰尼克在位时，首席运

营官是埃米尔·迈克，科斯罗萨西上任后，让巴尼·哈福德坐了这
个位子。哈福德曾是科斯罗萨西在亿客行备受信赖的老同事、高管。[①]
卡兰尼克在位时自己管理公司财务，而科斯罗萨西则聘请了美林前
高管纳尔逊·蔡担任优步首席财务官，投资者也希望他能帮助优步
重新承担财务责任。国防技术公司诺斯洛普格鲁门前 CEO 罗纳德·休
格加入了优步董事会，担任独立董事长一职，这一职位在科斯罗萨
西上任前一直处于空缺状态。科斯罗萨西雇用了司法部前首席检察
官特别助理托尼·韦斯特为首席法务官，明确表示优步将认真对待
和履行其法律义务。成立 9 年后，优步首次制定了适当的公司治理
制度，这些制度的设置和高管的人选都是比尔·格利期盼良久的。

　　科斯罗萨西随后修改了优步的公司价值观。原本神圣不可侵犯
的"十四条"，由简单明了的"八原则"取代。那些基于傲慢自大的
年轻人想法的条目，如"干劲满满"和"奋发有为"，都一一被删除
了。取而代之的是一套新的价值观，平淡无奇，关注的是一些老生
常谈的东西，比如杰夫·贝佐斯强调的"顾客至上"，以及尊重员工
差异。其中最重要的一条体现在一句话上，在 2018 年的巡回道歉中，
科斯罗萨西几乎在每次新闻发布会和电视采访都重复了这句话："我
们做正确的事情。仅此而已。"

　　新的价值观是对优步前任 CEO 的全面批判：前任老板什么都做

---

① 哈福德在优步的工作并非一帆风顺。他入职优步几个月后，我曾写过报道，反映
　了他言语随意、经常用性别歧视和种族歧视的话来评价下属的问题。哈福德因此
　遭到训斥，不得不接受敏感性培训和执行力辅导，但并没有被勒令离职。

不好，而新老板科斯罗萨西则至诚至善。达拉·科斯罗萨西发际线很高，胡须浓密，但笑容却很温暖，被外界誉为"新硅谷之父"。

几乎一夜之间，"新硅谷之父"的海报遍布大街小巷。优步用科斯罗萨西的照片做广告，全面覆盖各类媒体，广播、杂志、报纸以及油管（YouTube）上都有科斯罗萨西的身影。2018年，优步斥资5亿美元，仅仅是为了修复和重塑受损的公司形象。他们在美国职业篮球联赛季后赛和决赛、黄金时段流行电视节目以及《华尔街日报》这类主要出版物上广发广告，为公司正名。

除了广告"闪电战"，优步尽可能不再制造其他新闻。优步大概花了一年时间处理完了过去在报纸、电视和互联网上的负面头条，然后尽可能保持低调。

2018年秋季，CEO科斯罗萨西就职一周年之时，《连线》杂志表示："在过去的一年里，科斯罗萨西一直在低调完善这个品牌。"

公司形象和公关从不是小事，但科斯罗萨西面临着更大、更棘手的挑战：如何控制巨额支出，创造利润。多年来，公司内部没有对卡兰尼克权力的制衡。例如，卡兰尼克曾挥霍数十亿美元在多个国家与其他出行服务公司烧钱打价格战。科斯罗萨西在应用间通信公司巴里·迪勒手下当了多年的首席财务官，擅长计算，有能力达成业务与预算目标。看着充满赤字的优步资产负债表，他开始采取措施来减少亏损，例如，将优步的东南亚业务出售给当地的竞争对手新加坡出行服务公司Grab，同时获得该公司27.5%的股权。早些年，优步因为常从竞争对手那里挖墙脚而臭名昭著，现在，科斯罗萨西也不再开出巨额薪酬与脸书和谷歌争夺工程师人才。

自动驾驶部门是优步最烧钱的部门之一，一度被视为对公司未来发展至关重要的部门。但在本书成稿时，优步尚未确定是否保留此部门。

安东尼·莱万多夫斯基从优步离职后，在硅谷也已声名狼藉，但他不会选择就此销声匿迹。相反，他成立了另一家自动驾驶卡车公司 Pronto.ai，提供现成组件，长途卡车司机只需花上 5 000 美元就可选购组装，享受自动驾驶服务。他在博客中宣布了新公司的成立，他写道："我知道你们有些人可能在想：'他又回来了？'是的，我回来了。"

如果不是在初创公司忙工作，莱万多夫斯基就会忙着创建自己的宗教组织"未来之路"。这是个崇拜人工智能，将其奉为上帝的教会组织。

科斯罗萨西上任后，公司有所改变，这让员工非常欣慰，主要是因为，现在的优步再也不是 2017 年那个全美国最招人恨的公司了。公司举办鸡尾酒会也不会再引起非议了。但对一些人来说，还是有一个挥之不去的担忧：达拉·科斯罗萨西领导下的优步还会全力奋进吗？抑或是优步已经失去了成为打车行业世界霸主的野心？以前特拉维斯是那样野心勃勃，他们也正因此才来到优步，如今公司到底何去何从呢？

优步一名前员工说："优步是会像亚马逊那样，在其涉足的每个领域都占据主导地位，还是会成为另一个默默无闻的易趣呢？"

比尔·格利的生活变得轻松多了。

2017年年底，格利与卡特里娜·莱克来到纳斯达克证券交易所。卡特里娜·莱克是量体裁衣公司的创始人和CEO，这一年早些时候曾为格利提供过咨询服务。11月的一天，莱克第一次向刚刚找到的公众投资者发表演讲以寻求投资，当时她14个月大的儿子也陪在身边。格利站在她身后，身材高大，一身黑西装，搭配蓝领带，花白的头发整齐地梳向左侧，看上去有些别别扭扭。他面带微笑，为莱克鼓掌。莱克是他见过的欲带领公司上市的最年轻的女性创始人，像她这样的门生最让他感到自豪。莱克当时34岁，自从28岁创业以来，她为公司的发展弹精竭虑，不放过每一个机会。莱克非常重视格利的建议和指导，但也很相信自己的直觉，终于将量体裁衣公司打造成了一家信誉良好的上市公司。

格利在与卡兰尼克交往时，却无法适用与莱克交流的这种模式。作为投资人，尽管格利曾把投资标的创始人卡兰尼克视为最亲密的盟友和伙伴，但与软银达成的交易却为他们的合作画上了不和谐的句号。更糟的是，这还毁掉了标杆资本长久以来"创始人好伙伴"的形象。

尽管如此，一切都变了。在优步最难的时候，格利开始怀疑整个企业是否注定会失败。他曾真的想过价值数百亿美元的优步可能会瞬间崩塌，而这一切都因为他没能把公司从那个只会冒险的疯子特拉维斯·卡兰尼克的手中拯救出来。每每想起此事，格利总是夜不能寐。

科斯罗萨西接管公司后,格利再也不用忧心忡忡了,也终于睡得安稳了。

2017年11月底,乔·沙利文和他的家人来到太浩湖附近山里的度假小屋。这个小屋距离旧金山几个小时车程。这算是他们家的传统,每年都去小屋过感恩节。沙利文和女儿们准备着第二天的感恩节晚餐。沙利文一边做着饭,一边听着电视上播放的橄榄球赛。这时,他收到了优步人力资源部门的一条消息,让他当天晚些时候参加一个电话会议。

沙利文知道肯定出问题了,人力资源部门通常不会无缘无故给公司高管发邮件,马上要到周末过节了,还要求他们参与紧急电话会议。于是他回邮件拒绝了电话会议,并要求人力资源部门告诉他到底发生了什么。

人力资源部的代表回复说优步要解雇他。一年多以前,优步遭遇了泄密事件,安全漏洞导致数百万司机身份信息被盗。当时沙利文没有寻求外部的法律建议或进行法律咨询,也没有向当局通报此事。相反,沙利文及其团队花了数百万美元找到了黑客,给他们钱让他们删除数据,并让他们不要将此事外传。

对沙利文来说,这笔钱是"漏洞报告奖励"计划的一部分。在硅谷这是一种常见策略,公司向所谓的"白帽"黑客或"好人"黑客支付报酬,让他们去发现公司系统中的安全漏洞,指出或攻击这些漏洞,然后通报给公司。找到漏洞后,公司就会付给黑客一笔报酬,

"漏洞"越大，报酬就越高。沙利文就给那个名为"传教士"的黑客10万美元作为报酬。沙利文认为这么做是合适的，因为这成功地避免了一场潜在的灾难性事件。

如今，公司新一届管理层对此有不同看法。优步首席法务官托尼·韦斯特对此感到非常愤怒，认为在发现安全漏洞后，沙利文或卡兰尼克应当立即通知当局。韦斯特非常迷惑，不知道为什么沙利文要花费几百万美元去追踪黑客"传教士"。"传教士"本名布兰登，21岁，与母亲和兄弟住在佛罗里达州的拖车公园。韦斯特说，沙利文应该向当局举报布兰登，优步应当在数据泄露后第一时间通知消费者。如果不这么做，最终优步将面临数百万美元的索赔。然而，沙利文却给黑客"传教士"支付了一笔报酬，就放他走了。

沙利文花了大半个小时，试图向优步法务部门和人力资源部门的人解释，试图让他们了解他们的观点是不对的，而沙利文自己和团队处理数据泄露的方式是光明正大的，没有不当之处。

然而，沙利文的努力都是徒劳，他无法说服公司管理层。如果沙利文同意签署非贬损协议，公司会一次性给他一笔钱作为遣散费。这已经是公司开出的最好的条件了。沙利文非常生气，想都没想就拒绝了。

沙利文当时做出这个决定并没有细想。45分钟后，他就接到了一名记者的电话，要求他就2016年数据泄露和支付黑客报酬一事做出回应。显然，优步高管已经向记者透露了一些消息，称沙利文是为遮掩数据泄密的事实而向黑客支付报酬，并向消费者隐瞒了事件的真相。15分钟后，这名记者发了一篇报道，把这件事公告天下。

沙利文还没来得及做出反应，他的电脑就用不了了，他的工作电脑被优步总部远程格式化了，清除了所有内容。没过多久，他那台优步发放的手机也不能用了，数据也被尽数抹去，和他的笔记本电脑一样再也没用了。

沙利文坐在小屋的客厅里，震惊，愤怒，他努力思考下一步该做什么。他恪守本分，尽忠职守，保护公司利益，可谓呕心沥血。他是 2015 年加入优步的，在那之前，优步的安全系统一片混乱，可以说基本不存在。优步的第一次和第二次数据泄露事故都是他处理的，还有公司当时正面临的隐私侵犯问题，都多亏了他处理得当，优步应当感谢他。现如今，优步的高管、法务、政策和新闻领导人发布的假消息，极大地破坏了他在硅谷的声誉和职业生涯。至少在 2017 年的一段时间里，他要面临联邦检察官的调查，调查他是否有任何潜在的违法犯罪行为。

沙利文不认为他的做法有任何不妥之处。但在与道德意识十分模糊的卡兰尼克共事三年之后，他意识到，在可预见的未来，他的生活会变得更糟。

随着乔·沙利文的生活开始分崩离析，新亿万富翁特拉维斯·卡兰尼克的生活才刚刚启动。

2018 年，卡兰尼克离开了所得税税率高达 13.3% 的旧金山，在迈阿密待了一段时间。迈阿密是富豪的天堂，那里不需要缴纳州所得税。卡兰尼克此行还和同属硅谷弃儿的小伙伴，他的前副手埃米尔·迈克和优步的早期投资者施欧文·彼西弗一起，他们几个在科技媒体上都声名狼藉。卡兰尼克的朋友们很快在迈阿密定居下来，以防他们的新财产被政府"抢"走。

卡兰尼克他们离开硅谷的几个月后，倒台的优步高管认为是优步公关团队的无能和诡计害了自己。例如，艾瑞克·亚历山大因私自带回印度强奸案受害者的私人医疗档案而被公司解雇，他后来起诉了优步前政策和通信主管雷切尔·惠特斯通。亚历山大、迈克和其他人都认为，惠特斯通还在公司时，曾通过向记者收集情报而密谋加害他们。受到起诉后，惠特斯通极力否认这一说法。截至本书撰写之时，该诉讼仍未结束。

卡兰尼克仍是个单身汉，他很快就适应了迈阿密的夜生活。他有一个习惯，喜欢和朋友们从一个俱乐部一起蜂拥到另一个俱乐部玩乐，还喜欢告诉约会对象和女性熟人，他如今已是亿万富豪俱乐部的新成员，这个头衔代表了他的财富数量级。他如果不在迈阿密，可能就在法属西印度群岛的游艇上聚会，也可能待在他洛杉矶的房子里，具体是在城东城西哪一栋房子，取决于当天的交通状况。

卡兰尼克的创业生涯还远未结束，他正忙于他的下一个创业项目：一个房地产项目，购买利用率偏低的房子，建所谓的"共享厨房"，通过"优食"提供食物配送。他的计划能否成功，很大程度上取决于优步的后续发展。

有一些人担心，从长远来看，这会对优步造成影响。

2018 年 2 月 6 日，特拉维斯·卡兰尼克出现在金门大道 450 号的菲利普·伯顿联邦大厦和美国法院的台阶上，准备参加下午的庭审。

这位优步前 CEO 身穿淡紫色衬衫和黑色西装，打着黑白领带，看起来过得很不错。那天下午，他将在"新出行"起诉优步一案中出庭。经过数月的深入调查，该案最终进入了庭审阶段。一群"狗仔"挤在大楼入口处，等待拍摄这位亿万富翁的照片。在 19 楼的走廊上，蜂拥的记者排起了队，他们从早上 5 点起就在外面等待，希望能进入法庭旁听。

这天下午，卡兰尼克自信而慎重地提供了有力的证词，向陪审员保证，他在优步与奥拓的交易中的商业行为是正当的。他做证说，优步开始启动自己的自动驾驶汽车研究时，谷歌 CEO 拉里·佩奇已经对此项目兴致阑珊，与优步的"士气高涨"截然相反。卡兰尼克喝了口水，看起来紧张却又魅力十足，他的举止似乎也给陪审员留下了一些好印象，这令"新出行"的辩护律师感到沮丧。

"他回答了每一个问题，非常冷静。"审判结束后，陪审员米格尔·波萨多斯对记者说。另一位陪审员史蒂夫·佩拉佐评价卡兰尼克"看起来真是一个好人"，是"一旦有了想法就会坚持到底的人，想做到全世界最好的人"。

陪审团最终没有机会做出裁决。卡兰尼克做证后不久，"新出行"觉得案子偏离了轨道。优步最终以 2.45 亿美元的公司股权与"新出行"达成和解，结束了这个案子。然而，这笔交易还有一些附加条件。

作为和解条款的一部分，优步同意在开发自动驾驶汽车时不会使用"新出行"的任何商业机密。此外，优步的自动驾驶部门将接受独立的第三方审查，来确保他们不再使用"新出行"的任何专利技术。当然，优步的成功与否，也与"新出行"息息相关了。

卡兰尼克出庭做证的第一天上午，我旁听了庭审，因为我估计《纽约时报》的编辑会想让我写一篇相关报道。当时我正在休假，在撰写本书，但还没写到结局，因为案子还没结束。

中午休庭后，卡兰尼克预计将在下午出庭做证。在重新开庭前，双方律师走进了法庭，后面紧跟着一群媒体人，我沿着走廊快速去了一下洗手间。

我回到法庭时，已经太迟了，他们关上门开始了庭审。我错过了报道卡兰尼克在证人席上读证词的机会。站在法庭外长长的镶着花岗岩边的木走廊里，我静静地懊悔着，也希望全副武装的美国法警最终会让我回到里面。按照当时的情况，我几乎已经不抱希望了。

然后我突然意识到，卡兰尼克还没到法庭。他步履轻快地出现在我身后的走廊上，往法庭大门走去，等着被传唤至证人席。法警把门关好，示意卡兰尼克在传唤前与我和其他几个人一起在外面的房间里等候。

卡兰尼克在法庭外静静地等待着，没有人陪着。我已经好几个月没见过他了，也没想到在他职业生涯最重要的时刻到来之前，他还会那么健谈。这之前我们最后一次真正的互动是在 2017 年 6 月，在我报道他辞去 CEO 一职之前，我联系了他，想得到他对此的回应。在我的想象之中，我在那种时刻戳他痛处，他应该对我恨之入骨。在法庭外安静的房间里，我和他隔了大约 10 英尺的距离。他从门边退回来，走到房间的另一边，我们中间隔着三名无所事事的律师。

过了一分钟，他突然抬起头来，好像突然做了什么决定。卡兰尼克径直向我走来，迎着我的目光，伸出手。"嘿，伙计，你好吗？"他在安静的走廊里小声问候我，握着我的手，搂着我的肩膀。他之前肯定是把我当作死敌的，然而那一刻他却突然示好，我微笑着握了握他的手。

"你一会儿进了法庭不会有事吧？"我说，试图打破紧张的氛围，"他们不会让你轻松的！"

"哦，我也不知道！"他笑着说，但显然很紧张。后来，他在法庭上陈述了自己的证词，不到一个小时的时间，他喝了将近四瓶水。

卡兰尼克突然不吭声了，仿佛有人提醒了他这会儿是在和一位记者交谈。"我们现在就私下聊聊，不作为采访行吗？"他问道。他好像想聊天，但显然不相信我会不公开。

我同意不做记录，在本书里，我也会遵守这个承诺。我们在走廊上谈了大约 10 分钟，仿佛我们之间从未发生过什么，仿佛他建立的价值数百亿美元的公司不会因为庭审而进一步面临技术和金融崩溃的风险。尽管过去一年间发生了很多事，他被迫下台，母亲去世，几乎失去了所有的朋友，但他依然魅力十足，令人惊讶。卡兰尼克从未改变，他还在这里。

　　我不知道他是否从过去的 9 年里学到了什么。他曾经富有，肮脏的、令人讨厌的、亿万富翁级别的那种富有；他曾经出名，或者说是声名狼藉。他试图重塑自己的形象，真正成为"特拉维斯 2.0 版"。有人说，两个月前他在圣巴特与父亲和弟弟度过了圣诞节。他的父亲在弗雷斯诺事故后已经从伤病中康复。圣诞节时，他们都穿着节日睡衣，摆好拍照姿势，拍照上传到了卡兰尼克的社交平台。他们在游艇上过夜，与朋友们和模特们喝酒狂欢。

　　我听说他正在打造他的下一家初创公司，专注食品配送和物流。有人提供消息说，他在新公司和过去在优步一样努力，甚至更努力，对员工的鞭策也一如往日在优步的样子。为了创业，他招募了许多他在优步时解雇的员工，包括那些因为霍尔德报告而被迫离职的员工。

　　卡兰尼克是亿万富翁。加勒特·坎普和瑞恩·格雷夫斯也都拥有了惊人的财富，远超他们自己的想象。风投家总是能很快从他们的投资中获得巨额回报。等到优步 2019 年上市时，硅谷诞生了更多百万富翁，准备迎接下一波创业浪潮，为下一个时代的初创公司提供资金。我不知道是否会很快出现新一代的特拉维斯·卡兰尼克，而他们又会如何看待卡兰尼克的崛起，如何看待他的成功之路？

　　卡兰尼克又和我握了握手，然后结束了谈话。他从我身边离开，透过紧闭的门边的玻璃窗凝视着法庭。

　　"天哪，"卡兰尼克在走廊里大声喊道，视线仍然紧盯着房间，自言自语道，"这感觉好像我们是在超级碗开始之前站在通往赛场的球员甬道里。"

他慢慢地把双臂举过头顶，眼睛仍然盯着法庭上的证人席，准备沿着过道慢慢走到证人席的座位上。他微笑着，等待警卫开门让他进屋。

"我准备好了。"卡兰尼克说。

新后记

    2019 年写完这本书后，我曾以为优步的兴衰历程、公共危机会让投资人和创业公司创始人引以为戒，避免像特拉维斯·卡兰尼克一般过分张扬。硅谷认为优步的迅速衰落对企业管理来说是个具有警示意义的故事，是创业公司管理层犯下大错而自毁公司前程的故事。年轻的科技人士可以将其作为反面教材，学习经营公司该避免哪些行为。

    然而，我大错特错。就在本书于 2019 年秋季出版时，共享工作空间供应商 WeWork 崩盘了。相关新闻读起来如此熟悉，又是一家身价数十亿美元的创业公司，获得蓝筹风险投资家和私募股权公司的大笔资金支持，公司领导人颇具个人魅力，一时风光无两，最终却成了现实扭曲力场，带着公司迅速折戟。

    WeWork 在崛起的过程中炮制了极其吸引人的对外宣传势头，让投资者简直无法拒绝。在公司申请 IPO 的文件中，该公司的创始人兼 CEO 亚当·诺伊曼写道，WeWork 并不只是一家租借办公室的创业公司，还是一个"为成长、分享经验和成功提供支持的全球平台"。

WeWork 的使命是用"我们的能量"来"提升世界的意识"。很多投资人，包括之前投资优步和特拉维斯的许多人，都被这个想法吸引，将其视为下一个优步，希望能对其进行投资。

优步确确实实为数百万人提供了服务，公司本身也看重自己提供的服务。相比之下，WeWork 的价值主张就不太靠得住。亚当·诺伊曼花了数百万美元收购了一些小规模的创业公司，这些公司与 WeWork 的核心业务共享办公空间并不相符。瑞贝卡·诺伊曼是公司的创始合伙人，也是亚当的人生伴侣，她创办了一家针对五年级学生的教育创业公司 WeGrow，并与 WeWork 挂钩。根据亚当·诺伊曼的说法，这一举措是为了帮助"我们"这一代人了解他们的超能力。WeWork 的规模不断扩大，附属项目也越来越多，资金燃烧率也在不断提高。WeWork 声称希望在全球范围内为新一代年轻人提供工作空间，投资人从未对这一点进行任何质疑。在 WeWork 的巅峰时期，其估值超过 470 亿美元，当然，这在很大程度上得益于软银 CEO 孙正义的巨额投资。

然而，事与愿违。有优步坠落为鉴，媒体对 WeWork 的亚当·诺伊曼也开始积极进行审视。作为公司 CEO，诺伊曼却表现出了不稳定、不正常的奇怪行为——他在出差期间吸食大麻，还在一次国际旅行后被机组人员发现在行李中携带塞满大麻的麦片盒。诺伊曼还在 IPO 文件中操纵财务数据，当时一位科技公司前 CEO 对这一行为进行了评价，说这导致了"令人发指的自我交易"，金额高达数百万美元。诺伊曼的个人问题还只是一方面，另一方面，WeWork

在快速地流失资金，且这个情况持续存在。优步沉沦殷鉴不远，如今 WeWork 又公开募股失败，这让投资者意识到，诺伊曼描绘的 WeWork 的愿景都是虚幻的，只是一个小混混策划出来的天花乱坠的想法，把有钱人希望看到的东西卖给他们。

就像优步一样，WeWork 的一切光芒瞬间消失。董事会如梦初醒，开始采取行动。诺伊曼持有的股份代表大多数投票权，听起来很熟悉吧？董事们之前过分倚重诺依曼，然而在一系列的公开泄密事件之后，最终逼迫他卸任 CEO。他带走了估值超过 10 亿美元的股份，留下一地鸡毛。

优步和 WeWork 都在商业世界败坏了名声，但它们也代表了风投资本支持的这一代创业公司的风气。多年来，风投资本支持的初创公司，资产负债表上都是一片赤字。创始人声称他们要扩大规模，需要更多的投入疯狂烧钱，承诺最终会带来巨额收益。在他们的理念中，"规模"是关键。

但是，优步和 WeWork 接连从云端坠落，这为硅谷带来了一场海啸式的文化变革，甚至与千禧年之交互联网泡沫带来的影响不相上下。上市之前，优步的投资者认为该公司估值超过 1 200 亿美元，然而在公开市场募集股票后，现实却相当严峻；人们看到的是这家公司在亏损，盈利模式并不清晰，实现盈利之路漫长而艰难。2020 年年初，优步的市值只有 600 亿美元，只是先前估值的一半。到了 4 月 1 日，优步的估值已经跌到了最初建议估值的 1/3。WeWork 的财务状况更是惨不忍睹。孙正义如今也承认，自己对软银花费数十亿美元入股 WeWork 的决策感到后悔。WeWork 巅峰时期估值高达 470 亿美元，如今已跌去 80% 以上，萎缩至不到 50 亿美元。其领导人之前的光鲜魅力已经褪色。

WeWork 崩盘还影响到了其他仍处于现金亏损阶段的公司。孙正义掌舵的愿景基金规模曾高达千亿美元，投资了优步、WeWork、送餐公司 DoorDash、房地产经纪公司 Compass 等几十家公司。如今，愿景基金陷入了困局，先前的很多投资现在都遭到了质疑。自动化卡车运输初创公司 Flexport 已裁掉了数十名员工。提供遛狗服务的初创企业 Wag.com 业务萎靡不振，CEO 也已离职。机器人比萨初创公司 Zume 也未能幸免，已有半数员工离职。2019 年，孙正义向投资者坦承："我的投资判断真的糟透了。我在很多方面都感到很后悔。"

硅谷正在经历萎缩，而这时候，发生了一件谁也没有预料到的事情：COVID-19 疫情，也就是新型冠状病毒传播蔓延。2020 年年初，美国政府在疫情控制方面一路跌跌撞撞，而科技行业受到了近乎立竿见影的影响。大西雅图地区最早受到疫情严重打击，而后疫情迅速蔓延到了加州北部地区。众多科技公司关闭了办公室，员工开始远程办公。州长、市长开始要求人们进行"社交隔离"，不要离开自己的住所。只有"必要行业"的企业才能继续营业，这使得零售、餐饮、酒店和运输等行业几乎完全崩溃。很多公司一夜之间倒闭，数百万人申请了失业保险。优步司机冒着风险，戴着口罩上街拉客挣钱。这篇新后记写作之时，医院里还挤着数以万计的新冠病毒感染病人，华尔街仍旧一片混乱。特朗普总统任期内取得的经济成果在短短几周内消失殆尽，比 2008 年金融危机还严重的经济衰退近在眼前。除了恐怖的致死率，新冠肺炎疫情还给全球经济带来了威胁。

硅谷的一家风险投资公司敲响了警钟。3 月 3 日，科技投资史上最著名的红杉资本向旗下被投公司的创始人发出了一封公开信，在信中，红杉将新型冠状病毒肺炎疫情称为"2020 年的黑天鹅"。黑天鹅这个词形容的是一种不可预见的重大事件，这种事件几乎无法预测，却能对一个行业产生巨大的甚至致命的影响。红杉这次公开警示，希望创业公司的创始人做好准备，迎接即将到来的腥风血雨，建议他们接下来专注于以下事项：如何扭亏为盈，如何在资产负债表上践行紧缩政策，如何裁减人员，等等。

红杉资本给硅谷传递的信息是全新的观念：无节制消费、轻松愉悦的日子已经不复存在。如今，创业公司必须做出艰难的选择。然而，并不是每家公司都会做出这样的选择。

"在某些方面，商业世界也体现了生物学的原则，"红杉合伙人告诉这些公司的创始人，"正如达尔文所假想的那样，生存下来的人并'不是最强壮的……也不是最聪明的人，而是最能适应变化的人'。"

硅谷确实发生了变化。随着诺伊曼和卡兰尼克这样的人物淡出，兄弟文化在硅谷已经过时了。科技从业人员也有了足够的平等意识，不会像优步之前的一些员工那样在工作场所公然表达对女性的偏见。创业公司取得成就后前往拉斯维加斯狂欢的举动也不再风行，或者说，至少他们更低调了，不再大肆宣传了。

尽管创业公司纷纷走向了紧缩，但事实上，创始人的商业洞察力并没有发生多少变化。就像优步和其他公司的经理人一样，创业者创办公司，憧憬自己的公司能改变世界，这时候他们都十分愿意避开规则，走捷径。

以视频会议软件提供商 Zoom 为例。这是一家企业级远程会议软件公司，过去的业绩平平无奇。新冠病毒疫情暴发后，其软件使用率飙升。无论是宅在家里办公的上班族，还是居家隔离的青少年，人们比以往任何时候都花了更多的时间在网上社交。该应用简单易用，广受好评。然而，它也有对用户不那么友好的一面。Zoom 大受欢迎后，安全人员发现，其有无数侵犯隐私的行为，包括明显的漏洞、糟糕的数据共享行为，还有粗疏的加密方式。当然，媒体曝光之后，该公司承诺会进行改进。无论怎样，在正确的时间、正确的地点积极抢占市场份额，似乎为公司带来了回报。2020 年 4 月，Zoom 的市值达到了 350 亿美元，在美国历史上最糟糕的熊市中表现亮眼。

那种拯救世界的乌托邦精神为上一代企业创始人带来了激励，如今也在激励新一代创业者——类似 Zoom 这样的公司创造的工具让人们可以随时随地沟通，而这种沟通方式在短短几年前还不可想象。下一代的企业创始人可能不会像优步那样高调，嚷嚷着自己会"永远奋发有为"。确实大可不必，创业精神可以默默蕴含在企业文化之中。在"科技抵制"风行之时，公众不时对科技行业加以密切审视，科技界变得更封闭、更有戒备心理，甚至更不愿意自省。对于媒体上发出批评声音的人，科技公司往往称其不了解情况就散播不友好情绪，而那些坚决捍卫创业公司的支持者也更倾向于保护年轻的创始人，保护他们不被反对者的冷嘲热讽击垮。

科技界奋发向上的精神依然鲜活。在互联网泡沫的废墟中、在移动世界的崛起中，特拉维斯·卡兰尼克建立了自己的公司，而2020年的灾难和动荡一定也会塑造下一代科技"独角兽"——问题只是这一过程如何实现。我们拭目以待。

附 言

经过几个月的分析和研判，优步宣布于 2019 年 5 月进行 IPO。此前几周，来福车以每股 72 美元的价格上市。开盘当天，来福车的股价飙升，最后稳定在每股 78 美元左右。优步的眼光则要高得多。

优步在为即将到来的 IPO 做准备，聘请了摩根士丹利和高盛集团向投资者出售其公开发行的股票，创下了 1 200 亿美元估值的天价，这几乎是上一轮私募融资的两倍。

银行家在考虑投资优步的时候并没有忽视 CEO 总薪酬的细节。科斯罗萨西离开亿客行之前，曾是全美年薪最高的 CEO。他在接受优步的聘任时，放弃了价值数千万美元尚不可行权的亿客行股份。为了弥补自己的损失，科斯罗萨西在优步为自己争取了一笔丰厚的津贴。如果他能够以超过 1 200 亿美元的估值带领优步上市，并保持 1 200 亿美元以上的市值超过 90 天，那么他将获得超过 1 亿美元的巨额奖金。摩根士丹利和高盛集团的银行家经过内部讨论，决定（即便只是心照不宣地）努力实现这一高达 1 200 亿美元的市值。

然而，在优步即将上市的前几个月，银行家的高期望遭遇了残酷的现实打击。在竞争激烈的拉美市场以及各种食品配送行业，优步所谓的盟友软银集团开始投资优步的竞争对手。随着投资者对细节进行进一步研究，优步的数据开始显得不那么乐观了。优步的路演（投资公司决定是否要购买优步股票的过程）持续了数周，然而其估值显然达不到 1 200 亿美元了。

2019 年 5 月 10 日上午，科斯罗萨西及其随行人员抵达纽约证券交易所，银行家和交易员挤满了交易所大厅。优步的早期员工，包括最早注册的那批司机也应邀到场。优步员工给证券交易商发了黑色的优步帽和 T 恤衫，让他们穿上后在纽约证券交易所的电脑上输入优步的第一个交易订单。优步的送餐应用"优食"作为麦当劳的美国送餐供应商，在交易所现场为大家提供巨无霸汉堡、炸薯条和香煎土豆丝。每个人都为优步的上市做好了准备。

上市这个重要的日子到来前，空气中弥漫着紧张的气氛。科斯罗萨西要求特拉维斯·卡兰尼克那天早上不要和他一起参加上市敲钟仪式，这让卡兰尼克很气恼。知情人士向媒体透露，由于两个人意见不合，卡兰尼克是否露面还是个悬念，但最终卡兰尼克还是出现了。当天早上卡兰尼克准时赶到，与科斯罗萨西一起用了早餐，当众冰释前嫌。科斯罗萨西称赞卡兰尼克是"百年难遇的企业家"，在场所有人也都表示赞同。

早餐时，科斯罗萨西把卡兰尼克、坎普和格雷夫斯都叫到了大厅前，大家开始起立鼓掌。短短几个小时后，格雷夫斯持有的股票将价值 16 亿美元，坎普的股票净值 41 亿美元，而卡兰尼克持有的股票则是价值最高的，上市钟敲响后，卡兰尼克在公司的股份将价值 54 亿美元。过去 10 年里，三人将优步打造成今日的独角兽，他们也因此成了亿万富翁，却最终分道扬镳。过了一小会儿，离股票上市还有几个小时，卡兰尼克就离开了交易所，将聚光灯留给了科斯罗萨西。

科斯罗萨西和其团队一起执行第一笔交易，优步员工、证券交易商、摄影师和媒体将他团团包围。科斯罗萨西抬头看了看显示器，想看看上面显示的价格。前一天晚上，优步将其发行价定为每股 45 美元，这虽然低于其最初要求的价格，但实际是为了首日"价格暴涨"进行了精心调整，因为通常银行家热衷于向客户推销发行首日股价狂飙的股票，以此刺激客户下单。银行家预计该股开盘价至少会比每股 45 美元这个数字高出几美元。

然而，预计的价格飙升并没有发生。时间一分一秒地过去，优步的股价开始跌落，44 美元、43 美元，最后其首次官方公开交易的开盘价跌至 42 美元。科斯罗萨西的脸色沉了下来。原本洋溢着欢乐气氛的交易大厅里，人们开始低声低语。优步的开盘价低于其最初的定价目标。这低迷的股价闻所未闻，尤其是对科技股来说，要知道科技股通常在上市首日表现良好。截至收盘，以美元计算，优步的损失超过了 1975 年以来在华尔街首次上市的其他任何一家美国公司。优步的上市盛会成了一场灾难。

质疑几乎立刻纷至沓来，市场估值是否失控？顶尖独角兽优步是否被华尔街的现实打败？等等。上市首日股价低于预期，损失数十亿美元，收益性通道并不明晰，这样是无法说服投资者购买其股票的。面对优步令人失望的上市首日表现，硅谷投资者开始思考，这是否预示其他科技公司的上市也会不太乐观。

科斯罗萨西则努力保持乐观。当晚，在证券交易所的聚会上，即使有关优步上市的表现已经不留情面地登上了媒体头条，他还是对着台下的员工敬酒，试图激励他们，毕竟他们中许多人手里都持有大量的股票。

"现在该是优步证明自己的时候了，"科斯罗萨西对在场的人说，"5年后，跟随我们上市的科技公司将站在这个交易平台上，仰望优步所取得的成就。"他表现得很淡定，尽最大努力试图重振优步的士气。

"他们会说：'天哪！我们也想成为像优步这样的顶尖独角兽！'"

致　谢

　　虽然封面上只署了我的名字，但过去两年里，如果没有以下支持者的帮助，这本书是不可能完成的。

　　我必须感谢美国诺顿出版公司的编辑汤姆·梅尔，他的专业、精湛让我的想法有了生机，跃然纸上。在我整个写作生涯中，与我共事过的编辑里很少有像汤姆这样才华横溢的，他的润色使本书的叙事得到了很大的提升。他让我成了一名更好的作家。

　　此外，感谢诺顿出版公司的团队使这本书得以出版。他们是：威尔·斯嘉丽、达西·泽德尔、贝基·霍米斯基、贝斯·斯泰德、安娜·奥莱尔、尼奥玛·阿玛迪奥比、史蒂文·佩斯、布兰登·库里、妮古拉·德洛贝蒂斯–泰伊、伊丽莎白·科尔、梅莉迪丝·麦金尼斯以及许多其他人。每个人都竭力让这本书成功出版，他们的支持和努力是无价的。

　　我很感谢我在莱文·格林伯格·罗斯坦文学社的经纪人丹尼尔·格林伯格。2014 年他与我会面，让我第一次觉得写一本有关优步的书会是个不错的想法。那次见面后，我三年都没和他联系，但仍要感谢他的坚定不移的支持。

《纽约时报》编辑谭裴荣与我共事多年，若没有他的帮助，如今的我不会成为一名记者。裴荣是我的良师益友，2017年优步戏剧性发展的这一年，她时时与我密切合作。没有她的帮助，我不可能深入了解优步公司。（抱歉，裴荣，我经常在下班时间打电话给你，要求你再写一篇有关优步的故事。）

同样，我非常感谢《纽约时报》所有支持我写这本书的人。迪恩·巴奎特、乔·卡恩、丽贝卡·布鲁门斯坦和艾伦·波洛克特别善良，他们允许我请假写这本书。科技报道部门的同事接手了我的工作，对此我万分感激。A. G. 索兹博格针对我的报道所做的评论饱含善意，尤其是在我试图写好每一篇报道时，这些评论令我大受鼓舞。

在我困难的时刻，肖恩·拉威利帮我收集数据，排忧解难。西蒙妮·斯托尔佐夫早期的调查和支持也对我帮助很大，我对他们都感激不尽。

山姆·多尔尼克和斯蒂芬妮·普利斯一直都是我在《纽约时报》的出色合作伙伴。

我要感谢所有与我交流过的人，感谢他们对这本书的支持，有些人为此还冒了极大的个人风险。每个人与记者交谈都有自己的动机，但许多提供消息的人都认为他们所做的是正确的事，他们站出来讲述自己的故事，希望能帮人们更好地理解优步的故事。我要在这里向各位表示感谢：如果没有你们，我真的不可能完成这本书。

我还要感谢在整个过程中给予我建议和支持的作家和朋友们。

凯文·鲁斯、B. J. 诺瓦克、尼克·比尔顿和安娜·维纳给了我精彩的反馈；特里斯坦·刘易斯、艾米丽·西尔弗曼和汉娜·梅泽尔帮我在写作的压力中适时放松，张弛有度。

最后，我要感谢我的家人，迈克、洛琳、乔，尤其是莎拉·艾默生和布鲁娜，是他们陪我一起度过那些没日没夜写报道和写书的日子。为此我永远心存感激，谨以此书献给你们。

内容来源说明

在过去对优步进行报道的 5 年里，我对 200 余人进行过数百次采访，并对数百份未公开文件进行了细致的审查，本书内容均基于此写成。

本书叙述的所有事件均基于第一手和第二手资料写成，相关资料或直接来自事件相关方，或来自两个或更多知情方。所述事件都经多人证实。

本书出现的所有对话都来自视频记录、音频文件或录音转写的文本，或由参与者 / 知情人士复述。书中出现的邮件或短信都经作者查看或由他人转述。

消息来源的可靠性是我最在意的方面，非常感谢在我写作过程中曾给予我帮助的人。

注　释

序　言

[1]　海尔斯曾承诺：Karen Weise, "This Is How Uber Takes Over a City," Bloomberg Businessweek, June 23, 2015, https://www.bloomberg.com/news/features/2015-06-23/this-is-how-uber-takes-over-a-city.

[2]　房间地板上的：Max Chafkin, "What Makes Uber Run," Fast Company, September 8, 2015, https://www.fastcompany.com/3050250/what-makes-uber-run.

[3]　告诉记者：Weise, "This Is How Uber Takes Over a City."

[4]　广告如是写道：Alyson Shontell, "10 Ads That Show What A Circus the War Between Uber and Lyft Has Become," Business Insider, August 13, 2014, https://www.businessinsider.com/10-uber-lyft-war-ads-2014-8#heres-a-similar-ad-that-suggests-ubers-are-better-than-taxis-9.

第一章　"X 的 X 次方"

[1]　全世界优步员工的邮箱：Kara Swisher and Johana Bhuiyan, "Uber CEO Kalanick Advised Employees on Sex Rules for a Company Celebration in 2013 'Miami Letter,'" Recode, June 8, 2017, https://www.recode.net/2017/6/8/15765514/2013-miami-letter-uber-ceo-kalanick-employees-sex-rules-company-celebration.

[2]　"快速增长""争强好斗""横冲直撞"：Kara Swisher, "Man and Uber Man,"

Vanity Fair, November 5, 2014, https://www.vanityfair.com/news/2014/12/uber-travis-kalanick-controversy.

[3]　一词于2013年由一位风险投资家提出：Aileen Lee, "Welcome to the Unicorn Club: Learning From Billion-Dollar Startups," TechCrunch, October 31, 2013, https://techcrunch.com/2013/11/02/welcome-to-the-unicorn-club/.

[4]　因……邮件而备受抨击：Sam Biddle, "'Fuck Bitches Get Leid,' the Sleazy Frat Emails of Snapchat's CEO," Valleywag, May 28, 2014, http://valleywag.gawker.com/fuck-bitches-get-leid-the-sleazy-frat-emails-of-snap-1582604137.

[5]　多宝箱和爱彼迎公司：Jack Morse, "Bros Attempt to Kick Kids O Mission Soccer Field," Uptown Almanac, October 9, 2014, https://uptownalmanac.com/2014/10/bros-try-kick-kids-soccer-field.

[6]　"工作哲学"：Brad Stone, *The Upstarts: How Uber, Airbnb, and the Killer Companies of the New Silicon Valley Are Changing the World* (New York: Little Brown, 2017).

[7]　14条核心领导原则："Leadership Priciples," Amazon, https://www.amazon.jobs/principles.

[8]　一名公司员工解释这一名词：Alyson Shontell, "A Leaked Internal Uber Presentation Shows What the Company Really Values in Its Employees," Business Insider, November 19, 2014, https://www.businessinsider.com/uber-employee-competencies-fierceness-and-super-pumpedness-2014-11.

第二章　创始人的诞生

[1]　一位前同事曾如此评价：Elizabeth Chou, "Bonnie Kalanick, Mother of Uber Founder, Remembered Fondly by Former Daily News Coworkers," *Los Angeles Daily News*, August 28, 2017, https://www.dailynews.com/2017/05/28/bonnie-kalanick-mother-of-uber-founder-remembered-fondly-by-former-daily-news-coworkers/.

[2]　内心也有着竞争意识：Chou, "Bonnie Kalanick."

[3]　特拉维斯后来曾这样说起：Travis Kalanick, "Dad is getting much better in last 48 hours," Face-book, June 1, 2017, https://www.facebook.com/permalink.php?story_

fbid=10155147475255944&id=564055943.

[4]　2014年的一个采访：Kara Swisher, "Bonnie Kalanick, the Mother of Uber's CEO, Has Died in a Boating Accident," Recode, May 27, 2017, https://www.recode. net/2017/5/27/15705290/bonnie-kalanick-mother-uber-ceo-dies-boating-accident.

[5]　与前妻维持着不错的关系：Taylor Pittman, "Uber CEO Travis Kalanick and His Dad Open Up on Life, Love and Dropping Out of School," Hungton Post, April 11, 2016, https://www.huffingtonpost.com/entry/uber-travis-kalanick-talk-to-me_ us_57040082e4b0daf53af126a9.

[6]　造出过变压器：Swisher, "Bonnie Kalanick."

[7]　唐纳德后来对记者说：Pittman, "Uber CEO Travis Kalanick."

[8]　他筹资最多：Adam Lashinsky, *Wild Ride: Inside Uber's Quest for World Domination* (New York: Portfolio/Penguin, 2017), 40.

[9]　得到了一个巨大的奖杯：Jesse Barkin, "Valley Conference Basketball Honors Top Students," *Los Angeles Daily News*, March 30, 1988, Z10.

[10]　卖出了价值两万美元的刀具：Chris Raymond, "Travis Kalanick: 'You Can Either Do What They Say or You Can Fight for What You Believe,' " Success, February 13, 2017, https://www.success.com/article/travis-kalanick-you-can-either-do-what-they-say-or-you-can-fight-for-what-you-believe.

[11]　佣金就会更多：Sarah E. Needleman, "A Cutco Sales Rep's Story," *Wall Street Journal*, August 6, 2008, https://www.wsj.com/articles/SB121788532632911239.

[12]　肖恩·斯坦顿回忆道：Interview with author, 2017.

[13]　他们中有一个人突然想到：TechCo Media, "Travis Kalanick Startup Lessons from the Jam Pad—Tech Cocktail Startup Mixology," YouTube video, 38:34, May 5, 2011, https://www.youtube.com/watch?v=VMvdvP02f-Y.

[14]　包括工作、吃饭和睡觉：Stone, *Upstarts*.

[15]　成长至关重要：John Borland, "Well-Scrubbed Business Plan Not Enough for Scour," CNET, January 11, 2002, https://www.cnet.com/news/well-scrubbed-business-plan-not-enough-for-scour/.

[16]　通信量负荷将满：BAMM.TV, "FailCon 2011—Uber Case Study," YouTube video, 26:18, November 3, 2011, https://www.youtube.com/watch?v=2QrX5jsiico&t=2s.

[17]　我们需要寻求资金支持：BAMM.TV, "FailCon 2011."

[18] 爱好诉讼的洛杉矶大人物：BAMM.TV, "FailCon 2011."

[19] 起诉纳普斯特公司赔偿200亿美元：Rich Menta, "RIAA Sues Music Startup Napster for \$20 Billion," MP3newsire.net, December 9, 1999, http://www.mp3newswire.net/stories/napster.html.

[20] 一同起诉搜索网：Matt Richtel, "Movie and Record Companies Sue a Film Trading Site," New York Times, July 21, 2000, http://www.nytimes.com/2000/07/21/business/movie-and-record-companies-sue-a-film-trading-site.html.

[21] 奥维茨的话：Richtel, "Movie and Record Companies Sue."

第三章 后唱片时代的忧愁

[1] 25 000美元的起价："Where Are They Now: 17 Dot-Com Bubble Companies and Their Founders," CB Insights, September 14, 2016, https://www.cbinsights.com/research/dot-com-bubble-companies/.

[2] 1/5的办公区域：Matt Richtel, "A City Takes a Breath After the Dot-Com Crash; San Francisco's Economy Is Slowing," New York Times, July 24, 2001.

[3] 荒谬至极：BAMM.TV, "FailCon 2011."

[4] 那些人啥都不是，就花招和伎俩多：BAMM.TV, "FailCon 2011."

[5] 将红标公司卖给了：Liz Gannes, "Uber CEO Travis Kalanick on How He Failed and Lived to Tell the Tale," D: All Things Digital, November 8, 2011, http://allthingsd.com/20111108/uber-ceo-travis-kalanick-on-how-he-failed-and-lived-to-tell-the-tale/.

[6] 他们的天性就是猎杀：TechCo Media, "Travis Kalanick, Founder & CEO of Uber—Tech Cocktail Startup Mixology," YouTube video, 34:35, June 14, 2012, https://www.youtube.com/watch?v=Lrp0me9iJ_U.

第四章 新经济

[1] 接管了房利美：Stephen Labaton and Edmund L. Andrews, "In Rescue to Stabilize Lending, U.S. Takes Over Mortgage Finance Titans," New York Times, September 7, 2008, https://www.nytimes.com/2008/09/08/business/08fannie.html.

[2] 全美超过3/4的家庭：U.S. Bureau of Labor Statistics, "More than 75 Percent

of American Households Own Computers," *Beyond the Numbers* 1, no 4 (2010), https://www.bls.gov/opub/btn/archive/more-than-75-percent-of-american-households-own-computers.pdf.

[3] 全美一半的年轻人：John B. Horrigan, "Home Broadband 2008," Pew Research Center, July 2, 2008, http://www.pewinternet. org/2008/07/02/home-broadband-2008/.

[4] 差点折腾死我们公司：John Doerr, interview with the author, April 3, 2018.

[5] 苹果手机愿景：Rene Ritchie, "The Secret History of iPhone," iMore, January 22, 2019, https://www.imore.com/history-iphone-original.

[6] 像史蒂夫·德米特这样的编码程序员：Brian X. Chen, "iPhone Developers Go from Rags to Riches," Wired, September 19, 2008, https://www.wired.com/2008/09/indie-developer/.

[7] 经济的应用：Interview with author, April 3, 2018.

第五章 上层阶级的固化

[1] 《007：大战皇家赌场》，此片于2006年翻拍："The App That Changed How the World Hails a Taxi," *Guardian, January* 29, 2017, https://www.theguardian.com/technology/2017/jan/29/uber-app-changed-how-world-hails-a-taxi-brad-stone.

[2] 邦德手机里闪烁的小点：Stone, *Upstarts.*

[3] 个人博客：Travis Kalanick, "Expensify Launching at TC50!!," *Swooshing* (blog), September 17, 2008, https://swooshing.wordpress.com/2008/09/17/expensify-launching-at-tc50/.

[4] 一屋子年轻的工程师：TechCo Media, "Travis Kalanick, Founder & CEO of Uber."

[5] 风险投资公司总是试图将公司创始人赶出去：TechCo Media, "Travis Kalanick Startup Lessons."

[6] 他的沉思和常富争议的格言：https://twitter.com/konatbone.

[7] "受尊敬的客户"：Garrett Camp, "The Beginning of Uber," Medium, August 22, 2017, https://medium.com/@gc/the-beginning-of-uber-7fb17e544851.

第六章 让创业者创业

[1] 招募产品经理：Travis Kalanick (@travisk), "Looking 4 entre-preneurial product mgr/biz-dev killer 4 a location based service.. pre-launch, BIG equity, big peeps involved—ANY TIPS??," Twitter, January 5, 2010, 8:14 p.m., https://twitter.com/travisk/status/7422828552.

[2] 给我发邮件吧：Ryan Graves (@ryangraves), "@KonaTbone heres a tip. email me :) graves.ryan[at]gmail.com," Twitter, January 5, 2010, 8:17 p.m., https://twitter.com/ryangraves/status/7422940444?lang=en.

[3] 在海洋海滩附近：Anita Balakrishnan, "How Ryan Graves became Uber's first CEO," CNBC, May 14, 2017, https://www.cnbc.com/2017/05/14/profile-of-ubers-ryan-graves.html.

[4] 瑞安·格雷夫斯的汤博乐：ryangraves, Tumblr, http://ryangraves.tumblr.com/.

[5] 最喜欢的一句经典台词：ryangraves, Tumblr, http://ryangraves.tumblr.com/post/516416119/via-fuckyeahjay-z.

[6] 30个新客户：Brian Lund, "From Dead-End Job to Uber Billionaire: Meet Ryan Graves," *DailyFinance*, July 3, 2014, https://web.archive.org/web/20140707042902/http://www.dailyfinance.com/on/uber-billionaire-ryan-graves/.

[7] 猿人的金属小雕像：ryangraves, Tumblr, http://ryangraves.tumblr.com/post/336093270/dpstyles-crunchie-closeup-aka-the-heisman-of.

[8] 在脸书上写道：Ryan Graves, "Into the Infinite Abyss of the Startup Adventure," Facebook, February 14, 2010, https://www.facebook.com/note.php?note_id=476991565402.

[9] "这一切让我热血沸腾"：Michael Arrington, "Uber CEO 'Super Pumped' about Being Replaced by Founder," TechCrunch, https://techcrunch.com/2010/12/22/uber-ceo-super-pumped-about-being-replaced-by-founder/.

[10] 在照片墙上发布过一张照片：Uber HQ (@sweenzor), Instagram Photo, September 18, 2013, https://www.instagram.com/p/eatIa-juEa/?taken-by=sweenzor.

[11] X界的优步：Leena Rao, "UberCab Takes the Hassle Out of Booking a Car Service," TechCrunch, https://techcrunch.com/2010/07/05/ubercab-takes-the-hassle-out-of-booking-a-car-service/.

[12] 迈克·阿灵顿发表的一篇文章中所说：Michael Arrington, "What If UberCab Pulls an Airbnb? Taxi Business Could (Finally) Get Some Disruption," TechCrunch, https://techcrunch.com/2010/08/31/what-if-ubercab-pulls-an-airbnb-taxi-business-could-finally-get-some-disruption/.

第七章　风投界最高的高人

[1] 太神奇了：GigaOm, "Bill Gurley, Benchmark Capital (full version)," YouTube video, 32:48, December 14, 2012, https://www.youtube.com/watch?v=dBaYsK_62EY.

[2] 2.5亿美元的回报：John Marko, "Internet Analyst Joins Venture Capital Firm," *New York Times*, July 14, 1997, https://www.nytimes.com/1997/07/14/business/internet-analyst-joins-venture-capital-firm.html.

[3] 在约翰逊宇航中心：Marissa Barnett, "Former Resident Donates $1M to Dickinson," *Galveston County Daily News*, September 6, 2017, http://www.galvnews.com/news/article_7c163944-63ee-5499-8964-fec7ef7e0540.html.

[4] 露西娅利用空闲时间：Bill Gurley, "Thinking of Home: Dickinson, Texas," *Above the Crowd* (blog), September 6, 2017, http://abovethecrowd.com/2017/09/06/thinking-of-home-dickinson-texas/.

[5] 第一台平价家用彩色电脑："Commodore VIC-20," Steve's Old Computer Museum, http://oldcomputers.net.

[6] 基本只能坐冷板凳：Eric Johnson, "Full Transcript: Benchmark General Partner Bill Gurley on Recode Decode," Recode, September 28, 2016, https://www.recode.net/2016/9/28/13095682/bill-gurley-benchmark-bubble-uber-recode-decode-podcast-transcript.

[7] 上场了一分钟："Bill Gurley," Sports Reference, College Basketball (CBB), https://www.sports-reference.com/cbb/players/bill-gurley-1.html and "Bill Gurley Season Game Log," Sports Reference, College Basketball (CBB), https://www.sports-reference.com/cbb/players/bill-gurley-1/gamelog/1988/.

[8] 沉迷其中：Gabrielle Saveri, "Bill Gurley Venture Capitalist, Hummer Winblad Venture Partners," Bloomberg, August 25, 1997, https://www.bloomberg.com/news/

articles/1997-08-24/bill-gurley-venture-capitalist-hummer-winblad-venture-partners.

[9]　"他身上有着动物性"：Stross, Randall E., *EBoys: The First Inside Account of Ven-ture Capitalists at Work* (Crown Publishers, 2000).

[10]　格利这样写道：Bill Gurley, "Benchmark Capital: Open for Business," *Above the Crowd* (blog), December 1, 2008, https://abovethecrowd.com/2008/12/01/benchmark-capital-open-for-business/.

第八章　双人舞

[1]　大约1/3：Artturi Tarjanne, "Why VC's Seek 10x Returns," *Activist VC Blog* (blog), Nexit Adventures, January 12, 2018, http://www.nexitventures.com/blog/vcs-seek-10x-returns/.

[2]　卡兰尼克经常比较：Amir Efrati, "Uber Group's Visit to Seoul Escort Bar Sparked HR Complaint," The Information, March 24, 2017, https://www.theinformation.com/articles/uber-groups-visit-to-seoul-escort-bar-sparked-hr-complaint.

[3]　"软件正在吞噬世界"：Andreessen Horowitz, Software Is Eating the World, https://a16z.com/.

[4]　风投交易增长了73%：Richard Florida and Ian Hathaway, "How the Geography of Startups and Innovation Is Changing," *Harvard Business Review*, November 27, 2018, https://hbr.org/2018/11/how-the-geography-of-startups-and-innovation-is-changing.

[5]　2010年后数百亿美元的投入：Center for American Entrepreneurship, "Rise of the Global Startup City," Startup Revolution, http://startupsusa.org/global-startup-cities/.

[6]　被周围涌现的新贵所取代：Center for American Entrepreneurship, "Rise of the Global Startup City."

[7]　"统筹全世界的信息"："From the Garage to the Googleplex," About, Google, https://www.google.com/about/our-story/.

[8]　颇受争议："The Eects of Dual-Class Ownership on Ordinary Shareholders," Knowledge@Wharton, June 30, 2004, http://knowledge.wharton.upenn.edu/article/the-effects-of-dual-class-ownership-on-ordinary-shareholders/.

[9]　《谷歌股东手册》：Larry Page and Sergey Brin, "2004 Founders' IPO Letter,"

Alphabet Investor Relations, https://abc.xyz/investor/founders-letters/2004/ipo-letter. html.

[10]　35亿美元的收购："Snapchat Spurned $3 Billion Acquisition Oer from Facebook," *Digits* (blog), *Wall Street Journal*, November 13, 2013, https://blogs.wsj. com/digits/2013/11/13/snapchat-spurned-3-billion-acquisition-offer-from-facebook/.

第九章　胜利者的思维模式

[1]　卡兰尼克曾在台上公开表示：Liz Gannes, "Travis Kalanick: Uber Is Raising More Money to Fight Lyft and the 'Asshole' Taxi Industry," Recode, May 28, 2014, https://www.recode.net/2014/5/28/11627354/travis-kalanick-uber-is-raising-more-money-to-fight-lyft-and-the.

[2]　"腐朽的"：Andy Kessler, "Travis Kalanick: The Transporta-tion Trustbuster," *Wall Street Journal*, January 25, 2013, https://www.wsj.com/articles/ SB10001424127887324235104578244231122376480.

[3]　"取得进展"：Alexia Tsotsis, "Spotted! Secret Ubers on the Streets of Seattle," TechCrunch, https://techcrunch.com/2011/07/25/uber-seattle/.

[4]　"超级辣妹"：Adam Withnall, "Uber France Apologises for Sexist Promotion Oering Men Free Rides with 'Incredibly Hot Chicks' as Drivers," Independent, Octo-ber 23, 2014, https://www.independent.co.uk/life-style/gadgets-and-tech/uber-france-apologises-for-sexist-promotion-offering-men-free-rides-with-incredibly-hot-chicks-as-9813087.html.

[5]　"优步可以达到某一份额"：Bill Gurley, "How to Miss by a Mile: An Alternative Look at Uber's Potential Market Size," *Above the Crowd* (blog), July 11, 2014, http://abovethecrowd.com/2014/07/11/how-to-miss-by-a-mile-an-alternative-look-at-ubers-potential-market-size/.

[6]　一份政策文书中有写道：Travis Kalanick, "Principled Innovation: Addressing the Regulatory Ambiguity Ridesharing Apps," April 12, 2013, http://www.benedelman. org/uber/uber-policy-whitepaper.pdf.

[7]　"神经崩溃"：Swisher, "Bonnie Kalanick."

[8]　卡兰尼克在推特上这样写：Travis Kalanick (@travisk), "@johnzimmer you've

got a lot of catching up to do... #clone," Twitter, March 19, 2013, 2.22 p.m., https://twitter.com/travisk/status/314079323478962176?lang=en.

[9] "不仅满足于获胜"：Interview with former Uber executive who worked closely alongside Kalanick.

[10] 卡兰尼克曾公开承认：Swisher, "Man and Uber Man."

[11] "抛开运气成分"：Liz Gannes, "Uber's Travis Kalanick on Numbers, Competition and Ambition (Everything but Funding)," D: All Things Digital, June 27, 2013, http://allthingsd.com/20130627/ubers-travis-kalanick-on-numbers-competition-and-ambition-everything-but-funding/.

[12] 曾这样告诉朋友们：Background interview with early senior employee, San Francisco, 2018.

第十章　主场路演

[1] 一次万无一失的销售：Eric Jackson, "Tellme Is One of the Best Silicon Valley Companies Most People Have Never Heard Of," CNBC, October 23, 2017, https://www.cnbc.com/2017/10/23/tellme-is-the-best-tech-company-most-have-never-heard-of.html.

[2] "逆向用户逃离率"：Tomasz Tunguz, "Why Negative Churn is Such a Powerful Growth Mechanism," November 18, 2014, https://tomtunguz.com/negative-churn/.

第十一章　大哥与小弟

[1] "小弟见大哥"：Jillian D'Onfro, "Google and Uber were like 'Big Brother and Little Brother'—Until it All Went Wrong," CNBC, February 7, 2018, https://www.cnbc.com/2018/02/07/travis-kalanick-on-google-uber-relationship.html.

[2] 造出了他的第一批机器人：Jack Nicas and Tim Higgins, "Google vs. Uber: How One Engineer Sparked a War," *Wall Street Journal*, May 23, 2017, https://www.wsj.com/articles/how-a-star-engineer-sparked-a-war-between-google-and-uber-1495556308.

[3] 启动自动驾驶汽车研究：Charles Duhigg, "Did Uber Steal Google's Intellectual Property?," *New Yorker*, October 22, 2018, https://www.newyorker.com/

magazine/2018/10/22/did-uber-steal-googles-intellectual-property.

[4]　剥夺这些同事的机会：Nicas and Higgins, "Google vs. Uber."

[5]　自动驾驶汽车分部负责人：Max Chafkin and Mark Bergen, "Fury Road: Did Uber Steal the Driverless Future from Google?," Bloomberg, March 16, 2017, https://www.bloomberg.com/news/features/2017-03-16/fury-road-did-uber-steal-the-driverless-future-from-google.

第十二章　优步的壮大

[1]　100万美元：Felix Salmon, "Why Taxi Medallions Cost $1 Million," Reuters, October 21, 2011, http://blogs.reuters.com/felix-salmon/2011/10/21/why-taxi-medallions-cost-1-million/.

[2]　大甩卖拍卖会：Winnie Hu, "Taxi Medallions, Once a Safe Investment, Now Drag Owners Into Debt," *New York Times*, September 10, 2017, https://www.nytimes.com/2017/09/10/nyregion/new-york-taxi-medallions-uber.html.

[3]　扣下扳机：Ginia Bellafante, "A Driver's Suicide Reveals the Dark Side of the Gig Economy," *New York Times*, February 6, 2018, https://www.nytimes.com/2018/02/06/nyregion/livery-driver-taxi-uber.html.

[4]　"我不是奴隶，也拒绝成为奴隶！"：Doug Schifter, Facebook, https://www.facebook.com/people/Doug-Schifter/100009072541151.

[5]　相继有十几位：Nikita Stewart and Luis Ferré-Sadurní, "Another Taxi Driver in Debt Takes His Life. That's 5 in 5 Months.," *New York Times*, May 27, 2018, https://www.nytimes.com/2018/05/27/nyregion/taxi-driver-suicide-nyc.html.

[6]　自杀：Emma G. Fitzsimmons, "A Taxi Driver Took His Own Life. His Family Blames Uber's Influence.," *New York Times*, May 1, 2018, https://www.nytimes.com/2018/05/01/nyregion/a-taxi-driver-took-his-own-life-his-family-blames-ubers-influence.html.

[7]　米兰交通局主管：Stephanie Kirchgaessner, "Threatening Sign Hung Near Home of Italian Uber Boss," *The Guardian*, February 12, 2015, https://www.theguardian.com/technology/2015/feb/12/threatening-sign-italian-uber-boss.

[8]　12万次违犯交通法规的行为：Andrew Maykuth, "Uber pays $3.5M fine to settle

fight with Pa. taxi regulators," *Philadelphia Inquirer*, April 6, 2017, https://www.philly.com/philly/business/energy/Uber-fine-PA-PUC.html.

[9] "优步敬启"：Text message provided to author by an Uber source.

[10] 聘请政治说客改写法律：Mike Isaac, "Uber's System for Screening Drivers Draws Scrutiny," *New York Times*, December 9, 2014, https://www.nytimes.com/2014/12/10/technology/ubers-system-for-screening-drivers-comes-under-scrutiny.html.

[11] 亚马逊、微软和沃尔玛外聘说客的总和：Borkholder, Montgomery, Saika Chen, Smith, "Uber State Interference."

[12] 弹出一条简短的消息：Fitz Tepper, "Uber Launches 'De Blasio's Uber' Feature in NYC with 25 Minute Wait Times," TechCrunch, https://techcrunch.com/2015/07/16/uber-launches-de-blasios-uber-feature-in-nyc-with-25-minute-wait-times/.

[13] 多达每秒7个：Rosalind S. Helderman, "Uber Pressures Regulators by Mobilizing Riders and Hiring Vast Lobbying Network," *Washington Post*, Decem-ber 13, 2014, https://www.washingtonpost.com/politics/uber-pressures-regulators-by-mobilizing-riders-and-hiring-vast-lobbying-network/2014/12/13/3f4395c6-7f2a-11e4-9f38-95a187e4c1f7_story.html?utm_term=.4a82cfdcaccd.

[14] 文件夹存储箱：Anthony Kiekow, "Uber Makes a Delivery to MTC with Hopes of Operating in St. Louis," Fox2now: St. Louis, July 7, 2015, https://fox2now.com/2015/07/07/uber-says-water-bottles-were-symbolic-of-petitions-for-service-in-st-louis/.

[15] "倾听市民的心声"：Alison Griswold, "Uber Won New York," Slate, November 18, 2015, http://www.slate.com/articles/business/moneybox/2015/11/uber_won_new_york_city_it_only_took_five_years.html.

第十三章　糖衣炮弹

[1] "混蛋文化"：Sarah Lacy, "The Horrific Trickle Down of Asshole Culture: Why I've Just Deleted Uber from My Phone," Pando, October 22, 2014, https://pando.com/2014/10/22/the-horrific-trickle-down-of-asshole-culture-at-a-company-like-uber/.

[2]　兄弟会成员：Mickey Rapkin, "Uber Cab Confessions," *GQ*, February 27, 2014, https://www.gq.com/story/uber-cab-confessions?currentPage=1.

[3]　"手腕强硬"：Swisher, "Man and Uber Man."

[4]　即将推出"优步拼车"："Announcing Uberpool," Uber (blog), https://web. archive.org/web/20140816060039/http://blog.uber.com/uberpool.

[5]　公司博客："Introducing Lyft Line, Your Daily Ride," Lyft (blog), August 6, 2014, https://blog.lyft.com/posts/introducing-lyft-line.

[6]　她在推特中写道：Sarah Lacy (@sarahcuda), "it troubles me that Uber is so OK with lying," Twit-ter, August 20, 2014, 7:01 p.m., https://twitter.com/sarahcuda/ status/502228907068641280.

[7]　装聋作哑的回应："Statement On New Year's Eve Accident," Uber (blog), https:// web.archive.org/web/20140103020522/http://blog.uber.com/2014/01/01/statement-on-new-years-eve-accident/.

[8]　题为：Lacy, "The Horrific Trickle Down of Asshole Culture."

[9]　卡兰尼克对中国市场的痴迷：Erik Gordon, "Uber's Didi Deal Dispels Chinese 'El Dorado' Myth Once and For All," The Conversation, http://theconversation. com/ubers-didi-deal-dispels-chinese-el-dorado-myth-once-and-for-all-63624.

[10]　湾区最具影响力女性之一：American Bar, "Salle Yoo," https://www.americanbar. org/content/dam/aba/administrative/science_technology/2016/salle_yoo.authcheckdam. pdf.

[11]　"硅谷还丝毫没有感受到恐慌"：Mike Isaac, "Silicon Valley Investor Warns of Bubble at SXSW," Bits (blog), *New York Times*, March 15, 2015, https://bits.blogs. nytimes.com/2015/03/15/silicon-valley-investor-says-the-end-is-near/.

[12]　曼哈顿熨斗区：Johana Bhuiyan, "Uber's Travis Kalanick Takes 'Charm Oensive' To New York City," BuzzFeedNews, November 14, 2014, https://www.buzzfeednews. com/ article/johanabhuiyan/ubers-travis-kalanick-takes-charm-offensive-to-new-york-city.

[13]　针砭时弊的新闻机构：Mike Isaac, "50 Million New Reasons BuzzFeed Wants to Take Its Content Far Beyond Lists," *New York Times*, August 10, 2014, https://www. nytimes.com/2014/08/11/technology/a-move-to-go-beyond-lists-for-content-at-buzzfeed.html.

[14]　"优步要挖黑料"：Ben Smith, "Uber Executive Suggests Digging Up Dirt On

Jour-nalists," BuzzFeedNews, November 17, 2014, https://www.buzzfeednews. com/article/bensmith/uber-executive-suggests-digging-up-dirt-on-journalists.

第十四章　企业文化之争

[1]　"疯狂的"：http://www.thecrazyones.it/spot-en.html.

[2]　选择进入科技行业：Natalie Kitroe and Patrick Clark, "Silicon Valley May Want MBAs More Than Wall Street Does," Bloomberg Businessweek, March 17, 2016, https://www.bloomberg.com/news/articles/2016-03-17/silicon-valley-mba-destination.

[3]　近1/4独角兽企业：Gina Hall, "MBAs are Increasingly Finding a Home in Silicon Valley," Silicon Valley Business Learning, March 18, 2016, https://www.bizjournals. com/sanjose/news/2016/03/18/mbas-are-increasingly-finding-a-home-in-silicon. html.

[4]　"精英社会中"：Uber's list of 14 values, obtained by author.

[5]　莫勒尔上传了推特：Winston Mohrer (@WinnTheDog), "#Shittybike #lyft," Twitter, July 11, 2018, 7:21 a.m., https://twitter.com/WinnTheDog/status/101700597 1107909633.

[6]　设计了一种算法：Caroline O'Donovan and Priya Anand, "How Uber's Hard-Charging Corporate Culture Left Employees Drained," BuzzFeedNews, July 17, 2017, https://www.buzzfeednews.com/article/carolineodonovan/how-ubers-hard-charging-corporate-culture-left-employees#.wpdMljap9.

[7]　"这笔安全乘车费"："What Is the Safe Rides Fee?" Uber, https://web.archive. org/web/20140420053019/http://support.uber.com/hc/en-us/articles/201950566.

[8]　"我们的世界有了优步出行"：Bradley Voytek, "Rides of Glory," Uber (blog), March 26, 2012, https://web.archive.org/web/20141118192805/http:/blog.uber. com/ridesofglory.

第十五章　优步帝国的建立

[1]　这些人口中近1/3：Joshua Lu and Anita Yiu, "The Asian Consumer: Chinese Millenials," Goldman Sachs Global Investment Research, September 8, 2015, http:// xqdoc.imedao.com/14fcc41218a6163fed2098e2.pdf.

[2]　近97%的人：Po Hou and Roger Chung, "2014 Deloitte State of the Media Democracy China Survey: New Media Explosion Ignited," Deloitte, Novem-ber 2014, https://www2. deloitte.com/content/dam/Deloitte/cn/Documents/technology-media-telecommunications/ deloitte-cn-tmt-newmediaexplosionignited-en-041114.pdf.

[3]　有9家是中国公司：Sally French, "China Has 9 of the World's 20 Biggest Tech Companies," Market Watch, May 31, 2018, https://www.marketwatch.com/story/ china-has-9-of-the-worlds-20-biggest-tech-companies-2018-05-31.

[4]　"为此我感到兴奋"：Jessica E. Lessin, "Zuckerberg and Kalanick in China: Two Approaches," The Information, March 25, 2016, https://www.theinformation. com/articles/zuckerberg-and-kalanick-in-china-two-approaches.

[5]　媒体开始四处打探风声：Amir Efrati, "Inside Uber's Mission Impossible in China," The Information, January 11, 2016, https://www.theinformation.com/ articles/inside-ubers-mission-impossible-in-china.

[6]　"这一增长"：Travis Kalanick, "Uber-successful in China," http://im.ft-static. com/content/images/b11657c0-1079-11e5-b4dc-00144feabdc0.pdf.

[7]　在汹涌的水域中航行：Octavio Blanco, "How this Vietnamese Refugee Became Uber's CTO," CNN Money, August 12, 2016, https://money.cnn.com/2016/08/12/ news/economy/thuan-pham-refugee-uber/index.html.

[8]　创造出了一些江湖黑话：Leslie Hook, "Uber's Battle for China," Financial Times Weekend Magazine, June 2016, https://ig.ft.com/sites/uber-in-china/.

[9]　一群愤怒的司机：Sanjay Rawat, "Hyderabad Uber Driver Suicide Adds Fuel to Protests for Better Pay," Outlook, February 13, 2017, https://www.outlookindia. com/website/story/hyderabad-uber-driver-suicide-adds-fuel-to-protests-for-better-pay/297923.

[10]　等待进一步调查：Ellen Barry and Suhasini Raj, "Uber Banned in India's Capi-tal After Rape Accusation," New York Times, December 8, 2014, https://www.nytimes. com/2014/12/09/world/asia/new-delhi-bans-uber-after-driver-is-accused-of-rape.html.

第十六章　与苹果交手

[1]　BuzzFeed报道了：Ben Smith, "Uber Executive Suggests Digging Up Dirt on

Jour-nalists," BuzzFeedNews, November 17, 2014, https://www.buzzfeednews. com/article/bensmith/uber-executive-suggests-digging-up-dirt-on-journalists.

[2]　一位富有正义感的年轻黑客：Average Joe, "What the Hell Uber? Uncool Bro.," *Giron-sec* (blog), November 25, 2014, https://www.gironsec.com/blog/2014/11/ what-the-hell-uber-uncool-bro/.

[3]　传到了黑客资讯论坛上："Permissions Asked for by Uber Android App," Y Combi-nator, November 25, 2014, https://news.ycombinator.com/item?id=8660336.

第十七章　"最好的防守"

[1]　卡兰尼克却因"地网"被告上法庭：Amir Efrati, "Uber's Top Secret 'Hell' Pro-gram Exploited Lyft's Vulnerability," The Information, April 12, 2017, https:// www.theinformation.com/articles/ubers-top-secret-hell-program-exploited-lyfts-vulnerability.

[2]　这些程序都属于……的范畴：Kate Conger, "Uber's Massive Scraping Program Collected Data About Competitors Around The World." Gizmodo. December 12, 2017, https://gizmodo.com/ubers-massive-scraping-program-collected-data-about-com-1820887947/.

[3]　50 000多名优步司机：Colleen Taylor, "Uber Database Breach Exposed Infor-mation of 50,000 Drivers, Company Confirms." TechCrunch. February 27, 2015, https://techcrunch.com/2015/02/27/uber-database-breach-exposed-information-of-50000-drivers-company-confirms/

[4]　违背了父母的意愿：Kashmir Hill, "Facebook's Top Cop: Joe Sulli-van," *Forbes*, February 22, 2012, https://www.forbes.com/sites/kashmirhill/2012/02/22/facebooks-top-cop-joe-sullivan/.

[5]　"许多公司只停留在"：Hill, "Facebook's Top Cop: Joe Sullivan."

[6]　"我们不能放任优步司机"：Emilio Fernández, "En Edomex *Cazan* al Servicio Privado," *El Universal*, May 28, 2015, http://archivo.eluniversal.com.mx/ciudad-metropoli/2015/impreso/en-edomex-cazan-al-servicio-privado-132301.html.

[7]　连捅了司机几刀：Stephen Eisenhammer and Brad Haynes, "Mur-ders, Robberies of Drivers in Brazil Force Uber to Rethink Cash Strategy," Reuters, Feb-ruary 14,

2017, https://www.reuters.com/article/uber-tech-brazil-repeat-insight-pix-tv-g-idUSL1N1FZ03V.

第十八章 自动驾驶汽车领域的对抗

[1] "让我感到兴奋"：James Temple, "Brin's Best Bits from the Code Conference (Video)," Recode, May 28, 2014, https://www.recode.net/2014/5/28/11627304/brins-best-bits-from-the-code-conference-video.

[2] "我们也不想这样"：Biz Carson, "New Emails Show How Mistrust and Suspicions Blew Up the Relationship Between Uber's Travis Kalanick and Google's Larry Page," Business Insider, July 6, 2017, https://www.businessinsider.com/emails-uber-wanted-to-partner-with-google-on-self-driving-cars-2017-7.

[3] 货运是一个庞大的行业：American Trucking Associations, "News and Information Reports, Industry Data," https://www.trucking.org/News_and_Information_Reports_Industry_Data.aspx.

[4] 卡车占……的5.6%：National Highway Trac and Safety Administration, "USDOT Releases 2016 Fatal Trac Crash Data," https://www.nhtsa.gov/press-releases/usdot-releases-2016-fatal-traffic-crash-data.

[5] "我想自己成为驾驶员主导方向"：Duhigg, "Did Uber Steal Google's Intellectual Property?"

[6] 自动驾车汽车工程专家：John Marko, "Want to Buy a Self-Driving Car? Big-Rig Trucks May Come First," *New York Times*, May 17, 2016, https://www.nytimes.com/2016/05/17/technology/want-to-buy-a-self-driving-car-trucks-may-come-first.html.

[7] 莱万多夫斯基选择无视他们：Mark Harris, "How Otto Defied Nevada and Scored a $60 Million Payout from Uber," Wired, November 28, 2016, https://www.wired.com/2016/11/how-otto-defied-nevada-and-scored-a-680-million-payout-from-uber/#.67khcq4w5.

[8] "安全第三"：Chafkin and Bergen, "Fury Road."

[9] "没有血缘关系，但却胜似亲兄弟"：Chafkin and Bergen, "Fury Road."

[10] "优步最优版"：From Waymo LLC v. Uber Technologies, 3:17-cv-00939-WHA,

and Paayal Zaveri and Jillian D'Onfro, "Travis Kalanick Takes the Stand to Explain Why Uber Wanted to Poach Google Self-Driving Engineer," CNBC, Febru-ary 6, 2018, https://www.cnbc.com/2018/02/06/travis-kalanick-reveals-why-he-wanted-googles-anthony-levandowski.html.

[11] 在匹兹堡设立了……中心：Mike Isaac, "Uber to Open Center for Research on Self-Driving Cars," Bits (blog), *New York Times,* February 2, 2015, https://bits.blogs. nytimes.com/2015/02/02/uber-to-open-center-for-research-on-self-driving-cars/.

[12] "收获也不小"：Zaveri and D'Onfro, "Travis Kalanick Takes the Stand."

[13] "和平年代已经过去了"：Alyssa Newcomb, "Former Uber CEO Steals the Show with 'Bro-cabulary' In Trade Secrets Trial," NBC News, February 7, 2018, https://www.nbcnews.com/tech/tech-news/former-uber-ceo-steals-show-court-trade-secrets-bro-cabulary-n845541.

第十九章　一帆风顺

[1] 沙特阿拉伯的公共投资部门：Mike Isaac and Michael J. de la Merced, "Uber Turns to Saudi Arabia for $3.5 Billion Cash Infusion," *New York Times*, June 1, 2016, https:// www.nytimes.com/2016/06/02/technology/uber-investment-saudi-arabia.html.

[2] 卡兰尼克指示相关人员：Eric Newcomer, "The Inside Story of How Uber Got into Business with the Saudi Arabian Government," Bloomberg, November 3, 2018, https://www.bloomberg.com/news/articles/2018-11-03/the-inside-story-of-how-uber-got-into-business-with-the-saudi-arabian-government.

[3] 他的制胜宝典就是《孙子兵法》：Sun Tzu's Art of War, "6. Weak Points and Strong," no. 30, https://suntzusaid.com/book/6/30.

[4] 格雷夫斯被边缘化：Greg Bensinger and Khadeeja Safdar, "Uber Hires Target Executive as President," *Wall Street Journal*, August 30, 2016, https://www.wsj. com/articles/uber-hires-target-executive-as-president-1472578656.

[5] "你们会如何对待"：Ryan Felton, "Uber Drivers Ask 'Where Are the Answers?' In Shitshow Q&A," Jalopnik, February 16, 2017, https://jalopnik.com/uber-drivers-ask-where-are-the-answers-in-shitshow-q-a-1792461050.

[6] "优步已明确表示"：Felton, "Uber Drivers Ask 'Where Are the Answers?' "

[7]　"一手牵着小马"：Emily Chang, "Uber Investor Shervin Pishevar Accused of Sexual Misconduct by Multiple Women," Bloomberg, November 30, 2017, https://www.bloomberg.com/news/articles/2017-12-01/uber-investor-shervin-pishevar-accused-of-sexual-misconduct-by-multiple-women.

[8]　"回望在优步非常奇怪的一年"：Susan Fowler, "Reflecting on One Very, Very Strange Year at Uber," *Susan J. Fowler* (blog), February 19, 2017, https://www.susanjfowler.com/blog/2017/2/19/reflecting-on-one-very-strange-year-at-uber.

第二十章　三个月前

[1]　脸书……安插了自己的人：Sheera Frenkel, "The Biggest Spender of Polit-ical Ads on Facebook? President Trump," *New York Times*, July 17, 2018, https://www.nytimes.com/2018/07/17/technology/political-ads-facebook-trump.html.

[2]　"助推了特朗普的获胜"：Max Read, "Donald Trump Won Because of Facebook," Intelligencer, November 9, 2016, http://nymag.com/intelligencer/2016/11/donald-trump-won-because-of-facebook.html.

[3]　即使在脸书内部：Mike Isaac, "Facebook, in Cross Hairs After Election, Is Said to Question Its Influence," *New York Times*, November 12, 2016, https://www.nytimes.com/2016/11/14/technology/facebook-is-said-to-question-its-influence-in-election.html.

[4]　免费获得的公共关注：Nicholas Confessore and Karen Yourish, "$2 Billion Worth of Free Media for Donald Trump," *New York Times*, March 15, 2016, https://www.nytimes.com/2016/03/16/upshot/measuring-donald-trumps-mammoth-advantage-in-free-media.html.

[5]　"一次巨大的倒退"：Biz Carson, "'I Do Not Accept Him As My Leader'—Uber CTO's Explosive Anti-Trump Email Reveals Growing Internal Tensions," Business Insider, January 24, 2017, https://www.businessinsider.com/uber-cto-internal-email-donald-trump-deplorable-2017-1.

[6]　35亿美元融资：Isaac and de la Merced, "Uber Turns to Saudi Arabia for $3.5 Billion Cash Infusion."

[7]　优步的一些机构股东：Alex Barinka, Eric Newcomer, and Lulu Yilun Chen, "Uber

Backers Said to Push for Didi Truce in Costly China War," Bloomberg, July 20, 2016, https://www.bloomberg.com/news/articles/2016-07-20/uber-investors-said-to-push-for-didi-truce-in-costly-china-fight.

[8]　优步在这场争夺战中认输：Paul Mozur and Mike Isaac, "Uber to Sell to Rival Didi Chux-ing and Create New Business in China," *New York Times*, August 1, 2016, https://www.nytimes.com/2016/08/02/business/dealbook/china-uber-didi-chuxing.html.

[9]　对投资者来说，这是一种胜利：https://www.bloomberg.com/news/articles/2016-07-20/uber-investors-said-to-push-for-didi-truce-in-costly-china-fight.

[10]　顶级科技公司的CEO受邀：David Streitfeld, " 'I'm Here to Help,' Trump Tells Tech Executives at Meeting," *New York Times*, December 14, 2016, https://www.nytimes.com/2016/12/14/technology/trump-tech-summit.html?module=inline.

第二十一章　"＃卸载优步"

[1]　"我们不希望他们来到这里"：Michael D. Shear and Helene Cooper, "Trump Bars Ref-ugees and Citizens of 7 Muslim Countries," *New York Times*, January 27, 2017, https://www.nytimes.com/2017/01/27/us/politics/trump-syrian-refugees.html.

[2]　他呼吁限制所有穆斯林：Patrick Healy and Michael Barbaro, "Donald Trump Calls for Barring Muslims From Entering U.S.," *New York Times*, December 7, 2015, https://www.nytimes.com/politics/first-draft/2015/12/07/donald-trump-calls-for-banning-muslims-from-entering-u-s/.

[3]　成千上万的律师：Jonah Engel Bromwich, "Lawyers Mobilize at Nation's Airports After Trump's Order," *New York Times*, January 29, 2017, https://www.nytimes.com/2017/01/29/us/lawyers-trump-muslim-ban-immigration.html.

[4]　"肯尼迪机场暂停所有出租车接送服务"：NY Taxi Workers (@NYTWA), "NO PICKUPS @ JFK Airport 6 PM to 7 PM today. Drivers stand in solidarity with thousands protest-ing inhumane & unconstitutional #MuslimBan.," Twitter, January 28, 2017, 5:01 p.m., https://twitter.com/NYTWA/status/825463758709518337.

[5]　神情恍惚：Dan O'Sullivan, "Vengeance Is Mine," Jacobin, https://www.jacobinmag.com/2016/11/donald-trump-election-hillary-clinton-election-night-inequality-republicans-

trumpism/.

[6]　"吃你的屎，然后去死吧"：Dan O'Sullivan (@Bro_Pair), "congrats to @Uber_ NYC on breaking a strike to profit o of refugees being consigned to Hell. eat shit and die," Twitter, January 28, 2017, 8:38 P.M., https://twitter.com/Bro_Pair/status/82551 8408682860544.

[7]　"反对@优步剥削性的反劳工政策"：Dan O'Sullivan (@Bro_Pair), "#deleteuber," Twitter, January 28, 2017, 9:25 P.M., https://twitter.com/Bro_Pair/status/8255302509 52114177.

[8]　"你是反法西斯的斗士"：The Goldar Standard @Trev0000r), "done," Twitter, January 28, 2017, 10:50 P.M., https://twitter.com/Trev0000r/status/82555157882439 6800.

[9]　"利用纽约出租车罢工"：Simeon Benit (@simeonbenit), Twitter, January 28, 2017 11:04 p.m., https://twitter.com/simeonbenit/status/825555284428988416.

[10]　"带着你的臭钱见鬼去吧"：_m_(@MM_schwartz), "@uber Hope I'm not too late to the party #deleteUber," Twitter, January 28, 2017, 11:33 p.m., https://twitter. com/MM_schwartz/status/825562459088023552.

[11]　拐弯抹角地道了歉：Travis Kalanick, "Standing Up for What's Right," Uber Newsroom, https://www.uber.com/newsroom/standing-up-for-whats-right-3.

[12]　"公司内外部的人"：Travis Kalanick, "Standing Up for What's Right."

[13]　上演了一场精彩的公关大戏：Rhett Jones, "As #DeleteUber Trends, Lyft Pledges $1 Million to ACLU," Gizmodo, January 29, 2017, https://gizmodo.com/as-deleteuber- trends-lyft-pledges-1-million-to-aclu-1791750060.

[14]　两位工程师质问：Mike Isaac, "Uber C.E.O. to Leave Trump Advisory Council After Criticism," *New York Times*, February 2, 2017, https://www.nytimes.com/2017/02/02/ technology/uber-ceo-travis-kalanick-trump-advisory-council.html?_r=1.

第二十二章　"在优步非常奇怪的一年……"

[1]　85%的优步工程师都是男性：Johana Bhuiyan, "Uber has Published Its Much Sought After Diversity Numbers For the First Time," Recode, March 28, 2017, https://www. recode.net/2017/3/28/15087184/uber-diversity-numbers-first-three-million.

[2] 就像"飞越月球"一样：Maureen Dowd, "She's 26, and Brought Down Uber's C.E.O. What's Next?" *New York Times*, October 21, 2017, https://www.nytimes.com/2017/10/21/style/susan-fowler-uber.html.

[3] "我不用优步"：Dowd, "She's 26, and Brought Down Uber's C.E.O."

[4] "网站可靠性工程师在优步起着关键作用"：Chris Adams, "How Uber Thinks About Site Reliability Engineering," Uber Engineering, March 3, 2016, https://eng.uber.com/sr-talks-feb-2016/.

[5] 个人的素质并不重要：Megan Rose Dickey, "Inside Uber's New Approach to Employee Performance Reviews," TechCrunch, https://techcrunch.com/2017/08/01/inside-ubers-new-approach-to-employee-performance-reviews/.

[6] 车辆损失平均高达9 000美元：Greg Bensinger, "Uber Shutting Down U.S. Car-Leasing Business," *Wall Street Journal*, September 27, 2017, https://www.wsj.com/articles/uber-confirms-it-is-shutting-down-u-s-car-leasing-business-1506531990.

[7] "或许是他的无心之失"：Fowler, "Reflecting On One Very, Very Strange Year at Uber."

[8] 回忆起一位董事吹嘘：Fowler, "Reflecting On One Very, Very Strange Year at Uber."

[9] "这是一个非常混乱的"：Fowler, "Reflecting On One Very, Very Strange Year at Uber."

[10] "如果女性员工真的想要平等"：Fowler, "Reflecting On One Very, Very Strange Year at Uber."

第二十三章 ⋯⋯摔得更重

[1] "这太可怕了，完全不能忍"：Chris Messina (@chrismessina), "This is outrageous and awful. My experience with Uber HR was similarly callous & unsupportive; in Susan's case, it was reprehensible. [angry face and thumbs-down emojis]," Twitter, February 19, 2017, 6:44 p.m., https://twitter.com/chrismessina/status/833462385872498688.

[2] "@卡兰尼克 向我展示了他超酷的应用软件"：Arianna Hungton (@ariannahu), "@travisk showing me his super cool app, Uber: everyone's private driver

uber.com," Twit-ter, May 30, 2012, 3:23 p.m., https://twitter.com/ariannahuff/status/207915187846656001.

[3] 一名记者：Vanessa Grigoriadis, "Maharishi Arianna," New York, November 20, 2011, http://nymag.com/news/media/arianna-huffington-2011-11.

[4] 一个热情、聪明的女人：Lauren Collins, "The Oracle: The Many Lives of Arianna Hungton," *New Yorker*, October 13, 2008, https://www.newyorker.com/magazine/2008/10/13/the-oracle-lauren-collins.

[5] "你们的嫁妆就是你们所受的教育"：Collins, "The Oracle."

[6] "一个进步主义者"：Collins, "The Oracle."

[7] "阿里安娜一以贯之的理论"：Meghan O'Rourke, "The Accidental Feminist," Slate, September 22, 2006, https://slate.com/news-and-politics/2006/09/arianna-huffington-the-accidental-feminist.html.

[8] "人们有两种看法"：Maureen Orth, "Arianna's Virtual Candidate," *Vanity Fair*, November 1, 1994, https://www.vanityfair.com/culture/1994/11/huffington-199411.

[9] 她的政治生涯：https://www.vanityfair.com/culture/1994/11/huffington-199411.

第二十四章 没人能从拉里·佩奇那里轻易得手

[1] 一款可向消费者推出的：John Marko, "No Longer a Dream: Silicon Val-ley Takes on the Flying Car," *New York Times*, April 24, 2017, https://www.nytimes.com/2017/04/24/technology/flying-car-technology.html.

[2] "一种新的移动方式"：Daisuke Wakabayashi, "Google Parent Company Spins O Self-Driving Car Business," *New York Times*, December 13, 2016, https://www.nytimes.com/2016/12/13/technology/google-parent-company-spins-off-waymo-self-driving-car-business.html.

[3] 几个月前卷入了纠纷：Biz Carson, "Google Secretly Sought Arbitration Against Its Former Self-Driving Guru Months Before the Uber Lawsuit," Business Insider, March 29, 2017, https://www.businessinsider.com/google-filed-against-anthony-levandowski-in-arbitration-before-uber-lawsuit-2017-3.

[4] 在谷歌时的工作账户：Waymo LLC v. Uber Technologies.

[5] 下载了专利信息：Waymo LLC v. Uber Technologies.

[6]　"奥拓和优步已窃取了"：Daisuke Wakabayashi and Mike Isaac, "Google Self-Driving Car Unit Accuses Uber of Using Stolen Technology," *New York Times*, February 23, 2017, https://www.nytimes.com/2017/02/23/technology/google-self-driving-waymo-uber-otto-lawsuit.html.

[7]　卡兰尼克刚宣布了即将聘用的消息：Mike Isaac and Daisuke Wakabayashi, "Uber Hires Google's Former Head of Search, Stoking a Rivalry," *New York Times*, January 20, 2017, https://www.nytimes.com/2017/01/20/technology/uber-amit-singhal-google.html?module=inline.

[8]　辛格哈尔被赶出谷歌：Mike Isaac and Daisuke Wakabayashi, "Amit Sin-ghal, Uber Executive Linked to Old Harassment Claim, Resigns," *New York Times*, February 27, 2017, https://www.nytimes.com/2017/02/27/technology/uber-sexual-harassment-amit-singhal-resign.html.

[9]　他们只讲了这样一个故事：Eric Newcomer, "In Video, Uber CEO Argues with Driver Over Falling Fares," Bloomberg, February 28, 2017, https://www.bloomberg.com/news/articles/2017-02-28/in-video-uber-ceo-argues-with-driver-over-falling-fares.

[10]　"这真的很糟糕"：Eric Newcomer and Brad Stone, "The Fall of Travis Kalanick Was a Lot Weirder and Darker Than You Thought," Bloomberg Businessweek, January 18, 2018, https://www.bloomberg.com/news/features/2018-01-18/the-fall-of-travis-kalanick-was-a-lot-weirder-and-darker-than-you-thought.

[11]　"致以深深的歉意"：Travis Kalanick, "A Profound Apology," Uber News-room, March 1, 2017, https://www.uber.com/newsroom/a-profound-apology.

第二十五章　灰球

[1]　"我叫鲍勃"：I've changed my source's name and any specific details about their identity to protect their anonymity.

[2]　前几天：Mike Isaac, "Insider Uber's Aggressive, Unrestrained Workplace Culture," *New York Times*, February 22, 2017, https://www.nytimes.com/2017/02/22/technology/uber-workplace-culture.html.

[3]　"不要把您的优步手机放在"：Email redacted for source protection.

[4] "祝您有美好的一天！"：Documents held by author.

[5] 我们在看视频时：The Oregonian, "Portland vs. Uber: City Code Ocers Try to Ticket Drivers," YouTube video, December 5, 2014, 1:53, https://www.youtube.com/watch?v=TS0NuV-zLZE.

[6] "拖离且扣押"：Victor Fiorillo, "Uber Launches UberX In Philadelphia, but PPA Says 'Not So Fast,' " *Philadelphia*, October 25, 2014, https://www.phillymag.com/news/2014/10/25/uber-launches-uberx-philadelphia/.

[7] "Uberx：提醒"：Documents held by author.

[8] 这是一个"灰色地带"：Mike Isaac, "How Uber Deceives the Authori-ties Worldwide," *New York Times*, March 3, 2017, https://www.nytimes.com/2017/03/03/technology/uber-greyball-program-evade-authorities.html.

[9] "多年来，优步一直在利用自己的程序"：Isaac, "How Uber Deceives the Authorities Worldwide."

[10] 优步首席安全官乔·沙利文下令禁止员工：Daisuke Wakabayashi, "Uber Seeks to Prevent Use of Greyball to Thwart Regulators," *New York Times*, March 8, 2017, https://www.nytimes.com/2017/03/08/business/uber-regulators-police-greyball.html.

[11] 美国司法部对……展开了调查：Mike Isaac, "Uber Faces Federal Inquiry Over Use of Greyball Tool to Evade Authorities," *New York Times*, May 4, 2017, https://www.nytimes.com/2017/05/04/technology/uber-federal-inquiry-software-greyball.html.

[12] 调查范围扩大到了费城：Mike Isaac, "Justice Department Expands Its Inquiry into Uber's Greyball Tool," *New York Times*, May 5, 2017, https://www.nytimes.com/2017/05/05/technology/uber-greyball-investigation-expands.html.

[13] 命名为"司机之家"：Harry Campbell, "About the Rideshare Guy: Harry Camp-bell," *The Rideshare Guy* (blog), https://therideshareguy.com/about-the-rideshare-guy/.

[14] 一系列争议事件是导致其离职的直接原因：Kara Swisher and Johana Bhuiyan, "Uber President Je Jones Is Quitting, Citing Dierences Over 'Beliefs and Approach to Lead-ership,'" Recode, March 19, 2017, https://www.recode.net/2017/3/19/14976110/uber-president-jeff-jones-quits.

[15] "一堆他们请来的模特"：Emily Peck, "Travis Kalanick's Ex Reveals New Details

About Uber's Sexist Culture," Hungton Post, March 29, 2017, https://www. huffingtonpost. com/entry/travis-kalanick-gabi-holzwarth-uber_us_58da7341e4b018c4606b8ec9.

[16] "向你道歉，我太冷漠了"：Amir Efrati, "Uber Group's Visit to Seoul Escort Bar Sparked HR Complaint," The Information, March 24, 2017, https://www.theinformation. com/articles/uber-groups-visit-to-seoul-escort-bar-sparked-hr-complaint.

[17] 记者的手机号码：Efrati, "Uber Group's Visit to Seoul Escort Bar."

第二十六章　致命错误

[1] 认为此举是非法的：Mike Isaac, "Uber Expands Self-Driving Car Service to San Francisco. D.M.V. Says It's Illegal." *New York Times*, December 14, 2016, https:// www.nytimes.com/2016/12/14/technology/uber-self-driving-car-san-francisco.html.

[2] 优步发表了一份声明：Isaac, "Uber Expands Self-Driving Car Service to San Francisco."

[3] 优步早前的声明是彻头彻尾的谎言：Mike Isaac and Daisuke Wakabayashi, "A Lawsuit Against Uber Highlights the Rush to Conquer Driverless Cars," *New York Times*, February 24, 2017, https://www.nytimes.com/2017/02/24/technology/ anthony-levandowski-waymo-uber-google-lawsuit.html.

[4] 莱万多夫斯基突遭解雇：Mike Isaac and Daisuke Wakaba-yashi, "Uber Fires Former Google Engineer at Heart of Self-Driving Dispute," *New York Times*, May 30, 2017, https://www.nytimes.com/2017/05/30/technology/uber-anthony-levandowski.html.

[5] "可能存在的商业机密窃取行为"：Aarian Marshall, "Google's Fight Against Uber Takes a Turn for the Criminal," Wired, May 12, 2017, https://www.wired. com/2017/05/googles-fight-uber-takes-turn-criminal/.

[6] 在接受媒体采访时表达了歉意：Mike Isaac, "Uber Releases Diversity Report and Repudiates Its 'Hard-Charging Attitude,'" *New York Times*, March 28, 2017, https:// www.nytimes.com/2017/03/28/technology/uber-scandal-diversity-report.html.

[7] 优步"地狱"计划的存在：Efrati, "Uber's Top Secret 'Hell' Program."

[8] 团队同时密切关注：Kate Conger, "Uber's Massive Scraping Program Collected Data About Competitors Around the World," Gizmodo, December 11, 2017,

https://gizmodo.com/ubers-massive-scraping-program-collected-data-about-com-1820887947.

[9]　录下了相关人员的私人对话：Paayal Zaveri, "Unsealed Letter in Uber-Waymo Case Details How Uber Employees Allegedly Stole Trade Secrets," CNBC, December 15, 2017, https://www.cnbc.com/2017/12/15/jacobs-letter-in-uber-waymo-case-says-uber-staff-stole-trade-secrets.html.

[10]　私人医疗档案：Kara Swisher and Johana Bhuiyan, "A Top Uber Exec-utive, Who Obtained the Medical Records of a Customer Who Was a Rape Victim, Has Been Fired," Recode, June 7, 2017, https://www.recode.net/2017/6/7/15754316/uber-executive-india-assault-rape-medical-records.

[11]　艾瑞克·亚历山大在优步的一切都结束了：Mike Isaac, "Uber Fires Executive Over Handling of Rape Investigation in India," New York Times, June 7, 2017, https://www.nytimes.com/2017/06/07/technology/uber-fires-executive.html.

[12]　卡兰尼克接受了她的辞呈：Mike Isaac, "Executive Who Steered Uber Through Scandals Joins Exodus," New York Times, April 11, 2017, https://www.nytimes.com/2017/04/11/technology/ubers-head-of-policy-and-communications-joins-executive-exodus.html.

[13]　"母亲生前发给我的最后一条信息"：Kalanick, "Dad is getting much better in last 48 hours."

[14]　"过去七年"：Unpublished letter, obtained by author. The original letter is over 4 000 words long.

第二十七章　霍尔德报告

[1]　已经辞退了20名员工：Mike Isaac, "Uber Fires 20 Amid Investigation into Work-place Culture," New York Times, June 6, 2017, https://www.nytimes.com/2017/06/06/technology/uber-fired.html.

[2]　"我绝对信任他"：Anita Balakrishnan, "Uber Board Member Arianna Hungton Says She's Been Emailing Ex-Engineer About Harassment Claims," CNBC, March 3, 2017, https://www.cnbc.com/2017/03/03/arianna-huffington-travis-kalanick-confidence-emailing-susan-fowler.html.

[3] "任重而道远"：Emil Michael, "Email from Departing Uber Executive," *New York Times*, June 12, 2017, https://www.nytimes.com/interactive/2017/06/12/technology/document-Email-From-Departing-Uber-Executive.html.

[4] "过去8年来"：Entrepreneur Sta, "Read Travis Kalanick's Full Let-ter to Sta: I Need to Work on Travis 2.0," Entrepreneur, June 13, 2017, https://www.entrepreneur.com/article/295780.

[5] 邦德曼是个身材高大的白人：Henny Sender, "Breakfast with the FT: David Bonderman," Financial Times, June 20, 2008, https://www.ft.com/content/569a70ae-3e64-11dd-b16d-0000779fd2ac.

[6] 全球排名第239位的富人："#667 David Bonderman," Forbes, https://www.forbes.com/profile/david-bonderman/#27d33dd32fce.

[7] 会议的全部内容：JP Mangalindan, "LEAKED AUDIO: Uber's All-Hands Meeting Had Some Uncomfortable Moments," Yahoo! Finance, June 13, 2017, https://finance.yahoo.com/news/inside-ubers-hands-meeting-travis-194232221.html.

[8] "在今天的公司全体员工大会上"：Comment received in email to author, June 13, 2017.

第二十八章 "反卡联盟"

[1] "这条路行不通"：Mitch and Freada Kapor, "An Open Letter to The Uber Board and Investors," Medium, February 23, 2017, https://medium.com/kapor-the-bridge/an-open-letter-to-the-uber-board-and-investors-2dc0c48c3a7.

[2] 遭到……性骚扰：Dan Primack, "How Lightspeed Responded to Cald-beck's Alleged Behavior," Axios, June 27, 2017, https://www.axios.com/how-lightspeed-responded-to-caldbecks-alleged-behavior-1513303291-797b3d44-6b7d-4cd1-89ef-7e35782a32e6.html.

[3] 通过内部回购计划：Katie Benner, "How Uber's Chief Is Gaining Even More Clout in the Company," *New York Times*, June 12, 2017 https://www.nytimes.com/2017/06/12/technology/uber-chief-travis-kalanick-stock-buyback.html.

[4] 自此两个人就很少交谈了：Alex Konrad, "How Super Angel Chris Sacca Made Billions, Burned Bridges and Crafted the Best Seed Portfolio Ever," Forbes, April

13, 2015, https://www.forbes.com/sites/alexkonrad/2015/03/25/how-venture-cowboy-chris-sacca-made-billions/#17b4e9866597.

第二十九章　风险投资家的报复

[1]　历时18个月：Lori Rackl, "Get A First Look at the 'New' Ritz-Carlton Chicago, $100 Million Later," *Chicago Tribune*, July 19, 2017, https://www.chicagotribune.com/lifestyles/travel/ct-ritz-carlton-chicago-renovation-travel-0730-20170718-story.html.

[2]　她在电视直播中称：Sara Ashley O'Brien, "Arianna Hungton: Sexual Harassment Isn't a 'Systemic Problem,' At Uber," CNN Business, March 23, 2017, https://money.cnn.com/2017/03/20/technology/arianna-huffington-uber-quest-means-business/index.html.

[3]　时间不多了：Mike Isaac, "Inside Travis Kalanick's Resignation as Uber's C.E.O.," *New York Times*, June 21, 2017, https://www.nytimes.com/2017/06/21/technology/uber-travis-kalanick-final-hours.html.

第三十章　下台却未出局

[1]　"尊敬的董事会"：Letter obtained by author.

[2]　报道即将发布：Eric Newcomer, "Uber's New CEO Short List Is Said to Include HPE's Meg Whitman," Bloomberg, July 25, 2017, https://www.bloomberg.com/news/articles/2017-07-25/uber-s-new-ceo-short-list-is-said-to-include-hpe-s-meg-whitman.

[3]　优步最高职位的候选人之一：Eric Newcomer, "GE's Jerey Immelt Is on Uber's CEO Shortlist," Bloomberg, July 27, 2017, https://www.bloomberg.com/news/articles/2017-07-27/ge-s-jeffrey-immelt-is-said-to-be-on-uber-ceo-shortlist.

[4]　力荐伊梅尔特上台：Mike Isaac, "Uber's Search for New C.E.O. Ham-pered by Deep Split on Board," *New York Times*, July 30, 2017, https://www.nytimes.com/2017/07/30/technology/uber-search-for-new-ceo-kalanick-huffington-whitman.html.

[5]　发布了三条简短的推文：Mike Isaac, "Uber's Next C.E.O.? Meg Whitman Says It Won't Be Her," *New York Times*, July 27, 2017, https://www.nytimes.com/2017/07/

27/technology/ubers-next-ceo-meg-whitman-says-it-wont-be-her.html.

[6] "我通常都对谣言置若罔闻"：Meg Whitman (@MegWhitman), "(1/3) Normally I do not comment on rumors, but the speculation about my future and Uber has become a distraction.," Twitter, July 27, 2017, 10:04 p.m., https://twitter.com/megwhitman/ status/890754773456220161.

[7] "所以我决定尽可能地澄清事实"：Meg Whitman (@MegWhitman), "(2/3) So let me make this as clear as I can. I am fully committed to HPE and plan to remain the com-pany's CEO.," Twitter, July 27, 2017, 10:04 p.m., https://twitter. com/MegWhitman/status/890754854632787969.

[8] "优步的CEO不会是梅格·惠特曼"：Meg Whitman (@MegWhitman), "(3/3) We have a lot of work still to do at HPE and I am not going anywhere. Uber's CEO will not be Meg Whitman." Twitter, July 27, 2017, 10:05 p.m., https://twitter.com/ megwhitman/status/890754932990763008.

[9] 公司准备起诉：Mike Isaac, "Uber Investor Sues Travis Kalanick for Fraud," New York Times, August 10, 2017, https://www.nytimes.com/2017/08/10/technology/ travis-kalanick-uber-lawsuit-benchmark-capital.html.

[10] "我们认为这既不明智"："We do not feel it was either prudent": Mike Isaac, "Kalanick Loyalists Move to Force Benchmark O Uber's Board," New York Times, August 11, 2017, https://www.nytimes.com/2017/08/11/technology/uber-benchmark- pishevar.html.

[11] 赚到了钱并完成了大学学业：Cyrus Farivar, "How Sprint's New Boss Lost $70 Bil-lion of His Own Cash (and Still Stayed Rich)," Ars Technica, October 16, 2012, https://arstechnica.com/information-technology/2012/10/how-sprints-new-boss-lost- 70-billion-of-his-own-cash-and-still-stayed-rich/.

[12] 回到日本后：Andrew Ross Sorkin, "A Key Figure in the Future of Yahoo," Deal-book, New York Times, December 13, 2010, https://dealbook.nytimes. com/2010/12/13/a-key-figure-in-the-future-of-yahoo/.

[13] "押注于未来的疯子"：Walter Sim, "SoftBank's Masayoshi Son, the 'Crazy Guy Who Bet on the Future,' " Straits Times, December 12, 2016, https://www.straitstimes. com/asia/east-asia/softbanks-masayoshi-son-the-crazy-guy-who-bet-on-the-future.

[14] 他快速制定了投资工具：Dana Olsen, "Vision Fund 101: Inside SoftBank's $98B

Vehicle," PitchBook, August 2, 2017, https://pitchbook.com/news/articles/vision-fund-101-inside-softbanks-93b-vehicle.

第三十一章　大交易

[1]　这家传奇企业：Steve Blank, "Why GE's Je Immelt Lost His Job: Disruption and Activist Investors," *Harvard Business Review*, October 30, 2017, https://hbr.org/2017/10/why-ges-jeff-immelt-lost-his-job-disruption-and-activist-investors.

[2]　"留给我们的时间不多了"：Sheelah Kolhatkar, "At Uber, A New C.E.O. Shifts Gears," *The New Yorker*, April 9, 2018, https://www.newyorker.com/magazine/2018/04/09/at-uber-a-new-ceo-shifts-gears.

[3]　艾伦公司：https://www.newyorker.com/magazine/2018/04/09/at-uber-a-new-ceo-shifts-gears.

[4]　"我已决定不再竞争"：Je Immelt (@JeImmelt), "I have decided not to pur-sue a leadership position at Uber. I have immense respect for the company & founders–Travis, Garrett and Ryan." Twitter, August 27, 2017, 11:43 a.m., https://twitter.com/JeffImmelt/status/901832519913537540.

[5]　伊梅尔特身边的人：Kara Swisher, "Former GE CEO Je Immelt Says He Is No Longer Vying to Be Uber CEO," Recode, August 27, 2017, https://www.recode.net/2017/8/27/16211254/former-ge-ceo-jeff-immelt-out-uber-ceo.

[6]　下午5点刚过：Mike Isaac, "Uber Chooses Expedia's Chief as C.E.O., Ending Contentious Search," *New York Times*, August 27, 2017, https://www.nytimes.com/2017/08/27/technology/uber-ceo-search.html.

[7]　孙正义与······达成了一项协议：Mike Isaac, "Uber Sells Stake to SoftBank, Valuing Ride-Hailing Giant at $48 Billion," *New York Times*, December 28, 2017, https://www.nytimes.com/2017/12/28/technology/uber-softbank-stake.html.

[8]　完全是先发制人：Katie Benner and Mike Isaac, "In Power Move at Uber, Travis Kalanick Appoints 2 to Board," *New York Times*, September 29, 2017, https://www.nytimes.com/2017/09/29/technology/uber-travis-kalanick-board.html.

[9]　"一股一票"：Katie Benner and Mike Isaac, "Uber's Board Approves Changes to Reshape Company's Power Balance," *New York Times*, October 3, 2017,

https://www.nytimes.com/2017/10/03/technology/ubers-board-approves-changes-to-reshape-power-balance.html.

后 记

[1] "180天变革"：Rachel Holt and Aaron Schildkrout, "180 Days: You Asked, and We're Answering," Uber, https://pages.et.uber.com/180-days/.

[2] "我们做正确的事情。仅此而已"：Dara Khosrowshahi, "Uber's New Cultural Norms," LinkedIn, November 7, 2017, https://www.linkedin.com/pulse/ubers-new-cultural-norms-dara-khosrowshahi/.

[3] 全面批判：Mike Isaac, "Uber's New Mantra: 'We Do the Right Thing. Period.,' " *New York Times*, November 7, 2017, https://www.nytimes.com/2017/11/07/technology/uber-dara-khosrowshahi.html.

[4] 被誉为"新硅谷之父"：Georey A. Fowler, "I Was Team #DeleteUber. Can Uber's New Boss Change My Mind?," *Washington Post*, May 11, 2018, https://www.washingtonpost.com/news/the-switch/wp/2018/05/11/i-was-team-deleteuber-can-ubers-new-boss-change-my-mind/?utm_term=.affb048f5b91.

[5] 全面覆盖各类媒体：Priya Anand, "Uber to Spend Up to $500 Million on Ad Campaign," The Information, June 5, 2018, https://www.theinformation.com/articles/uber-to-spend-up-to-500-million-on-ad-campaign.

[6] "科斯罗萨西来一直在低调完善这个品牌"：Jessi Hempel, "One Year In, The Real Work Begins For Uber's CEO," Wired, September 6, 2018, https://www.wired.com/story/dara-khosrowshahi-uber-ceo-problems-lyft/.

[7] "他又回来了？"：Anthony Levandowski, "Pronto Means Ready," Medium, December 18, 2018, https://medium.com/pronto-ai/pronto-means-ready-e885bc8ec9e9.

[8] "未来之路"：Mark Harris, "Inside the First Church of Artificial Intelligence," Wired, November 15, 2017, https://www.wired.com/story/anthony-levandowski-artificial-intelligence-religion/.

[9] 拉里·佩奇已经对此项目兴致阑珊：Daisuke Wakabayashi, "Why Google's Bosses Became 'Unpumped' About Uber," *New York Times*, February 7, 2018, https://www.nytimes.com/2018/02/07/technology/uber-waymo-lawsuit.html.

[10]　"他回答了每一个问题"：Eric Newcomer, "Inside the Abrupt End of Silicon Val-ley's Biggest Trial," Bloomberg, February 9, 2018, https://www.bloomberg.com/news/articles/2018-02-09/inside-the-abrupt-end-of-silicon-valley-s-biggest-trial.

[11]　作为和解条款的一部分：Daisuke Wakabayashi, "Uber and Waymo Settle Trade Secrets Suit Over Driverless Cars," *New York Times*, February 9, 2018, https://www.nytimes.com/2018/02/09/technology/uber-waymo-lawsuit-driverless.html.